Forcher: **TIROLS GESCHICHTE**

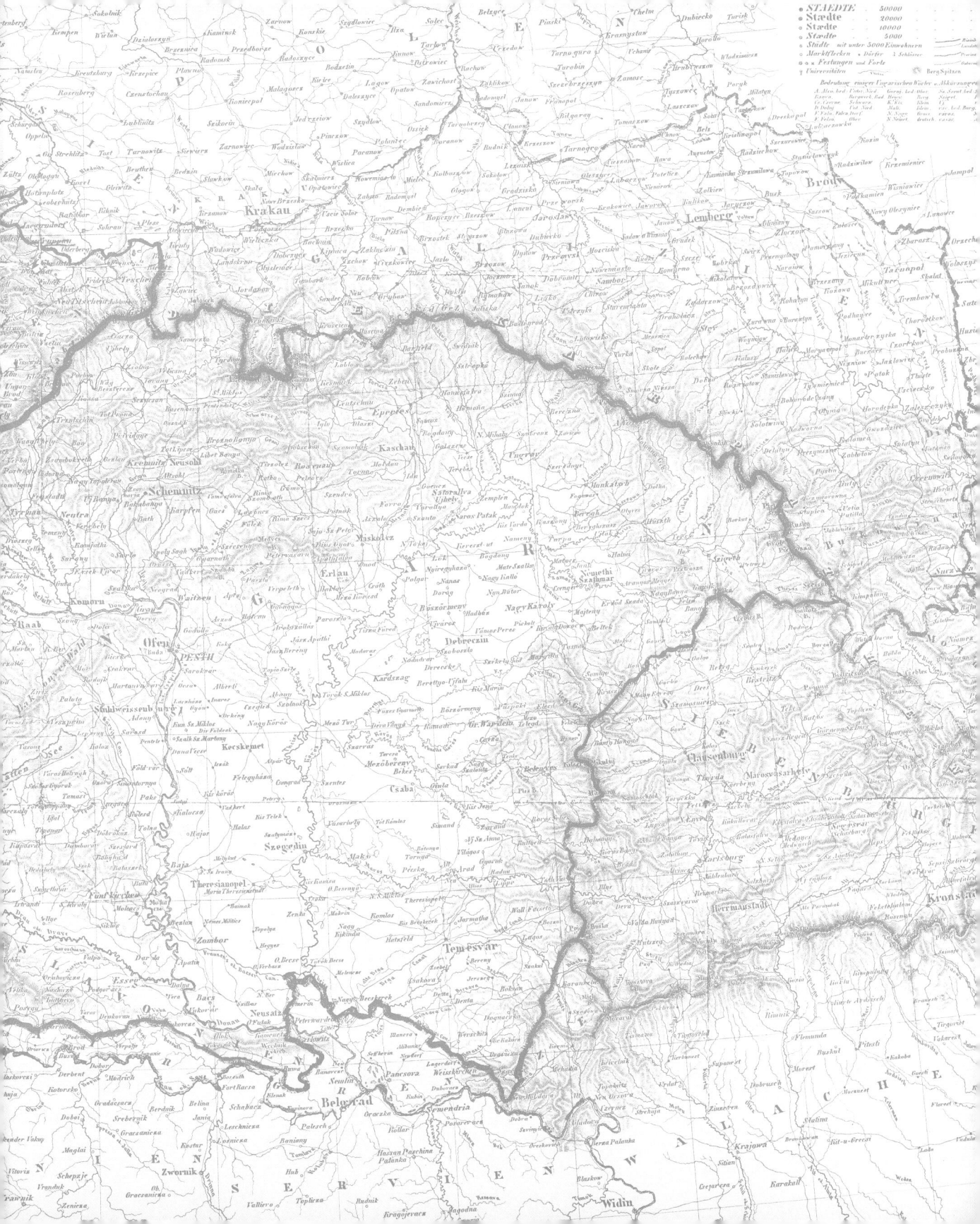

Michael Forcher

TIROLS GESCHICHTE IN WORT UND BILD

Umschlaggestaltung: Helmut Benko, Innsbruck

Vorsatz vorne: Ausschnitt aus der 1843 in Weimar erschienenen „Generalkarte von dem Österreichischen Kaiserstaate" mit Hervorhebung der Provinz Tirol, zu der damals auch Vorarlberg gehörte. Original im Tiroler Landesmuseum Ferdinandeum.

Vorsatz hinten: Übersichtskarte des heutigen Tirol mit Eintragung der Staatsgrenze und im Bundesland Tirol der Bezirksgrenzen, bearbeitet vom Institut für Geographie/Abteilung Landeskunde der Universität Innsbruck. Bei den Ortsnamen mußte eine Auswahl getroffen werden, doch war es in Südtirol immerhin möglich, alle Gemeinden zu berücksichtigen.

Historische Karten im Text: Gezeichnet von Helmut Benko nach Angaben des Verfassers. Dazu benützte Unterlagen: diverse historische Atlanten; Angaben in der einschlägigen Literatur; Karte der „Länderbildung Meinhards II. 1259–1295" in: Hermann Wiesflecker, Meinhard der Zweite, 1955 (= Band 16 der Veröffentlichungen des Instituts für Österreichische Geschichtsforschung); Fridolin Dörrers Karten in seinem grundlegenden Aufsatz „Westösterreichische Bistumsfragen im Rahmen der Entwicklung der Kirchengebiete Österreich–Ungarns seit 1918", in: „Tiroler Heimat" Bd. 33/1969; vor allem S. 75; Karte X in dem von Franz Huter herausgegebenen Standardwerk „Südtirol. Eine Frage des europäischen Gewissens". Wien 1965.

Bildnachweis: siehe Anhang, S. 285

Layout: Dr. Michael Forcher

Autor und Verlag danken dem Expertenteam
DR. JOSEF FONTANA, DR. PAUL RAINER und DDR. ALOIS STOFNER
für die Unterstützung bei der Arbeit an diesem Buch, für anregende Diskussionen, wertvolle Hinweise, die mühevolle Durchsicht des Manuskripts und zahlreiche Verbesserungsvorschläge.
DR. HANSJÖRG KUCERA war bei der Überarbeitung zur 4. Auflage behilflich.

Die Deutsche Bibliothek – CIP-Einheitsaufnahme:

Forcher, Michael:
Tirols Geschichte in Wort und Bild / Michael Forcher. – 5. Aufl. – Innsbruck : Haymon, 1999
ISBN 3-85218-142-9

© Haymon-Verlag, Innsbruck, 1. Auflage Februar 1984
2., neubearbeitete Auflage November 1984
3., ergänzte Auflage September 1988
4., neuerlich ergänzte Auflage September 1993
5. Auflage 1999
Alle Rechte vorbehalten / Printed in Austria
Gesamtherstellung: Athesia-Tyrolia Druck, Innsbruck

Inhaltsverzeichnis

„TIROL ISCH LEI OANS…" 8

ALS TIROL NOCH NICHT TIROL HIESS
Urgeschichte, Römerzeit und frühes Mittelalter in unserem Raum 10

WIE DAS LAND TIROL ENTSTAND
Die Bischöfe als Herren des Landes und Meinhard II., der Schöpfer Tirols 16

WAS DER „KLEINE MANN" GELEISTET HAT
Wirtschaftsleben im frühen und hohen Mittelalter · Städtegründungen, Siedlungsausbau und der
Beginn einer rechtlich-sozialen Sonderentwicklung des Tiroler Bauernstandes 23

VON MALERN, MÖNCHEN UND MINNESÄNGERN
Kunst und geistig-kulturelles Leben im frühen und hohen Mittelalter 28

DIE VEREINIGUNG MIT ÖSTERREICH
Margarethe Maultasch, der Streit der Großmächte um Tirol und die Übergabe des Landes
an die Habsburger 34

SELBSTÄNDIG UND WELTVERBUNDEN
Tirol als habsburgisches Landesfürstentum unter Friedl mit der leeren Tasche und Sigmund
dem Münzreichen · Große Politik und Gebietsgewinne unter Kaiser Maximilian 41

VOM FREIHEITSBRIEF ZUM LANDTAG
Die Entwicklung der Tiroler Demokratie im 14. und 15. Jahrhundert 48

DES KAISERS SCHATZKAMMER
Wirtschaftsblüte im 15. und frühen 16. Jahrhundert · Landwirtschaft, Städte, Verkehrswesen,
Bergbau und „Industrie" 54

RUND UM MICHAEL PACHER, OSWALD VON WOLKENSTEIN
UND DIE „SCHWARZEN MANDER"
Kulturelle Blütezeit im späten Mittelalter und im frühen 16. Jahrhundert 60

UM FREIHEIT UND GERECHTIGKEIT
Der „Tiroler Bauernkrieg" von 1525/26 · Michael Gaismair und seine revolutionäre Landesordnung 71

DIE ALTE ORDNUNG UND NEUE LANDESFÜRSTEN
Tirol in den Jahrzehnten nach dem Bauernaufstand · Erzherzog Ferdinand II. und die letzten
„Tiroler Habsburger" 79

RELIGIÖSER EIFER UND PRUNKVOLLE FESTE
Geistesleben, Hofkultur und Kunst vom Tod Maximilians (1519) bis zum Aussterben der
Tiroler Habsburger (1665) 83

DER „BOARISCHE RUMMEL"
Zwei fürstliche Gubernatoren in Tirol · Einfall und Vertreibung der Bayern im Jahr 1703 90

DIE „GEFÜRSTETE GRAFSCHAFT" WIRD PROVINZ
Entmachtung der Stände und Triumph des Zentralismus im 18. Jahrhundert · Die Reaktion der Tiroler und der Landtag von 1790 94

VON ALLERLEI MÖGLICHKEITEN, SEIN BROT ZU VERDIENEN
Wirtschaftliche Probleme und Neuerungen im 17. und 18. Jahrhundert 100

IM HOCHGEFÜHL DES BAROCK
Die Kunst von ca. 1630 bis gegen 1800 · Volkskultur, Schulwesen, die Innsbrucker Universität und Peter Anich 107

IM GÖTTLICHEN BUND GEGEN REVOLUTIONÄRE ARMEEN UND IDEEN
Die Abwehrkämpfe der Jahre 1796/97 und das Ende der geistlichen Fürstentümer Trient und Brixen · Neue Diözesangrenzen 115

TIROL VERSCHWINDET VON DER LANDKARTE
Die bayerische Herrschaft und die Gründe für die Volkserhebung von 1809 122

DIE ERHEBUNG UND HOFERS REGIMENT
Die Ereignisse von April bis Oktober 1809 126

FREIHEIT UND EINHEIT GEHEN VERLOREN
Die Niederschlagung der Erhebung, Strafgerichte und Dreiteilung des Landes 136

WIE TREUE MIT UNDANK BELOHNT WURDE
Erzherzog Johann, die Landesverfassung von 1816 und die Volksstimmung in den folgenden Jahren · Die Franzensfeste und neue Straßen 143

POLITIK UND KULTUR ZWISCHEN POLIZEI UND ZENSUR
Vormärz und Biedermeier (1814–1848) und die Fortsetzung des Systems bis 1859 · Liberalismus, kulturelles Leben und Technik 147

REVOLUTION IN WIEN UND KRIEG IM SÜDEN
Die kurzlebige Landesverfassung von 1848 und die Landesverteidigung in den Jahren 1848, 1859 und 1866 154

KURIENSYSTEM UND KULTURKAMPF
Beginn der Verfassungszeit (1861/62), der neue Landtag und die Auseinandersetzungen zwischen Konservativen und Liberalen 159

NEUE KRÄFTE EROBERN DEN LANDTAG
Das Werden der modernen demokratischen Parteien in den beiden Jahrzehnten um 1900 und die Bemühungen um eine gerechtere Wahlordnung 163

MIT DEM DAMPFROSS KOMMEN DIE FREMDEN
Die großen Eisenbahnbauten und der Aufschwung des Tourismus in den Jahrzehnten vor 1900 166

VON SCHWABENKINDERN, FABRIKANTEN UND ERFINDERN
Probleme der Landwirtschaft und deren Überwindung · Neuerungen im Gewerbe, Konjunkturaufschwung und Pioniere der Technik 173

NEUE WEGE IN STÜRMISCHER ZEIT
Das Tiroler Kultur- und Geistesleben in den Jahrzehnten um 1900 · Erwachtes Interesse für Brauchtum und Volkskunst 182

WIE WAR DAS MIT DEM TRENTINO?
Der Streit um die Welschtiroler Autonomie · Die Situation der Ladiner 190

DER KRIEG IN FELS UND EIS
Der Mythos von der Brennergrenze, der Angriff Italiens und Tirol im Ersten Weltkrieg · Zusammenbruch und Waffenstillstand 194

WIE ES ZUR ZERREISSUNG TIROLS KAM
Die Gründung der Republik Österreich · Die „14 Punkte" des amerikanischen Präsidenten Wilson und das Diktat von Saint-Germain 202

GROSSE SORGEN IM KLEINEN ÖSTERREICH
Nord- und Osttirol werden zum Bundesland · Wirtschaftskrisen, Parteienhader, Ständestaat und der „Anschluß" · Die Kultur der zwanziger Jahre 207

IM WÜRGEGRIFF DES FASCHISMUS
Vergebliches Hoffen auf Autonomie · Die Diktatur, Tolomeis Italianisierungsprogramm und der Widerstand der Südtiroler 217

DABLEIBEN ODER GEHEN?
Das Umsiedlungsabkommen von 1939 und die Option · Das traurigste Kapitel in Tirols Geschichte 227

TIROL UNTERM HAKENKREUZ
Der Gau Tirol–Vorarlberg von 1938 bis 1945 und Südtirol als Teil der „Operationszone Alpenvorland" (1943–1945) · Die Opfer des Nationalsozialismus nördlich und südlich des Brenners 234

VON PARIS NACH SIGMUNDSKRON
Das Wiedererstehen Österreichs, die Verweigerung des Selbstbestimmungsrechts, das Pariser Abkommen und die erste Phase im Kampf um die vereinbarte Autonomie 240

DER LANGE WEG ZUM PAKET
Das Südtirolproblem vor der UNO · Sprengstoffanschläge, Verhandlungen und das neue Autonomiestatut von 1972 249

EIN LAND IM UMBRUCH
Entwicklungen und Probleme der letzten Jahre und der Weg in die Zukunft 257

ANHANG
Zeittafel zur Geschichte Tirols · Stammtafeln der Tiroler Landesfürsten
Register · Literaturhinweise · Bildnachweis 273

„Tirol isch lei oans…"

Wenn man heute ein Buch oder einen Aufsatz schreibt, in dessen Titel das Wort Tirol vorkommt, wird man oft gefragt: „Wird darin auch Südtirol behandelt?" So weit ist es schon gekommen mit unserem lieben Land Tirol. Man singt zwar – oft gedankenlos – das Lied „Tirol isch lei oans…", sieht aber in der Praxis die Staatsgrenze am Brenner und bei Innichen als Trennungslinie zwischen zwei Ländern mit verschiedenen Namen an: auf der einen Seite Südtirol, auf der anderen Tirol. So steht es ja auch auf den Landkarten. Und schließlich gibt es zwei Landesregierungen und zwei Landeshauptleute, von denen der eine „Landeshauptmann von Tirol" heißt, obwohl sein Amtsbereich am Brenner aufhört. Das ist politische Realität.
So ist die Sprach- und Begriffsverwirrung rund um den Namen Tirol eine direkte Folge der Zerreißung des Landes durch die Siegermächte des Ersten Weltkriegs. Vorher gab es diese Probleme nicht. Wer von Tirol sprach, wußte, was gemeint war: das gesamte Kronland vom Karwendel bis zum Gardasee. Südtirol war bis ins späte 19. Jahrhundert die allgemein gebräuchliche Bezeichnung für den italienischen Teil des Landes, das heutige Trentino. Man sagte auch Welschtirol dazu. Daß sich gegen 1900 die Bedeutung des Namens Südtirol veränderte und er zunehmend für alle Täler südlich des Alpenhauptkamms angewendet wurde, hängt mit der Entwicklung des Fremdenverkehrs zusammen, der sich von der Vorsilbe „Süd-" eine besondere Werbewirksamkeit erhoffte, nicht zu Unrecht übrigens. Zur Abgrenzung gegenüber dem bisherigen italienischen „Südtirol" fügte man eine weitere Vorsilbe hinzu und sagte: „Deutsch-Südtirol". Dazu gehörte auch der Bezirk Lienz, für den allerdings bereits in den sechziger Jahren des vorigen Jahrhunderts der Begriff Osttirol erfunden wurde. Allgemein üblich war diese Bezeichnung jedoch bis zum Ersten Weltkrieg nicht. Über allem stand ungeteilt und unmißverstanden der Begriff Tirol, wie es seit Jahrhunderten selbstverständlich war. Das müßte auch heute nicht anders sein. Ein Bekenntnis zum gemeinsamen, größeren Heimatland Tirol, die Erklärung „Ich bin ein Tiroler", hindern ja niemanden daran, sich gleichzeitig auch als Südtiroler, als Nordtiroler oder als Osttiroler zu fühlen und auf seine engere Heimat besonders stolz zu sein.
Im Zusammenhang mit historischen Ereignissen oder Persönlichkeiten sollte man mit der Anwendung heutiger Namen und Begriffe aber vorsichtig sein. So kann man z. B. nicht sagen, der Bauernaufstand von 1525 habe vor allem Südtirol betroffen, das gab es ja noch nicht, sondern man muß vom „Gebiet des heutigen Südtirol" sprechen oder vom „südlichen Tirol", wie man in früheren Jahrhunderten sagte, wofür der Kartograph Peter Anich der beste Beweis ist. Natürlich war dieser Peter Anich kein Nordtiroler, genausowenig wie man Michael Gaismair oder Andreas Hofer als Südtiroler bezeichnen darf. Sie waren alle nichts anderes als eben Tiroler. Es gibt auch keine eigene Geschichte Südtirols, Nordtirols oder Osttirols, sondern nur eine Geschichte Tirols, die das ganze Land in seinen alten Grenzen umfaßt. Dabei darf man auch Welschtirol nicht übersehen, auch wenn es aus heutiger Sicht im Rahmen einer Tiroler Geschichtsdarstellung wohl nicht notwendig ist, den Besonderheiten des ehemaligen italienischen Landesteils, der bis 1803 zum größten Teil vom Trienter Bischof als selbständiges, wenn auch vertraglich mit Tirol verbundenes Fürstentum regiert wurde, die gleiche Aufmerksamkeit zu schenken wie dem heutigen Südtirol, Ost- und Nordtirol. Für die Zeit nach 1918 kann man nicht umhin, die weitere Entwicklung der Landesteile getrennt zu verfolgen, wobei einerseits von Südtirol, andererseits vom österreichischen „Bundesland Tirol" die Rede sein muß, womit in diesem Fall die Einschränkung des Begriffs Tirol deutlich gemacht wird.
„Land im Gebirge" wurde das Gebiet des heutigen Tirol genannt, bevor der Name einer Burg auf den neu gebildeten Herrschaftsbereich überging. Eine treffende Bezeichnung, denn das Gebirge ist nicht nur äußeres Merkmal der Tiroler Landschaft: Es ist mit seinen Pässen, die wie Klammern Täler und Landschaften verbinden, vielmehr die Voraussetzung für Entstehung und Entwicklung des Landes. Während die verbindende Kraft der Übergänge das Zusammenwachsen ermöglichte, erschwerten unwegsame Talengen den Zugang von außen und bildeten so die natürlichen Grenzen. Das Gebirgsrelief im mittleren Alpenbereich bot also geradezu ideale Voraussetzungen für die Bildung eines einheitlichen Territoriums. Die Tiroler Pässe erfüllten aber

auch seit jeher eine wichtige Funktion innerhalb Europas; sie verbanden Mittel- und Südeuropa und sind deshalb für Wirtschaft und Kultur, Politik und Kriegsführung von außerordentlicher Bedeutung. Tirols Geschichte, seine territoriale Entwicklung, seine Wirtschaft und Kultur sind nur aus der vermittelnden Funktion als Paßland, als Verkehrsknotenpunkt und Drehscheibe zwischen verschiedenartigen europäischen Großräumen zu verstehen. Neben dieser Besonderheit sind die uralte demokratische Tradition und das Streben nach Selbstverwaltung im größeren Staatsverband weitere wesentliche Elemente der Tiroler Geschichte, die darüber hinaus reich ist an dramatischen Ereignissen, bedeutenden Persönlichkeiten und bemerkenswerten Leistungen. Es war mein Bemühen, Entwicklungstendenzen, Zusammenhänge und Hintergründe herauszuarbeiten, ohne auf die Darstellung interessanter Einzelheiten zu verzichten. Ich wollte einen breiten Leserkreis mit der Geschichte Tirols vertraut machen und dabei möglichst viel möglichst knapp und doch nicht allzu gedrängt erzählen. Eine reiche Bebilderung sollte dieses Vorhaben unterstützen.

Allen, die mir bei meiner Arbeit mit Rat und Tat zur Seite standen, sei herzlichst gedankt, vor allem Dr. Josef Fontana, Prof. Dr. Paul Rainer, Dr. Hans Meisl, Dr. Othmar Parteli, Dr. Meinrad Pizzinini, Dir. Dr. Hubert Stemberger und Dir. DDr. Alois Stofner. Das Hauptverdienst am Zustandekommen dieses Buchs hat jedoch der Kulturreferent in der Südtiroler Landesregierung, Landesrat Dr. Anton Zelger, der es der ausschulenden Südtiroler Jugend in die Hand geben will, damit sie aus einem vermehrten Wissen über die Vergangenheit die Gegenwart dieses Landes besser verstehen kann und den richtigen Weg in die Zukunft findet. Die ersten Schritte dahin sollten – ungeachtet der Staatsgrenze – zu einem festeren Zusammenwachsen der getrennten Landesteile führen, nicht weil es das Traditionsbewußtsein so will, sondern weil wir Tiroler uns gegenseitig brauchen, um gemeinsam die anstehenden Probleme bewältigen zu können.

Innsbruck/Bozen, im November 1983   Dr. Michael Forcher

Zu den späteren Auflagen

Das immer stärker werdende Interesse breiter Bevölkerungskreise an den politischen Verhältnissen und Ereignissen vergangener Jahrzehnte und Jahrhunderte, aber auch an wirtschaftlichen, sozialen und kulturellen Entwicklungen hat dazu geführt, daß mein Buch „Tirols Geschichte in Wort und Bild" schon so bald nach seinem Erscheinen wieder vergriffen war. Das gab mir die Möglichkeit, bei der Vorbereitung einer zweiten Auflage jene paar Irrtümer und Fehler, die nun einmal trotz aller Sorgfalt in jedem Buch passieren, zu korrigieren, darüber hinaus aber auch da und dort Forschungsergebnisse der allerjüngsten Zeit bzw. inzwischen dazugewonnene neue Erkenntnisse einzuarbeiten und einige Ergänzungen – auch bei den Bildern – anzubringen. Hinweise und Anregungen dazu kamen aus Briefen, Rezensionen, Stellungnahmen und Gesprächen mit Fachkollegen und Journalisten, mit Lehrern und Schülern, mit Zeugen der jüngsten Tiroler Geschichte und mit vielen anderen interessierten Süd-, Ost- und Nordtirolern. Dafür möchte ich mich ebenso bedanken wie für das positive Echo, das mein Buch bei seinen Lesern gefunden hat.

Für die dritte und vierte Auflage waren keine Änderungen im Text notwendig, wenn man von Ergänzungen zur Entwicklung der letzten Jahre absieht, die vornehmlich das letzte Kapitel betreffen. Auch einige neue Bilder kamen natürlich dazu. Die sensationelle Entdeckung des Mannes vom Hauslabjoch („Ötzi") und der Münzfund von Aldrans fanden Eingang in das erste Kapitel.

Es freut und ehrt mich, daß zahlreiche Gemeinden Nord- und Osttirols sich entschlossen haben, das Buch „Tirols Geschichte in Wort und Bild" ihren Jungbürgern in die Hand zu geben, und danke Herrn Hofrat Dr. Hans Benedikt von der Gemeindeabteilung des Amtes der Tiroler Landesregierung und vor allem Herrn Landeshauptmann Dipl.-Ing. Dr. Alois Partl für ihre diesbezüglich ausgesprochene Empfehlung.

Innsbruck, im April 1993   Dr. Michael Forcher

Als Tirol noch nicht Tirol hieß
Urgeschichte, Römerzeit und frühes Mittelalter in unserem Raum

Wann erstmals Menschen in die Gebirgstäler kamen, die Jahrtausende später zum Land Tirol zusammenwuchsen, wissen wir nicht. Manche Forscher meinen, dies sei schon in einer Wärmeperiode während der letzten Eiszeit (um etwa 30.000 v. Chr.) geschehen. Sicher ist, daß nach dem Rückzug der Gletscher zuerst einzelne Jäger auf Streifzügen aus den Ebenen nördlich und südlich der Alpen ins Gebirge vorgedrungen sind. Bald kamen ganze Sippen zur Gründung kleiner Siedlungen.
Neueste Funde erbrachten den Nachweis, daß schon 4000 Jahre vor Christi Geburt in unserem Raum Menschen ansässig waren. Bisher nahm man dies – abgesehen vom trentinischen Etschtal – erst für die Zeit um 2000 v. Chr. als sicher an, in die u. a. die Steinkistengräber von Eppan zu datieren sind. Sie stammen aus der letzten Phase der jüngeren Steinzeit, in der unsere Vorfahren bereits Ackerbau und Viehzucht kannten. Zu einer Revision der Chronologie menschlicher Siedlungstätigkeit in höheren Lagen führte der Fund einer durch Gletschereis mumifizierten Leiche eines Menschen aus der ausgehenden Steinzeit am Hauslabjoch in den Ötztaler Alpen. Er war mit Gerätschaften und Kleidung hervorragend und bergtauglich ausgerüstet, so daß die Wissenschaft den Beginn wirtschaftlicher Nutzung der Bergregionen früher als bisher ansetzen wird müssen. Der Mann vom Hauslabjoch, volkstümlich auch „Ötzi" genannt, starb vor mehr als 5000 Jahren.
Die ersten Zeugnisse einer gewerblichen Produktion und Handelstätigkeit stammen aus der Tischofer Höhle bei Kufstein, wo nicht nur Schmuckstücke und Gebrauchsgegenstände der frühen Bronzezeit (1800–1500 v. Chr.) gefunden wurden, sondern auch Werkstätten zur Bronzeverarbeitung. Der damals einsetzende Kupferbergbau im Inntal (bei Schwaz) und auf der Kelchalpe bei Kitzbühel erlangte bald überregionale Bedeutung, da Kupfer zur Herstellung von Bronze dringend benötigt wurde und deshalb in die dichter besiedelten Gebiete nördlich der Alpen verkauft wurde. Frühbronzezeitliche Funde aus dem Wipptal und dem Landecker Becken lassen aber auch schon Kontakte über den Brenner hinweg erkennen. Die Auswirkungen des Bergsegens zeigen sich in den reichen Grabbeigaben der „Urnenfelderzeit" (1300–800 v. Chr.). Die vielen Funde von Kitzbühel über Hötting bis Ladis und im Silltal veranlaßten die Forscher, den Begriff „Nordtiroler Urnenfelderkultur" zu prägen. Was von den damaligen Siedlern in den Tälern am Südabhang der Alpen erhalten geblieben ist, vor allem eine ausgeprägt eigenständige Keramik, führte zur Abgrenzung einer Kulturgruppe, die nach ihren wichtigsten Fundplätzen bei Brixen „Mellauner" oder „Laugener Kultur" benannt wurde.
In der Blütezeit des vorgeschichtlichen Kupferbergbaus um 1000 v. Chr. wurde die gegenseitige Beeinflussung der beiderseits des Alpenhaupt-

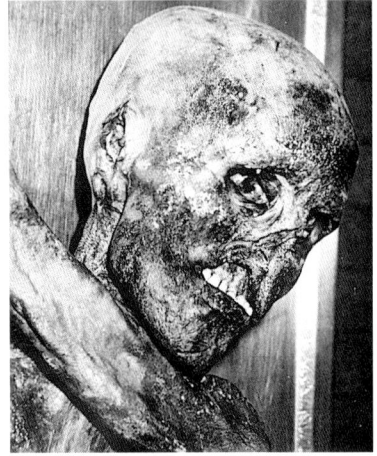

Die 1991 ausgeaperte Leiche eines Steinzeitmenschen am Hauslabjoch in den Ötztaler Alpen läßt einen hohen Zivilisationsstand der damaligen Bevölkerung erkennen.

Bei Tramin gefundener Menhir (spätes 2. Jahrtausend v. Chr.) im Tiroler Landesmuseum Ferdinandeum. Die Menhire, Steinsäulen in Form von abstrakten Menschengestalten mit eingeritzten Waffen und Schmuck, die wohl dem Toten- und Götterkult dienten, werden von der Forschung mit den Trägern der Laugener oder Mellauner Kultur in Verbindung gebracht.

◁

Keramik mit typischer Tupfenleiste aus der frühen Bronzezeit (1800–1500 v. Chr.), gefunden in der Tischofer Höhle in Kufstein.

kammes lebenden Stämme immer stärker. Vielbegangene Saumpfade, die zunehmend auch dem Fernhandel dienten, wirkten wie eine Klammer. Schließlich kam es zu einer Verschmelzung des Raumes zwischen Gardasee und Bayerischen Voralpen, zwischen Engadin und Westkärnten zu einem einheitlichen Kulturgebiet. Diese Geschlossenheit und Eigenständigkeit verstärkte sich noch während der um 750 beginnenden Hallstattzeit und hielt auch dem um 400 v. Chr. über die Alpenvölker hereinbrechenden Keltensturm stand. Trotz aller lokalen Zerstörungen und verstärkter Einflüsse von außen lebten die alten Kulturformen weiter. Nach den Hauptfundorten in Nordtirol und im Trentino sprechen die Urgeschichtler von der „Fritzens-Sanzeno-Kultur", die sich von der keltischen La-Tène-Kultur der umliegenden Regionen stark unterscheidet. Zu anderen Ergebnissen kommen die Sprachforscher: Nach ihnen müßte es doch zu einer Keltisierung unseres Raumes gekommen sein. Dies erschließen sie aus dem Ladinischen, das sich während der Römerzeit durch den Einfluß des Latein aus der Sprache der Ureinwohner entwickelt hat und ähnliche Merkmale aufweist wie jene romanischen Sprachen, die in keltischen Siedlungsgebieten entstanden sind.

Genaues und Sicheres über die Sprachzugehörigkeit der Urbevölkerung Tirols wissen wir nicht. Es kann auch weder durch Grabungsfunde noch durch die Sprach-, Orts- und Flurnamensforschung stichhaltig festgestellt werden, zu welchem größeren Volk die Träger jener „Fritzens-Sanzeno-Kultur" gehörten; von der Zuordnung zu den „Illyrern" ist die moderne Forschung längst abgekommen. Sicher ist, daß es Bauern und Bergknappen, Handwerker und Händler waren, über deren Lebensverhältnisse wir vor allem durch die wichtige Grabung im „Himmelreich" bei Volders im Unterinntal gut informiert sind. Die Menschen dieser Zeit wohnten bereits in Gebäuden, die an unsere teils gemauerten, teils in Blockbauweise errichteten Bauernhäuser erinnern.

Zu einer politischen Zusammenfassung der Stämme des mittleren Alpenbereichs kam es nicht. Im Jahrhundert vor Christi Geburt bereitete das machtpolitische Ausgreifen benachbarter Staaten der Einheit des Kulturraumes ein Ende. Kriegerische Ereignisse waren der Anlaß. Zunächst richteten die germanischen Kimbern auf ihrem Durchzug arge Verwüstungen an. Folgenschwerer war jedoch, daß das aufstrebende Römische Reich nach dem ersten Zusammenstoß mit den Germanen seine Nordgrenze aus Gründen der Sicherheit gegen den Alpenhauptkamm vorschob und seine Staatsmacht – natürlich auch seinen kulturell-zivilisatorischen Einfluß – auf die Bevölkerung des Etschtales bis in den Bozner Raum ausdehnte. Gleichzeitig wurden das mittlere Eisacktal, das Pustertal und das heutige Osttirol von dem mit Rom verbündeten keltischen Königreich Noricum in Besitz genommen, dessen schon länger wirkende Ausstrahlungskraft auch im neuentdeckten Gräberfeld bei Kundl/Wörgl festgestellt werden konnte. Da die Römer nun in engeren Kontakt mit den Bewohnern der Alpentäler kamen, kennen wir erstmals auch Namen verschiedener Stämme. So wohnten rund um Reschen und Brenner die Venosten, Isarken, Breonen und Genaunen. Die antiken Autoren verwendeten für die Bevölkerung des zentralen Ostalpenraumes aber auch verschiedene Sammelnamen, wobei die Bezeichnung „Räter" am gebräuchlichsten war. Daran anschließend ist auch in der modernen Forschung dieser Name für die Urbevölkerung Tirols allgemein üblich geworden.

Die römische Staatsführung gab sich mit einer weitgehenden Kontrolle der Südseite des Alpenhauptkammes nicht zufrieden. So kam es im Sommer des Jahres 15 v. Chr. zu einem militärischen Vorstoß nach dem Norden, den Tiberius und Drusus, die Stiefsöhne des Kaisers Augustus, anführten. Tiberius gelangte vom Westen in das Bodenseegebiet und von dort weiter in das Alpenvorland, Drusus marschierte mit zwei Legionen aus dem bereits römischen Etschtal zunächst den Eisack aufwärts über den Brenner in das Inntal, dann über die Seefelder Senke weiter nach dem Norden. Der da und dort aufflammende Widerstand der Einheimischen konnte rasch gebrochen werden. Im Osten unterstellte sich das Königreich Noricum bald darauf der römischen Oberhoheit.

Die von Tiberius und Drusus eroberten Alpen- und Voralpengebiete wurden von den Römern zur Provinz Rätien zusammengefaßt. Sie reichte von der Donau bis zu den Talengen südlich des Alpenhauptkammes. An der Talstufe der Töll bei Meran und an der Klause unter Säben begann die italische Region Venezia cum histris (entspricht dem heutigen Veneto mit Istrien). Auch die östlich an Rätien angrenzende Provinz Noricum – unter Kaiser Claudius verlor das Königreich seine Selbständigkeit – reichte von der Donau über den Alpenhauptkamm hinweg nach Süden. Die Grenze zwischen Rätien und Noricum verlief von der Mühlbacher Gegend am Ausgang des Pustertals etwas östlich der Brennerfurche nach Norden und dann wahrscheinlich weiter dem Inn entlang. Als im 4. Jahrhundert die Grenzprovinzen geteilt wurden, reichten beide Rätien – Raetia prima im Westen und Raetia secunda im Osten – vom Alpenvorland bis über den Hauptkamm der Alpen. Vom heutigen Tirol gehörte nur der Vinschgau zur Raetia prima, nach der Hauptstadt Chur auch Churrätien genannt. Noricum wurde entlang der Hauptwasserscheide geteilt.

Die Römer hatten Rätien nie umfassend kolonisiert. Die Erschließung beschränkte sich auf Militärstraßen, Kastelle, Wegstationen, einzelne Gutshöfe und wohl eher bescheidene Veteranensiedlungen. Der Schwerpunkt der Provinz war das Alpenvorland, wo auch die Hauptstadt Augusta Vindelicorum (heute Augsburg) lag. Im Gebiet des späteren Tirol (mit Welschtirol) gab es nur zwei römische Städte, und zwar das in Noricum liegende Aguntum (bei Lienz) und das nicht mehr zu den Grenzprovinzen gehörige Tridentum (Trient). Dennoch wurde im Lauf der Jahrhunderte die rätische Urbevölkerung durch den Einfluß von Handelsbeziehungen, Militärdienst, Verwaltung, Missionierung und persönliche Verbindungen weitgehend, wenn auch oberflächlich romanisiert. Ihre uns nicht bekannte Sprache wurde zum „Rätoromanischen" bzw. „Alpenromanischen", das in den Dolomitentälern heute noch gesprochen wird.

Über die untergehende Antike besitzen wir aus dem Raum Tirol keine verläßlichen Geschichtsquellen, und auch die Archäologie ermöglicht keine gesicherten Aussagen. Man weiß nur, daß die Zeiten vom Beginn des 5. Jahrhunderts an äußerst unruhig waren und die Grenzprovinzen

Spätrömisches Relief mit Mädchengestalt (2. Jh. n. Chr.) aus Aguntum bei Lienz.

▷
Garnitur von bronzenen Gürtelbeschlägen aus dem bajuwarischen Reihengräberfriedhof von Pfaffenhofen bei Telfs im Oberinntal (Mitte 7. Jh. n. Chr.).

Aus der unruhigen Zeit nach dem Zusammenbruch des Römischen Reichs stammt der 1991 in einem Wald bei Aldrans bei Innsbruck entdeckte Münzschatz mit langobardischen Prägungen.

mehrmals feindliche Einfälle erdulden mußten. Innerhalb eines halben Jahrhunderts wurde z. B. Aguntum zweimal verwüstet. Das Alpenvorland hatten die Römer gegen Ende des 4. Jahrhunderts aufgeben müssen; die als Schutzwall gegen einen weiteren Durchbruch der Barbaren ausgebaute Kette von Kastellen in den Alpentälern konnte ihre Aufgabe jedoch nicht erfüllen. Auch daß zeitweise starke römische Militäreinheiten im Innern Rätiens stationiert waren und die einheimische Bevölkerung als eine Art Landmiliz zu Kriegsdienst und Verteidigung herangezogen wurde, nützte wenig. In anhaltenden Wirren ging die staatliche Autorität unter. Die auf italischem Boden von Odoaker und Theoderich gegründeten Germanenreiche (476–552) vermochten wohl nur eine lockere Oberhoheit über Roms Alpenprovinzen aufrechtzuerhalten. Immerhin blieb die Gestalt König Theoderichs als Dietrich von Bern im Bewußtsein der Bevölkerung lebendig. Der Ostgotenkönig Witigis trat 536/37 schließlich große Teile Rätiens formell an die Franken ab, die ihren Einfluß in den folgenden Jahren anscheinend bis nach Noricum hinein ausdehnen konnten.

Daß wir über diese Zeit so wenig wissen, ist bedauerlich, gehen doch zwischen 470 und 600 n. Chr. für die weitere Geschichte unseres Landes entscheidende Entwicklungen vor sich. So gibt es plötzlich um die Mitte des 6. Jahrhunderts ein Volk der Bajuwaren oder Bayern, von dem man früher nie etwas gehört hat. Der ewige Gelehrtenstreit um die Herkunft der Bayern ist inzwischen so weit entschieden, daß zumindest eines feststeht: Die Bajuwaren sind von nirgendwoher in den Raum zwischen Donau und Alpen eingewandert, sondern verdanken ihr Dasein einem Verschmelzen keltischer Ureinwohner, römischer Siedler und germanischer Splittergruppen zu einem neuen Volk, das eigene Bräuche und bestimmte Eigenschaften entwickelte und bald auch mit kulturellen Leistungen aufwarten konnte. Mitgeholfen beim Aufstieg des jungen Stammes hat die Tatsache, daß die Frankenkönige das in der Völkerwanderung verwüstete Land der Bajovarii – so die ersten Namensnennungen – zum Bollwerk gegen die vom Osten anrückenden Langobarden und anderen Volksscharen ausersehen hatten. Sie schickten kleine militärische Einheiten, Grafen als Unterkommandanten und einen Oberbefehlshaber, Dux oder Herzog genannt, in das Grenzgebiet. Unter ihrer Führung wurde das Land wieder kolonisiert, die Bevölkerung neu organisiert. Die in römischer Zeit begonnene Christianisierung wurde vom Westen aus fortgesetzt. Der erste Herzog der Bayern mit dem Sitz in der alten Römerstadt Regensburg hieß Garibald I.; vielleicht war er ein Burgunder, eher aber ein Franke, wahrscheinlich sogar aus dem merowingischen Königshaus. Er begründete das bayerische Herzogsgeschlecht der Agilolfinger. Kaum zwei Generationen später, um 600, kämpften Herzog Tassilo I. und sein Sohn Garibald II. in dem zum fränkischen Einflußgebiet gehörigen Drautal gegen Slawen und Awaren.

Über die beginnende Siedlungstätigkeit der Bajuwaren in den Alpentälern wissen wir wenig. Ende des 6. Jahrhunderts gehörte jedenfalls zumindest das Inntal zum Gebiet des Bayernstammes, der sich in den folgenden Jahrzehnten über weitere Täler ausbreitete. Dies geschah durchaus friedlich, wie man annimmt. Nur die Sage weiß von einer

Schlacht: Bei Brixen soll ein römisches (rätoromanisches?) Heer besiegt worden sein. Die romanisierte Urbevölkerung, die durch Flüchtlinge aus dem Alpenvorland verstärkt worden war, konnte sich neben den Bayern noch lange halten, zum Teil sogar in führenden Stellungen, ging aber dann in der bajuwarischen Volksgruppe auf. Die Neuankömmlinge brachten nicht nur bereits fruchtbaren Boden in ihren Besitz, sondern gewannen durch Rodung und andere Kolonisationswerke neues Kulturland. Hand in Hand mit der Besiedlung des Landes wurden die jeweiligen Grenzen durch Kastelle und Wehrsiedlungen geschützt. Als südlichster Punkt war um 680 Bozen fest in bayerischem Besitz. Ein Graf führte dort den Befehl in den Kämpfen gegen die Langobarden, die in Oberitalien ein Königreich gegründet hatten und von ihrem Herzogtum Trient aus bis ins Eisacktal vorgedrungen waren. Während sie hier auf die Bayern trafen, kam es zwischen Bozen und Meran zu Auseinandersetzungen zwischen den Langobarden und den Franken, die von ihrem in Churrätien gegründeten Vasallenstaat aus vorstießen.

Im 8. Jahrhundert war fast das ganze spätere Tirol in der Hand der Bayernherzöge, die ihrerseits unter lockerer fränkischer Oberhoheit standen. Nur der Vinschgau dürfte zum fränkischen Churrätien bzw. später zum Herzogtum Schwaben gehört haben. Im Osten hatten die Slawen das Lienzer Becken mit dem Iseltal halten können. Das Gebiet unterhalb von Bozen und das spätere Welschtirol gehörten zum oberitalienischen Königreich der Langobarden.

Nach der Absetzung des Agilolfingers Tassilo III. wurde das bayerische Stammesherzogtum 788 von Karl dem Großen dem Frankenreich einverleibt. Der bayerische Hochadel stellte sich auf die Seite des neuen Herrn und übernahm neben der fränkischen Aristokratie wichtige Verwaltungsaufgaben in den neueingerichteten Grafschaften. Auch in kirchlicher und geistig-kultureller Hinsicht vollzog sich eine Neuorientierung nach Norden: Die Missionare kamen jetzt nicht mehr aus Italien, sondern aus den kirchlichen Zentren Bayerns. Das Bistum Säben, das seit dem Ende des 6. Jahrhunderts historisch bezeugt ist, lockerte seine bisherigen Beziehungen zur Metropole Aquileia: es wurde 798 von diesem oberitalischen Kirchenbezirk losgelöst und dem neugegründeten Metropolitanbezirk Salzburg unterstellt. Zum unmittelbaren Amtsbereich des Erzbischofs von Salzburg gehörte der Osten des späteren Tirol, jedoch nur bis zur Drau; südlich dieses Flusses war der Metropolit von Aquileia zuständig. Das Bozner Becken gehörte zur Diözese Trient, der Vinschgau zum Bistum Chur.

Das Christentum war schon zur Römerzeit in unserem Land heimisch geworden. An mehreren Orten konnten die Reste frühchristlicher Kirchen aufgedeckt werden. Bischöfe residierten – soviel man heute sicher weiß – in Trient, Augsburg und Aguntum. Die Gründung des Bistums Säben liegt im dunkeln und darf wohl erst in nachrömischer Zeit angesetzt werden. Manche Forscher nehmen an, daß sich der Bischof von Augsburg während der Völkerwanderungszeit in den Süden der Provinz Raetia secunda zurückgezogen hat und auf dem Säbener Berg die Tradition des Bischofssitzes begründete, der später nach Brixen verlegt wurde. Genauer informiert sind wir über die ersten Klostergründungen

Gotische Statue des hl. Ingenuin, des ersten Bischofs von Säben, von dem wir historisch Gesichertes wissen. Er lebte und wirkte um das Jahr 600. Seine ursprünglich auf Säben ruhenden Gebeine wurden um 1000 vom heiligen Bischof Albuin nach Brixen übertragen.

Reste der frühchristlichen Kirche auf dem Säbener Berg, die im 6. Jahrhundert zur Bischofskathedrale ausgebaut worden war (Bild von den Ausgrabungen 1981/82, tief unten das Eisacktal mit der Autobahn).

in den von den Bayern besiedelten Alpentälern. Sie hatten nicht nur geistig-kulturelle, sondern auch wirtschaftliche und politische Bedeutung. Im Jahr 763 ließen zwei bajuwarische Edle bei der alten römischen Poststation Scarbia, dem heutigen Tiroler Grenzort Scharnitz, ein Kloster errichten, dem Bayernherzog Tassilo III. sechs Jahre später einen bedeutenden Landstrich im östlichen Pustertal schenkte, damit vor allem für die Missionierung der slawischen Nachbarn eine „Filiale" gegründet werden konnte. In den folgenden Jahren entstand dort das Kloster Innichen. Da die Mönchsgemeinschaft von Scharnitz bald danach aus dem Gebirge hinaus ins Alpenvorland nach Schlehdorf verlegt wurde, verbleibt die Tassilogründung Innichen das älteste Kloster auf Tiroler Boden. Es hatte wohl nicht nur den Zweck, das „ungläubige Volk der Slawen auf den Pfad der Wahrheit zu führen", wie es in der Schenkungsurkunde von 769 heißt, sondern war auch als Machtposition an der damals noch von den slawischen Karantanen bedrohten Grenze wichtig. Im Jahr 772 konnte Tassilo III. die Slawen zwar besiegen, doch blieb vorerst der Anraser Bach im Drautal bzw. die Talenge der „Lienzer Klause" die Trennungslinie zwischen beiden Volksstämmen. Erst nach der endgültigen Unterwerfung der Karantanen durch Karl den Großen verlor die Grenze ihre ethnische Bedeutung, weil jetzt eine friedliche Durchdringung des nur schwach besiedelten slawischen Gebietes mit bajuwarischen Siedlern begann.

Wie das Land Tirol entstand
Die Bischöfe als Herren des Landes und Meinhard II., der Schöpfer Tirols

Als Paßlandschaft zwischen Deutschland und Italien erlangte das „Land im Gebirge", wie die Täler um Brenner und Reschen in den Urkunden des hohen Mittelalters meist genannt werden, zunehmend politische Bedeutung. Nach dem Tod Karls des Großen und den Teilungsverträgen seiner Erben lag das heutige Tirol innerhalb der Grenzen des Ostfränkischen Reichs Ludwigs des Deutschen und seiner Nachfolger, das seit dem 11. Jahrhundert auch „Regnum Teutonicum", Deutsches Reich, genannt wurde. Südlich von Bozen begann das mittlere Teilreich, das langobardisch-italienische Königreich Lothars. Seit Beginn des 10. Jahrhunderts war es innerhalb des Ostfränkischen Reichs zur Ausbildung von Stammesherzogtümern und zum Erstarken der herzoglichen Gewalt gekommen. Das Kerngebiet des späteren Tirol gehörte zu Bayern, der Westen zum Herzogtum Schwaben, das Lienzer Becken mit dem Iseltal zu dem von Bayern abgetrennten Herzogtum Kärnten. Trient war Teil der Mark Verona.

Es war für die Zukunft des gesamten mittleren Alpenstücks entscheidend, daß die ostfränkischen Könige die karolingische Reichstradition wieder aufnahmen, Italien gewannen und 962 unter Otto I. sogar die Kaiserkrönung in Rom erreichten. Die Gewißheit, ungehindert über die Alpen ziehen zu können, und sichere Verbindungen nach Deutschland während der monate- und jahrelangen Aufenthalte der Herrscher in Italien waren für eine erfolgreiche Reichspolitik entscheidend. Für die Könige und Kaiser war es deshalb nicht gleichgültig, in wessen Gewalt sich die Wege nach Italien befanden. Auf die Treue der Herzöge konnten sie sich vielfach nicht verlassen, was umso schwerer wog, als deren Stellung und Besitz erblich geworden waren. Vor allem bayerische und schwäbische Adelssippen betrieben eine zielstrebige Hausmachtpolitik und lagen häufig im Widerstreit mit den Interessen des Reichs und der Könige. Die Alpenpässe waren in ihren Händen ein wirkungsvolles Faustpfand. Immerhin führte mehr als die Hälfte aller Romzüge der deutschen Könige über den Brenner. Zur Sicherung ihrer Politik lösten deshalb die sächsischen und salischen Kaiser die wichtigsten Grafschaften im Gebirge aus dem Machtbereich unbotmäßiger oder unverläßlicher Vasallen und übergaben sie den Bischöfen von Trient und Brixen, von deren Anhänglichkeit sie überzeugt sein konnten, wurden sie doch im Sinne des Reichskirchensystems jeweils vom Herrscher eingesetzt. Auch brauchten sie keine dynastischen Interessen zu verfolgen.

Zunächst übergab Heinrich II. im Jahr 1004 die den Weg aus den Alpen in die Poebene bewachende Mark Trient dem dortigen Bischof. Als 1027 diese Belehnung durch Konrad II. bestätigt wurde, erhielt das Hochstift Trient die nördlich angrenzenden Grafschaften Bozen und Vinschgau noch dazu. Die Grafschaft Norital, die von Bozen über den Brenner bis

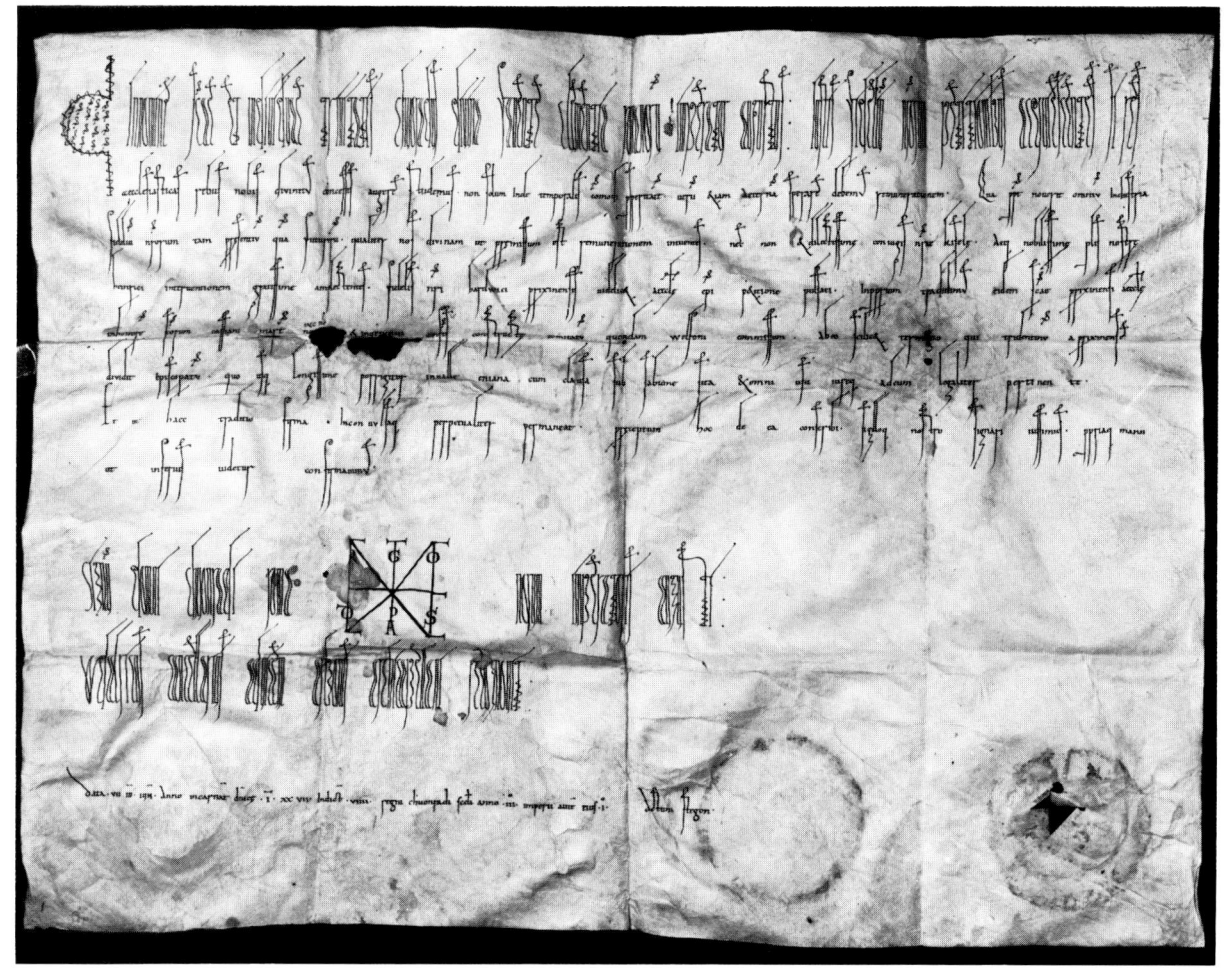

Mit dieser Urkunde begann die Herauslösung des späteren Tirol aus dem Herzogtum Bayern: Kaiser Konrad II. überträgt am 7. Juni 1027 die Grafschaft Noritel, die von Bozen über den Brenner bis ins Inntal reichte, dem Bischof von Brixen.

ins Inntal reichte, wurde im gleichen Jahr dem Brixner Bischof übertragen. Nun waren also auch der Brenner und der Verkehrsknotenpunkt am Inn, wo später Innsbruck entstand, in der Hand eines geistlichen Fürsten. 1091 erhielt der Bischof von Brixen zudem die Grafschaft Pustertal. Grundschenkungen und die Verleihung verschiedener königlicher Rechte („Regalien") ergänzten die Machtfülle der beiden Bischöfe.

Doch all diese reichspolitischen Maßnahmen der Kaiser hatten nicht den gewünschten Erfolg. Die Aufwertung der Bischöfe von Trient und Brixen, die als Reichsfürsten unmittelbar dem König unterstanden und nun über das gesamte Gebiet vom Inntal bis zum Gardasee geboten, führte noch nicht zur vollständigen Herauslösung der ihnen verliehenen Grafschaften aus dem Herzogtum Bayern. Sie übten nämlich ihre Herrschaftsgewalt aus Rücksicht auf ihre kirchliche Würde nicht selbst aus, sondern gaben sie wiederum als Lehen an verschiedene, meist bayerische Adelige weiter, die als Grafen gleichzeitig die nicht minder begehrte

Schutz- oder Vogteigewalt über den weltlichen Besitz der Bischöfe erlangten, was ihnen weitgehenden Einfluß sicherte, bei geschickter Auslegung und Nutzung fast eine Oberhoheit. Vogteirechte über Klöster, Stifte und Kirchen vermehrten die Macht des jeweiligen Geschlechts.

Die von den Bischöfen eingesetzten Grafen bemühten sich um eine Festigung ihrer erblichen Position, um die Vermehrung des Grundbesitzes und um die Ausdehnung ihres Herrschaftsbereichs. Dies gelang ihnen durch Verträge, Käufe, Eheschließungen und Erbschaften, aber auch durch blutige Fehden oder sonstige Gewaltanwendung. Meist stammte nur ein Teil ihrer Macht aus bischöflichen Lehen, während sie mit anderen Besitzungen und Herrschaftsrechten Lehensträger des bayerischen Herzogs waren und damit strenggenommen seine Gefolgsleute. So wurde das „Land im Gebirge" weiterhin als zum Herzogtum Bayern gehörig betrachtet. Wer sich letztlich durchsetzen würde: die Bischöfe, eine der rivalisierenden Grafenfamilien oder die Herzöge von Bayern, war eine Frage der Machtverhältnisse. Solange ein mächtiges Geschlecht mit überregionalen Ambitionen, wie es die Welfen waren, in Bayern regierte, hatten Loslösungstendenzen wenig Aussicht auf Erfolg. Doch 1180 wurde der ehrgeizige Welfenherzog Heinrich der Löwe gestürzt. Seinen Machtbereich übernahmen die eher schwachen Wittelsbacher.

An Inn, Etsch, Eisack und Rienz hatten damals vier Adelsdynastien die anderen an Bedeutung weit überflügelt: Es waren dies die Grafen von Eppan und Ulten und die mit ihnen verwandten Grafen von Greifenstein oder von Morit, weiters die Grafen von Andechs und jene von Tirol. Unter ihnen hatten die Andechser zunächst die stärkste und aussichtsreichste Stellung inne. Sie besaßen nicht nur das Unterinntal (von Zirl bis zum Ziller) mit der von ihnen 1180 gegründeten Stadt Innsbruck und das Pustertal, sondern darüber hinaus auch Grafschaften und Güter in Bayern und Franken, in Kärnten, Krain, Istrien, Dalmatien und Kroatien. Ihr Herrschaftsbereich erstreckte sich – freilich oft unterbrochen – vom Main bis nach Istrien, wo sie die Markgrafschaft erwarben. Nach 1180 durften sie sich sogar Herzöge von Meranien nennen, was nichts mit Meran in Tirol zu tun hat, sondern sich auf ein Herrschaftsgebiet an der Adria bezieht. Das Geschlecht war jedoch nicht vom Glück begünstigt: Es verlor für einige Zeit alle seine Besitzungen und Rechte, da es mit der Ermordung des deutschen Königs Philipp in Verbindung gebracht und geächtet wurde (1208), und starb nicht lange nach der Rehabilitierung (1232) mit Herzog Otto VIII. im Jahr 1248 aus.

Glücklicher waren die vom Trienter Bischof im Vinschgau eingesetzten Grafen, die sich nach ihrer Burg Tirol nannten. Sie dürften aus Kärnten stammen und bevorzugten die Namen Albert, Berthold und Heinrich. Neben dem Vinschgau war die Vogtei über das Hochstift Trient Ausgangspunkt ihrer Machtstellung. Den Tiroler Grafen gelang es, nach und nach mit starker Hand und kluger Umsicht die bischöflichen Grafschaften um Reschen und Brenner in ihrer Hand zu vereinen. Nur in der Grafschaft oder Mark Trient übernahmen die Bischöfe unmittelbar die Verwaltung.

Als weitblickende und tatkräftige Herrscherpersönlichkeit erwies sich

Siegel des Berthold von Andechs. Sein Geschlecht gehörte bis 1248 zu den mächtigsten des „Landes im Gebirge".

Siegel des Albert von Tirol, dem 1248 die Vereinigung der Grafschaften um den Brenner gelang, mit einer der ältesten Darstellungen des Tiroler Adlers.

vor allem Graf Albert von Tirol, der Letzte seines Stammes. Seine Heiratspolitik brachte ihm als Erbe der Andechser die Grafschaften Unterinntal und Pustertal ein. So kann das Jahr 1248 als das Geburtsjahr Tirols bezeichnet werden, weil – wie es der Historiker Franz Huter ausdrückt – „die Klammer zwischen Inn und Etsch erstmals fest geknüpft war". In den Urkunden macht sich diese Tatsache so bemerkbar, daß statt der bisher üblichen Bezeichnung „Land im Gebirge" die Benennung „Dominium comitis Tyrolis", also „Herrschaft des Grafen von Tirol" auftaucht. Die weltliche Macht hatte sich gegenüber der rechtlichen Oberhoheit der Kirchenfürsten offenbar bereits durchgesetzt. Und die Herauslösung aus dem Herzogtum Bayern sollte bald folgen.

Das von Graf Albert geschaffene Territorium überdauerte seinen Tod nicht. Seine Tochter Elisabeth, deren erste Ehe die Andechser Erbschaft eingebracht hatte, war in zweiter Ehe mit dem bayerischen Grafen Gebhard von Hirschberg vermählt; seine zweite Tochter Adelheid mit dem Grafen Meinhard III. von Görz. Als nun Graf Albert von Tirol 1253 starb, teilten sich die Gatten seiner Töchter das Erbe: Meinhard (in Tirol der I.) erhielt den südlichen, Gebhard den nördlichen Teil. Erwähnenswert ist die Tatsache, daß die Grenze nicht dem Alpenhauptkamm folgte, sondern gemäß alten Traditionen durch Talengen markiert wurde. Die Teilungslinie verlief südlich des Brenners (bei Franzensfeste) und nördlich des Reschenpasses (bei Landeck). Während so das nördliche Tirol wieder enger mit Bayern verbunden war, gehörte der Süden nun zu einem Herrschaftsverband, der auch die Görzer Gebiete in Friaul, in Istrien und im Herzogtum Kärnten umfaßte. Neben der Stadt und der Burg Görz im östlichen Friaul war Lienz am Ausgang des Pustertals Hauptsitz der Görzer Grafen.

Nach dem Tod Meinhards I. (1258) trat zunächst sein Sohn Meinhard II. allein die Nachfolge in den görzischen Landen und in Tirol an, mußte aber später (1271) mit seinem Bruder Albert teilen, der Friaul und Istrien, das Pustertal, den Lurngau (mit Lienz) und die Kärntner Herrschaften der Görzer erhielt. Meinhard II. verblieb das wichtigere Tirol. Er ging sofort zielstrebig an den Ausbau des Landes. Vom Hirschberger Grafen gewann er – als dessen Ehe kinderlos blieb – das Wipptal und das Inntal zurück. Seine Ehe mit der Witwe des Hohenstaufen Konrad IV. sicherte ihm die in Westtirol massierten staufischen Güter und Rechte und ermöglichte wohl erst die Erwerbung des oberen Inntals und des Lechtals. In Richtung Unterinntal dehnte Meinhard seine Herrschaft über den Zillerfluß aus, da ihm der Bayernherzog das Gericht Rattenberg verpfändete. Eine jahrelange Auseinandersetzung mit den Trienter Bischöfen, in deren Verlauf Meinhard die Herrschaft im unmittelbar bischöflichen Gebiet, dem Stiftsland, ganz an sich riß, festigte den Besitz des gesamten Etschtalbeckens von Bozen bis zur Mündung des Avisio südlich von Salurn, wo damals die deutsche Sprachgrenze verlief. Vorher hatten sich hier die Tiroler Grafen die Grafschaftsgewalt mit dem Bischof von Trient teilen müssen.

Wichtiger noch für die weitere Geschichte des Landes war es, daß Meinhard II. den Rechtstitel der Vogtei, der erblichen Schutzgewalt über die Hochstifte Brixen und Trient, dazu benützte, die Bischöfe, eigentlich

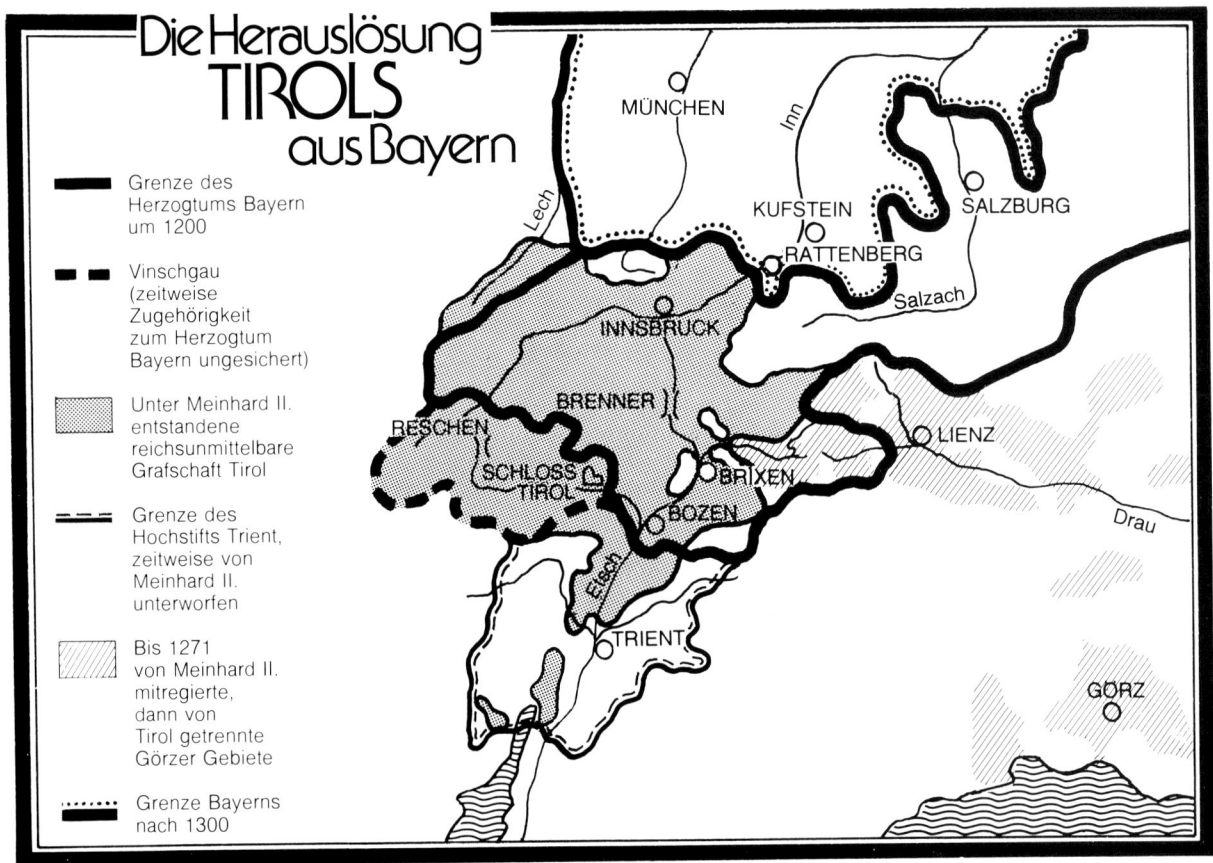

seine Lehensherren, völlig in seine Abhängigkeit zu bringen. Von der Einschleusung seiner Parteigänger in die Domkapitel bis zu Rechtsbruch und brutaler Gewalt war ihm jedes Mittel recht, die ihm verhaßte weltliche Macht der Kirche zu schmälern. Unter Meinhard verloren die beiden geistlichen Reichsfürsten jegliche Chance, ihre verbrieften Herrschaftsansprüche zur Geltung zu bringen. Ihr Immunitätsbereich wurde nicht zuletzt durch die Herausbildung geschlossener gräflicher Grundherrschaften immer weiter eingeschränkt. Zuletzt geboten sie nur mehr über ihre Residenzstädte und kleine – in Trient etwas größere – Landflecken und Dörfer. Aber auch diese „Stiftsländer" wurden durch Verträge über die Wehrhoheit und Steuereinhebung an die sich herausbildende landesfürstliche Macht gebunden. Diese Entwicklung wurde im 14. Jahrhundert abgeschlossen und bestimmte das Verhältnis Tirols zu den Brixner und Trienter Bischöfen ein halbes Jahrtausend lang.

Meinhard II. hatte neben der Abrundung des Territoriums und der Durchsetzung seines Machtanspruchs gegenüber den Bischöfen noch ein drittes wichtiges Ziel, das er ebenso konsequent und skrupellos verfolgte und schließlich auch erreichte: die Vereinheitlichung der verschiedenartigen Herrschaftsrechte, der Lehen, Vogteien, Gerichtshoheiten und anderer Rechtstitel unterschiedlicher Herkunft und Bedeutung zur vollen Staatsgewalt in den Händen des Landesherrn. Gleichzeitig festigte die Erweiterung des Grundbesitzes Meinhards Machtposition. Dieser Konzentrationsprozeß ging großteils auf Kosten der zahlreichen gräflichen oder edelfreien Adelsgeschlechter, die Meinhard stürzte oder entmachtete und seiner Dienstbarkeit unterwarf. Sondergewalten und Hoheitsrechte geistlicher und weltlicher Herren wurden fast ausnahmslos beseitigt.

Damit war die Gefahr, daß Tirol in kleine Herrschaften zerfallen könnte, vorerst gebannt. Rechtliche und machtpolitische Ansprüche, die Bayern und Verona auf Teile des neuentstandenen Landes erhoben, wußte Meinhard ebenfalls zurückzuweisen und verhinderte so dessen Aufteilung auf die Nachbarn im Norden und Süden. Zur Festigung seines Landes im Inneren schuf Meinhard eine einheitliche Verwaltungsorganisation mit gut funktionierenden Zentralstellen und einem wohlgeordneten Netz lokaler Gerichte und Ämter. Der ganzen Entwicklung gab er einen Abschluß durch die Aufzeichnung eines eigenen Landrechts, was als besonderes Kennzeichen eines selbständigen Landes galt. Auf Grund all dieser Leistungen wird Meinhard II. zu Recht der Schöpfer Tirols genannt. Tatsächlich taucht 1271 die Bezeichnung „Herrschaft Tirol" auf. In anderen Urkunden wird das neuentstandene Territorium auch als „Grafschaft" oder als „Land" bezeichnet. Vergeblich bemühte sich der Herzog von Bayern, die ehemalige Abhängigkeit Tirols vom bayerischen Herzogtum in Erinnerung zu rufen. Der Tiroler Graf handelte wie ein souveräner Fürst, schloß Frieden und erklärte Kriege, verhandelte, ging Verträge mit anderen Herrschern ein und hatte selbst beim Päpstlichen Stuhl seine eigenen Gesandten. Meinhard galt im Kreise der europäischen Fürsten als gleichberechtigt, obwohl seine Stellung im Deutschen Reich relativ spät rechtlich aufgewertet wurde.

Im Jahr 1282 bestätigte König Rudolf von Habsburg urkundlich die Selbständigkeit Tirols und erhob wenig später Meinhard II. in den Reichsfürstenrang, indem er ihn mit dem Herzogtum Kärnten belehnte. Es war dies ein Dank für die politische und militärische Unterstützung, die Meinhard dem Habsburger stets zukommen hatte lassen. Die beiden Fürsten knüpften auch verwandtschaftliche Bande: König Rudolfs Sohn Albrecht I. heiratete die Tochter Meinhards II., die somit zur Stammutter aller Habsburger wurde. Die Freundschaft mit dem habsburgischen König wußte Meinhard zur Erreichung seiner Ziele ebenso zu nützen wie vorher das Fehlen einer zentralen Reichsgewalt während des „Interregnums".

Meinhard II. von Tirol-Görz ist der Gründer des Zisterzienserstifts Stams im Oberinntal, das er zur Begräbnisstätte für sich und sein Geschlecht bestimmte. Die Geschichtsschreibung beurteilt den Begründer Tirols als weitblickenden, seiner Zeit um Jahrzehnte, ja um Jahrhunderte vorauseilenden „schöpferischen Fürsten" (Wiesflecker), dessen oft mehr als bedenkliche Methoden seine Leistung nicht mindern, und stellt ihn neben andere überdurchschnittliche Herrscherpersönlichkeiten seiner Epoche, wie Heinrich den Löwen, Ezzelino da Romano, Rudolf den Stifter.

Meinhards Söhne, die das Erbe ihres 1295 verstorbenen Vaters seinem

Im 16. Jahrhundert entstandenes Phantasieporträt Meinhards II. von Tirol-Görz. Er war der eigentliche Schöpfer des Landes Tirol.

Wunsch gemäß ungeteilt verwalteten, wurden als Landesfürsten bezeichnet und von ihrem Vetter, dem habsburgischen König Albrecht I., mit der Zoll-, Straßen- und Verkehrshoheit innerhalb der Grafschaft Tirol belehnt. Nach dem Tod seiner Brüder regierte von 1310 an Heinrich von Tirol-Görz allein. Er erwarb die Herrschaft Taufers im Pustertal, das sonst zum Görzer Gebiet gehörte. Heinrich war nicht imstande, das Lebenswerk seines Vaters weiter auszubauen oder auch nur zu festigen. Im Gegenteil, er verstrickte sich in abenteuerliche Unternehmungen – so ließ er sich zum König von Böhmen krönen, wurde aber von den Luxemburgern und ihren Anhängern bald wieder vertrieben – und schwächte dadurch das Land Tirol, das alle damaligen europäischen „Großmächte" gerne besessen hätten. Mit Heinrichs Tod im Jahr 1335 begann tatsächlich ein jahrelanger Kampf um Tirol. Im Mittelpunkt der Geschehnisse stand die Tiroler „Erbtochter" Margarethe Maultasch.

Gab dem Land den Namen: Schloß Tirol bei Meran, hier auf einem alten Photo, aufgenommen um 1875 vor dem Wiederaufbau des Turms (rechts im Bild), der inzwischen zu einem Wahrzeichen Tirols geworden ist.

Was der „kleine Mann" geleistet hat

Wirtschaftsleben im frühen und hohen Mittelalter ● Städtegründungen, Siedlungsausbau und der Beginn einer rechtlich-sozialen Sonderentwicklung des Tiroler Bauernstandes

So wie Jakob Placidus und Franz Altmutter um 1800 in der Innsbrucker Hofburg einen Saumzug über die Alpen (rechts Kraxenträger) darstellten, ist es auch schon im Mittelalter auf den Pässen und Jochwegen Tirols zugegangen.

In einer Zusammenfassung der frühesten Geschichte unseres Landes muß zwangsläufig in erster Linie von Kaisern, Bischöfen, Grafen und anderen Adeligen die Rede sein, bestimmten sie doch weitgehend den Lauf der Ereignisse und entschieden über die Zukunft eines ganzen Volkes. Trotzdem sollten wir wissen, wie es den einfachen Menschen ergangen ist, zumal sich bereits im 12. und 13. Jahrhundert wirtschaftliche und soziale Entwicklungen anbahnten, die später die Geschicke des Landes entscheidend beeinflussen sollten.

Der Verkehr zu Fuß und zu Pferd über die Alpen – auf den Römerstraßen oder über die traditionellen Saumpfade und Jochwege – nahm nach den Wirren der Völkerwanderungszeit wieder zu. Pilger und Kaufleute, Diplomaten und Fürsten mit Gefolge, Abenteurer und militärische Kolonnen zogen durch das Land im Gebirge, das einmal Tirol werden sollte. Für Rast und Unterkunft standen an wichtigen Punkten Hospize zur Verfügung. Als nach der Jahrtausendwende die Zahl von Händlern und Reisenden rasch weiter anstieg, erkannten die Bischöfe und Grafen, die über die wichtigsten Verkehrswege geboten, daß sich hier die Chance bot, neben den Zoll- und Mauteinnahmen aus dem Durchzugsverkehr weiteren Gewinn zu ziehen, indem sie an günstigen Stellen Marktflecken gründeten, wo Handwerker und Fuhrleute für die verschiedensten Hilfsdienste bereitstanden und Händler ihre Waren lagern und austauschen konnten.

Mit Ausnahme von Trient, wo die städtische Tradition seit der Römerzeit nie abgebrochen war, und Brixen, wo die in der ersten Hälfte des 11. Jahrhunderts angelegte Verkehrssiedlung jünger ist als der Dombezirk, gehen alle Tiroler Städte auf solche Marktgründungen zurück. Nach und nach wurden sie von Mauern umgeben und mit Stadtrechten ausgezeichnet. Für die Bürgergemeinden waren damit wirtschaftliche Vorteile, Handelsprivilegien und eine gewisse rechtliche Sonderstellung verbunden. Eine städtische Selbstverwaltung durch gewählte bürgerliche Ausschüsse und Amtsträger entwickelte sich erst allmählich und nicht überall gleichzeitig. In dieser Beziehung brachte zumeist erst die zweite Hälfte des 14. Jahrhunderts größere Fortschritte.

Die Bürger lebten, meist gar nicht schlecht, von Handel und Gewerbe; für den Eigenbedarf betrieben sie in der Regel auch noch eine kleine Landwirtschaft. Ansonsten wurden die Städte von den umliegenden Landgemeinden mit Lebensmitteln versorgt. Die Händler und Handwerker der Städte deckten ihrerseits den Bedarf der Umgebung an gewerblichen Erzeugnissen. Zu den Wochenmärkten für den lokalen Bereich kamen zu bestimmten Terminen die Jahrmärkte mit überregionaler Bedeutung. Vor allem Bozen entwickelte sich seit dem frühen 13. Jahrhundert zu einem internationalen Warenumschlagplatz. Im Norden übernahm die viel jüngere Stadt Hall bei Innsbruck ab dem frühen 14. Jahrhundert diese Funktion.

Was das Alter der Tiroler Städte betrifft, ist – von Trient abgesehen – Brixen an erster Stelle zu nennen (10. und 11. Jahrhundert). Im 12. Jahrhundert wurden Bozen und Innsbruck gegründet. Meran, Klausen, Bruneck, Glurns und Sterzing sowie das görzische Lienz entstanden im 13. Jahrhundert. Hall, Vils und die ursprünglich bayerischen Städte Kufstein, Kitzbühel und Rattenberg sind erst nach 1300 mit dem Stadtrecht ausgezeichnet worden, Imst und Schwaz trotz großer Bedeutung im Mittelalter gar erst gegen Ende des 19. Jahrhunderts. Wörgl im Unterinntal, früher nur ein Dorf, begann durch die moderne Verkehrsentwicklung eine wichtigere Rolle zu spielen, was 1951 die Erhebung zur Stadt zur Folge hatte.

Die Stadtbewohner waren in ihrer rechtlich-sozialen Stellung keine Einheit. Es gab die hausbesitzenden und gewerbetreibenden Bürger als vollberechtigte Mitglieder und führende Schicht der Bürgergemeinschaft, weiters die sogenannten Inwohner, die zwar den Schutz der Stadtbehörde bei der Ausübung des ihnen genehmigten Berufes genossen, jedoch keinerlei Mitspracherecht bei der Verwaltung der Stadt hatten. Nur in bezug auf ihre Pflichten waren sie den Vollbürgern gleichgestellt. Außer den Bürgern und Inwohnern, die jeweils ihre Familie und das Gesinde mitvertraten, gab es in jeder Stadt noch rechtloses Volk, nämlich Bettler, fahrende Leute usw.

Als die Städte am Beginn ihres Aufstiegs standen, hatten sie den Zuzug tüchtiger Leute aus der Ferne und aus der näheren Umgebung dringend notwendig. So konnte jeder, der sich in der Stadt niederließ, ein Gewerbe betrieb oder ein Haus erwarb, nach einer gewissen Zeit in den Bürgerstand erhoben werden. In den Genuß der bürgerlichen Freiheiten konnte selbst ein Leibeigener kommen, wenn er sich ein Jahr lang („Jahr und Tag") in der Stadt aufgehalten hatte, ohne daß sein ehemaliger Herr Einspruch erhoben oder Ansprüche geltend gemacht hätte. „Stadtluft macht frei" galt auch für die Tiroler Städte. Als in späteren Jahrhunderten die Einwohnerzahl der meisten Städte fast schon zu groß geworden war und die alteingesessenen Bürgerfamilien ihre Privilegien nicht mit Zugewanderten teilen wollten, wurde die Erwerbung des Bürgerrechts zunehmend erschwert. Ab dem 15. Jahrhundert mußte jeder Bewerber den Beweis der persönlichen Freiheit erbringen, ein Mindestvermögen nachweisen und andere Voraussetzungen erfüllen.

War ihre wirtschaftliche Funktion auch äußerst wichtig, so stellten die Stadtbewohner im Tirol des 13. und 14. Jahrhunderts zahlenmäßig doch eine verschwindende Minderheit dar, auch dann, wenn man die Einwohner jener gewerblichen Siedlungen dazurechnet, die nicht über den Status eines Marktes hinauswuchsen, wie etwa Imst, Matrei am Brenner oder Neumarkt im Bozner Unterland. Wir kennen für diese Zeit keine genauen Einwohnerzahlen, doch kann man mit Sicherheit sagen, daß weit über 90 Prozent der Tiroler Bevölkerung in Dörfern wohnten und von der Landwirtschaft lebten.

Siegel der Städte Meran und Hall aus dem 14. Jahrhundert.

Die Zahl der Höfe in den Haupttälern, auf den sonnseitigen Schwemmkegeln und den klimatisch bevorzugten Mittelgebirgsterrassen hatte sich seit dem 7. Jahrhundert stetig vermehrt. In mehreren Wellen zogen bajuwarische Familien und Stammesgruppen ins Gebirge, wo sie zum Teil im Auftrag ihrer adeligen Herren Neuland rodeten und an den jeweiligen Grenzen des vom Herzog beanspruchten Herrschaftsraumes Wehrsiedlungen anlegten, wie dies z. B. für den Brunecker Talkessel gut nachweisbar ist. Gleichzeitig ließen sich bajuwarische Bauern neben und in den bestehenden Dörfern der alteingesessenen rätoromanischen Bevölkerung nieder. Der Siedlungs- und Wirtschaftsraum wurde auf diese Weise verdichtet und allmählich weiter ausgedehnt. Die Rätoromanen gerieten immer mehr in die Minderheit, nahmen zum Teil Sprache und Gebräuche der Neuankömmlinge an und vermischten sich mit ihnen, ein Prozeß, der sich vorher bereits im Alpenvorland abgespielt hatte, als Kelten, Romanen und germanische Gruppen zum bajuwarischen Stamm verschmolzen. Das unterste Inntal und das Zillertal, wo schon sehr früh von einer rein deutschen Bevölkerung gesprochen werden kann, wird deshalb von manchen Forschern auch mit zum Entstehungsgebiet des Bayernstammes gerechnet. Ähnlich wie die Rätoromanen im übrigen Tirol gingen die während der Völkerwanderungszeit ins östliche Pustertal und ins Iseltal gezogenen Slawen allmählich in der bajuwarischen Volksgruppe auf. Der Nordwesten Tirols, das heutige Außerfern, gehörte zum Siedlungsgebiet der vereinzelt auch weiter vordringenden Alemannen, was in Volkscharakter, Dialekt und Ortsnamen (z. B. Verbindungen mit -wang oder -wängle) bis heute leicht erkennbar ist.

Im 12. Jahrhundert war in den meisten Gebieten des späteren Tirol die rätoromanische Sprache der Urbevölkerung ausgestorben. Länger erhalten hat sie sich nur im obersten Vinschgau – wo Reste bis ins 19. Jahrhundert nachweisbar sind –, im äußersten Westen Nordtirols und in den Dörfern rund um das heutige ladinische Siedlungsgebiet. In den Dolomitentälern blieben Sprache und Volkstum der Urbevölkerung Tirols bis in unsere Zeit lebendig.

Obwohl nun keine Neusiedler mehr einwanderten, nahm die Bevölkerung des „Landes im Gebirge" auch nach dem Jahr 1000 weiter zu, wuchs der Bedarf an landwirtschaftlicher Nutzfläche, der damals ohnehin wegen der extensiven Bewirtschaftungsform pro Familie viel größer war als heute. So ging die Rodungstätigkeit auch im 10. und 11. Jahrhundert weiter und erreichte ab dem 12. Jahrhundert bereits Hochtäler und ausgesetzte Gebirgslagen. Die Wälder lichteten sich, und auf bisherigen Alm- und Weideflächen entstanden Dauerwohnstätten und Siedlungen. Die Namen dieser jungen Ortschaften sind oft uralte Flurbezeichnungen, die aus vordeutscher Zeit stammen (z. B. Plangeroß, Bschlabs). Andere Ortsnamen haben mit den verschiedenen Begriffen und Techniken der Rodung zu tun (Reith, Ried, Schwendt und Zusammensetzungen mit den Silben -brand- und -reut-).

In harter Arbeit schufen die Tiroler Bauern nicht nur sich und ihren Nachkommen für Jahrhunderte eine Lebensgrundlage, sie veränderten auch die Landschaft. Rodungstätigkeit und Siedlungsausbau des hohen und späten Mittelalters, Binnenkolonisation genannt, prägen das Bild Tirols bis heute. Was uns und unseren Gästen so gut gefällt, ist nicht reine, ursprüngliche Natur, sondern vom Menschen geformte Kulturlandschaft.

Je höher am Berg gerodet wurde, desto problematischer wurde die landwirtschaftliche Nutzung des neugewonnenen Grundes, weil selbst Roggen und Gerste nicht mehr ausreiften. Dabei wurden vereinzelt Höfe und Dauersiedlungen noch in 2000 m Meereshöhe angelegt. Man paßte sich jedoch den gegebenen Voraussetzungen an und spezialisierte sich in diesen Hochlagen ganz auf die Viehhaltung. Solche Höfe, Schwaighöfe genannt, gehörten in der Regel nicht den Bauern, die sie bewirtschafteten. Der Grundherr stattete sie mit einer gewissen Anzahl von Kühen und Schafen aus und erhielt dafür als Zins jährlich eine entsprechende Menge Käse.

Auch andere Kolonisten bekamen ihren Hof zumeist nicht in Eigentum, sondern mußten einem Grundherrn für die Nutzung Abgaben bezahlen. Nicht wenige waren überhaupt Eigenleute, also Leibeigene eines Adeligen oder eines Stifts. Zwar gab es in Tirol im Vergleich zu anderen Ländern relativ viele Bauern, die nicht nur persönlich frei waren, sondern auch Eigengüter bewirtschafteten, also eigenen Grund und Boden besaßen, dennoch waren sie in der Minderzahl. Am weitesten verbreitet war der freie bäuerliche Grundbesitz im westlichen Tirol. Der Großteil des nutzbaren Bodens, des Waldes und der Ödgebiete gehörte dem Landesfürsten, dann verschiedenen Adeligen, Stiften oder Ortskirchen. Die einzelnen Güter waren an freie oder unfreie Bauern zur Nutzung „verliehen", der dafür zu entrichtende jährliche Grundzins bestand im 13. und 14. Jahrhundert meist noch in einer bestimmten Menge von Naturalien und einer gewissen Arbeitsverpflichtung. Später kamen zunehmend reine Geldzinse auf. Reichbegüterte Grundherren legten von ihren weitverstreuten Besitzungen und deren Abgaben Verzeichnisse an, sogenannte Urbare. Den Grundbesitz der Tiroler Landesfürsten verwalteten eigene Urbarämter. Ihnen zinste im Durchschnitt jeder vierte Bauer. In den Stiftsländern von Brixen und Trient waren fast ausschließlich die Bischöfe Grundbesitzer.

Die persönliche Rechtsstellung des Bauern und sein Abhängigkeitsverhältnis zur geistlichen oder weltlichen Herrschaft konnten sehr verschieden sein. Grundsätzlich kann man sagen, daß sich die Stellung der Landbevölkerung im 13. und 14. Jahrhundert laufend verbesserte. Dafür gibt es mehrere Gründe: Einmal waren die Grundherren an einer Erschließung neuer Wirtschaftsflächen interessiert und förderten den Siedlungsbau nach Kräften. Nur so konnten sie aus bisher ertraglosem Grundbesitz neuen Gewinn ziehen. Die Gewährung von Vorteilen und einer gewissen Sonderstellung für Siedler in neuerschlossenen Gebieten sollte ein Anreiz sein, die Kolonisation voranzutreiben. Dazu kam die Konkurrenz der aufstrebenden Städte, die mit ihrem Angebot der bürgerlichen Freiheit und einer guten Verdienstmöglichkeit Arbeitskräfte anlockten. Die Entlassung aus der Leibeigenschaft und die Schaffung besserer Existenzmöglichkeiten am Land konnten diese Entwicklung stoppen und einen Einnahmeverlust für den Grundbesitzer verhindern.

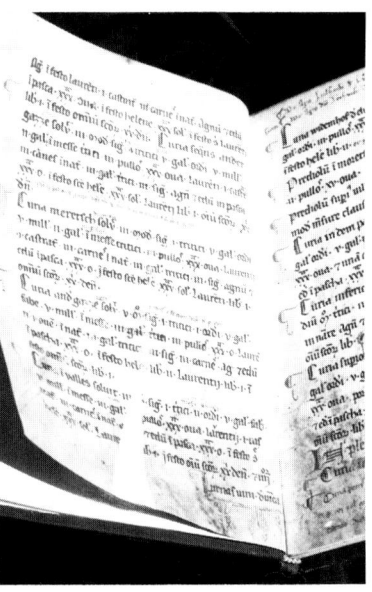

Seite aus dem ältesten, ins 13. Jahrhundert zurückreichenden Güter- und Abgabeverzeichnis (Urbar) des Klosters Neustift bei Brixen.

Schließlich war auch leicht einzusehen, daß sich nur dann ein Bauer mit aller Kraft für seinen Hof und seine Wirtschaft einsetzen würde, wenn er sich trotz gewisser Abgaben und Verpflichtungen fast wie ein Besitzer fühlen und das Anwesen seinen Kindern weitervererben konnte. So setzte sich seit dem 13. Jahrhundert fast überall in Tirol das Erbbaurecht oder die freie Erbleihe durch. Der Bauer konnte über Grund und Erzeugnisse ziemlich frei verfügen. Das Nutzungsrecht gegen Zins ging vom Vater automatisch auf den Sohn über. Praktisch kam ein Erblehen einem Eigentum gleich. Vor allem war die persönliche Freiheit des Bauern, die ebenfalls noch im Mittelalter in Tirol fast zur Selbstverständlichkeit wurde, durch seine besitzrechtliche Bindung an den Grundherrn nicht eingeschränkt.

Wenn die Tiroler Bauern in späterer Zeit Meinhard II., den ersten Tiroler Landesfürsten, als ihren Gesetzgeber und Befreier feierten, so hatten sie damit nicht ganz unrecht. Meinhard war der größte Grundbesitzer im Land und sorgte aus all den erwähnten Gründen im ureigensten Interesse für die persönliche und wirtschaftliche Sicherheit seiner „Bauleute", nicht zuletzt im Zuge der gerade von ihm rasch vorangetriebenen Binnenkolonisation. Das Beispiel des Landesfürsten wirkte sich auf die Rechtsstellung und die Besitzverhältnisse des gesamten Tiroler Bauernstandes aus. Nur in den Gebieten, die damals noch nicht zu Tirol gehörten, vor allem im Nordtiroler Unterland und im Pustertal, ging die Entwicklung langsamer vor sich. Das führte dazu, daß etwa im heutigen Osttirol die Bauern bis in das vorige Jahrhundert hinein wesentlich schlechter gestellt waren als im übrigen Tirol.

Wichtig für die soziale Lage des Bauern war auch, daß er seit Meinhard II. nicht mehr der Gerichtsbarkeit des Grundherrn unterstand, sondern nur dem landesfürstlichen Richter, der ihn, den freien Untertan des Landesfürsten, vor der grundherrschaftlichen Zwangsgewalt schützte. Vor dem Gericht waren Grundherr und „Baumann" gleichgestellt. Der Tiroler Bauer war also kein Untertan seines Grundherrn; so etwas wie die adelige Dorfobrigkeit im östlichen Österreich und in anderen Ländern konnte sich in Tirol nicht herausbilden. Damit stand den Bauern auch der Weg zur genossenschaftlichen Autonomie offen. Die gemeinderechtliche Organisation und die bäuerliche Selbstverwaltung gehen in ihren Anfängen ebenfalls ins 13. Jahrhundert zurück.

Die Bewohner einer Ortschaft – ganz gleich, welchem Grundherrn sie Zins zahlten oder wie ihr Rechtsverhältnis zu ihm war – bildeten eine Gemeinde, auch „Nachbarschaft", „Oblei", „Malgrei", „Gebauerschaft", „Stab", „Rotte" genannt. An der Spitze dieser Dorfgemeinschaft stand ein gewählter Dorfmeister, der zusammen mit anderen Vertretern der Dorfbewohner gewisse Verwaltungsaufgaben zu erfüllen hatte. Aufzeichnungen des Gewohnheitsrechts und zweckentsprechende, auf Gerechtigkeit bedachte Regelungen gemeinsamer Interessen – wie Alm-, Weide- und Waldnutzung, Bewässerung, Hütwesen usw. – zeugen von echtem Gemeinschaftssinn, „demokratischer" Einstellung sowie von der Fähigkeit und dem Willen zu politischem Handeln. Bis zur Mitsprache in Landesangelegenheiten war es freilich noch ein weiter Weg.

Von Malern, Mönchen und Minnesängern
Kunst und geistig-kulturelles Leben im frühen und hohen Mittelalter

Adel und Kirche bestimmten nicht nur das politische Geschehen im Raum des späteren Tirol; sie waren bis zum Aufkommen des Bürgertums im 14. Jahrhundert auch die Träger des geistig-kulturellen Lebens. Zwar wissen wir darüber wenig, kennen kaum Daten und Namen, doch besitzen wir in Tirol sogar aus der frühesten Epoche unserer Geschichte, aus der bajuwarisch-langobardisch-fränkischen Zeit einige großartige Kunstdenkmäler, die in Europa ihresgleichen suchen. Gemeint sind die Fresken von St. Prokulus in Naturns im Vinschgau und die St.-Benedikt-Kirche in Mals. Sie stammen aus der Zeit kurz vor bzw. um 800, wurden also in der Regierungszeit Karls des Großen geschaffen, der das bis dahin selbständige bayerische Herzogtum dem Frankenreich einverleibte. Der Vinschgau hatte aber schon vorher zum fränkischen Churrätien gehört und von der Blütezeit der karolingischen Reichskunst profitiert. St. Benedikt in Mals ist eines der seltenen Beispiele für diesen Stil. Eine Besonderheit stellt die monumentale Stifterfigur eines Adeligen in fränkischer Kleidung dar. Die Fresken im nahen St. Prokulus, nur unwesentlich älter, zeigen eine völlig andere Malweise. Sie wurden vermutlich von einem Wandermaler geschaffen, über dessen Herkunft und über die von ihm verarbeiteten Einflüsse die Forscher nicht einer Meinung sind. Am ehesten weist der nordische, irisch-angelsächsische Stil, der aber auch südliche Elemente erkennen läßt, auf das große Missionszentrum St. Gallen hin. Auch das Thema der fast naiv anmutenden Malereien ist umstritten: Ist es der heilige Paulus, der da über eine Stadtmauer (Damaskus!) „abgeseilt" wird, oder der heilige Prokulus, von dem eine Flucht aus Verona berichtet wird? Es gibt sogar noch andere Auslegungen.

Soweit sich die Kunstentwicklung in Tirol zurückverfolgen läßt, wird die Berührung mit benachbarten Kulturräumen deutlich, zeigt sich die Wechselwirkung zwischen West und Ost, zwischen süddeutschen und oberitalienischen Einflüssen. Diese überregionale Verflechtung ist typisch für das Paßland im Herzen Europas.

Als um 1150 der romanische Stil in Tirol einsetzte, waren – was die Baukunst betrifft – Maurer und Werkleute aus der Lombardei, vorwiegend aus dem Gebiet am Comosee, führend. Sie verarbeiteten aber auch Stilelemente aus dem Norden. So galt beim Bau der Stiftskirche von Innichen (1200–1250) der damalige Salzburger Dom als Vorbild. Im Bozner Raum war dagegen der Dom von Trient (1200–1350) für viele Kirchenbauten lombardischer Meister richtungsweisend. Erst im 14. Jahrhundert wurden mit der beginnenden Gotik die Oberitaliener allmählich von süddeutschen Meistern und Gesellen abgelöst.

Das älteste Zeugnis romanischer Malerei in Tirol sind die um 1160 entstandenen Fresken in der Krypta der Marienberger Stiftskirche, das her-

Eines der seltenen Beispiele für karolingische Malerei (um 800): eine der beiden ausdrucksstarken Stifterfiguren in St. Benedikt in Mals.

vorragende Werk eines wohl aus Schwaben kommenden Künstlers, das in Tirol eine Ausnahmestellung einnimmt. Wie sehr in Tirol die verschiedensten Einflüsse zur Geltung kamen, konnten die Kunsthistoriker an den zum Teil überaus beachtlichen Beispielen für die Freskomalerei der Zeit um 1200 nachweisen, deren wichtigste in der Kapelle von Hocheppan, in St. Johann in Taufers, in der Liebfrauenkirche von Brixen, in St. Jakob im Kastellaz über Tramin und in St. Jakob in Grissian zu finden sind. Hier gibt es Anklänge an schwäbische oder Salzburger Traditionen, an Ravenna und an das byzantinische Venedig, daneben aber auch schon durchaus eigenständige Elemente. Allerdings muß man dazu sagen, daß sich die Forscher in ihren Analysen und Urteilen nicht ganz einig sind.

Im Schloß Rodeneck bei Brixen wurde erst 1972/73 ein profaner Freskenzyklus aus der Zeit um 1200 freigelegt, der ebenfalls auf weitreichende kulturelle Beziehungen schließen läßt, und zwar sowohl stilistisch als auch inhaltlich. Immerhin wird ein literarisches Thema aus Westeuropa dargestellt, das gerade zu der Zeit eine deutsche Fassung erhielt: Es handelt sich um Motive aus der keltisch-französischen Iwein-Sage. Als Schöpfer dieses Zyklus, zur Zeit das früheste Beispiel profanhöfischer Malerei in Europa, kommt wohl am ehesten der damalige Brixner Hofmaler Hugo in Frage, der wahrscheinlich aus Süddeutschland stammte. Das Kulturzentrum Salzburg, dem Tirol immer wieder kräftige Impulse zu verdanken hatte, stand zeitweise unter dem Einfluß

Romanische Fresken in der Schloßkapelle von Hocheppan aus der Zeit gegen 1200.

Der romanische Freskenzyklus von Schloß Rodeneck bei Brixen (um 1200) mit Szenen aus der Iwein-(Ywain-)Sage ist zur Zeit das früheste bekannte Beispiel höfisch-profaner Malerei in Europa.

einer über den Donauweg entlanggekommenen byzantinischen Welle. Von da her blieben bis in spätromanische Zeit starke byzantinische Elemente in der Tiroler Malerei erhalten (z. B. Oberchor von St. Nikolaus bei Matrei in Osttirol, um 1270).

Die romanische Malerei ist nur in ganz wenigen Landschaften Europas mit so vielen und so qualitätvollen Zeugnissen dokumentiert wie im südlichen Tirol. Von der Plastik ist etwas weniger erhalten geblieben. Hier ragt das Kapellenportal von Schloß Tirol hervor. Auch einige Madonnenstatuen und Kruzifixe verdienen Beachtung. Als Beispiel für das Kunsthandwerk dieser Epoche soll der 1180 von Berthold von Andechs dem Kloster Wilten gestiftete Kommunionkelch erwähnt werden, der sich seit 1938 im Kunsthistorischen Museum in Wien befindet. Henkelkelch und Patene sind aus vergoldetem Silber hergestellt und mit Rankenornamenten sowie 35 figuralen Darstellungen in Gravur- und Niellotechnik verziert. Es ist allerdings nicht sicher, ob dieses erstklassige Werk der Goldschmiedekunst in Tirol entstanden ist. Noch etwas älter ist der Bischofsstab mit elfenbeinerner Krümme, den der selige Bischof Hartmann von Brixen (1140–1164) dem Stift Georgenberg geschenkt hat.

Wo solche Schätze bildender Kunst zustandekamen, muß eine entsprechende geistig-kulturelle Basis vorhanden gewesen sein, auch wenn über Schulwesen, literarische Aktivitäten und andere Bereiche nichts oder nur wenig überliefert ist. Immerhin hat das Land im Gebirge in karolingi-

Engel auf der Jakobsleiter. Ausschnitt aus den spätromanischen Fresken im Oberchor von St. Nikolaus bei Matrei in Osttirol (um 1270).

Zu den Ordensniederlassungen des 12. Jahrhunderts gehört Neustift bei Brixen. Trotz späterer Umbauten ist die romanische Anlage im Kern erhalten geblieben.

scher Zeit einen Mann hervorgebracht, der am Beginn der deutschen Literatur steht: Arbeo von Meran (724 in Mais geboren), Bischof von Freising, Schriftsteller und Anreger des ersten deutschen Glossars, eines lateinisch-deutschen Lexikons.

Wichtigste Kulturzentren im frühen und hohen Mittelalter waren neben den bischöflichen Residenzen die zum Teil sehr alten Klöster. Die Stifte Innichen und Wilten wurden bereits im 8. Jahrhundert gegründet. Die Entstehungsgeschichte von Wilten liegt freilich im dunkeln. Es war ursprünglich ein Kollegiatstift, also eine Vereinigung von Seelsorgsklerikern, die nach lockeren klösterlichen Regeln lebten, und wurde 1128/1138

in ein Prämonstratenserkloster umgewandelt. Aus dem 769 von Bayernherzog Tassilo III. gestifteten Benediktinerkloster Innichen wurde um 1140 ein Kollegiatstift. Seit dem 10. Jahrhundert bestand eine klösterliche Gemeinschaft auf dem weitabgelegenen Felsen von St. Georgenberg bei Schwaz. Sie übernahm 1138 die Benediktinerregel und übersiedelte Jahrhunderte später ins Inntal nach Fiecht. Das nächstälteste Kloster ist die Frauenkongregation von Sonnenburg im Pustertal. Sie wurde in der ersten Hälfte des 11. Jahrhunderts gestiftet.

Von süddeutschen und österreichischen Klöstern aus wurden im

Henkelkelch mit Patene und „fistulae" (Trinkröhrchen). Das erstklassige Werk romanischer Goldschmiedekunst (um 1180) war ein Geschenk des Berthold von Andechs an das Kloster Wilten.

Der Tiroler Minnesänger Leutold von Säben in einer Miniatur der „Manessischen Liederhandschrift".

12. Jahrhundert mehrere neue Ordensniederlassungen in Tirol gegründet: Marienberg im Vinschgau, Neustift bei Brixen, St. Michael an der Etsch und Au (Gries) bei Bozen. In der ersten Hälfte des 13. Jahrhunderts ließen sich Mönche und Nonnen der jungen Bettelorden in Tirol nieder: um 1230 die Clarissen in Brixen, 1234 die Dominikaner in Trient sowie in Bozen 1221 die Franziskaner und 1272 die Dominikaner. In Lienz hatte bereits 1218 der heilige Hyazinth, ein Zeitgenosse des hl. Dominikus, auf der Durchreise durch die Stadt eine schon bestehende Gemeinschaft frommer Frauen dem erst zwei Jahre vorher gegründeten Dominikanerorden angeschlossen. Die letzten beiden wichtigen Klostergründungen im mittelalterlichen Tirol waren das von Meinhard II. 1273 ins Leben gerufene Zisterzienserstift Stams im Oberinntal und die Ansiedlung von Kartäusern im Schnalstal. Sie waren 1326 von Landesfürst Heinrich aus Mauerbach bei Wien berufen worden.

Die Ordensgemeinschaften standen stets in engem Kontakt zu ihren Mutterklöstern außerhalb des Landes, übernahmen von ihnen kirchliche Reformgedanken und neue kulturelle Tendenzen, holten von dort so manche große Persönlichkeit als Abt, aber auch Lehrer, Künstler und einen Teil des eigenen Nachwuchses. So war ein ständiger geistiger Austausch und eine organische Weiterentwicklung möglich. Aber nicht nur durch die Klöster ergab sich im geistig-religiösen Bereich eine überregionale Verflechtung. Auch viele Pfarren unterstanden Bischöfen, die außerhalb des Landes residierten. Nicht weniger als neun auswärtige Diözesen reichten nach Tirol herein. Ihre Grenzen wurden noch im hohen Mittelalter festgelegt und hatten für Jahrhunderte Bestand. Sie waren auch für das kulturelle Leben Tirols nicht ohne Bedeutung.

Von rein weltlicher Kulturpflege ist aus dem frühen Mittelalter nichts überliefert. Die fahrenden Sänger, die dann im 12. und 13. Jahrhundert auf den Burgen der Adelsherren und ihrer Dienstmannen Lieder und Epen vortrugen, verbanden in durchaus eigenständigem Stil, oft leicht ironisch, lokale Sagenstoffe mit den Ereignissen der Geschichte und mit Gestalten der germanischen Heldensage. Hauptthema ist Dietrich von Bern, also niemand anderer als der in Verona und später in Ravenna residierende Ostgotenkönig Theoderich. Durch später niedergeschriebene Sammlungen sind uns diese Dichtungen zumindest ihrem Inhalt nach überliefert.

Kein Lokalkolorit kennt die gleichzeitige Kunstform des Minnesangs, der sich in Tirol eine ganze Reihe adeliger Herren verschrieben hatte (u. a. Leutold von Säben, Rubin, Hartmann von Starkenberg, Burggraf Heinrich von Lienz). Einige ihrer Werke sind in der bedeutenden mittelalterlichen Sammlung von Minneliedern, der in Heidelberg aufbewahrten „Manessischen Liederhandschrift", zu finden. Die Tiroler Minnesänger sind fast alle in der persönlichen Note ihrer Lieder ihrem großen Vorgänger Walther von der Vogelweide (ca. 1170–1228) sinnverwandt. Diese Tatsache gilt als eines der Indizien dafür, daß Herr Walther, der als bedeutendster Lyriker des deutschen Mittelalters das Konventionelle des Minnesangs durchbrach, aus dem südlichen Tirol stammt. Völlige Klarheit um seinen Geburtsort, den viele deutsche Landschaften und Städte für sich in Anspruch nehmen, wird es wohl nie geben.

Die Vereinigung mit Österreich

Margarethe Maultasch, der Streit der Großmächte um Tirol und die Übergabe des Landes an die Habsburger

Einige Jahrzehnte, nachdem Meinhard II. das neuentstandene Land Tirol aus dem bayerischen Herzogtum der Wittelsbacher herausgelöst hatte, konnte sich dieses inzwischen noch mächtiger gewordene Geschlecht neuerlich Hoffnungen auf den Besitz des wichtigen Paßlandes machen, da Meinhards Sohn Heinrich keinen männlichen Nachkommen hatte. Wie die Wittelsbacher waren aber auch die Habsburger mit den Meinhardinern verwandt. In Konkurrenz mit diesen beiden führenden Herrschergeschlechtern des Reichs traten außerdem die gerade in den Besitz Böhmens gelangten Luxemburger. Ein zähes und erbittertes Ringen um Tirol setzte ein.

Um die Herrschaft seiner Familie zu erhalten, hatte sich Heinrich von Tirol-Görz darum bemüht, von Kaiser Ludwig, einem Wittelsbacher, der unter dem Namen „der Bayer" in die Geschichte einging, die Lehensfähigkeit seiner Töchter bestätigen zu lassen. Zwar gelang ihm dies, doch machte Ludwig der Bayer die Zuweisung der Lehen an die zukünftigen Schwiegersöhne von der Einholung des kaiserlichen Rates bei deren Auswahl abhängig. Er hoffte natürlich, daß auf diese Weise ein Prinz aus seiner Familie zum Zug kommen würde. Doch das Rennen machte ausgerechnet der ärgste Widersacher des Bayernherrschers, nämlich Johann von Luxemburg, dessen zweitem Sohn Johann Heinrich der Tiroler Landesfürst seine Erbtochter Margarethe zur Frau gab. Unter ihrem späteren Beinamen Maultasch sollte sie zu einer der bekanntesten Gestalten der Tiroler Geschichte werden.

Daß sich die Luxemburger in Tirol festsetzen wollten, mißfiel nicht nur Ludwig dem Bayern. Auch die Habsburgerherzöge erhoben als Geschwisterkinder Heinrichs von Tirol-Görz Ansprüche auf Tirol, das für sie nicht nur als Nord-Süd-Verbindung zu Italien Bedeutung hatte. Für die Habsburger ging es auch darum, eine Landbrücke zwischen ihren Stammlanden in der Schweiz, am Oberrhein und am Bodensee (zusammen später Vorderösterreich genannt) und ihrem neuen Machtzentrum an Donau (Österreich) und Mur (Steiermark) zu schaffen. So ließ 1330 die Hochzeit zwischen den fürstlichen Kindern – Margarethe Maultasch war zwölf Jahre, Prinz Johann Heinrich von Luxemburg gar erst neun Jahre alt – die Häuser Wittelsbach und Habsburg ihre alte Feindschaft vergessen. Sie schlossen einen Vertrag mit dem Ziel, die Herrschaft der Luxemburger in Tirol zu verhindern. Lieber wollten sie das Herrschaftsgebiet der Meinhardiner, das auch das Herzogtum Kärnten umfaßte, unter sich aufteilen.

Als Heinrich von Tirol-Görz im Jahr 1335 starb, zog Kaiser Ludwig Kärnten und Tirol als freigewordene Reichslehen ein und belehnte die Habsburger – dem Übereinkommen gemäß – mit Kärnten und dem südlichen Tirol. Die Grenze sollte bei Mittewald nördlich von Brixen verlaufen. Das nördliche Tirol schlug Ludwig zu seinem Hausbesitz Bayern. Doch die Habsburger konnten nur Kärnten in ihren Besitz nehmen. An einem Vordringen ins Eisacktal wurden sie von der zur Verteidigung des Landes aufgebotenen Tiroler Bevölkerung gehindert. Und auch die bayerischen Angriffe auf das Inntal wurden abgewehrt. So konnten Margarethe und Johann Heinrich trotz des jugendlichen Alters ihre Herrschaft verteidigen, und zwar zunächst ohne Hilfe der mächtigen Verwandten, die gerade in Frankreich und Böhmen beschäftigt waren. Auch der Versuch der Wittelsbacher, Tirol im Tausch zu erwerben und den Luxemburgern dafür Brandenburg zu überlassen, schlug fehl, weil der mächtige Tiroler Adel dafür nicht zu gewinnen war. Obwohl sowohl die Habsburger als auch die Wittelsbacher angesichts der entschiedenen Haltung der Tiroler nachgeben und vorerst auf Tirol verzichten mußten, war die luxemburgische Herrschaft in Tirol von kurzer Dauer. Entscheidend war, daß die Ehe zwischen Margarethe und Johann Heinrich nicht glücklich war und kinderlos blieb. Auch waren die Tiroler Adelsherren mit der Herrschaft der Luxemburger bald schon recht unzufrieden. Vor allem die Einsetzung von Günstlingen und Vertrauten aus Böhmen in wichtige Tiroler Machtstellungen erregte heftige Opposition. Eine erste

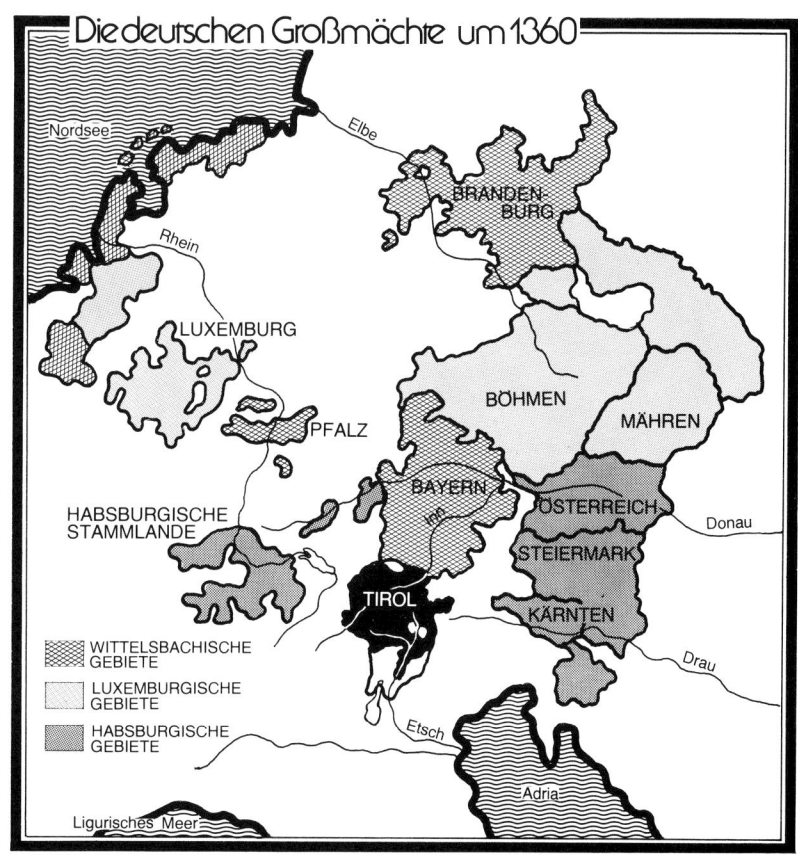

Verschwörung scheiterte, doch Anfang November 1341 vertrieben Tiroler Adelige im Einverständnis mit ihrer Landesherrin Margarethe den fremden Fürsten aus dem Land. Schon vorher war mit den Wittelsbachern Kontakt aufgenommen worden.

In München hatten sich die maßgeblichen Tiroler Landherren davon überzeugen lassen, daß eine Verbindung mit Bayern, die man noch sechs Jahre vorher heftig bekämpft hatte, doch nicht das Schlechteste für sie und das Land wäre. Kaiser Ludwig sparte nicht mit Geschenken und Versprechungen und hatte einen neuen Gemahl für Margarethe anzubieten: seinen ältesten Sohn, Markgraf Ludwig von Brandenburg, der seit einem Jahr Witwer war. Über die Tatsache, daß Margarethe von Tirol-Görz bereits verheiratet war, wollte man sich ganz einfach hinwegsetzen. Die Kinderlosigkeit und Margarethes Behauptung, daß die Ehe

◁

Siegel der Margarethe Maultasch, der Erbin Tirols und Gattin des Wittelsbachers Ludwig von Brandenburg. Ihre anmutige Gestalt wird flankiert von den Wappen Tirols und Bayerns. Das Wappen Kärntens ganz unten erinnert daran, daß die Grafen von Tirol-Görz seit Meinhard II. auch Herzöge von Kärnten waren. Das Land war jedoch 1335 an die Habsburger verlorengegangen.

nicht vollzogen sei, waren nach Auffassung des Kaisers Gründe genug. Ludwig der Bayer und sein Sohn bereiteten ihren Zug nach Tirol bestens vor. Was die Auflösung der bestehenden Ehe betrifft, für die der im gegnerischen politischen Lager stehende Papst nicht zu gewinnen war, holte sich der Kaiser kirchenrechtliche Gutachten in seinem Sinne ein. Die Gunst der maßgeblichen Tiroler, auf deren guten Willen er angewiesen war, suchte er durch die förmliche Verbriefung eines Mitspracherechts bei der Regierung des Landes zu gewinnen. Die betreffende Urkunde, am 28. Jänner 1342 von Markgraf Ludwig von Brandenburg in zwei Fassungen ausgestellt und von Kaiser Ludwig dem Bayern bestätigt, ist als

Ludwig der Brandenburger als Graf von Tirol. Kupferstich aus dem 1599 in Innsbruck erschienenen Werk des Dominicus Custos über die Tiroler Grafen.

der „Große Freiheitsbrief" in die Geschichte Tirols eingegangen. Die darin enthaltenen Zugeständnisse und das Versprechen, keine fremden Räte und Gefolgsleute ins Land zu holen, dürften den beiden Wittelsbachern leichtgefallen sein, sie hatten wohl gar nicht die Absicht, sich später daran zu halten. Daß sie ihre adeligen Anhänger in Tirol durch die Verleihung von Herrschaften und die Gewährung bedeutender Einkünfte belohnen mußten, dürfte auch zu verschmerzen gewesen sein, ging es dem Kaiser bei der Gewinnung Tirols ja nicht um eine neue Einnahmequelle, sondern um den Besitz der wichtigen Alpenpässe.

Schwerer wogen die rechtlich-moralischen Probleme, die mit der am 10. Februar 1342 in Meran geschlossenen Ehe Margarethes mit Ludwig dem Brandenburger verbunden waren. Doch der Kaiser setzte sich über alle Bedenken und kritischen Stimmen hinweg und riskierte selbst den Bannfluch Roms. Er stand auf dem Höhepunkt seiner Macht. Noch konnte er nicht wissen, daß die Tiroler Heirat den Anfang seines Niedergangs bedeutete. Sie bot den Feinden des vom Papst mit dem Kirchenbann belegten Kaisers die Möglichkeit, gegen den allzu mächtigen Wittelsbacher Stimmung zu machen und 1346 die Wahl des Luxemburgers Karl zum Gegenkönig durchzusetzen.

In Tirol gelang es Ludwig dem Brandenburger, seine Herrschaft zu festigen und nach außen abzusichern. Versuche des neuen deutschen Königs Karl IV., mit Hilfe ausländischer Bundesgenossen Tirol wieder in seinen Besitz zu bringen, schlugen fehl, obwohl der Luxemburger im April 1347 Bozen und Meran niederbrannte und das von Margarethe Maultasch verteidigte Tiroler Stammschloß eine Zeitlang belagerte. Die Haltung des Tiroler Adels im neuerlichen Streit der Herrscherhäuser um das Land war zwiespältig. Karl konnte eine Reihe mächtiger Herren zunächst auf seine Seite ziehen, da sich die Wittelsbacher durch selbstherrliche Maßnahmen und durch die Berufung von Bayern und Schwaben in Hofämter, Gerichte und Zollstätten viele Feinde geschaffen hatten. Karls Verhandlungen mit norditalienischen Mächten, denen er für ihre Unterstützung Teile Tirols zusagte, schreckte jedoch die Tiroler ab. Sie wollten keine Zerstückelung der „gefürsteten Grafschaft". Und lieber als welsche Herren hatte man Bayern und Schwaben im Land. Nur Engelmar von Villanders, einst der Fürstenmacher Ludwigs, scheint entschlossen gewesen zu sein, die Wittelsbacher zu vertreiben. Ihn ließ der von Ludwig aus Schwaben berufene und zum Landeshauptmann ernannte Konrad von Teck einsperren und wegen Hochverrats enthaupten.

Unter diesen Umständen konnte sich Karl IV. in Tirol nicht halten und schloß im Jahr 1349 – Kaiser Ludwig der Bayer war inzwischen gestorben – einen Ausgleich mit dem Haus Wittelsbach. Ludwig der Brandenburger erhielt die kaiserliche Belehnung mit Tirol. Er überließ die Markgrafschaft Brandenburg und Niederbayern seinen Brüdern und behielt sich selbst die Regierung Oberbayerns und Tirols vor. Durch die Geburt eines Sohnes, Meinhards III., schien die Erbfolge und damit die zukünftige Verbindung der beiden Nachbarländer gesichert.

Das erste Jahrzehnt unter bayerischer Herrschaft war für Tirol eine schreckliche Zeit gewesen. Schuld daran war zum Teil die maßlose Politik Kaiser Ludwigs des Bayern, die nicht nur dem Fürstenpaar, sondern dem ganzen Land den damals noch sehr ernst genommenen Bannspruch des Papstes eingetragen und Krieg und Terror, Mord und Verwüstung heraufbeschworen hatte; zum anderen suchten gerade jetzt verheerende Naturkatastrophen und Krankheiten das Land heim: Überschwemmungen, Heuschreckenschwärme, die Pest. Kein Wunder, daß die verängstigte und hilflose Bevölkerung darin ein Strafgericht Gottes für die ehebrecherische Verbindung ihrer Landesfürstin sah. Die gegnerische Propaganda, die an Margarethe kein gutes Haar ließ, tat ein übriges. Bald war sie als „böses Weib" verschrieen. Ihr wenig schmeichelhafter und deshalb auch erst später allgemein üblich gewordener Beiname „Maultasch" ist wahrscheinlich so zu erklären. Die Forscher sind sich heute ziemlich einig, daß es ein Schimpfwort war. Als man es nicht mehr verstand, kam die Meinung auf, die Fürstin hätte einen mißgestalteten Mund gehabt. Doch davon berichten die zeitgenössischen Quellen nichts. Im Gegenteil: Einmal wird die Gräfin Margarethe sogar als „überaus schön" beschrieben.

Phantasiebildnis der Margarethe Maultasch aus dem 16. Jahrhundert, das bereits von der Legende ihres angeblich mißgestalteten Mundes beeinflußt ist.

Anfang der fünfziger Jahre normalisierten sich die Verhältnisse. Erst von nun an kann man wieder von einer geordneten und zielstrebigen Regierung des Landes sprechen. Der bayerische Herzog, der sich viel in Tirol aufhielt, förderte durch geeignete Gesetze und Maßnahmen das Wirtschaftsleben auf dem Land und in den Städten, regelte das Rechtsverhältnis zwischen Grundherren und Bauern, sicherte den für Tirol so wichtigen Durchzugsverkehr und kümmerte sich um den Ausbau der Landeseinheit. Die Tiroler konnten mit seiner Herrschaft zufrieden sein. Daß er die höchsten Ämter und Dienststellen in Tirol weiterhin fast ausnahmslos bayerischen Gefolgsleuten anvertraute, nahm man nun hin. Auch eine Lösung des Konflikts mit der Kirche bahnte sich an: Durch Vermittlung des habsburgischen Herzogs Albrecht II. kam es zu Verhandlungen mit Rom und 1359 zur kirchlichen Ungültigkeitserklärung von Margarethes erster Ehe. Das Fürstenpaar konnte nun kirchlich getraut werden. Die Zeit des Interdikts für ganz Tirol war vorbei. Nach 16 Jahren durften wieder Messen gelesen und Sakramente gespendet werden.

Die Habsburger hatten sich nicht ganz selbstlos um eine Einigung zwischen dem Papst und den Wittelsbachern bemüht. Sie ließen sich dafür mit neuen verwandtschaftlichen Bindungen und Erbverträgen belohnen. Ludwigs und Margarethes einziger Sohn Meinhard III. heiratete Margarethe von Österreich, die Tochter Herzog Albrechts II. Darüber hinaus vermachte Margarethe Maultasch den Herzögen von Österreich die Grafschaft Tirol für den Fall, daß sie selbst, ihr Gemahl und beider Sohn Meinhard ohne Leibeserben stürben. Da Herzog Ludwig diese Überschreibung nicht bestätigte und wohl auch nichts davon wußte, bekämpften später die Wittelsbacher die Rechtskraft der Urkunde. Nach Tiroler Auffassung war aber Margarethe Maultasch die eigentliche Erbin Tirols, konnte also für den Fall, daß sie und ihr Mann ohne direkte Nachkommen blieben, über das Land verfügen. Diese für das weitere Schicksal Tirols nicht unwichtige Urkunde, deren Echtheit übrigens von einigen Forschern bezweifelt wurde, ist in München ausgestellt, und

Siegel Meinhards III., des früh verstorbenen Erben Tirols und Oberbayerns. Er war der Sohn des Wittelsbachers Ludwig von Brandenburg und der Margarethe Maultasch; sein Wappen vereinigt – wie schon das seines Vaters – den Tiroler Adler mit dem bayerischen Rautenschild.

zwar am gleichen Tag, an dem der Schlußakt des kirchlichen Prozesses, die Absolution und Trauung des tirolischen Fürstenpaares, begangen wurde. Herzog Rudolf IV. von Österreich, nach dem Tod Albrechts II. (1358) der neue „Chef" des Hauses Habsburg, war zu den Zeremonien in die bayerische Hauptstadt gekommen und nahm das Schriftstück, dessen Bedeutung damals freilich noch niemand erahnen konnte, gleich nach Wien mit.

Herzog Ludwig – in Tirol immer noch „der Brandenburger" genannt – verstarb ganz plötzlich im September 1361 im Alter von nur 47 Jahren. Neuer Herrscher in Tirol und Oberbayern war sein Sohn Meinhard III., ein schwächlicher, in München und Landshut, zeitweise in Wien erzogener Knabe von kaum 18 Jahren. Meinhard war freilich nicht Herr seiner selbst. Er wurde von bayerischen Adeligen in München und auf verschiedenen Burgen festgehalten und an der freien Ausübung der Regierung behindert. Da traten im Sommer des Jahres 1362 in Bozen Vertreter des Tiroler Adels und der vier wichtigsten Städte (Bozen, Meran, Innsbruck und Hall) zusammen und sandten eine Botschaft an ihren jungen Landesfürsten nach München. Sie luden „ihren lieben gnädigen Herrn" ein, nach Tirol zu kommen, wo alles zum Besten stehe und wo es ihm besser ergehen werde als draußen in Bayern. Er brauche keine fremden Räte mitzubringen, da sie ihm selbst jede Hilfe gewähren wollten. Tatsächlich floh Meinhard im Oktober 1362 aus München und trat seine angestammte Herrschaft in Tirol an. Sein früher Tod wenige Monate später bot den Habsburgern die Möglichkeit, in Tirol einzugreifen.

Der österreichische Herrscher war von Habsburgerfreunden im Land oder von seiner Schwester, die mit Meinhard III. verheiratet war, offenbar schon frühzeitig über den schlechten Gesundheitszustand des jungen Fürsten informiert worden. Denn als dieser am 13. Jänner 1363 starb, war Herzog Rudolf IV., der den Beinamen „der Stifter" trägt, bereits auf dem Weg nach Tirol. Seine Tatkraft und Entschlossenheit, sein Mut und seine Klugheit gewannen Tirol für Österreich. Vielleicht retteten sie auch die Einheit des noch jungen Landes. Denn einige adelige Landherren versuchten Margarethe Maultasch unter Kuratel zu stellen und sich zu bereichern, wo es nur ging. Es bestand die Gefahr, daß Tirol sich in eine Reihe von Adelsherrschaften auflösen und schließlich unter den Nachbarn aufgeteilt würde.

Nach einer Woche schwieriger Verhandlungen, in denen die Erbschaftsurkunde von 1359 sicher eine wichtige Rolle spielte, stellten Margarethe Maultasch und ihre Räte am 26. Jänner 1363 gemeinsam eine neue Urkunde aus, in der das Land jetzt schon an die habsburgischen Brüder übergeben wurde. Aus dem Dokument geht hervor, daß es sich nicht allein um ein Geschenk, ein Geschäft oder eine Erbschaftsangelegenheit unter fürstlichen Verwandten handelte, sondern daß sich die Sprecher der Tiroler Bevölkerung aus freiem Entschluß der Herrschaft Österreichs anschließen wollten, weil sie es als das Beste für die Zukunft ihres Landes erachteten. Maßgeblich dürfte für die Ständevertreter gewesen sein, daß Österreich bereits aus mehreren, nach innen einigermaßen selbständigen Ländern bestand und auch die Stände des von den Habs-

Zeitgenössisches Porträt des Herzogs Rudolf IV. von Habsburg, genannt „der Stifter". Ihm gelang 1363 die Vereinigung Tirols mit Österreich.

burgern 1335 erworbenen Herzogtums Kärnten mit ihren neuen Landesfürsten zufrieden waren.
In den folgenden Monaten des Jahres 1363 huldigten einzelne Städte und Ständeversammlungen Rudolf IV. von Österreich als ihrem neuen Landesherrn. Im September 1363 verzichtete Margarethe Maultasch auf die im Jänner noch ausbedungenen Regierungsgeschäfte und verließ Tirol. Sie starb 1369 in Wien.
Während die Habsburger rasch zugriffen und ihre Erbschaftsansprüche durchsetzten, waren die Wittelsbacher mit hausinternen Nachfolgeproblemen so sehr beschäftigt, daß sie ihre Chancen in Tirol nicht wahrnehmen konnten. Erst vom Sommer 1363 an versuchten sie mehrmals, Tirol mit Waffengewalt in ihren Besitz zu bringen, was ihnen jedoch nicht gelang. Tirol war österreichisch geworden, was die bayerischen Herzöge im Jahre 1369 im Frieden von Schärding anerkennen mußten. Für das Land begann eine neue Epoche seiner Geschichte.

Eine der wichtigsten Urkunden aus der Geschichte Tirols: Margarethe Maultasch und ihre Räte als Vertreter der Bevölkerung besiegeln die Übergabe Tirols an die Habsburger.

Selbständig und weltverbunden

Tirol als habsburgisches Landesfürstentum unter Friedl mit der leeren Tasche und Sigmund dem Münzreichen ● Große Politik und Gebietsgewinne unter Kaiser Maximilian

Friedrich IV., genannt „mit der leeren Tasche", habsburgischer Landesfürst von Tirol in der ersten Hälfte des 15. Jahrhunderts. Das Kupferstich-Porträt aus dem 16. Jahrhundert beruht auf älteren Bildnissen.

Von Anfang an hatten die Tiroler erwartet, innerhalb des noch ziemlich zerrissenen und aus recht unterschiedlichen Herrschaftsgebieten zusammengesetzten habsburgischen Länderkomplexes eine möglichst große Eigenständigkeit bewahren zu können. Wie ihre Vorgänger, die Luxemburger und die Wittelsbacher, hatten auch die Habsburger den Tiroler Adelsherren entsprechende Zusicherungen gemacht. Sehr zugute kam den Tiroler Selbständigkeitstendenzen, daß sich die Brüder Rudolfs IV., Albrecht und Leopold, nach dem frühen Tod des Familienältesten (1365) nicht an die bestehende habsburgische „Hausordnung" hielten, die eine gemeinsame Regierung und Verwaltung der Länder vorsah, sondern ihren Herrschaftsbereich unter sich aufteilten. An Albrecht III. fiel dabei Österreich ober und unter der Enns, an Leopold III. alles übrige, das heißt Steiermark, Kärnten, Krain, Istrien, Tirol und die habsburgischen Stammlande in der Schweiz und am Oberrhein. Leopold, den man wegen seiner vielen kriegerischen Unternehmungen auch die „Blume der Ritterschaft" nannte, fiel 1386 im Kampf gegen die Schweizer Eidgenossenschaft (Schlacht bei Sempach).

Für kurze Zeit waren nun die österreichischen Länder wieder unter einem Herrscher vereint, da alle erbberechtigten Söhne Leopolds noch minderjährig waren. Nach jahrelangen Streitigkeiten und Zwischenregelungen kam es 1406 zu einer endgültigen Dreiteilung der habsburgischen Gebiete. Friedrich IV., der jüngste Sohn Leopolds III., erhielt die selbständige Regierung von Tirol und den Vorlanden, wie man die habsburgischen Herrschaften jenseits des Arlbergs nannte. Der erste „Tiroler Habsburger" war freilich mehrmals in Gefahr, seine Länder wiederum zu verlieren. 1415 verstrickte er sich in einen Konflikt mit dem deutschen König Sigismund, einem Luxemburger, wurde geächtet, seiner Herrschaft für verlustig erklärt und nach der Unterwerfung eingesperrt. Er konnte aber fliehen und sich mit Hilfe seiner Untertanen in Tirol behaupten. In den Zeiten seiner ärgsten Erniedrigung erhielt er von den Feinden den Spottnamen „Friedl mit der leeren Tasche", mit dem er populär wurde und in die Landesgeschichte einging, obwohl er später in Ruhe und Frieden und vor allem als reicher Fürst regierte. Sein Sohn Sigmund, der die Tiroler Linie der Habsburger fortsetzte, erhielt ebenfalls einen prägnanten, jedoch mißverständlichen Beinamen. Er wird „der Münzreiche" genannt, obwohl er in seiner Verschwendungs- und Prunksucht all die reichen Einnahmen des Landes vergeudete und stets in Schulden lebte. Dennoch ist der Beiname wegen Sigmunds Verdienste um die Tiroler Münzprägung gerechtfertigt. Er verlegte die Münzstätte

1477 von Meran nach Hall, wo die ersten großen Silbermünzen Europas geprägt wurden, was eine wahre Münzrevolution auslöste.

Für den ganzen Herrschaftsbereich Friedrichs und Sigmunds, Tirol und die Vorlande, setzte sich die Bezeichnung „ober- und vorderösterreichische Länder" durch. An der Donau lagen die „niederösterreichischen" oder „unterösterreichischen" Länder der Habsburger (Regierungssitz Wien); Steiermark, Kärnten, Krain und Istrien bildeten zusammen „Innerösterreich" (Hauptstadt Graz). Nach dem Tod des in Graz regierenden Herzogs Ernst (1424) war Tirol längere Zeit mit Innerösterreich verbunden, da Herzog Friedrich IV. für seinen minderjährigen Neffen Friedrich V. die Regentschaft führte. Dann war es umgekehrt: Als der Tiroler Herzog 1439 starb, war Sigmund noch nicht alt genug, so daß nun Friedrich V. (als deutscher König und Kaiser der III.) die Vormundschaft über seinen Vetter übernehmen konnte.

Rückseite des 1486 unter Sigmund dem Münzreichen in Hall geprägten Guldiners aus Silber.

Trotz aller Verflechtung der drei habsburgischen Linien durch gegenseitige Erbschaftsansprüche und Vormundschaftsrechte war Tirol ein selbständiges Landesfürstentum. Wie sehr die Tiroler ihr Land als unabhängig betrachteten und „ihren" habsburgischen Herzog als souveränen Fürsten, zeigt die Vehemenz, mit der sie sich nicht nur gegen Herrschaftsansprüche und Eroberungsversuche fremder Mächte, sondern auch gegen Bemühungen anderer Habsburger wehrten, sich im begehrten Tirol festzusetzen. 1415 versuchte dies während der Ächtung Friedls mit der leeren Tasche Herzog Ernst von der Steiermark. 30 Jahre später war dessen Sohn Friedrich V. nahe daran, einen Krieg gegen Tirol zu beginnen. Er drohte bereits, „den Etschländern Stricke um den Hals zu legen", und im Land hieß es: „Da sei Gott vor, daß er uns erobere!" Anlaß für die Auseinandersetzung zwischen König Friedrich und den Tirolern war der Streit um die Dauer der Vormundschaft über Herzog Sigmund. In Tirol galt der in Graz residierende „Chef" des Hauses Habsburg als ein fremder, ausländischer Herrscher, gegen dessen widerrechtliche Ansprüche man das Land verteidigen wollte. Doch es kam zu keinen Kämpfen. 1446 fand sich König Friedrich III. dazu bereit, Sigmund als selbständigen Landesfürsten nach Tirol zu entlassen. Hier mußte der junge Habsburger wenig später den Ansprüchen des Brixner Bischofs Nikolaus Cusanus entgegentreten, der die ehemalige, inzwischen längst in Vergessenheit geratene Oberhoheit der Bischöfe über das Land wieder zur Geltung bringen wollte. Der Kirchenfürst setzte sich aber nicht durch. Die Macht der bestehenden Verhältnisse war stärker. Die ober- und vorderösterreichischen Länder hatten nicht nur einen eigenen Fürsten, sondern auch eine eigene Regierung, deren Organisation zu Beginn des 15. Jahrhunderts noch sehr einfach war. Herzog Sigmund – nach 1477 trug er den Titel eines Erzherzogs – erneuerte und erweiterte das Ämter- und Behördenwesen. Der Rat, die Kanzlei und die Kammer (für Finanzangelegenheiten) bildeten zusammen das Regiment des Landes, das wiederum eng mit den Amtsträgern des fürstlichen Hofwesens verflochten war, weshalb der Hofmeister im Land eine wichtige Rolle spielte. Bis lange ins 15. Jahrhundert hinein zog der Landesfürst mit seinem Hof unstet von Ort zu Ort, von Burg zu Burg. Je umfangreicher Regierungsaufgaben und Verwaltungsgeschäfte wurden,

Realistisches Altersporträt des Tiroler Landesfürsten Sigmund des Münzreichen, der ohne erbberechtigte Söhne blieb und 1490 die Herrschaft über Tirol an Maximilian von den steirischen Habsburgern abtrat.

Am „Kaufhaus" in Freiburg im Breisgau erinnern Wappen und Statuen habsburgischer Herrscher an die vorderösterreichische Vergangenheit, an die einstmalige Verbindung mit Tirol.

desto notwendiger war auch eine ständige Hauptstadt und Residenz. Meran mit dem Tiroler Stammschloß war viel zu abgelegen. So wurde Innsbruck, die Stadt am Inn und an der Brennerstraße, um 1420 Residenzstadt und Regierungssitz. Meran verblieb nur mehr der Ehrentitel einer Landeshauptstadt. Zur günstigen verkehrsgeographischen Lage kam als Pluspunkt für Innsbruck, daß sich seit Beginn des 15. Jahrhunderts wegen des zunehmenden Bergsegens der wirtschaftliche Schwerpunkt des Landes nach Norden verlagerte.

Dem habsburgischen Länderverband anzugehören, hatte für Tirol nicht nur den Vorteil der relativen Selbständigkeit. Das Land hatte den Habsburgern auch weiträumige politische, wirtschaftliche und kulturelle Verbindungen zu danken. Dies hängt einerseits mit den verwandtschaftlichen Beziehungen und der Machtausdehnung dieser europäischen Dynastie zusammen, anderseits mit der Tatsache, daß sich das von Innsbruck aus regierte Territorium vom bayerischen Alpenvorland bis an den Rand der Poebene und im Westen bis an den Rhein und in das Elsaß, an die Grenzen Burgunds erstreckte. So stand Tirol in einem Nahverhältnis zum italienischen Raum und war eng verbunden mit dem Schwabenland.

Die habsburgischen Stammgebiete im Südwesten des Deutschen Reichs, die sogenannten „Vorlande" oder „Vorderösterreich", waren für Tirol überhaupt durch Jahrhunderte von besonderer Bedeutung. Es gab intensive Kontakte in Wirtschaft, Kultur und Verwaltung sowie einen regen Bevölkerungsaustausch. Man kann geradezu von einem „Schwabenzug" nach Tirol sprechen. Amtsträger und Ratgeber aus Vorderösterreich waren stets in der Umgebung des Tiroler Landesfürsten zu finden. Zahlreiche Beamte der Innsbrucker Behörden stammten aus den Vorlanden, von wo auch die Tiroler Städte starken Zuzug erhielten. Besonders hoch war im 14. und 15. Jahrhundert der Prozentsatz des schwäbischen Elements bei Künstlern, Notaren und Geistlichen. Die Diözesen Konstanz und Augsburg, zu denen ein Großteil Schwäbisch-Österreichs kirchlich gehörte, stellten die meisten Brixner Domherren, mehr als die Diözese Brixen selbst. Auch unter den Brixner Bischöfen waren mehrere Vorderösterreicher. Vom Schwabenland aus waren auch mehrere Tiroler Klöster gegründet und besiedelt worden.

Unter den Habsburgern wurde Tirol zu einer Plattform europäischer Politik. Für Rudolf IV. ergaben sich durch den Besitz Tirols günstige Voraussetzungen, sich aktiv in die oberitalienische Politik einzuschalten. Leopold III. griff gleichzeitig nach Süden und Westen aus. Die „Tiroler Habsburger" Friedrich IV. und Sigmund wandten sich vor allem dem Westen zu. Friedrich bemühte sich um das alte deutsche Reichslehen Brabant; Sigmund – selbst mit der schottischen Königstochter Eleonore aus dem Haus Stuart vermählt – war die treibende Kraft bei den Verhandlungen um eine Ehe des jungen Maximilian von der steirischen Linie der Habsburger mit der burgundischen Fürstentochter Maria. Mit dieser Heirat begann der Aufstieg des Hauses Österreich zur Weltmacht.

Als Maximilian I. 1490 vom alten Erzherzog Sigmund, der ohne erbberechtigte Söhne geblieben war, das Tiroler Landesfürstentum übernahm und bald darauf alle habsburgischen Länder unter seiner Regierung vereinte, verlor Tirol zwar viel von seiner Selbständigkeit, behielt jedoch eine gewisse Sonderstellung und nahm an Bedeutung sogar noch zu. Denn für Maximilian, dessen Herrschaftsbereiche und Interessensgebiete von der Schweiz bis nach Ungarn und auf den Balkan, von der Bretagne und den Niederlanden bis nach Italien reichten, dessen Ehe- und Bündnispolitik darüber hinaus Spanien und England, ja sogar Rußland miteinbezog, für diesen Herrscher voll weitgespannter, ganz Europa umfassender Pläne war Tirol geradezu das natürliche Zentrum seiner Regierung. Außerdem hegte der König und (seit 1508) Kaiser eine besondere Vorliebe für das Land, das er gerne auf seinen Jagdabenteuern durchstreifte. Tirol wurde aus diesen Gründen nicht etwa zu einem vernachlässigten Nebenland, sondern zu einem zentralen Bereich Deutschlands, Innsbruck zu einem bevorzugten Aufenthaltsort des Herrschers, zur ständigen Residenz seiner zweiten Gemahlin Bianca Maria Sforza von Mailand.

Kaiser Maximilian I., seit 1490 Tiroler Landesfürst, porträtiert von Bernhard Strigel.

Zu Maximilians Zeiten war Tirol deshalb auch ein Hauptziel europäischer Diplomaten. Der König und seine Berater trafen sich hier mit Fürsten, Würdenträgern, Delegationen und Bevollmächtigten der damaligen Großmächte und kleinerer Staaten. In Verhandlungen mit den Vertretern Spaniens, Frankreichs, Englands, Venedigs, Mailands, Ungarns, des türkischen Sultans, des russischen Großfürsten und des Papstes wurde „große Politik" gemacht. Maximilian hielt in Tirol regelrechte europäische Kongresse ab, die er durch Turniere, Jagdausflüge und andere Vergnügungen aufzulockern verstand.

Im Zusammenhang mit seinen Bestrebungen, Regierung und Verwaltung des Deutschen Reichs zu zentralisieren, hatte Maximilian Innsbruck zum Standort für notwendige Reichsämter ausersehen. Seine Pläne scheiterten jedoch am Widerstand der Reichsfürsten. Innsbruck wäre sonst vielleicht zur deutschen Reichshauptstadt geworden. Auch die bereits begonnene Errichtung gemeinsamer Amts- und Regierungsstellen für alle österreichischen Länder in Innsbruck blieb in den Anfängen stecken. Immerhin war im Jahr 1518 die Tiroler Hauptstadt Schauplatz des ersten österreichischen „Generallandtags". 70 Ständevertreter aus allen habsburgischen Erbländern trafen sich zu Beratungen über die Türkengefahr und zahlreiche andere Fragen von gemeinsamem Interesse. Das Schlußdokument des Generallandtags, der oft als erstes österreichisches Parlament bezeichnet wird, besiegelte die Schicksalsgemeinschaft der österreichischen Länder und stellt damit ein Grunddokument des österreichischen Staates dar. Die Tiroler bekannten sich trotz aller Bemühungen um Eigenständigkeit zu dieser Ländergemeinschaft und trugen nach Kräften zu ihrer Festigung bei, nicht zuletzt durch ihre üblichen Steuern, die höher waren als die anderer Länder, und durch beträchtliche finanzielle Sonderleistungen zur Abwehr der Türken.

Was den Kriegsdienst betrifft, verpflichtete Maximilian die Tiroler zwar zur selbständigen Verteidigung ihrer Heimat, befreite sie jedoch gleichzeitig ausdrücklich von jedem Zwang, außerhalb des Landes kämpfen zu müssen. Dieses „Landlibell" von 1511, das bis in das 19. Jahrhundert Grundlage des Tiroler Verteidigungswesens blieb, trug wesentlich zur

Festigung der Tiroler Sonderstellung innerhalb der österreichischen Länder bei. Wenn Tiroler in den folgenden Jahrzehnten und Jahrhunderten für ihren Landesherrn und Kaiser an ferne Kriegsschauplätze zogen, so taten sie es freiwillig. Wiederholt kämpften z. B. Tiroler in den Türkenkriegen unter der Führung angesehener Bürger oder vornehmer Adelsherren an vorderster Stelle. Bei der ersten Türkenbelagerung Wiens (1529) verteidigte Leonhard von Völs mit seinen Tiroler „Kriegsknechten" den wichtigen Abschnitt am Burgtor.

Auch Maximilian hatte in Tirol seine Elitetruppen angeworben und seine besten Heerführer gefunden. Wegen der strategisch wichtigen Lage des Landes, seinem Charakter einer uneinnehmbaren Felsenburg, der bereits traditionsreichen Innsbrucker Rüstungsindustrie und nicht zuletzt wegen der unbedingten Zuverlässigkeit der Tiroler richtete Maximilian, der in allen Teilen Europas Kriege führte, in Innsbruck sein größtes Waffenlager ein. Mit dem Kriegsmaterial, das im eigens dafür erbauten Zeughaus aufbewahrt wurde und das vom Spaten bis zur Kanone, vom Spieß bis zum Troßfuhrwerk alle für die damalige Kriegstechnik notwendigen Geräte umfaßte, konnte ein ganzes Söldnerheer ausgerüstet werden. Innsbruck wurde dadurch zu einem Waffenplatz, wie es damals in ganz Europa keinen zweiten gab.

Daß die Tiroler die Kriege der Habsburger mitfinanzieren mußten und in Feindschaften hineingezogen wurden, die ihren ureigensten Interessen widersprachen, war einer der großen Nachteile der engen Verbindung mit dem habsburgischen Imperium. Die unter Sigmund dem Münzreichen und Maximilian geführten Kriege gegen die Republik Venedig schädigten den lebenswichtigen Transithandel, dessen südlicher Zielpunkt ja gerade Venedig war. Und doch trug das Land hohe Kosten, stellte Söldner und ordentliche Aufgebote. Zwischen 1508 und 1516 standen fast jährlich 10.000 Tiroler unter Waffen, denn die Rückschläge der kaiserlichen Kriegsführung machten eine Verteidigung der Landesgrenzen notwendig.

Auch in die „Erbfeindschaft" zwischen den Habsburgern und den Eidgenossen wurden die Tiroler verwickelt. 1386 fielen 40 Tiroler Edelleute und Ritter in der Schlacht bei Sempach an der Seite des Landesfürsten Leopold III. Später mußten auch die Tiroler Bauern gegen ihre Schweizer Standesgenossen zum Kampf antreten. Im Schweizer Krieg des Jahres 1499, der vom adeligen Schwäbischen Bund und dem Tiroler Regiment begonnen wurde, weil die Eidgenossen die Oberhoheit Maximilians und des Deutschen Reiches nicht mehr anerkennen wollten, erlitten die Tiroler die größte Niederlage ihrer Geschichte. Bei Glurns im Vinschgau griffen die Graubündner das Tiroler Heer von zwei Seiten an und schlugen es vernichtend. Nach dem „frommen Brauch der Altvorderen", wie es hieß, wurden keine Gefangenen gemacht. 4000 Leichen blieben auf dem Schlachtfeld. Anschließend plünderten und verwüsteten die Sieger den Vinschgau bis nach Schlanders hinab.

Maximilian ging schon zu Beginn seiner Tiroler Regierungszeit daran, das Regierungs- und Verwaltungswesen des Landes neu zu organisieren, wobei er – auf ältere Tiroler Tradition aufbauend – seine als Herzog von Burgund gemachten Erfahrungen verwerten konnte. Das „Tiroler Regi-

Blick in den Hof des von Maximilian in Innsbruck errichteten Zeughauses, wo eine Unmenge von Kriegsmaterial lagerte. Die Darstellung stammt vom Innsbrucker Hofmaler Jörg Kölderer.

ment", dem der Marschall Paul von Lichtenstein und der Landhofmeister Michael von Wolkenstein vorstanden, galt als überaus fortschrittlich, als das Muster einer modernen Staatsverwaltung. Maximilian übertrug zahlreiche von den Beamten und Räten dieses lokalen Regierungskollegiums ausgearbeitete Gesetze und Ordnungen auf seine anderen Herrschaftsbereiche. Auf dem Umweg über die spanischen Habsburger gelangte später so manches Tiroler Gesetzeswerk sogar nach Übersee, z. B. die Schwazer Bergwerksordnung, die in vielen amerikanischen Bergwerken Geltung hatte.

Die politische Bedeutung Tirols und die europäischen Verbindungen seiner Landesfürsten ließen auch manchen Tiroler zum weltgewandten Diplomaten werden. Einer der wichtigsten Bevollmächtigten Maximilians auf der Ebene europäischer Politik war der vom Bauernsohn aus Anras im Pustertal zum kaiserlichen Rat und Protonotarius aufgestiegene Florian Waldauf, später mit dem Adelstitel „von Waldenstein". Er kämpfte nicht nur an der Seite seines Königs, sondern vermittelte unter anderem 1491 den Frieden mit Ungarn und verhandelte 1495 in Spanien über eine Heirat von Maximilians Sohn Philipp mit der Königstochter Juana. Tiroler Gelehrte, Kirchenmänner und Haudegen waren in Maximilians Diensten in ganz Europa unterwegs. Auch seine treuesten Sekretäre stammten aus Tirol: Cyprian von Sarnthein, der beim Abschluß vieler großer Verträge des Königs rechte Hand war; der Sillianer Blasius Hölzl, ein blendender Gesellschafter und Weltmann von hoher Bildung; und der bescheidene Mühlauer Plattnersohn Marx Treitz, genannt Saurwein, den Maximilian als Geheimschreiber und Hofpoet „in kein weg nit entbehrn" wollte.

Die ersten habsburgischen Landesfürsten waren für Tirol in einer weiteren Hinsicht wichtig: Unter ihrer Herrschaft erhielt das Land seine Grenzen, die jahrhundertelang nicht mehr verändert wurden. Schon die Brüder und Neffen Rudolfs IV. hatten im Kampf mit Venedig und Padua die Talschaft Primiero und die Valsugana gewonnen, was eine Sicherung der Südostflanke Tirols bedeutete. Vorübergehende Verluste an der Südgrenze wurden um 1500 von Maximilian I. wiedergutgemacht. Unter seiner Regierung kam auch das Gebiet von Ampezzo zu Tirol. Wichtiger war jedoch, daß Maximilian nach dem Aussterben der Görzer Grafen (1500) die Herrschaft Lienz und das Pustertal mit Tirol vereinte und kurz darauf (1504) mit der Erwerbung der bayerischen Gerichte Kufstein, Kitzbühel und Rattenberg das Land im Nordosten wesentlich vergrößern konnte. Ermöglicht hatte ihm dies ein interner Erbstreit der Wittelsbacher, in den er auf Ersuchen der Münchner Linie des Geschlechts eingriff. Die reichen Unterinntaler Gerichte hatte der König als Belohnung für seine Hilfe verlangt, mußte Kufstein aber erst erobern, da Anhängern der Landshuter Wittelsbacher die wichtige Bastion nicht freiwillig aufgeben wollten. Das grausame Strafgericht Maximilians über die Besiegten erregte damals in ganz Deutschland nicht weniger Aufsehen wie vorher die erfolgreiche Beschießung der als uneinnehmbar geltenden Festung.

Nach den Neuerwerbungen im Osten des Landes grenzte Tirol auf weite Strecken an das geistliche Fürstentum Salzburg, zu dem das Brixental

Grabplatte des letzten Görzer Grafen Leonhard, nach dessen Tod im Jahr 1500 die Herrschaft Lienz und das Pustertal mit Tirol vereinigt wurde.

sowie südlich des Felbertauern Matrei, Teile des Defereggentales und Lengberg im Drautal gehörten, während sich im Zillertal – mit Ausnahme rein tirolischer Enklaven – Salzburg und Tirol die Herrschaftsrechte teilten, wobei der Salzburger Einfluß freilich überwog.

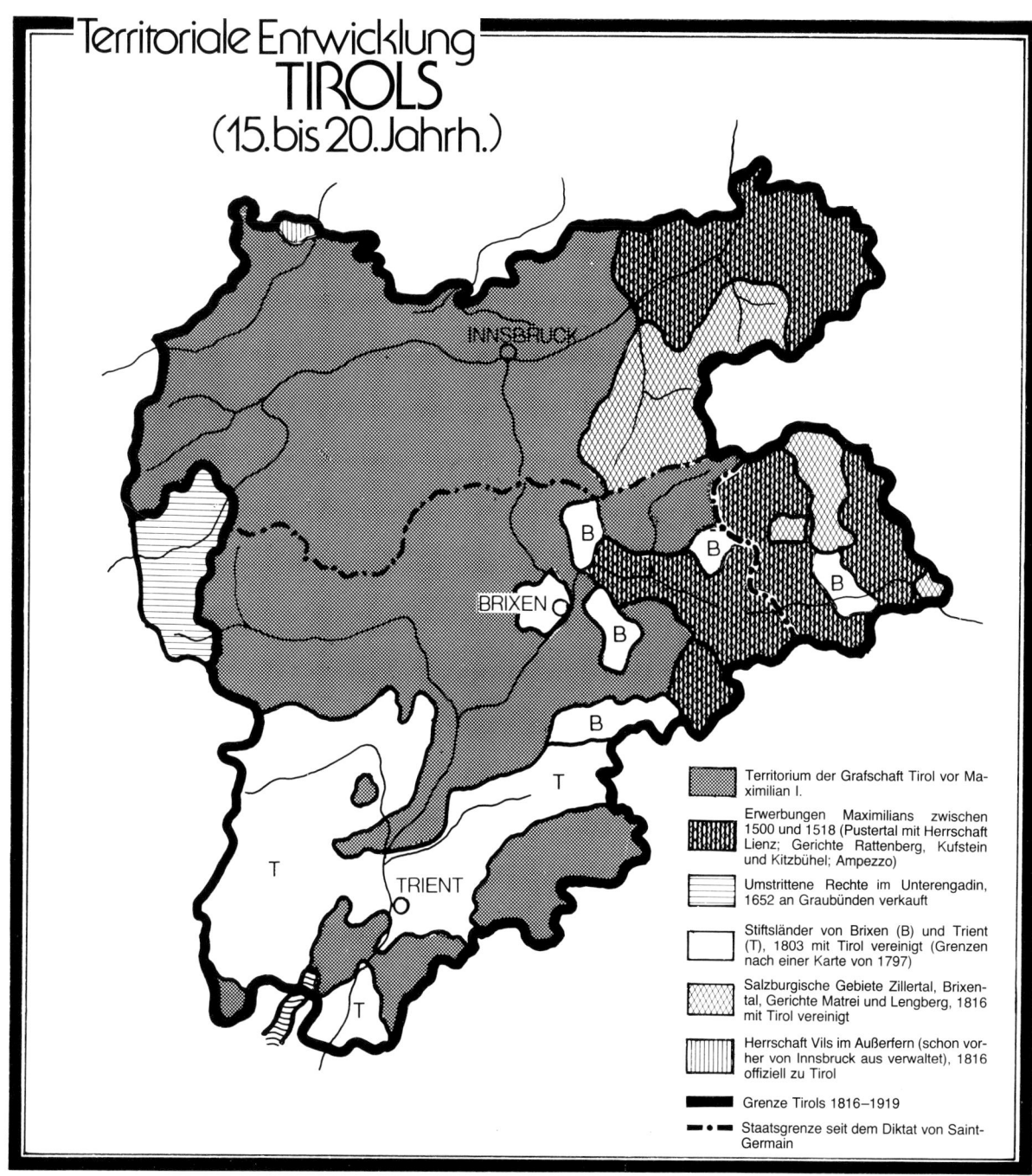

Vom Freiheitsbrief zum Landtag
Die Entwicklung der Tiroler Demokratie im 14. und 15. Jahrhundert

Neben einer gewissen Selbständigkeit innerhalb Österreichs gehört die Herausbildung einer für das Mittelalter sehr weitgehenden Demokratie zu den Besonderheiten der älteren Geschichte Tirols. Unter den ersten „Tiroler Habsburgern" erlangten die unteren Stände ein in der Landesverfassung festgelegtes Mitspracherecht. Begonnen hat die Entwicklung jedoch schon früher.

Im Streit der großen deutschen Fürstenhäuser um Tirol, der zwischen 1330 und 1363 ausgetragen und schließlich durch die Verbindung des Landes mit Österreich beendet wurde, hatten sich alle Parteien stets des Wohlwollens und der Hilfe maßgeblicher Tiroler zu versichern gesucht. Es hatte sich nämlich gezeigt, daß die Herrschaft über dieses Land nur mit Unterstützung der Bevölkerung zu behaupten war. So kam es zu einer regelrechten Verbriefung des Mitspracherechts von Volksvertretern bei der Regierung. Die betreffende Urkunde aus dem Jahr 1342 stammt von den bayerischen Wittelsbachern und wird meist als „Großer Freiheitsbrief" bezeichnet. Sie enthält die Zusage, die bestehenden Rechte des Landes zu wahren, keine ungewöhnlichen Steuern ohne Rat und Bewilligung der „Landleute", also der Sprecher der Bevölkerung, auszuschreiben, ihre Zustimmung zu neuen Gesetzen einzuholen und das Land nach dem „Rat der Besten" zu regieren. Der neue Landesfürst Ludwig versprach dies mit ausdrücklicher Billigung seines kaiserlichen Vaters nicht nur dem Tiroler Adel und den „Gotteshäusern" (Klöstern und Stiften), sondern – zumindest in einer der verschiedenen Fassungen des Privilegs – auch den „Städten, Dörfern und Märkten" sowie „allen Leuten, Edlen und Unedlen, Reichen und Armen wie diese heißen und wo immer sie gelegen und ansässig seien in der Grafschaft Tirol".

Dieser „Große Freiheitsbrief" hat die beabsichtigte propagandistische Wirkung nicht nur damals erzielt. Auch in unserer Zeit wird die vom bayerischen Herrscherhaus ausgestellte Urkunde von Historikern und Politikern als „Magna Charta", als Fundament der vielgerühmten Tiroler Freiheit und Demokratie gewertet, wobei vielfach übersehen wird, daß die Formulierung, mit der sie sich an alle Stände und Schichten der Bevölkerung richtet, in ähnlicher Form auch in anderen bayerischen Urkunden dieser Zeit vorkommt, und daß – wie neue Forschungsergebnisse besagen – die Fassung mit dem erweiterten Adressatenkreis offenbar den Tiroler Ständevertretern gar nicht ausgehändigt wurde. Die Gründe dafür kennen wir nicht. Sicher ist, daß in der politischen Praxis das ganze Dokument wenig bedeutete: Wichtige Adelige hatten schon bisher ein gewisses Mitspracherecht gehabt, und vom fallweisen Auftreten der Vertreter wichtiger Städte abgesehen, scheinen auch in der folgenden Zeit die unteren Stände zu Beratungen und Willensäußerungen nicht herangezogen worden zu sein. Dazu kam es erst viel später. Völlig abwerten wird man den berühmten Freiheitsbrief von 1342 aber dennoch nicht dürfen, da er zumindest als politisches Programm und als Formulierung einer Idealvorstellung seine Wirkung bei der weiteren Entwicklung der landständischen Verfassung Tirols nicht verfehlt zu haben scheint.

Früher als die Bauern konnten sich die Städte bei den Herrschenden Gehör verschaffen. Ihre wirtschaftliche und machtpolitische Bedeutung war nämlich um die Mitte des 14. Jahrhunderts nicht mehr zu übersehen. Die Bürgergemeinden hatten einen raschen Aufschwung genommen, die städtische Selbstverwaltung durch gewählte Amtsträger und Gremien war gefestigt. Erster Beweis dafür, daß die Vertreter der zahlenmäßig nicht sehr starken Bürgerschaft zu den Beratungen wichtiger Landesangelegenheiten herangezogen wurden, ist eine Versammlung von Vertretern des Adels und der Städte Bozen, Meran, Innsbruck und Hall, die nach dem Tod des wittelsbachischen Landesfürsten Ludwig im Jahr 1362 von Bozen aus ein Schreiben an seinen Nachfolger Meinhard III. richteten und dabei im Namen aller übrigen „Ritter und Knechte, Städte und Märkte und aller Gemeinschaft, arm und reich" sprachen, im Namen der ganzen Bevölkerung also. Im folgenden Jahr 1363 bezeichneten sich die Ständevertreter anläßlich der Übergabe Tirols an die Habsburger erstmals als die gesamte „Landschaft", der sicher alle Stände zugerechnet wurden. Bei den verschiedenen Huldigungsakten der Bevölkerung vor dem neuen Landesherrn Rudolf IV. von Habsburg könnten auch schon Vertreter von Landgemeinden teilgenommen haben. Die Erkenntnis, daß zur vollgültigen Vertretung des Landes und seiner Bevölkerung auch die Bauern herangezogen werden müßten, setzte sich allgemein jedoch erst nach 1400 durch.

Zu Beginn des 15. Jahrhunderts schlitterte Tirol in eine schwere innere Krise. An der Spitze und an der Basis der Ständepyramide gab es Unruhe: Die mächtigen Adelsfamilien sahen mit Sorge eine neue Zeit herannahen, sahen ihre Stellung und ihre Bedeutung durch neue gesellschaftspolitische und wirtschaftliche Tendenzen bedroht, sahen auf der einen Seite ein erstarkendes Landesfürstentum und auf der anderen Seite die aufstrebende Bürgerschaft der Städte und einen Bauernstand, der nicht zuletzt mit Blick auf die Erfolge der Schweizer Standesgenossen voll Selbstbewußtsein die Einhaltung altverbriefter Rechte forderte. Es zeugt von Klugheit und Weitblick, aber auch von einer richtigen Einschätzung der machtpolitischen Verhältnisse, daß die damals noch gemeinsam regierenden habsburgischen Herzöge Friedrich IV. und Leopold IV. im Jahr 1404 durch eine neue Landesordnung der immer ärger werdenden Unterdrückung der Bauern durch ihre kirchlichen wie adeligen Grundherren ein Ende setzten. Daß diese Reform nicht zu früh kam, bewies der Einfall von Appenzeller Bauernscharen nach Vorarlberg und Tirol im Jahr 1406. Es gelang den Schweizern nicht, die Tiroler Landbevölkerung aufzuwiegeln und sie zum Anschluß an ihren „Bund ob dem Bodensee" und an die Eidgenossenschaft zu bewegen. Wer weiß, ob sie nicht einige Jahre früher – vor der neuen Landesordnung – mehr Erfolg gehabt hätten? Auch im Hinblick auf die Entwicklung eines Landesparlaments brachte der Appenzeller Krieg eine Beschleunigung, gehörte doch zu den im Jahr 1406 von Leopold und Friedrich erneuerten Tiroler Freiheiten ganz ausdrücklich das Recht, durch Vertreter aller Stände bei der Regierung des Landes mitzureden.

Während der nächsten zwei Jahrzehnte stiegen die Landstände infolge äußerer Gefährdung und innerer Wirren zu bedeutender Macht neben dem Fürsten auf. Diese Macht hätte sich, wenn es nach dem Willen einer starken Adelsclique gegangen wäre, sogar gegen den Landesherrn gewendet und sowohl die Einheit des Landes als auch die Rechte der unteren Stände gefährdet. Doch die Bürger und Bauern hielten treu zu Herzog Friedrich IV., der 1406 endgültig die selbständige Regierung Tirols und der Vorlande übernommen hatte. Zunächst empörte sich der reichste und mächtigste Adelsherr, der Hofmeister und Landeshauptmann Heinrich von Rottenburg, mitsamt seinem Anhang gegen den Landesfürsten, doch konnte Friedrich dank tatkräftiger Unterstützung durch Städte und Landgemeinden zahlreiche Burgen des Rottenburgers brechen und ihn zum Frieden zwingen. Auch ein zweimaliger Einfall der mit den aufrührerischen Tiroler Adeligen verbündeten Bayern wurde abgewehrt.

Noch zweimal mußte sich Friedrich in den folgenden zwanzig Jahren gegen Feinde im Inneren und außerhalb der Landesgrenze zur Wehr setzen. In den Zeiten seiner tiefsten Erniedrigung, als er dem vom Konstanzer Konzil zum Rücktritt gezwungenen „Gegenpapst" Johannes zur Flucht verhalf, deshalb von der Kirchenversammlung, von den Reichsfürsten und vom König geächtet wurde und als „Friedl mit der leeren Tasche" von einem Versteck zum anderen flüchtete, waren es wieder die Tiroler Städte und die Landbevölkerung, auf die er sich verlassen konnte. Vergeblich hofften zuerst der deutsche König Sigismund, ein Luxemburger, dann Friedrichs Bruder, Herzog Ernst von Steiermark, Tirol in ihren Besitz nehmen zu können; vergeblich versuchten die mächtigsten Tiroler Adeligen die landesfürstliche Oberhoheit überhaupt abzuschütteln und eine reichsunmittelbare Stellung zu erlangen. Nachdem die erste Gefahr 1418 vorüber und die Reichsacht über Friedrich aufgehoben worden war, kam es in den zwanziger Jahren neuerlich zu einem Aufstand von Adeligen, an deren Spitze diesmal die Herren von Spaur und von Starkenberg standen. Zu den heftigsten Gegnern Friedrichs zählte damals der Dichter Oswald von Wolkenstein, der persönlich in die Fehden und politischen Intrigen verwickelt war und vom Landesfürsten zweimal in den Kerker geworfen wurde. Wieder konnte Friedrich in jahrelangen Kämpfen die Anführer der Adelsopposition unterwerfen, ihre Burgen erobern und ihren Besitz einziehen.

Erst 1427 war der letzte Widerstand gegen die landesfürstliche Macht gebrochen. Der Adel war endgültig in seine Schranken gewiesen, was auch den unteren Ständen sehr zugute kam. Nur ein starker Landesfürst konnte ihre gedeihliche wirtschaftliche und soziale Entwicklung fördern, ihre Freiheit und politischen Rechte gegenüber der feudalen Oberschicht garantieren. Das Bündnis zwischen dem Herrscher und seinen Untertanen in Stadt und Land hat beiden genützt. Friedrich war sich der Bedeutung dieser Stütze seiner Herrschaft bewußt. Bürger und Bauern standen stets in seiner besonderen Gunst. Im Volk lebte deshalb der

Tirols Landesfürst, der Habsburger Friedrich IV., unterwirft sich 1414 am Konstanzer Konzil seinem Rivalen, dem König Sigismund aus dem Haus Luxemburg, der vorher die Reichsacht über ihn ausgesprochen hatte. Darstellung aus der Konzilschronik des Ulrich von Richental, der die Kirchenversammlung, die zugleich ein Reichstag war, selbst miterlebt hatte. Trotz des öffentlichen Sühneaktes und einer hohen Geldbuße ließ Sigismund den Tiroler Habsburger einsperren. „Friedl mit der leeren Tasche" konnte jedoch nach Tirol entfliehen.

Herzog „Friedl mit der leeren Tasche" zu Recht als Förderer des Bauernstandes weiter.

Friedrich IV. hat vor allem auch die Landstandschaft der Bauern gefestigt. Für die immer häufiger werdenden Versammlungen der Landstände entwickelten sich allmählich feste Formen und Regeln. Beim Meraner Landtag von 1423 wurde erstmals zur eingehenden Beratung der zur Debatte stehenden Gegenstände ein „Ausschuß" gebildet, dem 18 Mitglieder der Ritterschaft, also des Adels, und 18 Mitglieder der Städte, Märkte und Landgemeinden angehörten. Dazu kam eine Anzahl fürstlicher Räte. Es fällt auf, daß bisher nur drei Stände der Landschaft zugerechnet wurden. Noch immer fehlte die hohe Geistlichkeit, die in den Freiheitsbriefen ausdrücklich erwähnt wird. Zwar nahmen schon früher Bischöfe oder Äbte an Beratungen oder Aktivitäten der Landschaft teil, auch traten Klöster und andere kirchliche Grundbesitzer zusammen mit dem Adel häufig für ihre gemeinsamen Interessen ein, doch als eigener Stand waren die „Prälaten" erst seit der Mitte des 15. Jahrhunderts am Landtag vertreten. Überhaupt erreichte die landständische Verfassung ihre volle Ausformung und Vollendung erst unter Friedrichs Sohn und Nachfolger Sigmund.

An den Landtagen nahmen seit damals teil: vom Klerus oder Prälatenstand die beiden Bischöfe von Brixen und Trient mit ihren Domkapiteln und die Vertreter der Stifte; vom Adel alle erwachsenen Mitglieder der in die Landtafeln oder Matrikeln eingetragenen Familien, und zwar ohne Unterschied Grafen, Freiherren, Ritter und Edelleute; vom Bürgerstand ein Vertreter (meist der Bürgermeister) jeder Stadt; vom Bauernstand „Boten" der einzelnen Gerichte. Ein Landgericht entsandte je nach Größe einen bis drei Abgeordnete, die entweder direkt auf den Versammlungen der Gerichtsinsassen gewählt oder auch nur vom – gewählten – Gemeindeausschuß bestimmt waren. Es kam also sowohl eine direkte wie auch eine indirekte Wahl vor. Die Bauern konnten einen aus ihrer Mitte oder einen Gerichtsbeamten entsenden. Städte und Gerichte, die unter bischöflicher Herrschaft standen, gehörten nicht der Landschaft an. Die höchste Funktion in der Ständevertretung hatte der „Hauptmann an der Etsch", später Landeshauptmann genannt. Er führte auch den Vorsitz bei den Versammlungen.

„Offene" Landtage, zu denen alle stimmberechtigten Ständevertreter eingeladen wurden, gab es nur selten, und zwar zu besonders wichtigen Anlässen. Immerhin mußte man dabei mit Hunderten Teilnehmern rechnen. Viel häufiger trat der große Ausschuß zusammen, dem 44 Delegierte, 11 Sprecher eines jeden Standes, angehörten. Hier waren also – im Unterschied zu offenen Landtagen – alle vier Stände auch in bezug auf die Zahl ihrer Vertreter gleichberechtigt. In späterer Zeit wurde noch ein engerer Ausschuß eingerichtet, der gewissermaßen als Rat des Landeshauptmannes fungierte. In der Regel nahm die Tagung der Landstände folgenden Verlauf: Zu Beginn teilte der Landesfürst oder sein Kanzler seine Forderungen oder Vorschläge mit. Diese wurden dann im Plenum oder in Ausschüssen beraten. Über das Ergebnis wurde Mann für Mann abgestimmt. Die Meinung der Landschaft zu den einzelnen vom Fürsten vorgebrachten Punkten wurde schließlich im sogenannten

Landtagsabschied schriftlich festgehalten. Aber auch ihrerseits konnten die Ständevertreter Vorschläge unterbreiten oder Bitten und Beschwerden vorbringen.

Die Kompetenzen und Möglichkeiten der Landschaft waren sehr von den Zeitumständen abhängig. Herzog Sigmund der Münzreiche etwa erließ viele Gesetze ohne Mitwirkung oder auch nur Befragung der Landstände und traf von sich aus weitreichende Entscheidungen. Dann wieder suchte derselbe Fürst bei anderen Gesetzen und Beschlüssen sehr wohl die Mitarbeit oder den Rat der Landstände. Krisenzeiten waren verständlicherweise der landständischen Bedeutung stets förderlich. Der Landesfürst war dann froh, wenn notwendige Maßnahmen von der Bevölkerung mitverantwortet und deshalb eher bejaht wurden. Oder aber der Landesfürst war in seiner Handlungsfähigkeit behindert. Dann konnte sich die Landschaft unter Umständen zur Übernahme der vollen Regierungsgewalt berufen fühlen.

Dies war zum Beispiel der Fall, als der junge Herzog Sigmund 1443 von seinem Vetter Friedrich in Graz festgehalten wurde, obwohl die mit den Tiroler Ständen vereinbarte Dauer der Vormundschaft zu Ende war. Die Landschaft übertrug deshalb die Regierung einem „geschworenen Rat", der in Meran seinen Sitz hatte und die rechtmäßigen Zustände wiederherstellen sollte. 1446 mußte Friedrich nachgeben. Als derselbe Landesfürst Sigmund nach vierzigjähriger Regierungszeit – jetzt trug er den Titel Erzherzog (seit 1477) – zunehmend dem Einfluß eigensüchtiger Adeliger erlag und außerdem zur Finanzierung seines verschwenderischen Hoflebens die Verpfändung Tirols an Bayern erwog, schritten die Ständevertreter wieder ein. Sie setzten die Einberufung eines Landtags und die Landesverweisung der „bösen Räte" durch. Außerdem wurde eine neue „Hof- und Regimentsordnung" beschlossen, die den altersschwachen Landesfürsten an den Willen der Ständevertreter band.

Solche Höhepunkte ständischer Machtentfaltung gab es nur selten. Das Grundrecht der Landschaft, das sie stets eifersüchtig hütete, war die Bewilligung von Steuern. In Zeiten mit großem Geldbedarf der Regierung – und diese sollten unter Maximilian, aber auch später, zur Regel werden – konnte dieses Recht eine ziemlich große Macht bedeuten. Die Landstände hoben die bewilligten Steuern auch selbst ein und kontrollierten die ordnungsgemäße Verwendung der Mittel, was wieder eine Einflußnahme auf die gesamte Landesverwaltung bedeutete. Eine andere wichtige Kompetenz der Landschaft war die Organisierung und Durchführung der Landesverteidigung.

Eine gewisse Ordnung und Vorschriften für das Landesaufgebot gab es schon im 14. und im frühen 15. Jahrhundert. Das furchterregende Vordringen der türkischen Scharen bis nach Oberkärnten veranlaßte Herzog Sigmund im Jahr 1478, Vorkehrungen für eine Verteidigung zu treffen, damit „wir ihnen, wenn sie gegen unser Land herandringen sollten, auf geregelte Weise Widerstand zu leisten imstande seien". Nach Beratungen mit den Landständen, die in Bruneck und in Brixen zu Landtagen zusammentraten, erließ der Landesfürst eine Zuzugsordnung mit den nötigen organisatorischen Maßnahmen für eine wirkungsvolle Landesverteidigung. Auch das im Jahr 1511 von Maximilian nach entsprechen-

Die älteste Darstellung einer Tiroler Ständeversammlung stammt aus dem frühen 17. Jahrhundert und ist enthalten in Burgklechners Geschichtswerk „Tiroler Adler". Rechts die oberen Stände Adel und Klerus, im Vordergrund die Bürger und Bauern. Auf dem Thron sitzt der Landesfürst, der Kanzler verliest gerade eine Erklärung.

den Landtagsberatungen erlassene „Landlibell", ein Musterbeispiel für demokratisches Wehrwesen und ein Grundgesetz der Tiroler Landesverfassung bis ins 19. Jahrhundert, beruht in seinen Grundzügen auf den 1478/79 beschlossenen Bestimmungen. Das maximilianische Landlibell enthält die Verpflichtung der gesamten Tiroler Bevölkerung vom Bischof bis zum Bauernknecht, nach Kräften zur Verteidigung des Landes beizutragen, gleichzeitig aber auch das Privileg, daß kein Tiroler außerhalb der eigenen Landesgrenzen Kriegsdienste leisten mußte.

Auf die alte landständische Verfassung Tirols darf man natürlich unsere modernen Vorstellungen von Demokratie nicht anwenden. So hatte innerhalb der einzelnen Stände bei weitem nicht jedermann dieselben Rechte und politischen Möglichkeiten. Dienstboten, Taglöhner und andere Mittellose waren sowohl in den Städten als auch am Land von jeder Mitsprache ausgeschlossen. Auch die zahlreichen Bergknappen waren weder in den Räten der Bergwerksstädte noch im Landtag vertreten. Aber immerhin hatten weite Bevölkerungsschichten die Möglichkeit, Wünsche vorzubringen und bei der Gesetzgebung mitzuwirken. Und auch wenn die einzelnen Stände im Vergleich zur Zusammensetzung der Bevölkerung sehr ungleich repräsentiert waren, so konnten Bürger und Bauern, wenn sie sich zusammentaten, doch einiges gegen die sonst viel einflußreicheren oberen Stände erreichen. Ein ähnliches demokratisches Mitspracherecht der Bauern gab es nur in der Schweiz, in Vorarlberg, in Friesland und in Skandinavien.

Des Kaisers Schatzkammer

Wirtschaftsblüte im 15. und frühen 16. Jahrhundert • Landwirtschaft, Städte, Verkehrswesen, Bergbau und „Industrie"

Manche Forscher sind der Meinung, das Geschlecht der Habsburger wäre ohne den Besitz von Tirol nie zur Weltmacht aufgestiegen. Sie brauchten das Land wegen seiner verkehrsgeographischen und strategischen Bedeutung im Herzen Europas, nicht zuletzt aber auch als reiche Einnahmequelle. Freunde und Gegner der Habsburger nannten Tirol die „Schatzkammer des Hauses Österreich" oder – unter Maximilian – „Geldkasten des Kaisers".
Tatsächlich war Tirol im 15. und frühen 16. Jahrhundert ein reiches Land. In erster Linie war dies eine Folge des immer stärker gewordenen Durchzugshandels und des Gewinns, den man daraus ziehen konnte, vor allem aber des schier unerschöpflichen Bergsegens. Beide Einnahmequellen zu fördern, wo es nur ging, war das Ziel aller Tiroler Landesfürsten. Darüber hinaus erkannten sie aber, daß die Lebensgrundlage der Bevölkerung die Landwirtschaft war und daß ihre Leistungsfähigkeit nicht zuletzt mit den Besitzverhältnissen und der sozialen Stellung der Bauern zusammenhing. Dies ist gewiß mit ein Grund, weshalb Herzog Friedrich IV. („mit der leeren Tasche") für eine ausreichende persönliche und wirtschaftliche Sicherheit der Bauern gegenüber ihren adeligen und geistlichen Grundherren sorgte und Maximilian I. die Reste der Leibeigenschaft in Tirol – mit ganz wenigen Ausnahmen – beseitigte.
Freilich konnte bei allem Fleiß der Landbevölkerung der in weiten Teilen Tirols eher karge Boden nicht alle Menschen ernähren, vor allem als die Städte wegen des regen Wirtschaftslebens immer mehr anwuchsen und die Bergwerksorte Tausende Arbeiter von weither anzogen. So war Tirol stets von Getreide- und Schlachtvieheinfuhren abhängig. Der Export landwirtschaftlicher Produkte, in erster Linie nach Bayern, beschränkte sich in der Hauptsache auf Obst und Wein. Eine besondere Rolle dabei spielten die vielen bayerischen Klöster, die zum Teil sehr ausgedehnte Besitzungen im südlichen Tirol hatten.
War die Ertragslage eines Hofes schlecht, so war die Familie vielfach auf einen Nebenerwerb angewiesen. Man fand ihn häufig im Bergbau, wo es von Zulieferungsdiensten und Hilfsarbeiten bis zur Gründung eines eigenen kleinen Unternehmens viele Möglichkeiten gab. Knappen und Grubenbesitzer (Gewerken) aus dem Bauernstand waren keine Seltenheit. Geld verdienen konnte die Landbevölkerung auch in der Verkehrswirtschaft, etwa durch das Bereithalten und Führen von Vorspannpferden bei besonders steilen Wegstrecken oder durch Ausbesserungsarbeiten an den Straßen, die damals zumeist in einem überaus schlechten Zustand waren. So mancher Bauer stieg als Wegmacher gewissermaßen in eine halbamtliche Stellung auf.
Auf seiner Schlüsselstellung im Straßensystem des Kontinents, auf der

Der Kuntersweg durch die Eisackschlucht und der ältere Weg über den Ritten auf der Anich-Karte aus der zweiten Hälfte des 18. Jahrhunderts.

verkehrsgeographischen Zentrallage des Landes, beruhte durch Jahrhunderte die eigentliche Bedeutung Tirols für die europäische Wirtschaft. Bedingt durch die allgemeine wirtschaftliche Entwicklung und die steigenden Ansprüche der gehobenen Bevölkerungsschichten erreichte der Verkehr durch Tirol um 1500 geradezu gigantische Ausmaße. Ein Wagenzug nach dem anderen rollte über den Reschen und den Brenner, lange Kolonnen schwer beladener Saumpferde benützten die kleineren Pässe und Übergänge. Fast der gesamte Warenaustausch zwischen Venedig und Augsburg, zwischen Italien und Deutschland, ja zwischen dem Orient und dem mittleren und nördlichen Europa wikkelte sich über Tirol ab. Und das Land war dafür auch bestens gerüstet. Es gab genügend Herbergen, Gasthäuser und Raststationen entlang der Straße und in den Städten, auf die Bedürfnisse des Verkehrsbetriebs eingestellte Handwerker, ein gut ausgebildetes und straff organisiertes Fuhrgewerbe. Viele Tiroler verdienten so ihren Lebensunterhalt.

Zölle und Mauteinnahmen brachten den Städtern, in erster Linie aber dem Landesfürsten reichen Gewinn. Dafür wurden die Straßen instandgehalten, jedoch bis ins 16. Jahrhundert nur selten verbessert. Eine der Ausnahmen war die Pioniertat des Bozner Kaufmanns Heinrich Kunter, der zu Beginn des 14. Jahrhunderts einen für die damalige Zeit kühnen Weg durch die Eisackschlucht anlegen ließ; vorher hatte man den beschwerlichen Umweg über den Ritten machen müssen. Zu einer richtigen Fahrstraße wurde der Kuntersweg freilich erst gegen Ende des 15. Jahrhunderts ausgebaut, wobei bereits eine Sprengtechnik angewendet wurde.

Einheimische Firmen aus Tirol und Bayern spielten im alpenüberquerenden Handel eine eher bescheidene Rolle. Dafür schalteten sich ausländische Großunternehmungen in die Tiroler Wirtschaft ein. Waren es im 13. und 14. Jahrhundert vor allem Florentiner Firmen gewesen, so traten später die bedeutenden süddeutschen Handelshäuser in Erscheinung. Es war ganz natürlich, daß sich hier an der Grenze der zwei Wirtschaftsräume Deutschland und Italien stark besuchte Handelsplätze herausbildeten. Im Inntal war es nicht Innsbruck, sondern die Nachbarstadt Hall, die sich zu einem internationalen Handelszentrum mit regelmäßigen Märkten entwickelte. Ein Grund dafür war, daß bis Hall herauf der Inn schiffbar war und der Wasserweg damals in Anbetracht der ziemlich schlechten Wegverhältnisse für den Personen- und Warenverkehr große Vorteile bot. Ein weiterer Anziehungspunkt von Hall war das Salz, das hier nachweisbar seit dem 12. Jahrhundert gewonnen wurde. Tiroler Salz wurde nach Vorderösterreich, in die Schweiz, nach Oberitalien und auf Inn und Donau bis ans Schwarze Meer verfrachtet.

Als Handelsplatz noch bedeutender als Hall war Bozen, auch ein Flußhafen, denn die Etsch wurde von und bis Bozen mit Schiffen und Flößen befahren. Seit dem Ende des 12. Jahrhunderts wurden die Bozner Märkte zuerst zweimal, später viermal jährlich abgehalten. Italienische und deutsche Kaufleute trafen sich hier; die einen boten die typischen Waren des Südens und die Luxusgüter des Orients, die anderen die Spezialitäten Deutschlands und des Nordens feil. Das rege Kaufgeschäft ließ auch Wechselbanken entstehen. Für viele auswärtige Kaufleute wurde Bozen eine so wichtige Handelsstation, daß sie sich hier Häuser als Warenlager und Absteigequartiere erwarben.

Wirtschaftsfaktoren ersten Ranges waren für Trient und Brixen die fürstbischöflichen Höfe sowie für Innsbruck die landesfürstliche Residenz und der ständig wachsende Regierungsapparat. Vor allem Innsbruck blühte auf, seit Friedrich IV. die Stadt am Inn und an der Brennerstraße zur Residenz erwählt hatte. Unter seinen Nachfolgern Sigmund und Maximilian bot der personenreiche landesfürstliche Hofstaat mit seinen gehobenen Bedürfnissen und mit seiner magnetischen Anziehungskraft für den Adel jeden Ranges wesentliche Impulse für viele Wirtschaftszweige. Die kaufkräftige Konsumentengruppe wurde noch vergrößert durch die steigende Zahl fix besoldeter Beamter. Um alle Wünsche von Hof, Beamten und wohlhabenden Bürgern zufriedenzustellen, war die Ansiedlung zahlreicher Gewerbetreibender notwendig. An Handel, Versorgungsbetriebe, Handwerk und vor allem an das Luxusgewerbe waren erhöhte Anforderungen gestellt. Die direkte Folge war ein sprunghaftes Anwachsen der Einwohnerzahl Innsbrucks.

Eine Residenzstadt mit allen Vorteilen für die Wirtschaft, die diese Funktion mit sich bringt, war auch Lienz, doch nur solange die Dynastie der Görzer Grafen im Pustertal, in Oberkärnten und in Friaul herrschte. Als das Geschlecht im Jahr 1500 mit Leonhard von Görz ausstarb und sein Herrschaftsbereich an die Habsburger fiel, versank das Städtchen am Zusammenfluß von Drau und Isel in Bedeutungslosigkeit. Aus einem politischen und wirtschaftlichen Zentrum wurde ein abgelegener Provinzort, der Jahrhunderte hindurch im Dornröschenschlaf verblieb. Unter Maximilian kamen drei weitere Städte aus den vormals bayerischen Gerichten zu Tirol, und zwar Rattenberg, Kufstein und Kitzbühel. Während Kufstein als Grenzfestung wichtig war, hatten Rattenberg und Kitzbühel nicht zuletzt als Bergwerksstädte allergrößte Bedeutung. Die große Zeit des Tiroler Bergbaus hatte im frühen 15. Jahrhundert begonnen. Bald wurde überall im Land nach allerlei wertvollen Erzen gegraben. Verfallene Stollen und alte Sagen erinnern an jene Zeit. Die wichtigsten Abbaugebiete waren Schwaz, Hall, Imst, Pflersch, Gossensaß, Sterzing, Klausen, Taufers, Terlan, das Ahrntal und Primiero in Welschtirol. An Bergschätzen gab es hauptsächlich Silber und Kupfer, Zink, Blei und auch Eisen. Um 1500 zählte Tirol zu den reichsten Silber- und Kupferlieferanten Europas. Das begehrte Kupfer wurde u. a. nach Nürnberg, nach Lyon in Frankreich, nach England und über Venedig bis an den Persischen Golf exportiert.

Für die Ausbeutung der Gruben, das Schmelzen des erzhaltigen Gesteins und den Vertrieb sorgten einheimische und ausländische Unternehmer. Mehrere Tiroler Bergherren (z. B. die Tänzel, Fieger und Stöckl) gelangten zu Ansehen, Reichtum und Adelstitel, kauften Schlösser, förderten Künste und Wissenschaften. Zum Betrieb der Bergwerke mußten am Anfang Fachleute und einfache Knappen aus dem Ausland berufen werden. Später war es dann die stetig steigende Produktion, die einen Zustrom fremder Bergarbeiter notwendig machte. Aber auch viele arbeitslos gewordene Bauernknechte und ländliche Tagelöhner verpflichteten sich im Bergbau. Ob einheimisch oder von auswärts, die

Zur Zeit der Görzer Herrschaft, als Lienz Residenzstadt und Regierungssitz war, gab es hier auch eine eigene Münzstätte, aus der dieser Goldgulden Meinhards VII. (gest. 1385) stammt. Die Rückseite zeigt das Görzer Wappen, das später mit der bürgerlichen Rose zum Lienzer Stadtwappen verschmolz.

Bergwerksszene und Arbeit in einem Hammerwerk als Beispiel für jene frühen „Industriebetriebe", in denen die Schätze aus den Tiroler Bergen weiterverarbeitet wurden. Beide Darstellungen sind in dem um die Mitte des 16. Jahrhunderts entstandenen „Schwazer Bergbuch" enthalten.

Knappen standen außerhalb des gesellschaftlichen Lebens der Bergwerksorte und oft in starkem Gegensatz zur übrigen Bevölkerung. Am ehesten könnte man ihre Situation mit den Gastarbeitern unserer Zeit vergleichen. Ihre Ausnahmestellung wurde dadurch verstärkt, daß sie nicht den jeweiligen Gerichten unterstanden. Die Zahl der um 1500 in Tirol arbeitenden Bergknappen ist nicht exakt anzugeben. Daß sie sehr groß gewesen sein muß, wird deutlich, wenn man bedenkt, daß damals allein in der Gegend von Schwaz bei 15.000 Knappen und Hilfsarbeiter eingesetzt waren. Alle Tiroler Städte zusammen hatten nicht mehr Einwohner.

Im Bergwesen kam es wiederholt zu starken sozialen Spannungen, Ende des 15. Jahrhunderts sogar zu Demonstrationen wegen der Lebensmittelteuerung und zu Streiks gegen die reichen Unternehmer, die die Schätze der Tiroler Berge, aber auch die Arbeitskraft der Knappen ausbeuteten. Da der Zustrom an Arbeitswilligen jedoch unvermindert anhielt, konnten Streiks nichts ausrichten. Maximilian verbesserte die Stellung der Knappen durch Privilegien und Gesetze. Unter anderem wurde im Bergbau eine regelrechte Sozialversicherung eingeführt. Manchen Bergarbeitern gelang durch Fleiß, Tüchtigkeit und Glück auch ein gesellschaftlicher Aufstieg. Die Fachkenntnisse der Tiroler Knappen wurden weitum geschätzt. Einige von ihnen wurden nicht nur in die Nachbarländer, wie z. B. nach Vorderösterreich, sondern in alle Welt berufen, so nach Rußland und nach Venezuela.

Das Zentrum des Tiroler Bergbaus und eine europäische Metropole der Silber- und Kupfergewinnung war Schwaz im Inntal, „aller Bergwerke Mutter" genannt. Seitdem die riesigen Erzvorkommen, in erster Linie im Revier am Falkenstein, um 1410 entdeckt worden waren, entstand nach und nach ein richtiges Industriegebiet mit allen Errungenschaften der damaligen Technik; die gezielte Anwendung der Hebelwirkung und der Einsatz der Wasserkraft spielten die größte Rolle. Zeitweise waren 250 Stollen am Falkenstein in Betrieb; um 1515 wurde der erste Schachtbau begonnen, der in neun Stockwerken rund 240 Meter unter die Talsohle reichte. Tausende Knappen holten in achtstündiger Schichtarbeit das silber- und kupferhaltige Fahlerz aus dem Berg. Während der Regierungszeit Maximilians wurden allein am Falkenstein 332.000 kg reines Silber gewonnen.

Maximilian I. besichtigt eine der berühmten Gußhütten in Hötting oder Mühlau bei Innsbruck. Zeitgenössische Darstellung aus dem „Weißkunig".

Dieser Reichtum kam jedoch nicht dem Land Tirol zugute. Längst waren die wichtigsten Bergschätze vom Landesfürsten an ausländische Großunternehmer verpfändet. Seit dem Ende des 15. Jahrhunderts hatten immer mehr kapitalkräftige fremde Geschäftsleute im Tiroler Bergbau Fuß fassen können, so die Baumgartner und die Fugger aus Augsburg. Die Firma Fugger, deren Handelsnetz ganz Europa umspannte, streckte den Habsburgern seit Sigmund dem Münzreichen wahre Unsummen von Geld für Hofhaltung, Politik und Kriege vor und erhielt dafür als Rückzahlung samt Zins und Zinseszins die Tiroler Silberproduktion auf Jahre hinaus verpfändet. Nach 1515 zogen die Fugger auch den Kupferhandel an sich.

Die Tiroler Bodenschätze ermöglichten die Entstehung und Entwicklung leistungsfähiger Verarbeitungsbetriebe, sodaß ein Teil der aus den Tiroler Bergen geholten Metalle im eigenen Land verarbeitet werden konnte. Mehrere dieser gewerblichen Produktionszweige erlangten europäischen Ruf. Innsbruck etwa wurde unter Sigmund und Maximilian zum unübertroffenen Zentrum des Geschützgusses. Unter der Leitung begabter „Büchsenmeister", die ihre Kunst von Generation zu Generation vererbten, entstand in den Gußhütten von Hötting und Mühlau der modernste Geschützpark Europas. Tiroler Gießer – wie der berühmte Gregor Löffler – waren ohne Konkurrenz und dementsprechend von Fürsten und Königen umworben.

Auch andere Zweige der Rüstungsindustrie blühten auf. Die in Innsbruck hergestellten Harnische waren von bester Qualität und konnten neben den Spitzenprodukten der berühmten Mailänder, Augsburger und Nürnberger Plattnerwerkstätten durchaus bestehen. Neben den kunstvollen Turnier- und Prunkharnischen mußten die Plattner immer mehr auch „grob arbeit" liefern, nämlich Massenware für die Ausrüstung der Landsknechtheere: einfache Brust- und Rückenpanzer, Helme, Arm- und Beinschienen und andere Schutzteile. Dafür wurden eigene maschinelle Fertigungsmethoden ersonnen.

Der Silberreichtum Tirols erlaubte es den Landesfürsten schon früh, eine zielstrebige Finanz- und Münzpolitik zu betreiben. Unter Meinhard II. hatte die Tiroler Münzprägung bereits einen ersten Höhepunkt erreicht. Unter Erzherzog Sigmund wurde die Münzstätte 1477 von Meran nach Hall verlegt. Sigmund „der Münzreiche" sorgte mit seiner Reform des Geldwesens für ein Umdenken in ganz Europa. In Hall wurde die große europäische Silbermünze, der Taler, „erfunden". Dem Goldgulden gleichwertig, war der Silbertaler drei Jahrhunderte lang die bevorzugte europäische Münze. Auch die von Sigmund eingeführte Praxis, das Porträt des Herrschers auf den künstlerisch gestalteten Münzen anzubringen, setzte sich allgemein durch. Kaiser Maximilian ließ in Hall die ersten Schaumünzen prägen, die nicht als Geld, sondern als Geschenke dienten.

Sigmunds Münzreform trug dem stärkeren Geldbedarf des damals im Umbruch begriffenen europäischen Wirtschaftslebens Rechnung. Die allenthalben spürbaren Veränderungen erschütterten zu Beginn des 16. Jahrhunderts nicht nur die traditionellen wirtschaftlichen Strukturen, sondern auch die auf dem feudalen System aufbauende Sozialordnung. Der Übergang von der Natural- zur Geldwirtschaft verschlechterte nicht zuletzt das Verhältnis zwischen Grundherren und Erbpächtern, da Adelige und Klöster den auf ihnen lastenden wirtschaftlichen Druck ganz einfach nach unten weitergaben. Zudem standen den Tirolern leibhaftige Vertreter der neuen Kapitalmächte vor Augen, die schwerreichen Baumgartner und die Fugger aus Augsburg, deren wirtschaftliche Macht und deren ausbeuterische Methoden den Haß weiter Kreise der Bevölkerung auf sich zogen und denen man die Schuld an vielen wirtschaftlichen Mißständen gab. Daß es im Grunde weniger die Geschäftspraktiken der Fugger als vielmehr die geldverschlingende hohe Politik des kaiserlichen Landesherrn war, die Tirol nicht in den Genuß der eigenen Bergschätze kommen ließ, war für die Volksstimmung ohne Belang. Beim Aufstand der Tiroler Bauern von 1525 war die unkontrollierbare Machtposition der Fugger ein Hauptangriffspunkt.

Was die Rebellen nicht erreichten, besorgte einige Jahrzehnte später der einsetzende Rückgang des Tiroler Bergsegens: Mehrere ausländische Unternehmen gingen bankrott, wozu sicher auch ein ins Maßlose übersteigerter Lebensstil beigetragen hatte; andere versanken zur Bedeutungslosigkeit. Auch die vorsichtigeren und seriöseren Fugger gerieten in der zweiten Hälfte des 16. Jahrhunderts in Schwierigkeiten. Die Augsburger Weltfirma konnte ihre Tiroler Geschäfte – in bescheidenerem Maße – jedoch bis in die Mitte des 17. Jahrhunderts aufrechterhalten.

Der Augsburger Großunternehmer Jakob Fugger (Porträt von Albrecht Dürer), dessen Wirtschaftsimperium zu einem guten Teil von den Bergschätzen aus Tirol gestützt wurde.

Rund um Michael Pacher, Oswald von Wolkenstein und die „Schwarzen Mander"

Kulturelle Blütezeit im späten Mittelalter und im frühen 16. Jahrhundert

Politische und wirtschaftliche Faktoren waren ausschlaggebend dafür, daß es im spätmittelalterlichen Tirol zu einer ersten kulturellen Blütezeit kommen konnte: Die Politik spielte durch die überregionalen Verbindungen der Landesfürsten und durch die bald schon recht aufwendige Hofhaltung eine Rolle; der Wohlstand weiter Bevölkerungskreise erlaubte größere Ausgaben für kulturelle Aktivitäten aller Art.

Obwohl Tirol im Spätmittelalter mehrere bedeutende Künstlerpersönlichkeiten hervorgebracht hat, waren auswärtige Meister und die Verarbeitung von Einflüssen aus Nord und Süd, aber auch aus Ost und West für das Kunstschaffen und die Stilentwicklung entscheidend. In der Baukunst waren mit der beginnenden Gotik die hauptsächlich im südlichen Tirol wirkenden Maurer und Werkleute aus der Lombardei von süddeutschen Meistern und Gesellen abgelöst wurden. Am besten kann man die Entwicklung an der Bozner Pfarrkirche ablesen, die noch im 13. Jahrhundert von einer lombardischen Werkstatt aus Trient als spätromanischer Bau begonnen worden war. Das Langhaus war als dreischiffige Basilika geplant, wurde jedoch nach dem Muster deutscher Kirchen in einen Hallenbau umgestaltet. Den Chor errichteten zwischen 1380 und 1420 süddeutsche Bauleute und Steinmetzen im hochgotischen Stil; er weist die typischen Merkmale der schwäbischen „Parler-Werkstätte" auf, die u. a. das Freiburger Münster und den Augsburger Dom erbaute. Schwäbisch-augsburgische Spätgotik in der Art süddeutscher Münsterbauten kennzeichnet auch den prachtvoll filigranen Turmaufsatz der Bozner Pfarrkirche (1499–1519), begonnen vom Augsburger Burkhart Engelberg und ausgeführt von seinem Schüler Hans Lutz von Schussenried, der auch die großartige Kanzel dieser Kirche aus weichem Bozner Sandstein meißelte und sich für immer in Bozen niederließ.

Das Bürgertum der Inntaler Städte hatte die Gotik schon früher bereitwillig aufgenommen, z. B. gehen die ältesten Teile der Haller Pfarrkirche auf die Jahre 1315–1318 zurück. Die Blütezeit der Wirtschaft im 15. Jahrhundert löste ein allgemeines Baufieber aus, das erstmals dem heimischen Bauhandwerk zum Durchbruch verhalf. Es mußten nun nicht mehr ganze Werkstätten von auswärts geholt werden. Die ortsansässigen Meister – vielfach aus dem süddeutschen Raum stammend oder zumindest dort ausgebildet – gründeten eigene „Bauhütten" oder Bruderschaften, die sich nach und nach zu einer tirolischen Berufsorganisation zusammenschlossen. Überall im Land entstanden neue Kirchen. In der Bergwerksstadt Schwaz wurde das zwischen 1460 und 1478 errichtete dreischiffige Gotteshaus wegen der ständig steigenden Bevölkerungszahl bald schon wieder zu klein. Nach den zwischen 1490 und 1502 vollzoge-

Mit dem von ihm geschaffenen Bozner Pfarrkirchenturm ließ sich Meister Lutz von Schussenried porträtieren.

nen Um- und Anbauten war die Schwazer Pfarrkirche zur größten gotischen Bauschöpfung in Tirol geworden.

Der Kirchenbau war nicht die einzige Aufgabe der örtlichen Bauhütten. Seit dem Ende des 14. Jahrhunderts ließen die Bürger ihre früher in Holz oder Fachwerk errichteten Häuser als Steinbauten erneuern, doch schon wenige Jahrzehnte später wurde der Platz in den sprunghaft wachsenden Städten zu eng. Die schmalen Häuser wurden zuerst nach hinten verlängert und dann auch gegen die Straße bzw. den Marktplatz hin ausgebaut, wobei – um die Verkehrs- oder Verkaufsfläche nicht zu verkleinern – der erste Stock auf Bögen gestellt wurde. So entstanden die Laubengänge. Später wurden die Häuser meist auch noch aufgestockt. Die senkrecht zur Straße stehenden Giebel- und Grabendächer blieben hinter sogenannten Mantelmauern verborgen. Typisch für den Stil der Bürgerhäuser sind schließlich die Erker. So prägten die örtlichen Bauhütten das zum Teil bis heute erhaltene spätgotische Bild der Tiroler Städte.

Was die Malerei des Spätmittelalters betrifft, so erlebte zwischen 1330 und 1350 der über Süddeutschland aus Frankreich kommende frühgotische Konturenstil eine kurze Blütezeit. Beispiele dafür gibt es im ganzen Land. Gleichzeitig drang in den Raum um Bozen neuerlich die südliche

Ein Schüler Giottos und mehrere andere aus Oberitalien berufene Maler schufen zwischen 1330 und 1370 die Fresken in der Johanneskapelle der Dominikanerkirche in Bozen. Das Martyrium des hl. Christoph stammt vermutlich von einem Meister aus der Schule der Romagna (um 1370).

◁

Kunst ein. Ausschlaggebend waren die Verbindungen der Florentiner Handelsgesellschaften, die in Bozen Niederlassungen hatten. Heinrich Botsch (ursprünglich Bocci), ein Mitarbeiter dieser Faktoreien, der sich in Bozen ansiedelte und in Adelskreise aufstieg, berief um 1335 einen Schüler Giottos, des größten italienischen Malers seiner Zeit, nach Bozen, um die von ihm als Grabstätte seiner Familie gestiftete Johanneskapelle im Dominikanerkloster auszumalen. Diesem Giotto-Schüler folgten mehrere Meister aus Florenz, Padua, Verona und Bologna, die in Bozen einheimische Schüler um sich sammelten. Die Auseinandersetzung mit dieser hochstehenden italienischen Kunst war äußerst fruchtbar und führte zu einer Malweise von großer Breitenwirkung.

Die südlichen Elemente wurden um 1400 umgeformt durch die Verbindung mit einer internationalen Kunstströmung, die aus Frankreich und Burgund einen typisch höfischen Stil nach Tirol brachte. Fresken dieser Art, die nicht zuletzt von großem geistesgeschichtlichen und kulturhistorischen Interesse sind, findet man auf mehreren Schlössern (Runkelstein, Lichtenberg), in der Bischofsresidenz Trient (Monatsbilder im Adlerturm), aber auch in Kirchen (St. Georg in Schenna). Erstmals war inzwischen die politische Verbindung mit dem habsburgischen Öster-

Einen Einblick in das höfische Leben geben die kurz nach 1400 entstandenen Malereien auf Schloß Runkelstein bei Bozen. Hier modisch gekleidete Teilnehmer an einem Reihentanz.

Der berühmte Kreuzgang von Brixen dokumentiert die spätgotische Tiroler Wandmalerei von ca. 1390 bis in die Zeit um 1500.

reich in der Kunst wirksam geworden. Mit dem um 1370 von den neuen Landesfürsten gestifteten Altar von Schloß Tirol kam ein qualitätvolles Werk der von Prag ausgehenden Wiener Hofkunst nach Tirol, das völlig außerhalb der heimischen Kunstentwicklung stand. Durch das Pustertal gelangten in den zwanziger und dreißiger Jahren des 15. Jahrhunderts Vertreter der steirischen Malschule nach Tirol. Im Kunstzentrum Brixen trafen alle Einflüsse aus dem Osten (Böhmen, Innerösterreich), aus dem Süden (Oberitalien), aus dem Norden (Deutschland) und aus dem Nordwesten (Frankreich, Burgund) aufeinander und wurden von einheimischen Malern aufgenommen. Die damit einsetzende Blütezeit spätgotischer Wandmalerei fand ihren unmittelbaren Niederschlag in den Kreuzgängen von Neustift und Brixen, wo die Arbeiten verschiedener

Meister von 1390 bis in die Zeit um 1500 den jeweiligen Stand der Kunstentwicklung dokumentieren.

Ihren ureigensten Ausdruck fand die Tiroler Kunst wohl im spätgotischen Flügelaltar. Mit seinen geschnitzten Schreinfiguren oder -gruppen und den gemalten Flügeln erforderte er eine enge Zusammenarbeit von Malern und Bildschnitzern, sodaß die Zentren der Malerei zugleich auch Zentren der Bildhauerkunst sein mußten. Manche Meister beherrschen auch beide Künste. Obwohl die Tiroler Plastik bereits um 1430 zu ziemlich eigenständigen Spitzenleistungen gelangte (z. B. Altar von St. Sigmund), wurde für die weitere Aufwärtsentwicklung der Ulmer Bildhauer Hans Multscher von entscheidender Wichtigkeit. Er schuf zwischen 1456 und 1458 für die Bergwerksstadt Sterzing den Hochaltar der Pfarrkirche, von dem leider nur mehr Einzelteile erhalten sind. Die beiden in den folgenden Jahrzehnten führenden Tiroler Altarwerkstätten in Bruneck und in Brixen erhielten durch Multscher starke Impulse. In Bruneck arbeitete seit etwa 1460 Michael Pacher (geb. um 1430, gest. 1498) als Bildhauer und Maler, nachdem er vorher aus eigener Anschauung die Kunst Italiens kennengelernt hatte. Auch eine Reise nach Schwaben, vielleicht sogar in die Niederlande, gab dem jungen Künstler wertvolle Anregungen. Vor allem in seinen Gemälden gelang ihm eine echte Synthese zwischen der gläubigen, verinnerlichten Geisteshaltung deutscher Spätgotik und den Errungenschaften der italienischen Renaissance, wie monumentale Gestaltung und freie Beherrschung des Raumes, der Bewegung, der menschlichen Figur. Seine gemalten Hauptwerke (Kirchenväteraltar von Neustift, heute München; Flügeltafeln vom Altar in St. Wolfgang, Fragmente des Salzburger Altars) weisen Michael Pacher als den bedeutendsten Maler der Spätgotik aus. In seinen Schnitzwerken blieb der Brunecker Meister, der schon zu seinen Lebzeiten weitum berühmt war, mehr der Tradition des Pustertals verhaftet als in der Malerei, seiner eigentlichen Domäne. Dennoch führt auch sein plastisches Schaffen über alles Bisherige hinaus. Der Altar von Gries/Bozen (nach 1471) läßt den malerischen Zug in Pachers Plastik besonders deutlich werden. Und die goldgefaßte Mittelgruppe (Krönung Mariens) seines Altars von St. Wolfgang fasziniert, ganz abgesehen von zahlreichen Details, als genial durchkomponierte Einheit.

Von Michael Pachers zahlreichen Mitarbeitern und Schülern (u. a. Friedrich Pacher) gelangte nur der Pustertaler Marx Reichlich (gest. 1520) zu eigenständiger künstlerischer Meisterschaft. Reichlich ließ sich in Salzburg nieder, arbeitete aber viel für Tiroler Auftraggeber (Wilten, Neustift, Florian-Waldauf-Altar in Hall) und ging wie Pacher nach Italien, um dort neue Wege zu suchen. Volkstümlich-naiv blieb hingegen Simon von Taisten (gest. um 1510), obwohl auch er in mancher Hinsicht die Schule Pachers erkennen läßt. Meister Simon, der im ganzen Pustertal viele Werke hinterließ, wirkte als görzischer Hofmaler.

Die andere wichtige Altarwerkstatt leitete Hans Klocker (um 1460–1500) in Brixen, der zweite große Schnitzer der Tiroler Spätgotik. Blockhafte Einzelfiguren und Erzählfreudigkeit sind zwei Merkmale seiner volksverbundenen Kunst (z. B. Altar im Bozner Franziskanerkloster). Sowohl Pacher als auch Klocker beeinflußten in großem Maß das

In der Pustertaler Tradition stehen Michael Pachers großartige Schnitzwerke, hier der hl. Florian am Altar von St. Wolfgang.

▷

Monumentalität und Raumwirkung kennzeichnen die Malkunst von Michael Pacher (als Beispiel die Vertreibung der Händler aus dem Tempel vom St. Wolfganger Altar), die über alles bis dahin in Tirol Bekannte hinausgeht und die neuen Tendenzen vor allem italienischer Meister verarbeitet.

Tiroler Kunstschaffen. Dennoch gab es neben diesen beiden Schulen um und nach 1500 zahlreiche Künstler, die sich weder an dem überragenden Können des Brunecker Meisters orientierten noch der Klocker-Schule nacheiferten. Sie huldigten zumeist der schwäbisch-süddeutschen Kunstrichtung. Die weitverbreiteten und beliebten Kupferstiche Schongauers oder des Meisters E. S. dienten nicht selten als unmittelbare Vorlagen. Das Hauptwerk des Raumes Burggrafenamt-Vinschgau, der von Pacher weitgehend unbeeinflußt war, schuf der aus Schwaben stammende Meraner Bürger Hans Schnatterpeck mit seinem 14 Meter hohen Altar von Niederlana (1501–1511). Der Nordwesten Tirols richtete sich in erster Linie nach der Allgäuer Kunstschule, deren Hauptmeister Jörg Lederer mit vielen Aufträgen bedacht wurde. Andere süddeutsche Altarwerkstätten belieferten seit etwa 1510 das gesamte Inntal. Nur das reiche Schwaz konnte es sich leisten, einen Hochaltar beim berühmten Nürnberger Veit Stoß zu bestellen. Leider ist dieses reife Werk des großen Meisters der Spätgotik nicht erhalten.

Eine Sonderstellung in der Tiroler Kunst nimmt wegen des landesfürstlichen Hofes die Stadt Innsbruck ein. Unter Sigmund dem Münzreichen und Maximilian I. kamen häufig auswärtige Meister in die Tiroler Residenzstadt und schufen hier Werke, die nichts mit der Tiroler Kunstentwicklung zu tun haben. Andere wurden hier heimisch und verstanden es, königlichen Prunk und höfische Eleganz mit tirolisch-bürgerlicher Realistik und Ausdruckskraft zu verbinden. Zu ihnen gehört der aus dem Schwäbischen berufene Hofbaumeister und Steinmetz Niklas Türing d. Ä., der mit seiner Werkstätte zwischen 1494 und 1500 jenen reliefgeschmückten Prunkerker schuf, der als „Goldenes Dachl" weltberühmt wurde. Der Freskenschmuck dieses Meisterwerks der spätgotischen Architektur und Plastik stammt wahrscheinlich von Jörg Kölderer, einem gebürtigen Tiroler, den König Maximilian neben den berühmtesten Künstlern seiner Zeit zur Illustration seiner verschiedenen Buchvorhaben heranzog. Im Jahr 1500 ernannte er ihn zu seinem Hofmaler. Die Entwürfe und Miniaturen seiner Werkstatt zeigen Kölderer als blendenden Handwerker und als einen Künstler, der sich kaum einem Stil oder einer Schule zuordnen läßt. Nüchtern-exakte Schilderung der Wirklichkeit, der Menschen, der Natur und Freude am Detail sind für ihn typisch. Zu seinen Hauptwerken gehören die Zeugbücher und die Fischerei- und Jagdbücher Maximilians.

Charakteristisch für die maximilianische Kunst, vor allem für die Plastik, ist es, daß sich in spätgotischen Formen allmählich der Geist der Renaissance durchsetzte. In der Grabsteinkunst ist dies am besten zu beobachten, etwa in den vom Innsbrucker Christof Geiger geschaffenen Steinen für Leonhard von Görz und das Ehepaar von Wolkenstein in der Lienzer Pfarrkirche. Auch in Brixen gibt es mehrere qualitätvolle Beispiele dafür. Das großartigste Werk dieser Übergangsepoche ist jedoch das Grabmal des Kaisers mit 28 (von 40 geplanten) überlebensgroßen Bronzestatuen, den „Schwarzen Mandern" – wie sie der Volksmund nennt – in der Innsbrucker Hofkirche. Obwohl die Ausführung des überdimensionalen Auftrags über ein halbes Jahrhundert in Anspruch nahm, obwohl zahlreiche Künstler und Kunsthandwerker beteiligt

Eine der vielen Figuren des Flügelaltars von Lana bei Meran, geschaffen 1501 bis 1511 von Hans Schnatterpeck.

Werke des Hofbaumeisters und Steinmetz Niklas Türing d. Ä. sind die Tänzer-Reliefs am Goldenen Dachl in Innsbruck.

waren, obwohl selbst die Kunstzentren Nürnberg (Albrecht Dürer und Peter Vischer), Landshut und Brüssel in die Auftragsvergabe miteinbezogen wurden, entstand dennoch ein einheitliches Werk, das als typisches Beispiel für die tirolisch-höfische Kunst jener Zeit gelten kann.

Vom Prunkbedürfnis und vom Kunstsinn der Innsbrucker Hofgesellschaft profitierte nicht zuletzt das Kunstgewerbe, das auch in den anderen wichtigen Städten ein hohes Niveau erreicht hatte. Bei der Ausgestaltung und Einrichtung der neuen Bürgerhäuser hatten kunstfertige Meister viel zu tun, und der Adel wollte auf seinen Ansitzen und Schlössern nicht allzusehr hinter den großen Vorbildern in Innsbruck, Brixen und Trient zurückstehen. Die Spätgotik und vor allem die beginnende Renaissance mit ihrem Zug zur Repräsentation brachten hier einen großen Wandel, waren doch die Burgen des hohen Mittelalters zumeist höchst einfach und spartanisch ausgestattet gewesen. Im Zusammenhang mit Handwerkskunst und Kunsthandwerk der Spätgotik darf man auch die bis ins Mittelalter zurückreichende bäuerliche Holzarchitektur nicht unerwähnt lassen und die meisterhaft ausgeführten Vertäfelungen vieler Stuben, die zudem von der hohen Wohnkultur der Tiroler Bauern künden. Die ältesten erhaltenen Beispiele – etwa im Tiroler Volkskunstmuseum in Innsbruck – stammen aus dem 15. Jahrhundert.

In Innsbruck hatten die Kunsthandwerker neben der Herstellung und Verzierung von künstlerisch gestalteten Gebrauchsgegenständen, Luxusgütern und kirchlichen Geräten auch noch andere Aufgaben, die mit der Propaganda für das Herrscherhaus und Politik zu tun hatten. So waren Innsbrucks Münzschneider, Harnischschläger und Geschützgießer in ganz Europa berühmt. Ohne die Kunstfertigkeit und das technische Können der Gießerfamilie Löffler hätte Maximilian sein Grabmal-

Herzog Ernst der Eiserne, einer der „Schwarzen Mander" von Maximilians Grabmonument in der Innsbrucker Hofkirche.

Hohe Wohnkultur zeichnete nicht nur die Ansitze des Adels, sondern auch die Tiroler Bauernhäuser aus: spätgotische Stube (15. Jh.) aus Villanders im Tiroler Volkskunstmuseum in Innsbruck.

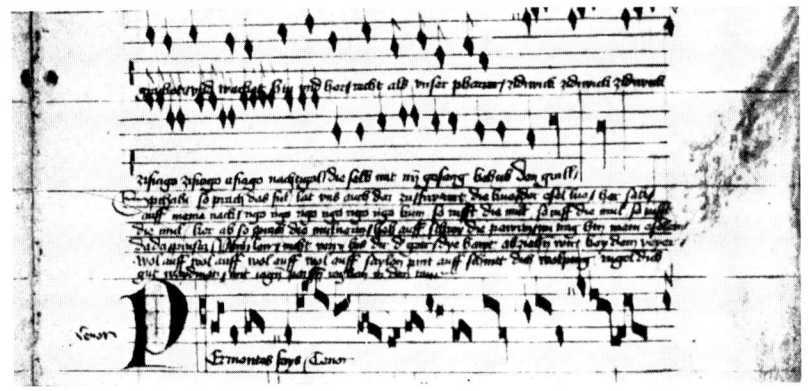

Notenbeispiel und Porträt des Dichters und Sängers aus der Liederhandschrift Oswalds von Wolkenstein in der Innsbrucker Universitätsbibliothek.

projekt nie in Angriff nehmen können. Der Kaiser profitierte in dieser Hinsicht viel von seinem Vorgänger Sigmund dem Münzreichen, der diesen wie andere Zweige des Kunsthandwerks in Innsbruck heimisch gemacht hatte.

Auch für die Musik und für literarische Bestrebungen gingen seit der Mitte des 15. Jahrhunderts vom Innsbrucker Hof starke Impulse aus. Dasselbe gilt für die bischöflichen Residenzen Brixen und Trient. Aber auch der Adel und das Bürgertum haben ihren Teil zur Entwicklung dieser Sparten des geistig-kulturellen Lebens beigetragen. Ein ausgesprochener Neuerer in Literatur und Musik war der Ritter Oswald von Wolkenstein (1377–1445). Als unsteter Abenteurer durchstreifte er ganz Europa und den Vorderen Orient, war als Diplomat im Dienste Kaiser Sigismunds unterwegs, bekämpfte als adeliger Politiker die landesfürstliche Macht und bannte als ausdrucksstarker Sänger sein Leben und seine Empfindungen in Gedichte, die man heute avantgardistisch nennen würde. Der höfischen Welt des späten Mittelalters steht seine Kunst fern, sie ist derb und sinnlich, volkstümlich, gefühlvoll und naturverbunden. Oswalds Sonderstellung in der deutschen Literatur und seine Bedeutung wurden erst in unserer Zeit wieder allgemein erkannt und gewürdigt.

In der Handelsstadt Bozen mit ihren regen Verbindungen zu Italien war die italienische Literatur natürlich nicht unbekannt. Zu Beginn des 15. Jahrhunderts übersetzte auf Schloß Runkelstein, wo man sich – wie Szenen der Wandbemalung bekunden – ebenso eifrig mit deutscher Dichtung und Sage beschäftigte, Hans von Vintler ein italienisches Lehrgedicht und machte daraus seine „Blumen der Tugend". Das beginnende bürgerliche Zeitalter brachte nach 1420 ein Aufblühen der Volksschauspiele in den Städten und Märkten. In Sterzing sammelte Vigil Raber derb-volkstümliches Spielgut für die Fasnachtszeit, von dem manches aus Nürnberg kam. Die ersten geistlichen Spiele stammen wahrscheinlich aus Thüringen. Daraus entwickelte sich die eigenständige Tradition der Tiroler Passion, die das österliche Geschehen in dreitägigem Ablauf darstellte. Aus Bozen sind Volksschauspiele überliefert, die an Dauer, Schauspielerzahl und sonstigem Aufwand nicht nur in Tirol einzigartig sind. Im Jahr 1514 wurde in der Talferstadt der Spielzyklus auf sieben Tage (zwischen Palmsonntag und Christi Himmelfahrt) ausgedehnt.

In der zweiten Hälfte des 15. Jahrhunderts wurden zunehmend Gedanken und Literatur des Humanismus ins Land getragen. Einen wesentlichen Beitrag zur Literaturgeschichte hat Tirol damals nicht geleistet. Von großer Bedeutung sind jedoch die aus dieser Zeit stammenden Aufzeichnungen alter Dichtkunst. Schon Landesfürst Sigmund ließ für seine reichhaltige Bibliothek ein deutsches „Reckenbuch" abschreiben. Im Auftrag Maximilians entstand dann ein umfangreiches Sammelwerk von Heldensagen, das später nach seinem Aufbewahrungsort „Ambraser Heldenbuch" genannt wurde. Von den 25 bekannten deutschen Heldensagen sind 17 nur in dieser Sammlung überliefert (darunter das Kudrunlied); sie wären ohne die Initiative Maximilians und den Eifer des beauftragten Schreibers Hans Ried von Bozen verlorengegangen. Auch zahlreiche ältere Handschriften verschiedener literarischer Werke aus dem ganzen deutschen Sprachraum, darunter eine Abschrift des Nibelungenliedes und die buntgemischte Sterzinger Gedichtsammlung aus dem späten 14. Jahrhundert, wurden in Tiroler Klöstern und auf Adelssitzen gefunden. Sie zeugen vom regen literarischen Interesse der oberen Stände. Die Handschriften fanden zumeist Aufnahme in den Bibliotheken des beginnenden Humanismus oder wurden – wie das „Ambraser Heldenbuch" zeigt – erneut abgeschrieben.

Auf die Musikkultur Tirols fällt bald nach 1400 das erste Schlaglicht. Oswald von Wolkenstein schrieb die von ihm gesungenen und gespielten Melodien in zwei verschiedenen Notensystemen auf und wurde zum großen Anreger für die deutsche Musik, indem er neue französische und italienische Singweisen verwendete, die damals bei uns erst in den Anfängen steckende Mehrstimmigkeit pflegte und verschiedene moderne Instrumentalstücke komponierte. Im 15. Jahrhundert nahm Tirol überhaupt lebhaften Anteil an der sprunghaften Entwicklung der Tonkunst. War bisher der einstimmige Gregorianische Choral die einzige Art von Kirchenmusik, so setzte sich seit der Mitte des 15. Jahrhunderts die mehrstimmige, polyphone Musik der Niederländer durch. Der in enger Beziehung zu Burgund stehende landesfürstliche Hof Sigmunds und Maximilians war nur eine der Pflegestätten dieser neuen Musik. Die Bischöfe, Klöster und auch Bürgergemeinden standen der Entwicklung nicht weniger aufgeschlossen gegenüber. Venezianische Gesandte berichten von ihrer Reise durch Tirol, daß selbst in kleinen Städten wie Sterzing und Hall die Gottesdienste mit mehrstimmiger Vokalmusik gestaltet wurden. Zeugnis vom hohen Stand der Musikpflege in den Tiroler Kulturzentren der zweiten Hälfte des 15. Jahrhunderts geben die 1885 aufgefundenen „Trienter Codices", eine mehrbändige Sammlung höfischer Musik, die der Trienter Bischof Johann Hinderbach von Rauschenberg aufschreiben ließ und die fast alle wichtigen Komponisten des ausgehenden Mittelalters enthält. Die unterschiedlichsten Stilrichtungen der Zeit sind vertreten, vor allem die englische und burgundische Musik. Sigmund der Münzreiche hatte Kontakt mit den maßgeblichen Musikern und holte Paul Hofhaimer als Leiter seiner „Kantorei" nach Innsbruck. Hofhaimer, der als bedeutendster Organist seiner Zeit galt, blieb später auch in Maximilians Diensten. Unter ihm wurde die Stadt am Inn neben Augsburg und Wien zu einem Mittelpunkt neuen musikalischen Lebens im deutschen Raum. Häufig weilten die führenden Komponisten ihrer Zeit in Tirol, etwa Heinrich Isaak, der uns das volkstümliche Lied „Innsbruck, ich muß dich lassen" in zwei Fassungen überliefert hat, und sein Schüler Ludwig Senfl.

Was Wissenschaft und höhere Bildung betrifft, war Tirol in früheren Zeiten schon deshalb eng mit den benachbarten Kulturräumen verbunden, weil es im Land bis in die zweite Hälfte des 17. Jahrhunderts keine Universität gab. So zogen die Tiroler zum Studium an die traditionsreichen Hochschulen Oberitaliens, nach Deutschland oder Wien, seit 1457 vor allem auch ins vorderösterreichische Freiburg. Viele waren es freilich nicht, die ein Studium beginnen konnten, obwohl Tirol dank eines relativ dichten Netzes von Pfarr-, Kloster- und Bürgerschulen eine breite Bildungsbasis hatte, lange bevor die Regierung sich um das Schulwesen kümmerte. Ein Ersatz für die fehlende Universität als Zentrum des Geisteslebens waren die Bibliotheken und wissenschaftlichen Aktivitäten mehrerer Stifte, vor allem der Prämonstratenser in Wilten und der Augustiner-Chorherren in Neustift bei Brixen. Auch die Ambitionen des bischöflichen und landesfürstlichen Hofes sorgten zeitweise für einen gewissen Ausgleich.

Brixen war durch Jahrhunderte hindurch ein geistig-kultureller Kristallisationspunkt, der weit in die Nachbarländer ausstrahlte. Als sich um die Mitte des 15. Jahrhunderts die ersten Vorzeichen humanistischer Gesinnung in Tirol bemerkbar machten, hatte Kardinal Nikolaus Cusanus (aus Kues an der Mosel) den Brixner Bischofsstuhl inne, ein Mann, der in Theologie, Philosophie, Staats- und Rechtslehre zu den ersten Gelehrten seiner Zeit zählte und sogar auf den Gebieten der Mathematik und Geographie eine Kapazität war. Bald wurde auch der Hof des Landesfürsten Sigmund zu einem Treffpunkt für Humanisten. Besondere geistige Interessen hegte Sigmunds erste Gattin, die schottische Königstochter Eleonore, die mit gebildeten Persönlichkeiten und prominenten Wissenschaftern mehrerer Länder einen regen Briefverkehr unterhielt. Maximilian stand seinem Vorgänger nicht nach und scharte ebenfalls Humanisten von hohem Rang um sich. Die von Sigmund aufgebaute Bibliothek erweiterte er systematisch. Auch in Schlössern, Klöstern und sogar in Pfarrhäusern sammelte man Bücher und pflegte die Gelehrsamkeit. Viele Domherren von Brixen und Trient waren hochgebildet. Der bedeutendste Tiroler Gelehrte seiner Zeit war Dr. Johann Fuchsmagen aus Hall, der meist in Wien wirkte und dort die Universität reformierte. Eine sehr bildungsbewußte und für neue geistige Strömungen aufgeschlossene Gruppe waren die Mitglieder des im Entstehen begriffenen Beamtenstandes. Es ist bezeichnend, daß der auch mit kirchlichen Reformgedanken befaßte Sozialrevolutionär Michael Gaismair aus dieser Schicht stammt, die wiederum fast ausnahmslos im Bürger- und Bauernstand wurzelt. Auch von kulturellen Aktivitäten und geistigen Interessen der Bergknappen wissen wir. In allen Bevölkerungsschichten waren somit die Voraussetzungen für eine Auseinandersetzung mit neuen religiösen, politischen und sozialen Ideen gegeben.

Kardinal Nikolaus Cusanus, Bischof von Brixen und vielseitiger Gelehrter. Das zeitgenössische Porträt stammt vom Hochaltar der Kapelle des St.-Nikolaus-Spitals in Bernkastel-Kues, den der große Kirchenmann gestiftet hat.

Um Freiheit und Gerechtigkeit

Der „Tiroler Bauernkrieg" von 1525/26 ● Michael Gaismair und seine revolutionäre Landesordnung

Um 1520 verbreitete sich das Gedankengut der Reformation auch in Tirol: Titelbild der Flugschrift eines in Schwaz tätigen Knappen, die sich in Form eines Dialogs zwischen einem Landsknecht und einem Mönch gegen die Klöster richtet.

Der Tod Kaiser Maximilians I. im Jahr 1519 bedeutete für Tirol in vieler Hinsicht einen Einschnitt in seiner Geschichte. Eine Epoche war zu Ende, eine neue begann unter höchst ungünstigen Voraussetzungen. Ganz Europa war im Umbruch, überall litt die Bevölkerung unter Unrecht und Willkür. Auch in Tirol hatten sich in den Jahrzehnten seit der Jahrhundertwende die sozialen Verhältnisse radikal verschlechtert. Überhaupt auf dem Lande waren die Zustände kaum mehr erträglich. Die demokratische Tradition des Landes und ihr Mitspracherecht im Landtag nützte den Bauern so wenig wie ihre persönliche Freiheit. Viele ihrer allmählich erworbenen Rechte standen nur auf dem Papier, und der wirtschaftliche Druck war kaum mehr zu ertragen. Außerdem häuften sich die Mißstände in Verwaltung und Gerichtswesen.

Dazu kam die Kritik an der Kirche. Es war einerseits die Zeit innerkirchlicher Zerrüttung, in der geldgierige, verweltlichte Prälaten Anstoß erregten und viele ungebildete, sittenlose Seelsorger ihrer Aufgabe nicht nachkamen; anderseits war es die Zeit der beginnenden Reformation, neuer religiöser Ideen, die von Deutschland und der Schweiz kommend auch in Tirol Anhänger fanden. Allenthalben wendete man sich gegen die weltliche Herrschaft kirchlicher Würdenträger und gegen die Klöster, die ihrem ursprünglichen Sinn nicht mehr entsprachen. Mit dem Ansehen der Geistlichkeit und der kirchlichen Institutionen ging der Glaube an die Rechtmäßigkeit und Unerschütterlichkeit der von ihnen gestützten Gesellschaftsordnung verloren. Mit dem Gedankengut der Reformation verbreitete sich auch das Bewußtsein von der „Freiheit des Christenmenschen" (Martin Luther) und von der Berechtigung zum Widerstand gegen eine ungerechte Regierung (Thomas Müntzer).

Unzufriedenheit und Unmut machten sich nicht nur in der Landbevölkerung breit. Auch die oberen Stände fanden genügend Gründe zur Klage. Nach Maximilians Tod hatte die Tiroler Landschaft dem landesfürstlichen Regiment zunächst zwei Ausschüsse als eigene Regierung gegenübergestellt. Maximilians Enkel Ferdinand I., sein Nachfolger in den österreichischen Ländern, kam 1523 das erste Mal nach Tirol und hielt einen Landtag ab. Dabei setzte er gleichzeitig der ständischen Macht und dem Mitspracherecht der Landesvertreter engere Grenzen. Der junge, in Spanien aufgewachsene Fürst übertrug einigen Ratgebern und Beamten fast unumschränkte Macht.

Besonders verhaßt bei allen Ständen war der von Ferdinand aus Spanien mitgebrachte Günstling Gabriel Salamanca, der bald als der eigentliche Herrscher Tirols galt. Er war raffgierig und prunksüchtig, hatte andererseits aber auch ganz einfach die unpopuläre Aufgabe, die ungeheure Schuldenlast, die Maximilian hinterlassen hatte, durch neue Steuern und

Abgaben zu tilgen. Nicht minder heftig war die Abneigung in allen Bevölkerungsschichten gegen die Geschäftspraktiken und die Monopolstellung der Augsburger Handelsfirma der Fugger, deren Wirtschaftsimperium dank Verpfändung der Bergschätze Unsummen aus Tirol herauspumpte und die einheimische Wirtschaft schädigte. Ein Teil des Adels und der Geistlichkeit war schließlich über die Tatsache höchst verärgert, daß seit Maximilians Behördenreform immer mehr Ämter durch bürgerliche Fachleute besetzt wurden, die ihnen Einkünfte und Einfluß wegnahmen.

Während so die unter sich uneinige feudale Oberschicht in zunehmende Opposition zum Fürsten geriet, steigerte sich auf der anderen Seite die Unruhe der Landbevölkerung bis zu kaum mehr beherrschter Wut, die sich sowohl gegen die Regierung als auch gegen den Adel und die Kirche richtete. Die Belastung durch Steuern und vom Grundherrn geforderte außerordentliche Abgaben und Arbeitsverpflichtungen wurde immer unerträglicher. Dazu kam eine ständige Geldentwertung. Man forderte die Zuerkennung der freien Jagd und Fischerei und schimpfte über Verletzungen des Gemeindeeigentums, Verluste an Gemeindewald und über Willkürakte adeliger Pfleger und Beamter. Auch Naturkatastrophen und Seuchen sowie der ständige Durchzug wilden Kriegsvolks durch das Land verstärkten Unsicherheit und Verbitterung.

Seit dem Tod Maximilians gelangten immer mehr Beschwerdeschriften einzelner Gerichte an den Fürsten und seine Regierung. Die Bauern griffen vielfach auch zur Selbsthilfe, indem sie sich kurzerhand nahmen, was ihnen zustand oder wovon sie glaubten, daß es ihnen zustehe, gingen trotz schwerster Strafandrohung jagen und fischen und verweigerten Zins und Steuern. Bäuerliche „Absager" (absagen heißt Fehde ansagen) nahmen das ritterliche Fehderecht für sich in Anspruch und griffen zur Waffe. Am meisten Aufsehen erregte der Absager Peter Paßler, der im Pustertal eine Schar Gleichgesinnter um sich sammelte. Diese Räuberrebellen erfreuten sich bei der Bevölkerung größter Beliebtheit. Die ersten Ansätze eines gewaltsamen Widerstandes wurden mit Strafexpeditionen, grausamen Folterungen und zahlreichen Hinrichtungen beantwortet. Besonders das bischöfliche Gericht von Brixen zeigte dabei übergroße Härte, was den Haß der Untertanen umso mehr steigerte. Im übrigen waren im Brixner Gebiet, wo der Bischof zugleich auch weltlicher Herr war, die sozialen Verhältnisse am schlechtesten, die Mißstände am ärgsten und die Unterdrückung am größten. Kein Wunder, daß es hier auch am meisten gärte.

Sekretär des Fürstbischofs von Brixen war damals der um 1490 in Tschöfs bei Sterzing geborene Michael Gaismair. Als Sohn eines wohlhabenden Bauern, beamteten Wegmachers und Bergbauunternehmers hatte er eine vorzügliche Bildung erhalten und war zuerst als Schreiber in den Dienst des damaligen Tiroler Landeshauptmannes Leonhard von Völs getreten. Schon in dieser Stellung hatte er die politischen Verhältnisse und diplomatischen Gepflogenheiten seiner Zeit bestens kennengelernt, zugleich aber auch die Nöte und Beschwerden der armen Bevölkerungsschichten. Im bischöflichen Dienst sammelte er weitere Erfahrungen, dürfte sein soziales Gewissen weiter gereift sein. In religiösen Fra-

Siegel des Brixner Fürstbischofs Sebastian Sprenz, dessen Sekretär Michael Gaismair im Jahr vor dem Ausbruch des Bauernkrieges wurde.

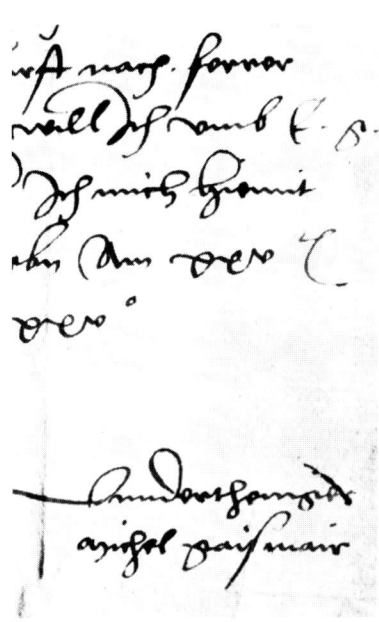

Unterschrift Michael Gaismairs auf einem Protestschreiben an die Innsbrucker Regierung.

gen stand er der damaligen Reformbewegung nahe. Bald sollte der dem gehobenen Mittelstand angehörige Michael Gaismair, dessen Herkunft und Werdegang ihn mit allen Ständen und sozialen Schichten verbunden zeigen, zum revolutionären Bauernführer werden.

Als im Frühjahr 1525 Nachrichten von der Ausbreitung des deutschen Bauernkrieges nach Tirol drangen, brach der Aufstand los. Im ganzen Land, besonders im Eisack- und Pustertal, kam es zur Bildung geheimer Bauernausschüsse, zu Zusammenrottungen, Überfällen, Brandlegungen und anderen Gewalttaten. In Schwaz empörten sich die Bergknappen, vertrieben die Unternehmer, wählten einen Ausschuß und zogen mehrmals zum Landesfürsten nach Innsbruck. Dieser konnte nach längerem Hin und Her von Forderungen und Zusicherungen einen vollen Sieg über die Revolte der Knappen erringen. Er überzeugte sie davon, daß auf dem Verhandlungsweg mehr zu erreichen sei.

Im Mai 1525 erreichte der Bauernaufstand mit der Befreiung des in Brixen zur Hinrichtung geführten Peter Paßler, mit der Besetzung der Bischofsstadt, der Vertreibung des geistlichen Regiments und mit der Plünderung des Klosters Neustift seinen ersten Höhepunkt. Anders als in den meisten Tiroler Gebieten machten in Brixen die Bürger, denen der Bischof die Selbstverwaltung und andere übliche Rechte bisher verwehrt hatte, mit den rebellierenden Bauern gemeinsame Sache. Als Mitglied eines gewählten Viererausschusses von Brixner Bürgern fiel dem fürstbischöflichen Sekretär Michael Gaismair, der wohl schon länger als Kritiker gewisser Mißstände und Kopf einer oppositionellen Gruppe bekannt war, von Anfang an eine wichtige Rolle in der Aufstandsbewegung zu. Allerdings versuchte er, mäßigend zu wirken und die ärgsten Ausschreitungen zu verhindern. Das wichtigste Ziel der Rebellen war, den verschiedenen Beschwerden über die Zustände im Land Nachdruck zu geben und eine starke Position für Verhandlungen mit der landesfürstlichen Regierung zu schaffen.

Als Führer in diesem mehr politischen als militärischen Kampf schien niemand besser geeignet als der gebildete und mit den Winkelzügen von Diplomatie und Verwaltung vertraute Beamte Michael Gaismair. Am 13. Mai wählten ihn die Bauern zu ihrem „obersten Feldhauptmann". Und schon am nächsten Tag verkündete Gaismair auf einer Versammlung ein umfassendes Reformprogramm. Es tastete weder den Grundbesitz noch die Autorität des Landesfürsten und seiner Regierung an, sondern sah lediglich eine gerechtere und erträglichere Neuordnung der Verhältnisse vor. Vor allem wollte Gaismair die politische und rechtliche Gleichstellung der Bürger und Bauern mit dem Adel und der Geistlichkeit und das Ende der weltlichen Herrschaft der Kirche herbeiführen. Insgesamt war es eine durchaus gemäßigte „Landesordnung", ohne weiteres geeignet als Verhandlungsgrundlage mit dem Landesfürsten, auf dessen Rechtlichkeit und Einsicht die unterdrückten Stände hofften.

Auf dem Neustifter Teillandtag vom 16. bis 18. Mai, zu dem Abgesandte des Landesfürsten erschienen, vermittelte Gaismair zwischen radikalen Elementen seiner Anhängerschaft und dem Standpunkt der Regierung. Die Verhandlungen brachten zwar kein Ergebnis, doch nahm man den Vorschlag eines Waffenstillstands und die Einladung zu einem allgemei-

nen Landtag nach Innsbruck an. Nichts anderes wollte Erzherzog Ferdinand I. erreichen, denn nun hatte er Zeit, gegen den Aufstand zu rüsten. Gaismair führte in den folgenden Wochen an der Spitze eines gewählten Ausschusses die Regierung des bischöflichen Territoriums, was den Chronisten Kirchmair veranlaßte, ihn als „Eisackfürsten" zu bezeichnen. Die Brixner Rebellen fühlten sich jedoch nicht außerhalb der Rechtsordnung des Landes gestellt, sondern führten sogar Anordnungen der landesfürstlichen Regierung aus.
Währenddessen nahm die Erhebung nördlich und südlich des Brenners einen unterschiedlichen Verlauf. Im heutigen Südtirol und in den Welschtiroler Tälern dehnte sich die revolutionäre Bewegung rasch weiter aus. Plündernde, brandschatzende und mordende Scharen zogen gegen Burgen, Ansitze und Ämter, Pfarrhäuser und Klöster. Das Ziel war meist die Vernichtung der Urbare, der grundherrlichen Verzeichnisse über die geforderten oder geschuldeten Abgaben und Dienstleistungen. Im Norden des Landes verstand es Erzherzog Ferdinand, die Bewegung nach den ersten Ausschreitungen in verfassungsmäßige Bahnen zu lenken und mit gemäßigten Anführern Verhandlungen zu beginnen.
Wie in Neustift trat auch in Innsbruck ein Teillandtag zusammen, an dem Bauern, Städter und Bergknappen teilnahmen und ihre Forderungen stellten. Der Landesfürst nützte das fast unbegrenzte Vertrauen, das seine Untertanen ihm entgegenbrachten – alles Schlechte schrieb man seinen Räten zu –, und gewann die Versammlung durch Versprechungen für sich. Der Gegensatz zwischen gutgestellten Bauern und armer Landbevölkerung, die nichts zu verlieren hatte und deshalb radikaler sein konnte, dürfte dabei keine unwesentliche Rolle gespielt haben. Vor dem wilden und zügellosen Aufruhr des „Pofels" hatte die „Ehrbarkeit" unter den Bauern genauso Angst wie die Bürger, die zwar viele Wünsche der Landgerichte unterstützten, auf Ruhe und Ordnung aber nicht verzichten konnten.
Anfang Juni kam es in Meran gegen den Willen des Landesfürsten zu einem Landtag der Bürger und Bauern, der einen Katalog von Beschwerdepunkten und Forderungen verfaßte. Diese 62 „Meraner Artikel" stimmen weitgehend mit dem Geist und den Grundsätzen des Neustifter Programms von Gaismair überein, dessen Abgesandte in Meran bei der Ausarbeitung einer neuen, gerechteren Landesordnung offenbar führend mitarbeiteten. Eine friedliche Lösung des Konflikts rückte in greifbare Nähe, als Ferdinand I. einen großen Landtag nach Innsbruck einberief, der am 12. Juni 1525 zusammentrat. Rund 200 Bauernvertreter waren erschienen, sodaß die Versammlung zu Recht „Bauernlandtag" genannt wurde. Gemeinsam mit den Delegierten der Städte verhinderten die Bauern eine Teilnahme des Prälatenstandes an den Sitzungen. In langwierigen, sehr geschickt geführten Verhandlungen erreichte der junge Landesfürst einen Kompromiß, der wesentliche Wünsche der Bevölkerung berücksichtigte, ohne im Grundsätzlichen etwas zu ändern. So entstand eine für die Bauern günstigere Landesordnung, die am 21. Juli im Entwurf verabschiedet und ein Jahr später – mit Abstrichen – veröffentlicht wurde.

Die Beschlüsse des „Bauernlandtags" von 1525 wurden – etwas abgeändert und vom Ständeausschuß ergänzt – am 1. Mai 1526 als neue, erstmals gedruckte Landesordnung veröffentlicht. Die Titelseite zieren das vielteilige, von der Kette des Ordens vom Goldenen Vlies umgebene Wappenschild des Hauses Habsburg sowie die Wappen von Österreich und Tirol.

Dieser Teilerfolg der Tiroler Bauern erregte im damaligen Europa ungeheures Aufsehen. Während in ganz Süd- und Mitteldeutschland die Blutgerichte gegen die besiegten Bauern wüteten, hatten die Tiroler einen Teil ihrer Wünsche auf dem Verhandlungsweg durchsetzen können. Vernunft und demokratische Gesinnung hatten gesiegt. So schien es jedenfalls zunächst. In Wirklichkeit waren viele der Zugeständnisse nur taktische Manöver, um Zeit zu gewinnen und den ersten Schwung der Aufstandsbewegung verpuffen zu lassen. Auf längere Sicht war der „Landtagsabschied" ein Sieg des feudalen Systems, der landesfürstlichen

Macht, die sich nicht mehr auf die Seite der Benachteiligten stellte, wie es sich die biederen Landleute in Erinnerung an die Haltung früherer Fürsten erwartet hatten.

Am klarsten erkannte dies Michael Gaismair, der während der Anfangsphase des Bauernlandtages noch fest auf einen günstigen Abschluß gehofft hatte. Jetzt war Gaismair aber mit dem Erreichten nicht zufrieden und wollte sich zunächst von der in Brixen geschaffenen Machtposition nicht zurückziehen. Als aber nicht nur Erzherzog Ferdinand I. und sein Hofrat, sondern auch die versammelten Stände auf dem Innsbrucker Landtag die Übergabe der Bischofsstadt und der dazugehörigen Gerichte an die landesfürstliche Verwaltung verlangten und Gaismair sah, daß die revolutionäre Bewegung längst ihren Höhepunkt überschritten hatte und sich überall Resignation, ja auch Zufriedenheit ausbreitete, gab er nach. Im August 1525 war Brixen in der Hand des Landesfürsten.

Zur förmlichen Anerkennung der Landtagsbeschlüsse und zur Ablegung des Treueids vor Abgesandten des Fürsten war Gaismair mit vielen seiner Anhänger in den Dörfern der Brixner Gerichte aber nicht bereit. Er wollte eine Brixner Bauernversammlung darüber abstimmen lassen. So wurde Gaismair erneut zur Gefahr. Also lud man den abgetretenen Feldhauptmann zur Berichterstattung, wie es hieß, und zu Verhandlungen nach Innsbruck ein. Gaismair, der einen Verzweiflungskampf unbedingt vermeiden wollte und nach wie vor auf eine Einigung hoffte, nahm nach anfänglichem Zögern an – und ging in die Falle. Was ihn in der Landeshauptstadt erwartete, waren Verhöre über Hinterziehung geistlichen Vermögens und Anklagen wegen der Plünderungen von Neustift und Brixen. Als Gaismair Innsbruck verlassen wollte, um Material für seine Verteidigung zu sammeln, wurde er kurzerhand eingesperrt. Wie beabsichtigt, war damit die Aufstandsbewegung entscheidend getroffen. Erst jetzt, zwischen August und Oktober 1525, konnte der letzte Widerstand um Trient, in mehreren Welschtiroler Tälern und im Brixner Gebiet mit Hilfe von Söldnertruppen gebrochen werden. Ein grausames Strafgericht begann.

Nach mehrwöchiger Haft gelang Gaismair die Flucht. Er hielt sich zunächst in Sterzing versteckt, von wo aus er einen flammenden Protestbrief an die Regierung sandte. Dann zog er sich in die Schweiz zurück, wo er Bewaffnete um sich sammelte und zu einem Einfall nach Tirol rüstete. Das Erlebnis des Wort- und Rechtsbruchs durch die Vertreter fürstlicher und ständischer Macht hat Michael Gaismair zum kompromißlosen Revolutionär werden lassen. Bis zu diesen entscheidenden Wochen hatte er immer noch geglaubt, durch Verhandlungen und in Zusammenarbeit mit dem Fürsten die bestehende Ordnung verbessern zu können. Jetzt war er bereit, sie zu stürzen.

Anfang 1526 verkündete Gaismair als politisches Programm und geistige Grundlage eines Volksaufstandes in Tirol seine neue „Landesordnung", ein komplettes Staats- und Gesellschaftsmodell, das auf dem Gedankengut der Reformation und dem Evangelium aufbaut. Von den Habsburgern wollte Gaismair jetzt nichts mehr wissen. Sie waren zu Reformen nicht bereit gewesen. Also wollte er seine Ideen in einem selbständigen

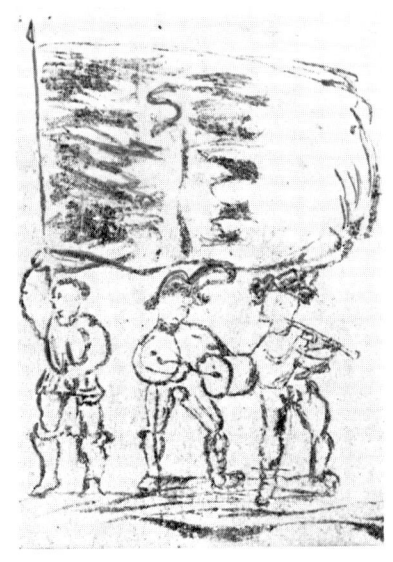

Fremde Söldner mußten im Sommer und Herbst 1525 gegen die rebellierenden Tiroler Bauern und ein knappes Jahr später gegen die ins Land eindringende bewaffnete Schar Michael Gaismairs aufgeboten werden. Diese Landsknechtgruppe wurde damals auf eine Kirchenwand von St. Jakob in Defereggen gezeichnet.

Tirol verwirklichen, das den Charakter einer christlichen, sozialen und radikal-demokratischen Bauernrepublik haben sollte. Alle Menschen sollten gleich sein, Gemeinnutz sollte vor Eigennutz stehen, das Wort Gottes die Grundlage aller Gesetze sein.

Gaismairs Programm umfaßt alle Bereiche des Lebens. Vor allem plante er die Aufhebung aller Standesprivilegien, die Entmachtung des Adels und der Geistlichkeit, die Schleifung von Burgen und Stadtmauern als Symbol adeliger und bürgerlicher Selbstherrlichkeit, eine Ausweitung der Gemeindeautonomie und die unmittelbare Volkswahl der Regierungsmitglieder. In Brixen, der zukünftigen Hauptstadt des Landes, sollte eine Hochschule zur Lehre und Auslegung der Heiligen Schrift gegründet werden. Drei der dort tätigen Professoren sollten der Regierung angehören. Ein wesentlicher Punkt war die Verbesserung der Rechtsprechung durch mehr Volksnähe. Revolutionär sind auch Gaismairs wirtschaftliche Reformpläne: Sie sahen die „Verstaatlichung" von Handel und Bergwerksindustrie vor, um jede Übervorteilung und Ausbeutung zu verhindern. Die Bergschätze sollten der ganzen Bevölkerung und nicht einigen ausländischen Unternehmern zugute kommen. Ackerboden und Weinberge sollten dem gehören, der sie bewirtschaftet. Die landwirtschaftliche Nutzfläche wollte Gaismair durch Trockenlegung der Sümpfe und andere Maßnahmen erweitern und dadurch das Land womöglich von Importen unabhängig machen. Zoll- und währungspolitische Maßnahmen sollten wirtschaftliche Stabilität und niedere Preise für die Bevölkerung sichern. Größten Wert legte Gaismair schließlich auf soziale Maßnahmen: öffentliche Spitäler, Altersheime, Armenhäuser, ausreichende Hilfe für unversorgte Kinder, Behinderte und Notleidende. Zur Finanzierung dieser für seine Zeit unerhörten Vorhaben wollte Gaismair das Kirchenvermögen und den Zehent, also die damalige „Kirchensteuer", heranziehen. Dazu kamen noch weitreichende Reformabsichten für den kirchlich-religiösen Bereich, die ganz den Tendenzen der Reformation entsprachen.

Das sind einige Grundzüge der Gaismairschen „Landesordnung" von 1526, die manche Historiker, Soziologen und Staatsrechtler für das bedeutendste revolutionäre Programm der deutschen Bauernkriege halten. Sie kennzeichnet ihren Schöpfer, der ausländische Einflüsse ziemlich eigenständig verarbeitete, als weitblickenden Denker und Reformator. Obwohl er sich um Probleme des damaligen Tirol kümmerte und konkrete Anliegen seiner Mitbürger aufgriff, eilten Gaismairs Gedanken seiner Zeit weit voraus. Viele seiner Forderungen nach sozialer Gerechtigkeit wurden erst Jahrhunderte später verwirklicht. Anderseits war er in vieler Hinsicht eben doch ganz ein Kind seiner Zeit. So war der Begriff Toleranz ihm genauso unbekannt wie seinen Zeitgenossen. Sein „demokratisches System" läßt die wichtige Kontrolle der Regierung durch die Regierten weitgehend vermissen und hätte auch in die Diktatur führen können. Verschiedene Mängel und Lücken des Programms sind sicher auf die Eile zurückzuführen, mit der es verfaßt und in einigen Abschriften verbreitet wurde. Überhaupt stellt Gaismairs Landesordnung eher ein grundsätzliches Konzept als eine fertige Verfassung dar. Vieles hätte sich erst aus der Praxis ergeben.

Wie sich Gaismairs „Bauernrepublik" entwickelt hätte, ob sein Staatsmodell überhaupt funktioniert hätte, weiß man nicht. Denn der Tiroler Bauernführer konnte seinen Ideen nicht zum Durchbruch verhelfen, obwohl er auch militärisch-strategischen Weitblick besaß und sich erstaunlich gut im Gestrüpp der internationalen Politik zurechtfand. Es gelang ihm aber nicht, einen Volksaufstand in Tirol auszulösen. Nachdem seine Pläne verraten und seine Freunde und Verwandten eingesperrt oder hingerichtet waren, marschierte er mit einer Schar von einigen Hundert Bewaffneten auf Schleichwegen durch Tirol, kam den aufständischen Salzburger Bauern zu Hilfe, wagte dann einen Einfall ins Pustertal, ohne jedoch Erfolg zu haben. Vor dem anrückenden Söldnerheer des kaiserlichen Feldhauptmanns Georg von Frundsberg zog sich Gaismair mit seiner Truppe nach Süden auf venezianisches Territorium zurück und stellte sich der Lagunenrepublik zur Verfügung. Von ihr erwartete er sich Unterstützung in seinem Kampf gegen die habsburgische Stellung in Tirol.

So wurde der Tiroler Bauernhauptmann zum angesehenen venezianischen Söldnerführer, der mit einigen militärischen Erfolgen im Krieg gegen die habsburgisch-kaiserliche Macht in Oberitalien Aufsehen erregte. Trotz emsiger Bemühungen setzte sich Gaismair jedoch mit seinen kühnen Plänen bei der Regierung des Dogen nicht durch. Auch von Frankreich und der Schweiz, wo Gaismair in enger Verbindung mit dem Zürcher Reformator Ulrich Zwingli stand, war keine Hilfe zu erwarten. Allein konnte er jedoch seinen Traum von einer Tiroler Bauernrepublik nicht verwirklichen. Die Hoffnung auf eine Vertreibung der habsburgischen Fürsten aus Tirol mußte vollends schwinden, als Venedig mit dem Haus Habsburg im Dezember 1529 Frieden schloß.

Gaismair hatte sich inzwischen aus dem venezianischen Kriegsdienst enttäuscht zurückgezogen und ein Landgut in der Nähe von Padua gekauft. Dies hinderte ihn jedoch nicht, weiterhin seine politischen Verbindungen aufrechtzuerhalten und gegen Habsburg zu konspirieren. Freilich kämpfte er auf verlorenem Posten. Doch Landesfürst und Regierung von Tirol fürchteten ihn immer noch wie keinen anderen, kauften Spione, Agenten und Mörder, setzten hohe Kopfprämien aus, um seiner – lebend oder tot – habhaft zu werden. Über 100 Mordanschlägen war Gaismair entkommen. Doch am 15. April 1532 starb er unter 42 Dolchstößen eines Verräters und zweier gedungener Mörder. Das war das Ende eines Mannes, der die alten demokratisch-freiheitlichen Traditionen des Tiroler Volkes in radikalster Ausprägung vertrat. Freiheit und Gerechtigkeit gingen ihm über alles. Zum Revolutionär, der die bestehende Ordnung nicht verbessern, sondern stürzen wollte, wurde er von den damaligen Machthabern durch deren mangelnde Einsicht erst gemacht.

Der berühmte kaiserliche Heerführer Georg von Frundsberg, Gaismairs militärischer Gegenspieler (Kopie eines verlorenen Originals).

Die alte Ordnung und neue Landesfürsten

Tirol in den Jahrzehnten nach dem Bauernaufstand ● Erzherzog Ferdinand II. und die letzten „Tiroler Habsburger"

Landesfürst Ferdinand I. am Titelblatt der neuen Tiroler Landesordnung von 1532.

Erst mit dem Tod Michael Gaismairs konnte für die Tiroler Regierung der Bauernkrieg endgültig als beendet gelten. Erst jetzt konnten ohne Bedenken jene Beschlüsse des „Bauernlandtages" von 1526 revidiert werden, die der herrschenden Schicht am wenigsten gepaßt hatten. Nicht daß man sich vorher daran gehalten hätte: Schon die gedruckte Landesordnung von 1526, die den Landtagsabschied des Vorjahres verwirklichen hätte sollen, brachte bedeutende Abstriche. Und die „Ordnung des geistlichen Standes", die viele Privilegien des Klerus und weitgehend seine weltliche Machtstellung beseitigte, war nicht darin aufgenommen worden. Nun wurde sie überhaupt außer Kraft gesetzt. Gleichzeitig beendete eine von Erzherzog Ferdinand I. schon 1529 eingesetzte Ständekommission ihre Arbeit, deren Aufgabe es gewesen war, die erst wenige Jahre alte Landesordnung zu „reformieren".

Das Ergebnis war die 1532 veröffentlichte neue Landesordnung, die in manchen wichtigen Punkten einen Rückschritt auf die Zeit vor 1525/26 bedeutete. Viele der damals erkämpften Verbesserungen für die Tiroler Bevölkerung blieben jedoch erhalten, weshalb die Landesordnung von 1532 in ihrer Bedeutung von den Historikern sehr unterschiedlich beurteilt wird. Von irgendeiner zeitgenössischen Kritik an Ferdinands Maßnahme ist nichts bekannt, was aber nicht viel aussagt. Die ärgsten Mißstände waren ja beseitigt worden – ein Erfolg der Aufstandsbewegung und der unter ihrem Druck geführten Verhandlungen. Vor allem die Bürger und die bessergestellten Bauern waren einigermaßen zufrieden. Darüber hinaus herrschte Resignation, hatte die Rachejustiz ihre Wirkung getan und für Ruhe im Land gesorgt.

Nicht nur der bewaffnete Aufstand war niedergeschlagen worden. Auch die gewaltlose, jedoch radikal-reformatorische Bewegung der Täufer, auch Wiedertäufer genannt, die sich Ende der zwanziger Jahre des 16. Jahrhunderts vor allem im Pustertal und im Inntal rasch ausbreitete, wurde blutig verfolgt; mehrere Hundert Anhänger dieser religiösen Lehre mit stark sozialen Tendenzen wurden hingerichtet. Unter dem Druck der Gewaltmaßnahmen wanderten seit 1529 an die 6000 Tiroler Täufer nach Mähren aus, wo sie sich nach ihrem 1536 in Innsbruck verbrannten Anführer Jakob Huter die „Huterischen Brüder" nannten. Ein besonderes Kennzeichen ihrer Gemeinschaft war das Fehlen jeden Privateigentums. 1622 wurden die Huterischen Brüder auch aus Mähren vertrieben und zogen nach Ungarn weiter, dann nach Rußland, 1874 schließlich nach Kanada. Mehrere Gruppen ließen sich später in den USA nieder, wo heute noch 10.000 „Hutherian Brethren" leben und an ihrem Glauben, an ihren strengen Gemeinschaftsformen, aber auch am Tiroler Dialekt und an überliefertem Brauchtum festhalten.

Wie unter Maximilian hatte Tirol auch in den Jahrzehnten nach seinem Tod keinen eigenen Landesfürsten. Maximilians Nachfolge im Reich war seinem Enkel Karl (V.) zugefallen, der bereits König von Spanien war. Die Stimmen der Kurfürsten waren mit dem Silber aus den Tiroler Bergen gekauft worden. Karls Bruder Ferdinand I. trat 1521 nach einer Erbregelung die Herrschaft in den österreichischen Ländern an. Damals wollte Kaiser Karl V. Tirol als Schlüsselposition in Europa noch unmittelbar unter seiner Kontrolle behalten und schlug das Land zu den spanisch-niederländischen Gebieten, wofür die Verbindung zu den vorderösterreichischen Ländern am Rhein und die damit gegebene Nähe zum spanischen Burgund eine gewisse Berechtigung bot. Schon ein Jahr später wurden jedoch im Vertrag von Brüssel Tirol und die Vorlande dem Herrschaftsbereich Ferdinands I. zugesprochen. Durch die neue habsburgische Ostpolitik, die nach Ungarn und Böhmen ausgriff und wegen der Türkengefahr vor neue Probleme gestellt wurde, verlor das Land seine zentrale Bedeutung, die es noch unter Maximilian gehabt hatte. Daß auch jetzt Jahre hindurch die fürstliche Familie in Innsbruck weilte, hängt mit der größeren Entfernung Tirols von der unsicheren Ostgrenze zusammen.

Mit Erzherzog Ferdinand II. beginnt eine neue Reihe selbständiger Tiroler Landesfürsten.

Doch auch Tirol war vor kriegerischen Ereignissen nicht sicher. Im Juli 1546 brachen die Truppen des Schmalkaldischen Bundes in Tirol ein und besetzten die Ehrenberger Klause bei Reutte, ehe das Landesaufgebot entscheidende Abwehrmaßnahmen treffen konnte. Bald darauf gelang jedoch die Wiedereroberung der wichtigen Befestigungsanlage und die Vertreibung der Feinde. Im Mai 1552 marschierte das protestantische Heer des Kurfürsten Moritz von Sachsen nach Tirol, um Kaiser Karl V. zu fangen, der sich seit November 1551 in Innsbruck aufhielt. Niemand dachte an Widerstand. Während der Kaiser Hals über Kopf zum Brenner entfloh, von wo er über Lienz nach Kärnten eilte, gestattete die Tiroler Regierung dem Kurfürsten freien Durchzug, wenn er Land und Leute dafür schone und den notwendigen Proviant käuflich erwerbe. Mit 400 Reitern und zwei Regimentern Fußvolk rückte der Feind in Innsbruck ein, wo ihn die Bürger in Angst und Bangen erwarten. Der Stadt passierte nicht viel, doch in den Dörfern rundherum wütete die beutehungrige Soldateska entgegen allen Abmachungen. Nach zweitägigem Aufenthalt zogen der Kurfürst und seine Truppen wieder ab.

Obwohl Tirol unter einer eigenen Provinzialregierung weiterhin eine gewisse Autonomie bewahren konnte, verstummte der Wunsch der Landstände nach einem eigenen Regenten nicht. Er traf sich schließlich mit der Absicht des inzwischen Kaiser gewordenen Ferdinand I., die Länder der österreichischen Habsburger wieder einmal unter seinen drei Söhnen aufzuteilen. Im Zuge einer testamentarischen Erbschaftsregelung wurde des Herrschers zweitgeborener Sohn Ferdinand II. zum künftigen Landesherrn Tirols und der Vorlande bestimmt. Für 100 Jahre (1564–1665) gab es nun wieder „Tiroler Habsburger". Freilich hatte dies für das Land nicht nur Vorteile, denn die in der Regel aufwendige und verschwenderische Hofhaltung der Tiroler Fürsten bürdete ihren Untertanen in wirtschaftlich schwierigen Zeiten allzugroße Lasten auf. Dafür rückte die Landeshauptstadt unter die führenden Kulturzentren Europas

Erzherzog Maximilian III. (Porträt-Statue auf seinem Grabmal in der Innsbrucker St.-Jakobs-Kirche, geschaffen von Caspar Gras).

Doppelporträt des Tiroler Fürstenpaares Leopold V. von Habsburg und Claudia von Medici auf einem silbernen Doppeltaler.

auf. Nicht übersehen darf man auch die großen Leistungen der landesfürstlichen Behörden in jener Epoche, die Gesetzeswerke von weitreichender Bedeutung schufen.

Erzherzog Ferdinand II. starb 1595 ohne erbberechtigten Sohn. Auf das Nachfolgerecht seiner Söhne aus der Ehe mit der Augsburger Bürgertochter Philippine Welser hatte er verzichten müssen. Zum neuen Regenten Tirols wurde Ferdinands Neffe Maximilian III. bestimmt, der sich vorher vergeblich um die polnische Krone bemüht hatte. Als gewähltes Oberhaupt des Deutschen Ordens hatte er den Titel „Deutschmeister" und die Verpflichtung, unvermählt zu bleiben. Nach seinem Tod (1618) wurde Erzherzog Leopold, ein Sproß der steirischen Habsburger, zunächst mit der Statthalterschaft in Tirol und den Vorlanden, dann mit der Regentschaft als souveräner Landesfürst betraut. Er heiratete Claudia von Medici, die Tochter des Großherzogs von Toskana, die nach Leopolds Tod (1632) die Regierung für den erst vierjährigen Erbprinzen Ferdinand Karl führte.

Leopolds und Claudias Regierungszeit waren gekennzeichnet durch den Dreißigjährigen Krieg, dessen katastrophale Auswirkungen das Land vor allem in wirtschaftlicher Hinsicht zu spüren bekam. Immer wieder drohte den Tirolern auch unmittelbare Kriegsgefahr. In seinem letzten Lebensjahr mußte der Landesfürst an der Spitze des Tiroler Aufgebots einen Angriff der Schweden auf Tirol abwehren. Zweimal versuchte der feindliche Feldherr, Herzog Bernhard von Weimar, der mit 16.000 Mann den Lech aufwärts marschiert war, die Ehrenberger Klause zu erobern. Die von 12.000 Tirolern verteidigte Festung hielt jedoch stand. Die Landstände bewilligten damals immer wieder hohe Steuern zur Deckung der Verteidigungskosten. Die Grenzfestungen wurden verstärkt und längere Zeit hindurch bedeutende Mannschaften unter Waffen gehalten. Eine neue Befestigungsanlage wurde in der Talenge von Scharnitz errichtet und nach der Regentin „Porta Claudia" genannt.

Claudia von Medici war hochgebildet und tatkräftig. Sie verstand es, treue und kluge Berater heranzuziehen. Die bedeutendste Persönlichkeit an der Seite der Fürstin war ihr Kanzler Wilhelm Bienner, der sich um

Zeitgenössischer Porträtstich des Landesfürsten Ferdinand Karl.

Kanzler Bienners Unterschrift auf einem Aktenstück von 1640.

Turbulente Landtagssitzung in Anwesenheit der Regentin Claudia von Medici und ihres Kanzlers Wilhelm Bienner (schwarz gekleidet) auf einem Gemälde des Tiroler Künstlers Karl Anraiter (um 1890). Von Bienner gibt es kein zeitgenössisches Porträt.

das Land große Verdienste erwarb. Unter anderem straffte er die Verwaltung, ging hart gegen Korruption und Amtsmißbrauch vor und verhinderte ein Herauslösen der geistlichen Fürstentümer Brixen und Trient aus ihren vertraglichen Bindungen mit der gefürsteten Grafschaft Tirol. Durch diplomatisches Geschick gelang es ihm auch, einen Einfall der Franzosen ins Münstertal zu verhindern und Differenzen mit den Bündner Bauern beizulegen, die damals noch offiziell unter Tiroler Oberhoheit standen, praktisch aber bereits Selbständigkeit genossen. Unter der Regierung von Claudias Sohn Ferdinand Karl (1646–1662) wurde Bienner von persönlichen und politischen Gegnern entmachtet, in einen Prozeß verwickelt, in rechtswidriger Weise zum Tode verurteilt und 1651 in Rattenberg hingerichtet.

Ferdinand Karl gab sich völlig seinen Vergnügungen und seiner Verschwendungssucht hin. Der junge und verantwortungslose Fürst fand nichts dabei, die riesige Entschädigungssumme, die Frankreich den Tiroler Habsburgern für die endgültige Abtretung des im Krieg verlorengegangenen Elsaß zahlen mußte, nach Lust und Laune zum Fenster hinauszuwerfen. Auch der Ausverkauf Tiroler Herrschaftsrechte an Graubünden, gegen den Kanzler Bienner vergeblich protestiert hatte, brachte dem Land keinerlei Vorteile, sondern half nur, die persönlichen Leidenschaften des Landesherrn zu finanzieren. Der allmähliche Loslösungsprozeß des Prätigaus und des Unterengadins von Tirol fand 1652 seinen formellen Abschluß. Von nun an gab es zwischen Tirol und Graubünden eine neue, staatsrechtlich eindeutige Grenze.

Ferdinand Karl starb bereits im Alter von 35 Jahren. Mit dem ebenfalls frühen Tod seines Bruders Sigmund Franz, der dank guter Anlagen und ernsthafter Bemühungen ein viel besserer Landesfürst hätte werden können, erlosch 1665 die Tiroler Linie der Habsburger.

Mit Erzherzog Sigmund Franz erlosch 1665 die zweite Tiroler Linie der Habsburger.

Religiöser Eifer und prunkvolle Feste
Geistesleben, Hofkultur und Kunst vom Tod Maximilians (1519) bis zum Aussterben der Tiroler Habsburger (1665)

Das geistige Leben in der frühen Neuzeit war auch in Tirol gekennzeichnet von der Ausbreitung neuer religiöser Ideen. Die Niederschlagung des Bauernaufstandes von 1525, in dem kirchliche Reformtendenzen eine starke Rolle spielten, die Verfolgung der Täuferbewegung und sonstige, sehr früh einsetzende Gegenmaßnahmen der Obrigkeit verhinderten in Tirol zwar die weitere Ausbreitung des Protestantismus und die Bildung reformierter Gemeinden, das Interesse an „sektiererischen" Schriften und Büchern war jedoch in allen Bevölkerungsschichten groß und „lutherische Predikanten" hatten großen Zulauf. Auch von den immer zahlreicher werdenden „deutschen Schulen" in Städten und Märkten konnten die kirchlichen Behörden den Geist der Reformation nicht fernhalten.

Die Regierung ließ mit Eifer nach verbotenen Druckwerken suchen, ging hart gegen jeden wirklichen oder vermeintlichen Sektierer vor und ermahnte die Stadträte und Bürgermeister, auf die Einhaltung religiöser Pflichten und Übungen zu achten. Solche Maßnahmen trafen jedoch nur die Oberfläche des Problems, das nicht zuletzt in einer starken innerkirchlichen Zerrüttung wurzelte. Ausbildung und Lebensführung der Geistlichkeit ließen zu wünschen übrig, und von der Diözesanführung gingen in diesen kritischen Jahrzehnten kaum Initiativen zur Verbesserung der religiösen Situation aus.

Im Jahr 1545 trat in Trient endlich das große Konzil zusammen, das vor allem die Habsburger zur Überwindung der Glaubensspaltung schon lange gefordert hatten. Da eine Einigung nun nicht mehr möglich war, sollte nach der Abfallbewegung in Deutschland wenigstens der Bestand der alten Kirche reformiert und damit gesichert werden. Die Wahl der Welschtiroler Bischofsstadt Trient zum Tagungsort der Kirchenversammlung stellte wegen der Lage an der Grenze zwischen Deutschland und Italien einen Kompromiß dar. Weder eine italienische noch eine deutsche Stadt wäre von allen Parteiungen innerhalb der Kirche akzeptiert worden. Trotzdem nahmen am Konzil von Trient, das bis 1563 dauerte und mit einer ganzen Reihe wichtiger und tragfähiger Reformen eine innerkirchliche Erneuerung einleitete, nur wenige Kirchenfürsten aus dem deutschen Raum teil.

Der „katholischen Reform" zum Durchbruch zu verhelfen, war das Ziel aller habsburgischen Herrscher. Eine der wichtigsten Maßnahmen Kaiser Ferdinands I. war es, die Jesuiten nach Tirol zu berufen. Ihre erfolgreiche Arbeit in anderen Städten und Ländern hatte sie bestens empfohlen. So kamen 1561 sittenstrenge, gut ausgebildete und unermüdlich für eine zeitgemäße Seelsorge arbeitende Ordenspriester, die sich vorteilhaft vom größten Teil des damaligen Klerus abhoben, zunächst nach Innsbruck. Der 1564 zum neuen Landesfürsten von Tirol und Vorarlberg ernannte Erzherzog Ferdinand II. förderte zusätzlich auch andere Klostergründungen im ganzen Land. Und seine Nachfolger taten es ihm gleich. Franziskaner, Kapuziner, Serviten und Dominikaner wetteiferten nun geradezu in Predigt, Seelsorgsarbeit, Erziehung und Unterricht. Die Jesuiten führten in Innsbruck und Hall, später auch in Trient, Gymnasien, deren Hauptaufgabe es war, die Priesterausbildung sowie die Geistigkeit der gebildeten Laien auf eine solide Grundlage zu stellen. Die Regierung unterstützte sie darin durch die Gewährung von Stipendien an begabte, aber arme Schüler. Die Jesuiten und andere Ordensgeistliche wurden auch zur Abhaltung von regelmäßigen „Christenlehren" in den Stadt- und Dorfschulen herangezogen, auf die Ferdinand II. besonderen Wert legte.

Um auch das niedere Schulwesen unter Aufsicht halten zu können und sowohl die geistige Tendenz als auch den Lehr- und Lernerfolg zu sichern, erließ Erzherzog Ferdinand II. im Jahr 1586 eine für das ganze Land und für alle Schulen geltende Ordnung, die Lehrplan und Schulzeit regelte, Disziplinarvorschriften für Lehrer und Schüler enthielt und neuen pädagogischen Grundsätzen zum Durchbruch verhelfen sollte.

Neben der Schule war die Predigt wohl das wichtigste Mittel zur Verbreitung der katholischen Reform. Berühmt für ihre Wortgewaltigkeit und Volksverbundenheit waren der Franziskanerpater und spätere Brixner Weihbischof Johannes Nasus, der auch zahlreiche Schriften gegen den Protestantismus verfaßte, und Pater Petrus Canisius, der Provinzial der Jesuiten in Deutschland und Verfasser des weitverbreiteten Katechismus. Petrus Canisius war mehrere Jahre hindurch als Hofprediger in Innsbruck tätig, wirkte aber auch als Seelsorger in der Stadt und in den umliegenden Dörfern. Der später heiliggesprochene Jesuit wurde 1964 zum Diözesanpatron der neugegründeten Diözese Innsbruck erwählt.

Die Jesuiten arbeiteten zum Teil mit neuen Methoden. Vor allem versuchten sie, den ganzen Menschen anzusprechen, Sinne, Gemüt und Verstand. So waren sie die ersten, die in ihren Kirchen während der Karwoche „Heilige Gräber" zur Veranschaulichung der Leidensgeschichte Christi aufstellten. Auch die Aufführung von Passionsspielen, Dialogen und geistlichen Spielen zu verschiedenen Anlässen diente der Erbauung, gleichermaßen aber auch der Glaubensverkündigung. In all diesen Neuerungen folgten den Jesuiten die anderen neuen Orden, seit etwa 1600 auch die Konvente der traditionsreichen Tiroler Klöster und Stifte, die im 16. Jahrhundert einen Tiefpunkt ihrer Entwicklung erreicht hatten und diesen nun dank gemeinsamer Bemühungen von staatlichen und kirchlichen Stellen langsam überwanden. Die Diözesanbehörden sorgten gleichzeitig für eine Verbesserung des Nachwuchses bei den Weltpriestern.

Allenthalben war ein geistig-religiöser Aufschwung zu beobachten, der tief ins Volk hinein wirkte, eine neue Frömmigkeit entstehen ließ und neue Ausdrucksformen dafür entwickelte. Damit wurden auch neue künstlerische Kräfte geweckt; der Boden für einen echten Volksstil, wie es die Spätgotik gewesen war, wurde vorbereitet und sollte in der Barockzeit prachtvolle Früchte tragen.

Wirkte einige Zeit in Tirol und wird heute als Patron der Diözese Innsbruck verehrt: Petrus Canisius.

Während der Zeit der Glaubens- und Kirchenkrise, der konfessionellen Auseinandersetzungen, des Mißtrauens, der Unsicherheit und der Furcht hatten im 16. Jahrhundert das kulturell-geistige Leben und die Kunst verkümmern müssen. Nicht wenige schöpferisch tätige Tiroler hatten damals aus Glaubensgründen oder wegen ihrer Konflikte mit der argwöhnisch nach Andersdenkenden fahndenden Obrigkeit das Land verlassen. Einer von ihnen war der aus einem Sterzinger Gewerkengeschlecht stammende Lukas Geizkofler, der uns eine bemerkenswerte Selbstbiographie hinterließ, ein anderer der Rattenberger Pilgram Marpeck, der sich den Täufern anschloß und in Süddeutschland Erbauungsschriften für seine Glaubensbrüder schrieb. In diesem Klima konnten auch neue Kunstströmungen nur schwer Fuß fassen. Die bürgerliche Renaissance Süddeutschlands etwa wirkte trotz der intensiven Handelsbeziehungen auf Tirol kaum ein. Es gibt für sie nur spärliche Beispiele. Im blühenden Kunsthandwerk (Hafner, Zinngießer, Kunsttischler, Uhrmacher u. a.) kamen Zeitgeist und Geschmack am ehesten zum Durchbruch. Auftraggeber waren aber vorwiegend adelige Kreise.

Die Renaissance mußte unter diesen Voraussetzungen in Tirol eine reine Hofkunst bleiben. Für die wenigen Bauten (Schloß Ambras bei Innsbruck, fürstbischöfliche Hofburg in Brixen, Neues Stift in Innsbruck, verschiedene Ansitze und Burgen) wurden vor allem italienische Bau-

Die Brixner Hofburg ist eines der wenigen Beispiele für repräsentative Renaissance-Architektur in Tirol.

meister berufen. Auch in der Malerei und Plastik gaben italienische und niederländische Künstler den Ton an. Sie wurden vom Landesfürsten und von den Bischöfen nach Tirol geholt, arbeiteten aber auch für Auftraggeber aus Adelskreisen. Sie erbrachten zwar wenig Spitzenleistungen, beherrschten aber neue Themenkreise und eine neue Formenwelt. Zuerst lernten die Tiroler Künstler von ihnen, dann zogen sie selbst nach Italien, um Neues zu sehen und sich ausbilden zu lassen. Hof, Adelige und Kirchenfürsten wirkten dabei vielfach als Mäzene.

Wie sehr es einen Anstoß von außen brauchte, um die letzten Reste erstarrter spätgotischer Formen zu überwinden, kann man nicht nur in der Architektur erkennen, wo noch 1553–1563 mit der Innsbrucker Hofkirche ein typischer Bau des Übergangsstils entstand. Meister vom Comosee, die in Trient seit Jahrhunderten tonangebend waren, dort aber unter der Einwirkung der deutschen Spätgotik die nordische Baugesinnung zum Teil übernommen hatten, waren ihre Schöpfer. Das großartige Grabdenkmal Kaiser Maximilians, dem die neue Kirche eine würdige Unterkunft geben sollte, war ja selbst ein charakteristisches Beispiel für die gegenseitige Durchdringung von Spätgotik und Renaissance. Alexander Colin (1526–1612) aus Mecheln, von Ferdinand II. zur Vollendung des Maximilian-Grabes nach Innsbruck gerufen, beherrschte meisterhaft jene eigentümliche, dekorative Spielart des Renaissancestils, die damals in ganz Europa große Mode war. Er schuf u. a. auch die

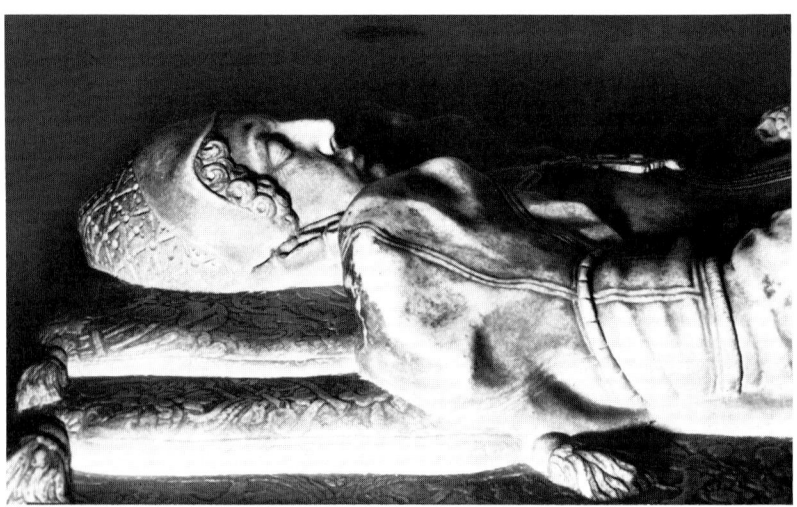

Grabmal der Philippine Welser, der zur Tiroler Landesherrin gewordenen Augsburger Bürgerstochter, in der Silbernen Kapelle der Innsbrucker Hofkirche, ein Werk des aus Mecheln stammenden Alexander Colin.

Grabmäler Ferdinands II. und seiner Frau Philippine Welser in der Silbernen Kapelle der Innsbrucker Hofburg.
Von einem berühmten Niederländer, den Landesfürst Erzherzog Maximilian der Deutschmeister nach Tirol geholt hatte und den man dem Manierismus zurechnet, nämlich Hubert Gerhard, lernte der Innsbrucker Caspar Gras (gest. 1674) die Modellierkunst. Sein Hauptwerk ist der Leopoldsbrunnen (beim Landestheater in Innsbruck), mit dem er den Schritt zur barocken Reiterstatue tat. Am bischöflichen Hof zu Brixen

Beispiel für das eigenständige Schaffen des Meraner Bildhauers Adam Baldauf, der sich 1615 in Brixen niederließ.

wirkte zu Beginn des 17. Jahrhunderts der Schwabe Hans Reichle (gest. 1629), der die Plastik vom Manierismus zum malerischen Barock hinüberführte. In Brixen ließ sich 1615 auch Adam Baldauf (gest. 1631) aus Meran nieder, ein durchaus eigenständiger Künstler, der die Schnitzerei in Schwaben erlernt und am Hochaltar von Stams mitgewirkt hatte. Dieses großartige Werk (1609–1612) ist eine Arbeit des berühmten Weilheimer Meisters Bartlme Steinle und kann wohl als bestes Beispiel dafür gelten, wie das volkstümliche Frühbarock im Altarbau ohne Umweg über die italienisch-niederländische Hofkunst direkt an die lang nachwirkende spätgotische Tradition anknüpfte. Die entscheidenden Impulse kamen dabei von den gerade in dieser Zeit wieder vielbeschäftigten süddeutschen Werkstätten.

Die Zeit der typischen Hofkünstler aus dem Ausland ging um 1630 allmählich zu Ende. Caspar Gras und Adam Baldauf kündeten bereits den Übergang an. In der Architektur bedeutete der Baumeister Christof Gumpp (gest. 1676) die Wende. Er verdrängte als Tiroler die bisher stets italienischen Hofbaumeister in Innsbruck. Natürlich hatte auch Gumpp, der eine ganze Baumeisterdynastie gründen sollte, seine Meisterschaft in Italien erworben. Bezeichnend ist, daß seine wichtigsten Werke keineswegs Hofaufträge sind, sondern die Mariahilf-Kirche für die Tiroler Stände (1647–1649), ein Zentralkuppelbau im Stil des italienischen Frühbarock, und die neue Stiftskirche in Wilten (1651 begonnen), mit der sich Tirol wieder an den bayerisch-schwäbischen Kunstkreis anschloß.

Für Landesfürst Leopold V. hatte Christof Gumpp das Ballspielhaus bei der Hofburg zu einem richtigen Hoftheater umgebaut. Um allen Anforderungen der damals modernen italienischen Ausstattungs-Schauspiele, Opern und Ballettaufführungen gerecht werden zu können, war der Baumeister vom Landesfürsten, der hinter seiner italienischen Verwandtschaft nicht zurückstehen wollte, auf eine Studienreise in die oberitalienischen Residenzen geschickt worden. Das Theater war wie die Musik – oder seit dem Aufkommen der neuen Kunstform Oper die Verbindung aus beiden – ein besonderes höfisches Vergnügen. Nicht nur daß die Jesuitengymnasien von Innsbruck und Hall mit ihren lehrhaften lateinischen Schauspielen vor der Hofgesellschaft gastierten oder italienische, deutsche und englische Theatergruppen zu Gastspielen geholt wurden, man war in allerhöchsten Kreisen auch selbst schöpferisch tätig: Der Hofbeamte Benedikt Edelpöckh tat mit seiner 1568 verfaßten „Comedie von der freudenreichen geburt unseres Ainigen Trost und Hailandt Jesu Christ" erste Schritte auf dem Weg zu einem deutschen Kunstdrama. Und der Landesfürst Ferdinand II. führte sich mit dem ersten Schauspiel in deutscher Prosa (1584) in die Literaturgeschichte ein. Daß ein Mitglied der ersten ortsansässigen Innsbrucker Komödientruppe, Christoph Pliembl, um 1660 – also nur wenige Jahre nach der Uraufführung in London – eine der frühesten deutschen Fassungen der Shakespeare-Komödie „Der Kaufmann von Venedig" schuf, ist ebenfalls erwähnenswert.

Den höchsten Leistungsstandard erreichte das höfische Kulturleben im musikalischen Bereich. Ein halbes Jahrhundert nach dem Tod Maximilians gehörte Innsbruck wieder zu den europäischen Musikzentren. Die

Leiter der international zusammengesetzten Hofkantorei und der Hofmusik Ferdinands II. waren durchwegs als Komponisten tätig, mehrere von ihnen gingen in die Musikgeschichte ein, wie z. B. Jakob Regnart (gest. 1599) und Alexander Utendal (gest. 1581). Der Tatsache, daß sich Erzherzog Ferdinand II. auch um den einheimischen Nachwuchs kümmerte, und dem Brauch, Sängerknaben und andere musikbegabte junge Leute unter den europäischen Fürstenhöfen „auszutauschen", verdankt Leonhard Lechner aus dem Tiroler Etschland (1553–1606) seine Karriere. Er war Sängerknabe der bayerischen Hofkapelle unter Orlando di Lasso, ging dann nach Nürnberg und gelangte in verschiedenen süddeutschen Städten, zuletzt in Stuttgart, als Hofkapellmeister, Kapellsänger und Komponist zu großer Berühmtheit.

War Tirol zur Zeit Ferdinands noch im Zeichen der polyphonen niederländischen Musik gestanden, so wandte sich Leopold V. ganz dem in Italien aufgekommenen Stil der Monodie zu, dem „stile nuovo" mit dem Vorherrschen der harmonisch begleiteten Solostimme. Auch jetzt wirkte in Innsbruck ein weit über Tirol hinaus bedeutender Komponist, nämlich Johann Stadlmayr (1560–1648). Noch einmal hatte die Musik am Innsbrucker Hof europäische Bedeutung, als unter Erzherzog Ferdinand Karl die große italienische Oper zur Leidenschaft des Fürsten und der Hofgesellschaft wurde. Man scheute keine Kosten, erbaute ein Opernhaus, das sich in eine Reihe mit Deutschlands ersten Hoftheatern stellen konnte, und berief die besten Künstler, vor allem den neben Cavalli führenden italienischen Opernkomponisten Marc (Pietro) Antonio Cesti (1623–1668), dessen lyrisch-melodiöser Stil bald schon die Alleinherrschaft auf der Opernbühne antrat. Die Aufführung von Cestis Oper „L'Argia" anläßlich der Durchreise der schwedischen Exkönigin Christine, die in Innsbruck zum katholischen Glauben übertrat, wurde zu einem Kulturereignis von europäischem Format.

◁

Eines der prunkvollen Bühnenbilder bei der Aufführung von Cestis Oper „L'Argia" im Innsbrucker Hoftheater anläßlich des Besuchs der schwedischen Exkönigin Christine (1655).

Die große Zeit der Musik hatte eine Glanzzeit des Tiroler Instrumentenbaus zur Folge, wenn auch viele der oft sehr wertvollen Musikinstrumente importiert wurden. Zu den bedeutendsten europäischen Instrumentenbauern zählt Jakob Stainer aus Absam bei Innsbruck (gest. 1683), der die Herstellung von Geigen wahrscheinlich in Venedig oder Cremona gelernt hatte. Er wurde zum Begründer der deutschen Geigenbaukunst, obwohl er keine Schüler hatte und die Qualität seiner Meistergeigen nördlich der Alpen nie mehr erreicht wurde.

Die höfische Musik war unmittelbar zwar nur für einen kleinen Hörerkreis bestimmt, dennoch wirkte sich der hohe Stand der Musikpflege auf weite Kreise der Bevölkerung aus. Vor allem den Bergknappen rühmte man nach, sie sängen „mit unterschiedlichen Stimmen" nicht anders als „die künstlichen Musici". Hauptverantwortlich für die Breitenwirkung der Musikkultur waren kleinere Hofhaltungen, wie z. B. das von Erzherzogin Magdalena, einer Schwester Ferdinands II., gegründete Haller Damenstift, die adelige und bürgerliche Hausmusik, die Klöster und die Kirchenchöre.

Prunkentfaltung, Repräsentation und Unterhaltungsbedürfnis standen sicher im Vordergrund der kulturellen Ambitionen am Landesfürstlichen Hof. Sie konnten jedoch durchaus in Einklang gebracht werden mit ganz anderen Interessen. So diente die von Erzherzog Ferdinand II. angelegte Sammlung auf Schloß Ambras nicht ausschließlich der Schaulust und Sensationsgier sowie dem Bedürfnis, seinen Gästen etwas Besonderes zu bieten, sondern konnte auch der Wissenschaft und Forschung Impulse geben. Das weitum berühmte „Museum" enthielt ja nicht nur Waffen, Meisterwerke des Kunsthandwerks und Kuriositäten, sondern auch eine Porträtgalerie, eine Münzsammlung, Bücher und wertvolle Handschriften. Ferdinand und die folgenden Tiroler Landesfürsten, von denen übrigens Maximilian III. recht bescheiden lebte, versäumten es nicht, wissenschaftliche Unternehmungen zu fördern. Immer wieder taten sich Beamte mit gelehrten Werken hervor. Matthias Burgklechner (1573–1642), der „Vater der Tiroler Geschichtsschreibung", war Vizekanzler der Innsbrucker Regierung. Sein Studium an der Universität von Padua verdankte er einem vom Fürsten gewährten Stipendium. Burgklechner schuf auch eine der ersten Landkarten von Tirol. Eine andere aus dem Beginn des 17. Jahrhunderts stammt von Warmund Ygl.

Unter den Gelehrten und Publizisten des damaligen Tirol ragt Hippolyt Guarinoni (1571–1654) hervor. Er wurde in Trient geboren, studierte in Padua Medizin und vollendete seine Ausbildung in Prag, wo sein Vater als Leibarzt bei Kaiser Rudolf II. tätig war. Nachdem er einige Zeit hindurch in Mähren die Heilkunst ausgeübt hatte, ließ er sich 1607 in Hall nieder, wo er als Stadtphysikus und Hausarzt des adeligen Damenstifts wirkte, zugleich aber auch als Baukünstler und Volksschriftsteller hervortrat. Seinem Buch „Die Greuel der Verwüstung menschlichen Geschlechtes" verdanken wir eine eindrucksvolle Zeitschilderung und interessante Einblicke in die damalige Arzneikunst sowie in Lebensart und Geisteshaltung eines gebildeten Tirolers des frühen 17. Jahrhunderts.

Eine der interessantesten Persönlichkeiten im Tirol des 17. Jahrhunderts: Dr. Hippolyt Guarinoni, Arzt, Philosoph, Volksschriftsteller und Architekt.

Der „Boarische Rummel"

Zwei fürstliche Gubernatoren für Tirol • Einfall und Vertreibung der Bayern im Jahr 1703

Nach dem Tod des letzten „Tiroler Habsburgers" im Jahr 1665 übernahm Kaiser Leopold I., damals der einzige männliche Habsburger, unmittelbar die Regierung Tirols. Noch im selben Jahr kam der Kaiser mit großem Gefolge nach Innsbruck, um als Landesherr die Erbhuldigung der Stände entgegenzunehmen. Die Zeit der Selbständigkeit und der eigenen Landesfürsten war vorbei. Zwar blieben für die Verwaltung der ober- und vorderösterreichischen Lande, also Tirols und Vorderösterreichs, weiterhin die Zentralbehörden in Innsbruck zuständig, doch fielen die obersten Entscheidungen jetzt in Wien.

Immerhin bedeutete es eine gewisse Anerkennung der Eigenständigkeit Tirols, wenn der Kaiser 1679 seinen Schwager, den Reichsfürsten Herzog Karl von Lothringen, als seinen persönlichen Statthalter nach Innsbruck schickte. Der „kaiserliche Gubernator" bekleidete aber gleichzeitig das Amt eines Reichsmarschalls und war wegen der Türkenfeldzüge und anderer Kriege meist nicht im Lande. Nach dem Tod des Herzogs im Jahr 1690 fiel die Aufgabe, den Kaiser und Landesherrn in Tirol zu vertreten, wieder an den jeweiligen Präsidenten des Geheimen Rates in Innsbruck. Zwischen 1705 und 1716 hatte Tirol noch einmal einen kaiserlichen Gubernator in der Person des Reichsfürsten Karl Philipp von Pfalz-Neuburg, der ebenfalls ein Schwager Kaiser Leopolds I. war.

Daß die alten Zeiten jedoch längst vorbei waren und der Durchbruch des Zentralismus unmittelbar bevorstand, zeigte sich bereits 1705, als nach dem Tod Leopolds I. Kaiser Joseph I. die Huldigung der Tiroler Stände gar nicht mehr entgegennahm, die Landesprivilegien nicht bestätigte und in der Finanzverwaltung jede Selbständigkeit Tirols aufhob. Diese Haltung mußte die Tiroler umso mehr brüskieren, als sie sich im damals gerade tobenden „Spanischen Erbfolgekrieg" besondere Verdienste um Österreich und das Haus Habsburg erworben hatten und ihr Selbstbewußtsein durch den in ganz Europa viel beachteten Sieg des Landesaufgebots über das Heer des bayerischen Kurfürsten gefestigt war. Verharmlosend nannte man in Tirol die kriegerischen Ereignisse des Jahres 1703 den „Boarischen Rummel".

Im europäischen Streit um das spanische Erbe war Bayern auf die Seite Frankreichs und der anderen Gegner Österreichs getreten. Kurfürst Max II. Emanuel erwartete sich davon mehr Chancen auf Land und Machtgewinn. Frankreich wollte seinen neuen Verbündeten natürlich auf Kosten Österreichs belohnen. Und was lag da für den bayerischen Herrscher aus dem Hause Wittelsbach näher, als die uralten Ansprüche auf Tirol wieder hervorzuholen. Gleichzeitig mit einer Eroberung Tirols konnte er auch einen weiter ausgreifenden strategischen Plan verwirklichen und sich mit den von Oberitalien aus nach Norden vorstoßenden

Der bayerische Kurfürst Max II. Emanuel, der 1703 Tirol in seinen Besitz bringen wollte.

Zeitgenössische Darstellung der Vernichtung einer bayerisch-französischen Abteilung in der Talenge vor der Pontlatzer Brücke im Oberinntal.

Franzosen vereinigen. Es mußte die Bayern in ihrem Vorhaben ermutigen, daß Tirol durch ständige Konflikte zwischen Regierung und Landständen innerlich geschwächt war, daß kaum reguläre Truppen im Land stationiert waren und die traditionelle Landesverteidigung durch die militärisch organisierten Schützen in einer Krise steckte. Auch die Grenzbefestigungen befanden sich in schlechtem Zustand.

In Tirol konnte man sich trotz der offensichtlichen Gefahr eines bayerischen Angriffs nicht zu entscheidenden Verteidigungsmaßnahmen aufraffen. Als am 15. Juni 1703 in Innsbruck die Nachricht eintraf, daß der Kurfürst mit rund 10.000 Mann eigener Truppen und 2500 Franzosen von Rosenheim gegen Tirol ziehe, war es natürlich zu spät, obwohl sich bereits am nächsten Tag Tausende Bauern sammelten, um Munition zu fassen und Befehle entgegenzunehmen. Als Landmiliz und Landsturm endlich in Richtung Unterinntal abmarschierten, stand das bayerische Heer bereits vor Kufstein. Die starke Festung fiel durch einen Überraschungsangriff, kurz darauf war auch Rattenberg im Besitz der Angreifer. Der österreichische General Gschwind, dem die empörten Tiroler die Schuld am Gelingen des bayerischen Einfalls gaben, zog sich mit den

Resten seiner Garnisonen in aller Eile gegen den Brenner zurück. Die aufgeregten und unter sich zerstrittenen Abteilungen der Landmiliz lösten sich auf. Überall wurden heftige Vorwürfe und Drohungen gegen Adel und Beamtenschaft laut. Man fühlte sich von der Obrigkeit verkauft und verraten. In Hall kam dem Kurfürsten eine Delegation der Innsbrucker Regierungsbehörden entgegen, die ihn um Milde anflehte und – wohl im Hinblick auf die empörten Bauernscharen – seinen Schutz erbat. Als der siegreiche Feldherr am 2. Juli mit großer Pracht in der Tiroler Landeshauptstadt seinen Einzug hielt, huldigten ihm die meisten Regierungsmitglieder und fast die gesamte österreichische Beamtenschaft als dem neuen Landesfürsten.

Doch die Landbevölkerung ließ sich nicht so leicht einschüchtern und stoppte am Brenner den bayerischen Vormarsch nach Süden. Da sich gleichzeitig im ganzen Inntal das Volk gegen die brutale Unterdrückung und Ausbeutung durch die Besatzer erhob und im Oberinntal, in der Schlucht zwischen Landeck und Prutz, eine bayerisch-französische

Die bayerischen Truppen verlassen ihr Lager bei Wilten. Ausschnitt aus einem Fresko von Kaspar Waldmann in der Wiltener Stiftskirche.

Tiroler Scharfschützen beim Auszug gegen Bayern. Ausschnitt aus einem der vielen Flugblätter, die die Nachricht vom sensationellen Sieg der Tiroler Bauern über das kurfürstliche Heer in ganz Europa verbreiteten.

Abteilung von Schützen und Landstürmern aufgerieben wurde, mußte der bayerische Herrscher eilends umkehren, um sich wenigstens den Rückweg offenzuhalten. Dies gelang durch die Eroberung von Tiroler Schanzen bei Kematen und am Fuß der Martinswand bei Zirl. Aus Zorn über die bei diesen Kämpfen erlittenen schweren Verluste wüteten Max Emanuels Truppen fürchterlich in den Dörfern dieser Gegend. Zirl, Kematen, Völs, Afling und zahlreiche kleinere Weiler und Einzelhöfe gingen in Flammen auf, es wurde vor dem Rückmarsch ins Innsbrucker Lager geplündert und sinnlos gemordet.

Angesichts der von überall herandrängenden Bauernscharen und einer österreichischen Heeresabteilung, die von Brixen gegen den Brenner marschierte, war an ein längeres Verbleiben in Tirol nicht zu denken. Schon am nächsten Tag wurde der Rückzug über Seefeld und den Scharnitzpaß beschlossen. Am Abend des 26. Juli war Innsbruck wieder frei. Es war der Feiertag der hl. Anna, weshalb die Tiroler Landstände die später zum Dank für die Befreiung in der Innsbrucker Neustadt (heute Maria-Theresien-Straße) errichtete Mariensäule auch mit einer Statue der hl. Anna schmückten und eine jährliche Prozession dahin am St.-Anna-Tag gelobten. So erhielt die Mariensäule im Volk den Namen Annasäule. Da sich die am 27. Juli in Innsbruck eintreffenden österreichischen Einheiten und die Schützen und Landstürmer, die sich ihnen angeschlossen hatten, vor lauter Siegesjubel mit der Verfolgung des Feindes zu viel Zeit ließen und ihm dann auch nur ungenügende Kräfte nachschickten, konnte sich das bayerische Expeditionskorps noch einige Zeit in der Seefelder Gegend halten und von dort aus plündernd ins Inntal vordringen. Doch als Kurfürst Max Emanuel davon erfuhr, daß der Angriff der Franzosen auf die Südgrenze Tirols ebenfalls gescheitert war und somit der ganze strategische Plan ohnehin seinen Sinn verloren hatte, zog er sich endgültig aus Tirol zurück. Diesmal waren ihm die Verfolger auf den Fersen.

Kaiserliche Truppen und Tiroler Sturmscharen nützten die Gelegenheit, nun ihrerseits nach Bayern einzufallen und sich an Lebensmitteln und Geld zu holen, was sie vorher den Bayern hatten geben müssen. Natürlich traf es völlig Unschuldige, als nun vom Tegernsee bis zum Lech Klöster, Dörfer und Höfe in Flammen aufgingen, Viehherden weggetrieben und Häuser ausgeraubt wurden. Wenn jemand um Gnade und Erbarmen bettelte, sollen die Tiroler – so wird überliefert – ungerührt zur Antwort gegeben haben, die Grausamkeit habe man nur von den Bayern gelernt. In der Kufsteiner Gegend dauerte die Schreckenszeit bis Herbst 1704, weil die Festung noch länger in bayerischer Hand blieb und beide Kriegsparteien abwechselnd über die Grenze zogen, um Dörfer zu zerstören und Beute zu machen.

Der Krieg von 1703/04 hatte große Teile Nordtirols und viele Orte des angrenzenden Oberbayern in Unglück und Elend gestürzt. Die Schäden waren enorm, die Folgen – nicht nur die materiellen, sondern auch die moralischen – konnten zum Teil erst nach Jahren überwunden werden. Und der einmal gesäte Haß zwischen den Nachbarn sollte sich sogar 100 Jahre später noch auswirken. Die Erinnerung an 1703 spielte beim Ausbruch der Tiroler Erhebung von 1809 eine nicht geringe Rolle.

Die „Gefürstete Grafschaft" wird Provinz

Entmachtung der Stände und Triumph des Zentralismus im 18. Jahrhundert ● Die Reaktion der Tiroler und der Landtag von 1790

Seit der Mitte des 17. Jahrhunderts setzten sich in ganz Europa die Idee und das Regierungssystem des fürstlichen Absolutismus durch. Die Zusammenfassung aller Kräfte eines Staates sollte die Festigung einer neuen Ordnung ermöglichen. Da der Wille des Monarchen und die Absichten seiner Minister für die Regierung allein ausschlaggebend waren, verloren überlieferte ständische Einrichtungen ihren Sinn. Eine Mitsprache von Vertretern der Bevölkerung war undenkbar geworden. Zu den neuen politischen Leitlinien gehörte nicht zuletzt eine Stärkung der zentralen Staatsgewalt. Der Zentralismus setzte sich auch in Österreich immer mehr durch. Alle Länder sollten nach denselben Grundsätzen regiert und ihre Verwaltung von Wien aus geleitet werden.

Die Entmachtung der Stände hatte schon unter Kaiser Leopold I. begonnen, der nach der Erbhuldigung von 1665 erst 1704 wieder einen offenen Landtag einberief, um dem neuen Tiroler Selbstgefühl nach dem Sieg über die Bayern Rechnung zu tragen und gleichzeitig die Verärgerung über Militär und Behörden sowie die vielen Forderungen an die Regierung in verfassungsmäßige Bahnen zu lenken. All die Jahre dazwischen hatten sich der Kaiser und seine beamteten Vertreter in Innsbruck damit begnügt, wenn überhaupt, dann nur mit dem Ständeausschuß zu verhandeln. Dabei ging es nicht zuletzt um das so wichtige Problem des Tiroler Beitrags zu den Kriegen gegen die Türken und gegen Frankreich. Zur Debatte stand aber längst nicht mehr die Bewilligung von neuen Steuern durch die Tiroler Stände, sondern nur mehr die Festsetzung ihrer Höhe. Einen ersten Höhepunkt erreichten Absolutismus und Zentralismus unter Joseph I. (1705–1711), während sein Nachfolger Karl VI. (1711–1740) auf die Tiroler Vorstellungen vom Verhältnis zwischen dem Land und seinem Fürsten wenigstens insoweit einging, als er – als letzter Herrscher übrigens – die traditionelle Erbhuldigung der Tiroler Stände entgegennahm und die Freiheiten des Landes bestätigte. Karl VI. war es aber auch, der durch die Erlassung eines neuen Grundgesetzes, der Pragmatischen Sanktion, die Voraussetzung für die Entstehung des österreichischen Einheitsstaates schuf. Darin war neben der Erbfolge in weiblicher Linie die Unteilbarkeit aller Königreiche und Länder des Hauses Habsburg festgelegt. Es sollte also nie mehr eigene Tiroler Landesfürsten geben.

Wie gering inzwischen die Tiroler selbst die Bedeutung ihrer Ständevertretung einschätzten, kann man aus der Tatsache ermessen, daß trotz der Ausschreibung eines offenen Landtags im Dezember 1720 nur sechs Prälaten, 12 Adelige sowie je 10 Vertreter der Städte und der Landgerichte in Innsbruck zusammenkamen, um über eine Zustimmung zur Pragmatischen Sanktion zu beraten und zu entscheiden. Im Grunde war

Verherrlichung des österreichischen Herrscherhauses auf dem Deckenfresko des Riesensaales in der von Maria Theresia umgebauten Innsbrucker Hofburg, ein Werk des Wiener Künstlers Franz Anton Maulbertsch (1775/76).

es eine Formsache, ein letztes Zugeständnis an das längst überholte und in der Praxis unwirksame ständische Prinzip. Die Tiroler Volksvertreter äußerten denn auch nur einige zaghafte Bedenken, akzeptierten jedoch das neue Grundgesetz, das die Aussicht auf einen eigenen Landesfürsten für alle Zeiten zunichte machte. Immerhin wiesen die Stände aus diesem Anlaß auf die althergebrachten Landesfreiheiten hin und baten um schonende Behandlung bei Steuer- und Truppenforderungen.

Die Annahme der Pragmatischen Sanktion und die aus diesem Anlaß geäußerten Wünsche waren für Jahrzehnte die letzte Willensäußerung eines Tiroler Landtags, denn er wurde nun bis 1790 nicht mehr einberufen. Es gab nur mehr die „Ausschüsse", aber auch die hatten nichts zu sagen. Außerdem wurde 1720 als permanentes Führungsgremium der

Tiroler Landschaft die „Ständische Aktivität" errichtet mit einer nördlichen „Deputation" in Innsbruck, an deren Spitze der Landeshauptmann stand, und einer südlichen Deputation mit Sitz in Bozen. Irgendwelche Bedeutung erlangte diese „Ständische Aktivität" jedoch nie. Wie um die Tatsache zu verschleiern, daß ihre Zeit längst vorbei war, errichteten sich die Tiroler Stände zwischen 1725 und 1728 in der Innsbrucker Neustadt ein repräsentatives Landhaus.

Voll zum Durchbruch kamen Zentralismus und Absolutismus unter der Regierung von Maria Theresia (1740–1780), der Tochter Karls VI., die auf Grund der Pragmatischen Sanktion Herrscherin über alle habsburgischen „Erbländer" wurde. Die Kaiserkrone erlangte ihr Gatte Franz Stephan von Lothringen, weshalb auch Maria Theresia meist als Kaiserin bezeichnet wurde und wird. In Tirol galt sie als „allergnädigste" oder „mildeste Landesmutter", obwohl sie in ihren Regierungsmaßnahmen keinerlei Rücksichten auf Tiroler Traditionen oder Sonderinteressen nahm. Die alte Innsbrucker Residenz ließ sie zwischen 1754 und 1773 von Grund auf erneuern und im höfischen Stil des Wiener klassizistischen Rokoko ausstatten, obwohl sie nie die Absicht hatte, einen fürstlichen Regenten für das Land einzusetzen oder gar selbst für längere Zeit nach Innsbruck zu übersiedeln. Die neue Hofburg sollte jedoch ein möglichst großartiges Symbol habsburgischer Herrschaft in der wichtigsten westösterreichischen Provinzhauptstadt sein, was am augenfälligsten im prunkvollen Riesensaal mit Porträtgemälden der kaiserlichen Familie und einem das Herrscherhaus verherrlichenden Deckenfresko des Wiener Malers Franz Anton Maulbertsch zum Ausdruck kommt. Ein Teil der Hofburg war nach dem Umbau verschiedenen Ämtern vorbehalten, die Wohn- und Repräsentationsräume wurden für Aufenthalte von Mitgliedern der Herrscherfamilie oder für besondere Anlässe gepflegt. Maria Theresia selbst kam nach ihrem Regierungsantritt nur noch einmal nach Innsbruck, nämlich im Jahr 1765, als hier die Vermählung ihres zweiten Sohnes Leopold mit einer spanischen Prinzessin gefeiert wurde, ein Ereignis, an das die berühmte Innsbrucker Triumphpforte erinnert. Während der Festwoche starb Maria Theresias Gemahl, Kaiser Franz I. Stephan. Sein Nachfolger im Reich wurde beider Sohn Joseph II.

Im Zuge der von Maria Theresia und ihren Ministern betriebenen Reform der gesamten österreichischen Verwaltung wurden die Hauptbehörden der einzelnen Ländergruppen in allen Belangen den Wiener Zentralstellen untergeordnet. Sie waren praktisch nur mehr ausführende Organe. Vom Wirkungskreis der Innsbrucker Regierungsämter, die zunächst den Namen „Repräsentation und Kammer" und dann (1763) die Bezeichnung „Gubernium" erhielten, wurden 1752 die „drei Vorlande Breisgau, Schwäbisch-Österreich und Vorarlberg" losgelöst. Sie erhielten selbständige Behörden, womit eine jahrhundertelange Verbindung zerrissen war. Für Vorarlberg war allerdings ab 1782 wieder Innsbruck zuständig. Eine entscheidende Neuerung in der Verwaltung war die Einteilung des Landes in Kreise und die Einsetzung entsprechender Kreisämter als Bindeglied zwischen den Provinzbehörden und den einzelnen Gerichten und Städten.

Gouverneur Graf Kassian Ignaz Enzenberg, einer der wenigen Tiroler in diesem höchsten Amt der Provinz.

Von den seit 1763 in Tirol als Vertreter des österreichischen Herrschers amtierenden Gouverneuren stammte nur der verdienstvolle Graf Kassian Ignaz Enzenberg aus Tirol. Seine Nachfolger wurden von auswärts berufen. Daß 1774 dem Gouverneur auch das Amt des Landeshauptmannes übertragen wurde und somit der Vertreter des Herrschers zugleich den Vorsitz der Ständevertretung innehatte, kennzeichnet die herrschende zentralistische Gesinnung. Denn wie sollte er zugleich die Interessen des Landes und der Staatsregierung vertreten können? Über die Rechte und Kompetenzen der Landschaft setzten sich Regierung und Bürokratie überhaupt bedenkenlos hinweg. Maria Theresia befragte die Ständevertreter kaum einmal um ihre Meinung zu neuen Gesetzen und war auch nie bereit, die ohnehin nur mehr auf dem Papier bestehenden „Landesfreiheiten" zu bestätigen.

Es waren eben andere Zeiten angebrochen. Die meisten notwendigen Neuerungen in Politik, Wirtschaft und Kultur konnten sinnvoll nur auf gesamtstaatlicher Ebene durchgeführt werden. Die Erfüllung übertriebener und eigensüchtiger Sonderwünsche hätte dem Gesamtinteresse des Staates geschadet. Letztlich wirkten sich auch viele fortschrittliche Initiativen der Regierung, zum Beispiel auf dem Gebiet des Schulwesens und der Justiz, segensreich für das Land aus. Manche längst fälligen Reformen wären in Tirol wohl verhindert worden, wenn die konservativen und unter sich vielfach uneinigen Ständevertreter mehr zu sagen gehabt hätten. Aufgeschlossene Tiroler sahen das alles ein. Und maßgebliche Adelige in den landschaftlichen Ausschüssen waren selbst vom Geist der Aufklärung besessen, aus dem heraus die neuen Gesetze und Ordnungen geschaffen wurden. Vielleicht wäre vieles besser und das Verhältnis zur Wiener Regierung weniger getrübt gewesen, wenn die Behörden mit etwas mehr Verständnis für die Haltung der Tiroler und mit mehr Rücksichtnahme auf ihre Eigenart und Empfindlichkeit vorgegangen wären. Sicher wirkte sich zum Teil ungünstig aus, daß viele leitende Stellen nicht mit Tirolern besetzt waren, eine Tatsache, die oft beklagt wurde und die man als Bruch der ältesten Privilegien des Landes betrachtete.

Jedenfalls wuchs die Empörung über die von Wien diktierten Maßnahmen und die Art ihrer Durchführung. Im Burggrafenamt kam es 1762 zu einem regelrechten Aufruhr. Dabei sollte es unter der Regierung von Joseph II. (1780–1790) noch viel ärger werden. Zahlreiche Neuerungen im öffentlichen, geistigen und religiösen Leben widersprachen der konservativ-kirchlichen Gesinnung weiter Bevölkerungskreise. Weiters führte Joseph II. unter Mißachtung des Maximilianischen Landlibells von 1511 auch in Tirol die Aushebung von Rekruten für einen langjährigen Militärdienst, die sogenannte Konskription, ein. Maria Theresia hatte davon auf Bitten der Stände noch Abstand genommen. Das „Tiroler Land- und Feldregiment" wurde nun nicht mehr durch freie Werbung, sondern durch gesetzlich geregelte Einberufungen ergänzt. Auch ein „Tiroler Jägerkorps" wurde gegründet, aus dem später die berühmten Kaiserjäger hervorgingen. Bei der Ausschaltung der ohnehin entmachteten landständischen Gremien und Ämter ging Joseph ebenfalls über die bisherigen Gepflogenheiten noch hinaus, ohne allerdings den

letzten Schritt der Aufhebung zu wagen. Er übertrug ständische Funktionen an seine Gubernialbeamten, erklärte den permanenten Ausschuß der Ständevertretung zu einer Kommission des Guberniums und beseitigte gewisse Finanz- und Steuerrechte der Landschaft, die bisher die Finanzierung ihrer Agenden ermöglicht hatten.

Unzufriedenheit und Unmut der Bevölkerung nahmen derartige Ausmaße an, daß führende Beamte im Jahr 1789 sogar den Ausbruch einer Revolte befürchteten, zumal in Frankreich gerade die Generalstände und das Volk die Initiative zu einer Neuordnung der Verhältnisse ergriffen hatten und Nachrichten darüber auch in Tirol kursierten. Es ist sicher kein Zufall, daß gerade jetzt die Forderung nach der Einberufung eines offenen Landtags wieder erhoben wurde. Um die Situation zu beruhigen, nahm Kaiser Joseph II. einige der am meisten verhaßten Maßnahmen wieder zurück.

Kaiser Josephs Tod im Jahr 1790 und der Regierungsantritt seines Bruders Leopold II. brachten eine Wende der Wiener Politik gegenüber den Ländern. Leopold berief – das erste Mal seit 1720 – die Vertreter aller vier Stände zu einem offenen Landtag. Über 500 Abgeordnete nahmen daran teil. Graf Lodron brachte in dieser Versammlung die allgemeine Abneigung gegen den Zentralismus treffend zum Ausdruck, wobei er zuerst auf das Argument einging, auch andere österreichische Länder hätten eine Minderung ihrer Rechte im Interesse des Gesamtstaates hinnehmen müssen: „Was geht das den Tiroler an, was in Böhmen, Mähren und in anderen Staaten geschehen ist? Die Tiroler haben ihre eigenen Rechte, ihre eigene Verfassung, ihr eigenes Land. Es ist bloß zufällig, daß ihr Fürst auch noch andere Staaten beherrscht. Es ist zwar schmeichelhaft für sie, daß sie einen so großen Monarchen, einen Beherrscher

Empfang Josephs II. am Musterplatz in Bozen. An diesem 22. Juli 1765 war er noch nicht Kaiser. Doch kurz darauf fiel ihm nach dem Tod seines Vaters Franz Stefan von Lothringen die deutsche Kaiserkrone zu. Auch in Österreich nahm er immer mehr Einfluß auf die Regierungsgeschäfte, die noch seine Mutter Maria Theresia führte.

so vieler Provinzen zu ihrem Regenten, zu ihrem Beschützer haben; allein sie wollen diese Ehre nicht so teuer, nicht mit dem Verlust ihrer Fundamentalgesetze bezahlen."

Die meisten der auf dem Landtag vorgebrachten Forderungen zielten auf eine Wiederherstellung der Landesverfassung und der alten Tiroler Rechte. Die Vertreter der oberen Stände sahen in der landständischen Verfassung seit jeher weniger ein demokratisches Instrument als vielmehr eine Garantie für eine gewisse Selbständigkeit Tirols innerhalb Österreichs. Nicht die Mitsprache größerer Bevölkerungsschichten lag ihnen am Herzen; sie trauerten im Grunde nur der verlorenen Sonderstellung des Landes nach. Für eine Verbesserung der Demokratie engagierten sich lediglich einige Bauernvertreter, allen voran der Oberinntaler Richter Michael Senn, der nicht nur viele der so heftig kritisierten Maßnahmen und Reformen der letzten Jahrzehnte verteidigte, sondern immer wieder eine zeitgemäße Neugestaltung der Landesverfassung forderte. Wenn es nach seinen Vorstellungen gegangen wäre, hätten Bürger und Bauern doppelt so viele Abgeordnete in eine reformierte Tiroler Volksvertretung entsenden können wie Adel und Prälaten. Noch Jahre später richtete Senn heftige Angriffe gegen die von Leopold II. wieder aktivierten ständischen Körperschaften, in denen einige wenige Adelige nur Instrumente zur Durchsetzung ihrer Privat- und Gruppeninteressen sahen.

Die landständische Verfassung war ausgehöhlt und entsprach in der Praxis nicht mehr ihrem ursprünglichen Sinn. Und obwohl es inzwischen in Frankreich eine Revolution gegeben hatte und die Ideale von Freiheit, Gleichheit und Brüderlichkeit auch in Tirol Anhänger fanden, war an eine Reform im demokratischen Sinn nicht zu denken. Die meisten Tiroler waren schon zufrieden, daß Leopold II. einlenkte, die Landesfreiheiten wieder bestätigte, was zum letzten Mal 1712 geschehen war, die Konskription wieder abschaffte und auch andere Wünsche der Stände erfüllte. Als Leopold 1792 plötzlich starb, setzte sein junger Sohn, Kaiser Franz II., diese Politik vorerst noch fort. Die Landschaft erhielt als obersten Vertreter der Stände wieder einen Landeshauptmann. Doch die Jahre der alten Tiroler Verfassung waren gezählt.

Von allerlei Möglichkeiten, sein Brot zu verdienen

Wirtschaftliche Probleme und Neuerungen im 17. und 18. Jahrhundert

Die Entwicklung der Tiroler Wirtschaft im 17. und 18. Jahrhundert ist vielschichtig und kompliziert. Während einige Gegenden verarmten, gewannen andere neue Einnahmequellen; manche Scheinblüte trug den Keim einer neuen Krise in sich; die Zeitgenossen selbst widersprechen sich in ihren Aussagen über die wirtschaftliche Situation. Kann man den Ständevertretern Glauben schenken, wenn sie jammern, ist doch die Absicht, eine Verminderung der auferlegten Steuern zu erwirken, allzu klar. Und wie vertrauenswürdig sind Wiener Regierungsbeamte in ihren Berichten? Aussagen von Betroffenen entspringen oft dem subjektiven Gefühl und nicht den objektiven Tatsachen: Wenn man an Wirtschaftswachstum gewöhnt ist, an eine Zunahme des Transitverkehrs etwa, erscheint bereits ein Stillstand als Rückschritt, vor allem dann, wenn man als Wirtschaftstreibender mit einer Umsatzsteigerung gerechnet und dementsprechend investiert hatte. So ging es z. B. vielen Tiroler Wirten und Transportunternehmen um die Mitte des 16. Jahrhunderts. Dazu kommt, daß dieselbe Entwicklung dem einen Landesteil nützen, dem anderen schaden konnte.
Bei all diesen Schwierigkeiten, Problemen und Unsicherheitsfaktoren ist es kein Wunder, daß sich die Historiker nicht selten widersprechen, wenn es um wirtschaftliche Zusammenhänge und Fakten in dieser Zeit geht. Aufklärung könnten da nur neue, umfangreiche Forschungsarbeiten bringen.
Eines steht fest: Eine Zeit der wirtschaftlichen Hochblüte, wie sie Tirol zwischen 1450 und 1550 erlebt hatte, kam durch Jahrhunderte nicht wieder. Zunächst machte sich die Verlagerung der wirtschaftlichen Schwerpunkte in Europa bemerkbar. Die Hauptlinien des Welthandels, die früher zwischen der Adria und der Nordsee über Tirol verliefen, rückten infolge der Entdeckung neuer Länder und Seewege im 16. Jahrhundert nach Westen an die atlantische Küste. Für Tirol blieb zwar noch der deutsch-italienische Handelsverkehr, doch wurde auch hier die Konkurrenz der ausgebauten und durch eine günstige Zoll- und Mautpolitik attraktiv gemachten Schweizer Pässe immer spürbarer.
Eine Katastrophe für Tirol war dann der Dreißigjährige Krieg, der zwar das Land nicht direkt berührte, doch den internationalen Handelsverkehr schädigte und zeitweise so gut wie lahmlegte. Natürlich waren nicht alle Landesteile von dieser Krise gleichermaßen betroffen. Vor allem in Innsbruck konnte der Rückgang des Durchzugsverkehrs ohne größere Schwierigkeiten verkraftet werden, weil hier gerade in diesen Jahrzehnten der landesfürstliche Hof an Aufwand und Luxus alles Bisherige übertraf, weil häufig eine Menge auswärtiger Gäste zu beherber-

Das Szepter des Rektors der Innsbrucker Universität aus den Gründungsjahren dieser Institution, die nicht nur geistig-kulturelle Bedeutung hatte, sondern für Innsbruck auch ein wichtiger Wirtschaftsfaktor war.

gen war und es somit Verdienstmöglichkeiten in Hülle und Fülle gab. Die Auflösung der Residenz nach dem Tod des letzten Tiroler Habsburgers im Jahr 1665 wurde durch die Gründung der Universität im Jahr 1669 und den damit verbundenen Zustrom an Studenten und Akademikern zwar nicht vollständig wettgemacht, doch erhielt Tirol ja zudem noch zweimal fürstliche Gubernatoren, die auch nicht bescheiden und sparsam lebten. Außerdem blieb der gesamte Behördenapparat bestehen, die Zahl der Beamten stieg sogar an, und die Ständevertretung errichtete sich in Innsbruck ein ständiges Organ.

So verstärkte sich um 1700 die schon seit Sigmunds Tagen fühlbare Anziehungskraft der Hauptstadt auf den Adel des ganzen Landes. Immer mehr adelige Familien verlegten ihren Wohnsitz nach Innsbruck und errichteten sich repräsentative Ansitze und Paläste. Vom Ertrag ihrer im ganzen Land verstreuten Güter führten die zahlreichen Grafen, Freiherren und Edlen ein gutes und schönes Leben und gaben damit der Innsbrucker Wirtschaft kräftige Impulse. Die kostspieligen Bauten, deren luxuriöse Ausstattung und die aufwendige Lebensführung überstiegen aber die wirtschaftliche Kraft des Adels, dessen letzte Blütezeit deshalb bereits den Keim des Verfalls in sich trug. Die schleichende Geldentwertung minderte gleichzeitig die Einnahmen aus dem Grundbesitz, da die Bauern ihre Abgaben längst nicht mehr in Naturalien, sondern in einer gewissen jährlichen Geldsumme entrichteten, deren Höhe früher einmal festgelegt worden war und nun gleich blieb. Viele Geschlechter konnten ihren Besitz nicht halten, ein Innsbrucker Palast nach dem anderen ging im Lauf des 18. Jahrhunderts in bürgerliche Hände über. Wohl blieb auch das Bürgertum dieser Zeit nicht von wirtschaftlichen Schwierigkeiten verschont, doch im Gegensatz zum Adel arbeitete man hart und lebte genügsamer.

Am folgenschwersten für die Wirtschaft Tirols war das allmähliche Versiegen der Bergschätze. Nachdem noch im 16. Jahrhundert ein Rückgang der Fördermenge von Silber und Kupfer verzeichnet hatte werden müssen, wurde die Situation im 17. Jahrhundert geradezu dramatisch. Immer mehr Betriebe mußten zusperren oder arbeiteten unter kaum mehr lohnenden Bedingungen weiter. Am längsten, nämlich bis ins späte 18. Jahrhundert, blieben die Gruben im Ahrntal sowie in Schwaz von einiger Bedeutung. Dem Land Tirol ging damit ein wichtiges Exportgut und eine wesentliche Einnahmequelle verloren. Außerdem gab es für die zahlreichen im Bergbau frei werdenden Arbeitskräfte kaum eine Ausweichmöglichkeit.

Es bestanden zu wenig florierende Großbetriebe des herstellenden Gewerbes, obwohl die „Industrie"-Tradition seit der großen Zeit des Tiroler Bergbaus und Hüttenwesens nicht ganz erloschen war und von allen Seiten Bemühungen zur Schaffung neuer Arbeitsplätze einsetzten. Die Regierung war an solchen Initiativen im Sinne der neuen Wirtschaftstheorien des Merkantilismus äußerst interessiert. Durch die Errichtung von Manufakturen, Produktionsgesellschaften und Handelskompanien sollten die natürlichen Voraussetzungen des Landes und die Leistungskraft der Bevölkerung bestmöglich genützt und im Warenaustausch mit dem Ausland ein Überschuß erzielt werden, was in Tirol

wegen der notwendigen Lebensmitteleinfuhren besonders schwierig war. Schon Erzherzog Maximilian III. hatte derartige Gedanken geäußert und die Berufung ausländischer Unternehmer zur Errichtung von Großbetrieben in Tirol angeregt. Ernsthafte Versuche in dieser Richtung wurden jedoch erst in der zweiten Hälfte des 17. Jahrhunderts gemacht, wobei es in erster Linie um die Flachsverarbeitung ging. Zahlreiche Textilunternehmen wurden gegründet, auch unter Beteiligung von Städten und Gemeinden. Z. B. riefen Sterzing und Innsbruck 1693 zusammen eine Leinwandhandelskompanie ins Leben. Freilich hielten nicht alle Städte die Errichtung von „Fabriken" für erstrebenswert. In Bozen etwa wehrten sich der Merkantilmagistrat und die Kaufmannschaft bis ins 19. Jahrhundert hinein mit Erfolg gegen derartige Bestrebungen.
Trotz staatlicher Unterstützung, der Einführung von Schutzzöllen und Monopolgesetzen sowie anderer Förderungsmaßnahmen überdauerten die meisten Leinwandmanufakturen kaum die Zeit ihrer Anfangsschwierigkeiten. Nicht selten gab man zu früh auf, ehe sich die Investitionen noch rentiert hatten. Häufiger waren aber einfach die Hoffnungen überspannt gewesen. Längeren Bestand und größere Bedeutung hatte von all den neuen Textilunternehmen eigentlich nur die Baumwollmanufaktur der Strehle in Imst, die 1764 sogar ein kaiserliches Lob erhielt „für den patriotischen Eifer, mit dem er (der damalige Inhaber) der Bevölkerung des Oberinntales Arbeit verschaffe". Da die Strehle einen Teil der Produktion in Heimarbeit durchführen ließen, profitierten davon nicht nur Imst und die Umgebung. Bis nach Schwaz hinunter und hinauf in den Vinschgau waren am Höhepunkt der Entwicklung um 1800 etwa 9000 Menschen in diesen Arbeitsprozeß eingegliedert. Neben dem einheimischen Flachs wurde auch importierte Baumwolle verarbeitet.
Sehr erfolgreich war die Einführung der Seidenindustrie im Süden des Landes. Erzherzog Maximilian III. hatte im Etschtal die ersten Maulbeerbäume zur Seidenraupenzucht setzen lassen. Zur Verarbeitung des Rohstoffs entstanden bald schon zahlreiche Großbetriebe, die sich auf die Umgebung von Rovereto und die Valsugana konzentrierten. An weiteren „Industriezentren" des 17. und 18. Jahrhunderts sind zu erwähnen: das Stubaital, wo sich zahlreiche Schmiede zu einer Gesellschaft zusammenschlossen und die bereits traditionsreiche Eisenwarenerzeugung nun im großen Stil praktizierten, Kramsach mit seiner Messinghütte Achenrain und der Glashütte, Brixlegg mit leistungsfähigen Anlagen zur Silber- und Kupferverarbeitung sowie Fieberbrunn mit einer Eisen- und Stahlerzeugung aus den dort abgebauten Erzen. Nicht vergessen werden darf das bedeutende Messingwerk in Lienz sowie natürlich die Saline in Hall.
Da Not bekanntlich erfinderisch macht, begann man in vielen Gegenden des Landes, vor allem in abgehausten Bergbaugebieten, aber auch in Tälern mit besonders starkem Bevölkerungszuwachs und mangelndem Bodenertrag, in Heimarbeit die verschiedensten Waren zu erzeugen und auf dem Weg des Hausierhandels selbst zu vertreiben. Berühmt waren die Teppiche und Decken aus dem Pustertal, Hüte aus Sexten, Sterzinger Hornwaren, Schnalser und Sarner Loden, Holzspielzeug und andere Schnitzereien aus Gröden; es gab aber auch die Geigenbauer aus Vils

Sterzinger Hornwaren kannte man im ganzen Land und weit darüber hinaus. Hier eine verzierte Schnupftabakdose in Herzform (18. Jh.)

Die „Schätze des Landes Tirol" schildert Franz Anton Maulbertsch in den beiden seitlichen Deckenfresken des Riesensaales der Innsbrucker Hofburg (1775/76). Landwirtschaft, Jagd, Handel, verschiedene wichtige Gewerbe, Bergbau und andere Wirtschaftszweige werden in Einzelszenen, symbolischen Gegenständen und allegorischen Figuren dargestellt.

und Reutte, die Pfeifenspitzendrechsler von Ehrwald und ähnliche Spezialisten da und dort. Ganze Talschaften befaßten sich zudem mit dem Vertrieb fremder Produkte, so übernahmen die Deferegger den Verkauf der Teppiche und Hüte ihrer Pustertaler und Sextner Nachbarn, aber auch Uhren gehörten bald schon zu ihrem Warenangebot. Die Zillertaler Ölträger priesen heilkräftige Salben aus dem heimischen Steinöl an, waren aber auch mit feinen Handschuhen unterwegs, die in Innichen und im Innsbrucker Raum hergestellt wurden. Die Fersentaler und Luserner nahmen auf ihren Handelsreisen alles mit, was der Bauer und die Bäuerin an Gebrauchsgegenständen und sonstigen Waren benötigte. Als Kanarienzüchter und Vogelhändler wurden die Imster in aller Welt berühmt. Überhaupt kann man sagen, daß die Tiroler Wanderhändler ein gewohntes Bild auf allen europäischen Märkten waren, was zu einer weitverbreiteten Klischeevorstellung von Tirol und seinen Bewohnern führte.

Nicht wenige Tiroler Händler wußten ihr Handelsgeschäft mit einem bewußt zur Schau gestellten Tirolertum zu verbinden und schlugen daraus Kapital. In durchaus liebenswerter Art offenbar, denn ihre ehrliche, naive und schlauwitzige Art öffnete ihnen den Weg selbst in vornehmste

Gesellschaftskreise. Bald galten Tiroler als vorzügliche Alleinunterhalter und erhielten als solche sogar an manchem deutschen Fürstenhof eine fixe Besoldung. Dafür fungierten sie als eine Art Hofnarr und mußten für allerlei Schabernack herhalten. Aber ihre hohen Dienstgeber schätzten auch ihren Hausverstand und suchten ihren Rat in mancherlei Lebenslagen. Der berühmteste dieser „Hoftyroler" war Peter Prosch aus dem Zillertal, der als persönlicher Vertrauter des bayerischen Kurfürsten Maximilian III. Joseph und seiner Gattin gelten kann.

Neben dem Handel war auch die Saisonarbeit im Ausland eine wichtige Erwerbsquelle für viele Tiroler aus armen Gegenden. Das oberste Inntal und das Außerfern schickten im 18. Jahrhundert vor allem Maurer und andere Bauhandwerker in die Fremde. Sie kamen bis nach Sachsen und Luxemburg, nach Ungarn und nach Savoyen. Viele zogen ihr Leben lang Jahr für Jahr von zu Hause weg. Wie bei den Händlern kam es auch bei den Handwerkern vor, daß sie sich schließlich ständig an ihrem auswärtigen Wirkungsort niederließen. Ihre Nachkommen in aller Welt sind vielfach heute noch stolz auf die Tiroler Ahnen. Mehrmals in der Geschichte Tirols kam es wegen drückender Notlagen auch zu regelrechten Auswanderungswellen. Das erste Mal war dies nach dem Dreißigjährigen Krieg der Fall, als weite Landstriche Deutschlands verwüstet und entvölkert waren und sich dort Hunderte Tiroler Familien ansiedelten.

Schwer bepackter Tiroler Wanderhändler auf einem Stich aus der Zeit um 1800 (Ausschnitt).

Die Bevölkerungszunahme am Land hatte die Teilung vieler Urhöfe zur Folge, was in manchen Gegenden bis zur existenzbedrohenden Auflösung des bäuerlichen Besitzes ging. Viele der neuentstandenen Kleinsthöfe waren nicht mehr lebensfähig. Gleichzeitig führte die überreiche Zahl an Arbeitskräften dazu, daß sich besonders arbeitsintensive Wirtschaftsformen einbürgerten. Auch der Ausbau des Almwesens, der schon von Landesfürst Maximilian III. eifrig gefördert wurde, hängt mit der Übervölkerung des Landes zusammen, da einerseits die Vermehrung des Rinderbestandes unbedingt notwendig war, anderseits zur Schaffung und Nutzung von Bergwiesen und Asten und zur Entwicklung der Alpwirtschaft genügend Personal zur Verfügung stand.

Daß sich die Staatsregierung im 18. Jahrhundert zunehmend um die Landwirtschaft kümmerte, ist nicht zuletzt auf die noch junge Volkswirtschaftslehre zurückzuführen, die in der Steigerung der Nahrungsmittelproduktion eines ihrer ersten Ziele sah. Nachdem Maximilian III. erste Versuche mit dem Anbau von Mais unternehmen hatte lassen, verbreitete sich diese für Tirol neue Kulturpflanze im 18. Jahrhundert über das ganze Land und lieferte immer höhere Erträge. Am Ende dieses Jahrhunderts setzte sich dann die Kartoffel in Tirol allmählich durch.

Zur „Förderung der Agrikultur und der Landesökonomie" wurde unter Maria Theresia die „k. k. Ackerbaugesellschaft" gegründet, doch bestand sie aus einem engen Kreis adeliger Grundbesitzer, wissenschaftlich gebildeter Dilettanten auf dem Gebiet der Landwirtschaft und wohl eifriger, aber berufsfremder Beamter. Den so notwendigen Kontakt zur breiten Schicht der Tiroler Bauern fand sie nie. Zwar wurden Verbesserungen in der Landwirtschaft angeregt, um ihre Durchführung kümmerte sich jedoch kaum jemand. Außer theoretischen Abhandlungen schaute deshalb nicht viel heraus. Neben der Vermittlung guter Ratschläge und einer gewissen Propaganda versuchte die Regierung auch durch Gesetze und Vorschriften, Einfluß auf die landwirtschaftliche Praxis zu nehmen. So kam im Jahr 1787 ein Hofdekret heraus, das Maßnahmen gegen die Raupenplage vorschrieb. Und zur Förderung des Obstbaus gab es ein Dekret, dem zufolge „den heiratenden Bauernleuten die Verbindlichkeit zur Anpflanzung einiger Obstbäume" auferlegt wurde. Grundsätzlicher Natur und ein Gesetz von weitreichender Bedeutung war das unter Joseph II. erlassene Verbot von Hofteilungen, das die weitere Zersplitterung des bäuerlichen Besitzes verhindern sollte. Am wirkungsvollsten waren die staatlichen Bemühungen um die Landwirtschaft auf dem Sektor der Urbarmachung versumpfter Gebiete oder anderer Ödflächen. Aber auch dabei gab es Probleme, weil gerade ärmere Bauern das Geld für die Bearbeitung der ihnen zugeteilten Gründe nicht aufbringen konnten oder dazu verleitet wurden, sich in Schulden zu stürzen, aus denen sie nie mehr herauskamen.

Das besondere Augenmerk, das die Tiroler Landesfürsten seit etwa 1600 und später die von Wien aus gelenkten Behörden der Landwirtschaft widmeten, hinderte sie nicht daran, auch in den Bereich des städtischen Wirtschaftslebens lenkend und fördernd einzugreifen. So gewährte die Landesregentin Claudia von Medici 1635 auf Wunsch maßgeblicher Handelsherren der Stadt Bozen besondere Messestatuten und die Gründung des sogenannten Merkantilmagistrats, der als zweisprachiges Sondergericht für alle Marktangelegenheiten zur Zeit der Bozner Messen zuständig war. Damit sollten der Warenaustausch zwischen den Kaufleuten Italiens und Deutschlands und die entsprechenden Bank- und Rechtsgeschäfte während der schwierigen Zeit des Dreißigjährigen Krieges erleichtert werden. Tatsächlich erwies sich Claudias wirtschaftspolitische Maßnahme als überaus weitsichtig und sicherte Bozen für die Zukunft eine gedeihliche Entwicklung als Warenumschlagplatz.

Den Handelsstädten an den Durchzugsstraßen kamen die seit dem späten 16. Jahrhundert durchgeführten Straßenverbesserungen zugute. Ganze Wegstücke wurden neu trassiert. Dabei schenkte man nun den Ost-West-Strecken mehr Aufmerksamkeit, etwa dem Pustertal, was nicht zuletzt mehr Verkehr nach Triest lenken sollte. Erstmals wurde unter Joseph II. ein richtiger Karrenweg über den Arlberg gebaut. Vorher war dieser Paß nur für Reiter, Saumrosse oder zu Fuß passierbar. Die Straße in die österreichischen Vorlande hatte über den Fernpaß und das Alpenvorland geführt. Die neuen Querverbindungen innerhalb der Alpen waren freilich die Folge einer Politik, die Tirol insgesamt schadete. Die Förderung des Hafens von Triest durch die Wiener Regierung bedeutete nämlich, daß ein Teil des Transitverkehrs von Deutschland nach Italien durch Zollbestimmungen und neue Straßen auf weiter östlich gelegene Pässe abgezogen wurde. Gleichzeitig machten im Westen die Graubündner Straßen dem Durchzugsland Tirol Konkurrenz, weil dort ein ganzer Wagen weniger Maut zahlte als in Tirol einige Zentner. Daß insgesamt der Warenaustausch über die Alpen hinweg seit der Mitte des 18. Jahrhunderts wieder kräftig zunahm, milderte etwas die Folgen. Nur in Bozen, das die Belebung der Pustertal-Linie und die Bevorzu-

Die Landesregentin Claudia von Medici (zeitgenössischer Porträtstich in Witwenkleidung) förderte die Handelsstadt Bozen durch ein neues Messestatut und die Gründung des Merkantilmagistrats.

gung von Triest auf Kosten Venedigs zu spüren bekam, klagte man über einen Rückgang des Exports in den Süden.

Während sonst die Regierung in Wien bei der Verfolgung ihrer politischen und wirtschaftlichen Ziele wenig Rücksichten auf die besondere Stellung Tirols nahm, so war sie doch klug genug, das Land beim Zusammenschluß der Monarchie zu einem einheitlichen Zollverband (1775) auszuklammern. Hier war die Erleichterung des Transithandels wichtiger als der Schutz einheimischer Produkte. Im übrigen konnte der Zentralismus der Wirtschaft auch manchen Vorteil bringen. Zum Beispiel war die Einführung eines in ganz Österreich gültigen Maßsystems im Jahr 1768 dazu geeignet, den längst untragbar gewordenen Zustand abzuschaffen, daß innerhalb Tirols nach den verschiedensten Maßen und Gewichten gerechnet wurde. Freilich wurde die Neuerung nicht überall durchgeführt, sodaß das Chaos auf diesem Gebiet noch länger bestehenblieb.

Eine rege Bautätigkeit und das Florieren der Künste werden meist mit einer günstigen Wirtschaftslage in Zusammenhang gebracht. So gesehen müßte es den Tirolern in der zweiten Hälfte des 17. Jahrhunderts und im 18. Jahrhundert ausgezeichnet gegangen sein. Und doch war dies nicht immer und nicht überall der Fall. Es fällt ja auch auf, daß bei weitem nicht alle Tiroler Täler zu den typischen Barocklandschaften umgestaltet worden sind, wie dies etwa im Unterinntal der Fall war. Und im bürgerlichen Bereich hatte man zumeist nicht das Geld, die spätgotischen Hausfassaden mit barocken Stukkaturen zu versehen. In wohlhabenderen Ländern war dies damals üblich, in Tirol gibt es nur wenige Beispiele dafür. Und die Klöster beschränkten sich auf barocke Umbauten, statt wie im Osten Österreichs vollkommen neue Projekte durchziehen zu können. Vielfach lehnten kirchliche oder bürgerliche Bauherren kostspielige Pläne bekannter Künstler ab und beriefen sparsamere Baumeister – nicht immer zum Nachteil der Kunst, wie das Beispiel der Innsbrucker St.-Jakobs-Kirche, des heutigen Domes, beweist.

Daß die Barockkultur in Tirol einen so hohen Stand und eine so weite Verbreitung finden konnte, hängt gewiß weniger mit dem wirtschaftlichen als vielmehr mit dem geistigen Hintergrund und – im religiösen Bereich – mit der Opferbereitschaft der Bevölkerung zusammen. Ein überschwengliches Lebensgefühl, ein neugewonnenes Selbstbewußtsein und eine tiefe Frömmigkeit suchten und brauchten entsprechende Ausdrucksmittel. Oft genug hat man sich dabei finanziell übernommen, wie die Verarmung so mancher Adelsfamilie zeigt. Und daß bei nicht wenigen Bauvorhaben vorzeitig das Geld ausgegangen ist, wirft auch ein bezeichnendes Licht auf die Situation. Landkirchen, in denen das für die Barockzeit oder den Klassizismus so wichtige Deckenfresko fehlt oder erst später ergänzt wurde, sind keine Seltenheit. Ohne die wirtschaftlichen Möglichkeiten nützt eben die größte Begeisterung nichts.

In Tirol ein eher seltener Anblick, weil das Geld fehlte: Stukkaturen im Stil des späten Barocks bzw. Rokokos auf einem gotischen Bürgerhaus in Innsbruck (Detail der Fassade des Helblinghauses).

Im Hochgefühl des Barock

Die Kunst von ca. 1630 bis gegen 1800 • Volkskultur, Schulwesen, die Innsbrucker Universität und Peter Anich

Einer der fleißigsten Kirchenbauer der Barockzeit: der geistliche Baudirektor Franz de Paula Penz, auf dessen Porträt in Form einer Skizze auch eines der von ihm errichteten Gotteshäuser abgebildet ist.

Die religiöse Erneuerungsbewegung seit der zweiten Hälfte des 16. Jahrhunderts schuf die geistige Basis für das Aufblühen einer Kunst, die – nach einem höfischen Zwischenspiel – wieder volksverbunden war und zum Teil auch von einheimischen Meistern getragen wurde, auch wenn entscheidende Impulse von auswärts kamen. Eineinhalb Jahrhunderte lang schwelgte das Land im Hochgefühl des Barock, bis gegen Ende der Epoche der geistige Druck des aufklärerischen Staates einsetzte.

Die vollentwickelte Barockkunst begann in Tirol mit der Innsbrucker Jesuitenkirche (1627–1640), die den Musterbauten für Jesuitenkirchen folgte, nämlich Il Gesù in Rom und St. Michael in München. Als wesentliches Vorbild kam allerdings der neue Salzburger Dom hinzu. Ziemlich gleichzeitig entstand in Volders die Karlskirche, ein frühbarocker Zentralbau, der in vereinfachter Form viel nachgeahmt wurde und den bisher nur höfischen Stil populär machte. Das ist das Verdienst eines Baudilettanten, denn die Kirche wurde nicht etwa von einem ausgebildeten Baumeister geplant, sondern vom Arzt des Haller Damenstifts Dr. Hippolyt Guarinoni. Ein Zentralbau ist auch die Mariahilf-Kirche in Innsbruck (1647–1649), ein Werk des Hofbaumeisters Christof Gumpp. Die von ihm gegründete Baumeisterdynastie nahm durch drei Generationen im Tiroler Barock eine führende Stellung ein. Der wichtigste Vertreter der Familie ist Georg Anton Gumpp (1682–1754), dessen Hauptwerke die Johanneskirche in Innsbruck und das Landhaus sind. Die Gumpp verleugneten keineswegs ihre italienische Schulung, doch gelang ihnen der Durchbruch zu einer spezifisch heimischen Note, die an deutsche Traditionen anknüpfte.

Zu einem Musterbau für das späte Tiroler Barock wurde St. Jakob in Innsbruck (1717–1724), geplant und ausgeführt von den Füssener Baumeistern Herkomer und Fischer. Die meisten im 18. Jahrhundert erbauten Barockkirchen sind einheimischen Baumeisterfamilien zu danken, aber auch bayerischen Meistern, die vor allem Tirols einheitlichste Barocklandschaft, das Unterinntal, mitgeprägt haben. Ein Sonderfall ist der geistliche Baudirektor Franz de Paula Penz (1707–1772), unter dessen Leitung im mittleren Inntal und im Wipptal mit seinen Seitentälern nicht weniger als 14 Kirchen entstanden. Seine Hauptwerke sind die Pfarrkirchen von Gossensaß und Wilten.

Im südlichen Tirol nahm die Barockarchitektur durch den Einfluß der Lombardei eine etwas andere Entwicklung. Führend war hier die in Bozen ansässig gewordene, vom Comosee stammende Baumeisterfamilie Delai mit einem etwas strengeren und nüchterner wirkenden Stil, als ihn die sowohl von Rom als auch von Süddeutschland beeinflußten Nordtiroler bevorzugten. Die Lombarden gelangten aber auch ins Inntal, wie die Rattenberger Servitenkirche (1707–1709) des berühmten Francesco Diego Carlone beweist. Ein Gegenstück zum Innsbrucker Landhaus der Stände besitzt Bozen in dem vom Veroneser Francesco Perotti geplanten und von Johann Baptist und Josef Delai zwischen 1705 und 1716 ausgeführten Palast des Merkantilmagistrats. Auf Grund ihrer Einmaligkeit konnten weder dieses repräsentativste öffentliche Gebäude von Bozen noch das Innsbrucker Landhaus einen Einfluß auf die weitere Entwicklung der Tiroler Architektur nehmen. Dagegen sind die Nachwirkungen des Dombaus in Brixen (1745–1754) deutlich zu beobachten, obwohl durch zahlreiche Einsprüche des Bauausschusses und mehrmaligen Wechsel der planenden und ausführenden Meister kein einheitlicher künstlerischer Wille zum Durchbruch kam.

Die Stiftskirche von Neustift bei Brixen verdient in mehrfacher Hinsicht, aus der Fülle barocker Bauwerke in Tirol hervorgehoben zu werden. Einmal demonstriert sie in einzigartiger Weise, wie sehr Architektur, Malerei, Stukkatur und Plastik in der Barockzeit zu einer unzertrennlichen Einheit verschmelzen und in vollendeter Harmonie ein Gesamtkunstwerk ergeben; zum anderen ist sie ein Beispiel für die im 17. und 18. Jahrhundert erfolgten Umbauten der Tiroler Klöster, die nicht reich genug waren, von Grund auf neu zu planen und vollständige Neubauten in Auftrag zu geben. Auch in Neustift blieb das Mauerwerk der alten romanisch-gotischen Kirche sozusagen als Gerippe erhalten. Dennoch ist die barocke Raumwirkung nahezu perfekt. Außerdem fällt auf, daß in Neustift, im Zentrum des Landes, Künstler aus dem Norden und dem Süden Tirols sowie ein großer Meister des für die Tiroler Kunst so wichtigen Nachbarlandes Bayern zusammengewirkt haben: Der Bozner Josef Delai (gest. 1762), der bedeutendste Baumeister der großen, in der Lombardei wurzelnden Dynastie, entwarf die Pläne für den Umbau, der Innsbrucker Hofmaurermeister Georg Philipp Apeller übernahm die Ausführung und steuerte seinerseits einige Ideen bei, der aus dem süddeutschen Wessobrunn stammende Innsbrucker Stukkatorer Anton Gigl, ein ständiger Mitarbeiter Apellers, schuf die für das Gesamtbild entscheidenden Stukkaturen und der Augsburger Matthäus Günter (1703–1788) die farbenfrohen Fresken. Günter vertritt bereits eine späte Phase der Barockmalerei.

Zu Beginn der Epoche hatten auch in dieser Sparte der Kunst in Italien geschulte Tiroler die vorher vor allem am Hof zu Innsbruck tätigen Ausländer abgelöst. Führend waren für längere Zeit die Innsbrucker Malerfamilien Schor und Waldmann. Noch vor 1700, früher als in anderen deutschen Ländern, setzte sich in Tirol das perspektivisch-illusionistische Deckenfresko durch, wie es als Fortsetzung und Öffnung der Architektur in den Himmel in Italien „erfunden" worden war. Eine große Rolle hatte dabei der aus Welschtirol stammende und in Rom wirkende Andreas Pozzo (1642–1709) gespielt, denn sein Buch über Theorie und Praxis der perspektivischen Malerei wurde zum Evangelium und zur Arbeitsunterlage für alle Künstler nördlicher und südlicher Herkunft. Einen Schritt über Pozzo und seine Schüler hinaus ging der Münchner Cosmas Damian Asam (1686–1739), der die Scheinkuppeln der St.-Jakobs-Kirche in Innsbruck malte und auf diese Weise zum gro-

Bildnis des Malers Johann Jakob Zeiller aus Reutte, das sein Vetter Franz Anton Zeiller malte.

Stukkatur und Malerei als Vollendung der Architektur: St. Jakob in Innsbruck (heute Dom) mit den vom Münchner Cosmas Damian Asam gemalten Scheinkuppeln. Nur die Kuppel über dem Altarraum – eine Besonderheit des Füssener Baumeisters Herkomer – ist echt. ▷

ßen Anreger für viele Tiroler Künstler wurde. Zwar gab es in der Barockzeit auch bedeutende Tafelmaler im Land (z. B. Johann Georg Grasmayr in Innsbruck oder Franz Sebald Unterberger in Bozen), doch sind die Leistungen auf dem Gebiet des Freskos noch höher einzuschätzen. Dies gilt vor allem für die Zeit des Spätbarock, als so große Malerpersönlichkeiten wie die Reuttener Franz Anton Zeiller (1716–1794) und Johann Jakob Zeiller (1710–1783), Anton Zoller (1695–1768) aus Telfs oder der gebürtige Wiener Josef Adam Mölk (1714–1794) die vielen neuen Kirchen durch ihre Kunst vollendeten. Neben ihnen wirkten noch zahlreiche andere auswärtige und einheimische Maler in Tirol.

Was die Plastik betrifft, kann man in der Barockzeit eine besonders große Zahl von Talenten im ganzen Land feststellen. Vor allem das Oberinntal war ein Zentrum der Bildschnitzer, deren Arbeiten überall zu finden sind. Einer der bedeutendsten von ihnen war Andreas Thamasch aus dem Paznaun (1639–1697), der als Stiftbildhauer des Klosters Stams das Tiroler Hochbarock begründete. Überall beliebt waren aber auch die Marmoraltäre und Figuren der Welschtiroler Familie Benedetti, aus deren Werkstätte auch die Annasäule in der Innsbrucker Maria-Theresien-Straße stammt.

Die besten Tiroler Plastiker wirkten außerhalb der Landesgrenzen, etwa

Andreas Faistenberger (1646–1735) aus der bekannten Kitzbüheler Künstlerfamilie, der als Hofbildhauer in München die Kunst Berninis nach Süddeutschland vermittelte, oder Simon Troger (1683–1768) aus Abfaltersbach im Pustertal, der ebenfalls in München zum größten deutschen Elfenbeinschnitzer des Frühbarock wurde. In Wien trat der Innsbrucker Baltasar Moll (1717–1785) das künstlerische Erbe Raphael Donners an, lehrte an der Akademie und wurde als Schöpfer des Bleisarkophags des Kaiserpaares Maria Theresia und Franz I. berühmt.

Es ist überhaupt für die Barockzeit bezeichnend, daß damals Tiroler Künstler in großer Zahl in den benachbarten Ländern arbeiteten. Einige von ihnen gehören zu den ganz Großen der europäischen Kunst. Baukünstlerische Begabungen „exportierte" vor allem das Außerfern und das Oberinntal. Am berühmtesten wurde der aus Stanz bei Landeck stammende Jakob Prandtauer (1660–1726), der sich nach seinen Lehr- und Wanderjahren in St. Pölten niederließ und hauptsächlich in Niederösterreich wirkte (u. a. Stift Melk). Unter Verarbeitung verschiedener Einflüsse entwickelte er einen kraftvoll persönlichen Stil, der typisch österreichisch-barockes Wesen widerspiegelt. Zusammen mit seinem Landsmann und Schüler Josef Mungenast ist Prandtauer „als Schöpfer und Vollender des niederösterreichischen Barock aus der Landschaft an der Donau nicht wegzudenken" (Egg). Ein wichtiger Vertreter der Oberinntaler Architekten im Ausland ist auch Paul Mungenast, der zum wichtigsten Baumeister des 18. Jahrhunderts in Luxemburg wurde.

Wie Prandtauer zog auch der in Welsberg (Pustertal) geborene Maler Paul Troger (1698–1762) nach Ostösterreich, wo die großen Klosterbauten viel Arbeit boten. Vorher hatte er in Italien sein Handwerk und seine Kunst gründlich erlernt. Zeigen Trogers erste Kuppelfresken in Salzburg und St. Pölten noch starken italienischen Einfluß, so entwickelte er in einer großen Reihe von Monumentalarbeiten in niederösterreichischen Klöstern (Melk, Zwettl, Seitenstetten, Göttweig u. a.) seinen eigenen Stil, der von spätbarocker Fülle und starker innerer Erregtheit gekennzeichnet ist. 1748 berief der Fürstbischof von Brixen Troger zur Ausgestaltung des Domes in die Heimat, „weilen sein Pembsel in ganz Europa vor andern sonderbahr in Fresco berüembt" war. Bei der Ausführung dieses Auftrags erreichte Paul Troger seine größte Meisterschaft. Auch im Ölbild fand Troger, von italienischen Vorbildern ausgehend, einen eigenen Stil voll Kraft und Dramatik.

In Süddeutschland wirkte Johann Evangelist Holzer aus Burgeis (1709–1740), der das volkstümlich-bürgerliche Rokoko Augsburger Richtung zum Höhepunkt und zur Vollendung führte und weitgehenden Einfluß auf die bayerisch-schwäbische Malerei gewann. Etwas später wurde Martin Knoller aus Steinach (1725–1804) zu einem der führenden deutschen Künstler des frühen Klassizismus. In Tirol schuf er Fresken und Altarbilder unter anderen in der Stiftskirche Gries/Bozen.

Zwei Tiroler gaben seit der Mitte des 18. Jahrhunderts der Landschaftsmalerei neue Impulse: der in Wien lehrende und vor allem als Zeichner, Radierer und Kupferstecher berühmte Innsbrucker Franz Eduard Weirotter (1733–1771) sowie eine Generation später Josef Anton Koch aus Elbigenalp (1768–1839), der in Rom lebte und wirkte, dem heroischen

„Der Raub der Proserpina", eine Figurengruppe aus Elfenbein des in München tätigen Simon Troger aus Abfaltersbach.

Jakob Prandtauer, der berühmteste Tiroler Baumeister der Barockzeit.

▷

Ausschnitt aus dem Deckenfresko „Anbetung des Lammes" von Paul Troger im Brixner Dom.

Landschaftsideal der Romantik huldigte und die ersten für sich allein bestehenden Landschaftsgemälde der deutschen Kunst schuf.

Seit der Mitte des 18. Jahrhunderts ging der Einfluß Italiens auf die Tiroler Kunst zurück. Die jungen Talente zogen jetzt nicht mehr in den Süden, um sich dort ausbilden zu lassen und die Kunstlandschaft zu studieren, sondern besuchten immer häufiger, nicht zuletzt auf Veranlassung und mit Förderung staatlicher Stellen, die Wiener Kunstakademie, die 1688 vom Welschtiroler Maler Peter Strudl gegründet worden war und an der immer auch Tiroler unterrichteten. Zwischen 1750 und 1760 wurde die kaiserliche Akademie in Wien überhaupt ganz von den „Tyrollern" beherrscht. Durch drei Jahre bekleidete Paul Troger, das große Vorbild einer ganzen österreichischen Malergeneration, das Amt des Rektors der Akademie. Auch während der folgenden, vom Klassizismus beherrschten Epoche waren an der Wiener Akademie immer wieder Tiroler Künstler tätig, so ab 1781 Franz Zauner (1746–1822) vom Kaunerberg, der mit seinen Fassadenplastiken, Grabmonumenten und Denkmälern stilprägend wirkte. Am meisten bewundert wurde das Reiterstandbild Kaiser Josephs II.

Langsamer als in anderen Ländern ging in Tirol im späten 18. Jahrhundert das Zeitalter der Barockkunst zu Ende. Sie hatte in einer letzten Phase nach dem höfischen Wiener Rokoko auch noch die Anfänge des Klassizismus verarbeiten können. Dann waren wohl die künstlerischen Kräfte erschöpft. Außerdem ließen die Eingriffe des Staates in alle Bereiche des Lebens und die folgenden kriegerischen Ereignisse eine kontinuierliche Weiterentwicklung nicht zu.

Die Barockzeit hat nicht nur viele Kirchen und Kunstwerke hinterlassen und in manchen Teilen Tirols das Bild der Städte und der Landschaft mitgeprägt. Auch die Volkskunst, die Entwicklung der Trachten, der Bräuche und andere bis heute fortwirkende Traditionen wurden von der Geisteshaltung und vom Formempfinden des Barock geprägt, das offenbar dem Volkscharakter der Tiroler entsprach. Ein Bereich der Volkskultur, der im späten 17. und im 18. Jahrhundert besonders aufblühte, war das Theater. Die Tradition der spätmittelalterlichen Spiele war eigentlich nie ganz abgebrochen, wenn auch Reformation und Gegenreformation ihren Einfluß geltend machten und die Inhalte, aber auch die äußeren Formen der volkstümlichen Schauspiele veränderten. Die Jesuiten und andere Orden führten in ihren Schulen Lehrstücke auf, mit denen auch breitere Volksschichten bekannt gemacht wurden. Bis ins 18. Jahrhundert hinein waren die Ordensdramen lateinisch, die Zuschauer erhielten nur kurze Inhaltsangaben, damit sie der Handlung folgen konnten. Einer der bedeutendsten Jesuiten seiner Zeit, Nikolaus Avancinus (1611–1686), als Prediger, Professor und Dichter berühmt und in höchsten Amtsstellen des Ordens tätig, stammte aus Brez am Nonsberg. Er schrieb zahlreiche Spielbücher, die auch in Tirol viel aufgeführt wurden.

Das Jesuitentheater übte einen starken Einfluß auf die Landgemeinden aus, wo die Ordensspiele schließlich volkstümlich umgeformt wurden und viel Anklang fanden. Neben verschiedenen Legendenstoffen, historischen Themen und der lokalen Verarbeitung der in ganz Europa ver-

Ein Modell seines berühmten klassizistischen Reiterstandbildes von Kaiser Joseph II. hält der Tiroler Künstler Franz Zauner auf diesem Porträt in Händen.

Die Tradition des barocken Volksschauspiels überdauerte auf dem Land die staatlichen Verbote der Aufklärungszeit. Zeichnung von Jakob Placidus Altmutter aus dem frühen 19. Jahrhundert. ▷

Dem Verbot vieler religiöser Bräuche unter Maria Theresia und Joseph II. fielen auch die meisten „Palmesel" zum Opfer. Einer, der erhalten geblieben ist, wird im Dominikanerinnenkloster zu Lienz hoch in Ehren gehalten.

breiteten Dr.-Faustus-, Don-Juan- und Jedermann-Motive lebten auch die Passionsspiele wieder auf. Obwohl Maria Theresia 1751 die Aufführung geistlicher Spiele im Sinne der Aufklärung verbot, konnte sich das Volkstheater am Land, wohin der lange Arm der Behörden nicht langte, weitgehend behaupten. Um nicht Anstoß zu erregen, spielte man allerdings mehr Stücke weltlichen Inhalts, was die Tradition der Ritter- und Räuberstücke des 19. Jahrhunderts begründete. Die staatlichen Verbote betrafen im übrigen nicht nur die religiösen Spiele, sondern auch manche Bräuche, die den strengen Zensoren der Volkskultur als unwürdig erschienen.

Mit der Aufhebung von Klöstern und Bruderschaften, der Schließung vieler Kirchen und Kapellen und einer neuen Pfarreinteilung griff der Staat in der zweiten Hälfte des 18. Jahrhunderts fühlbar und nachhaltig ins geistige Leben ein. Nur wenig davon wirkte sich positiv aus, etwa die Gründung neuer Seelsorgestationen. Auf dem Gebiet der Bildung bedeutete die Schulgesetzgebung Maria Theresias und Josephs II. mit der Begründung eines weitverzweigten Netzes von Pflichtschulen und einer geregelten Lehrerbildung einen kaum zu überschätzenden Fortschritt. An der „Allgemeinen Schulordnung" von 1774 hatte der Direktor der Innsbrucker Stadtschule, der Priester Philipp Jakob Tangl, entscheidend mitgewirkt. Schon vorher hatte er sich in Tirol um eine Schulreform bemüht, ein „ABC-Buchstabir-Les- und Schreibbüchlein" sowie ein Handbuch für Tiroler Lehrer nach den Grundsätzen des berühmten Schulreformators Felbinger herausgebracht. Die in mehreren Orten Tirols existierenden Gymnasien übernahm nach der Auflösung der Orden der Staat. Solche mittleren Schulen gab es in Innsbruck, Hall, Brixen, Meran, Bozen, Trient und Rovereto.

Seit der 1669 erfolgten Gründung der Universität in Innsbruck konnten

Tiroler im eigenen Land auch höhere Studien absolvieren und akademische Grade erwerben. Die Hörerzahl stieg von 337 im Jahr 1678 auf mehr als 600 um die Mitte des 18. Jahrhunderts an. Die überwiegende Mehrzahl der Studenten waren Tiroler. Das Niveau der Innsbrucker Hochschule konnte freilich mit der europäischen Entwicklung der Wissenschaften in den meisten Fächern nicht Schritt halten. Immerhin waren die Leistungen der Mediziner auf der Höhe der Zeit, und das physikalisch-mathematische und mechanische Museum oder Armarium des Professors Ignaz Weinhart SJ (1705–1787) genoß in Fachkreisen des In- und Auslandes Anerkennung und Bewunderung. Einen großen Fortschritt bedeutete 1745 die Gründung der Universitätsbibliothek, die unter Joseph II. durch die Bücherbestände der aufgehobenen Klöster bedeutend vergrößert wurde. Nach zunehmenden staatlichen Eingriffen in Lehre, Forschung und Verwaltung wurde die Universität allmählich zu einer höheren Lehranstalt, die nur auf unmittelbare Nutzanwendung des Gelehrten und Gelernten abgestimmt war. So war es nur folgerichtig, daß Joseph II. 1782 die Universität in ein „Lyzeum" umwandelte, eine Maßnahme, die Leopold II. 1791 auf Ersuchen der Stände rückgängig machte.

Anton Roschmann, Universitätsbibliothekar und Geschichtsforscher, porträtiert am Schreibtisch mit allerlei Altertümern.

Neben der Universität hatten mehrere gelehrte Gesellschaften, die im Lauf des 18. Jahrhunderts gebildet wurden, als Pflegestätten der Wissenschaft besondere Bedeutung. In Innsbruck hieß die Vereinigung seit 1740 nach dem Palais der Grafen Taxis, wo die Zusammenkünfte stattfanden, „Academia Taxiana". In Rovereto wurde 1750 die „Accademia degli Agiati" gegründet, die auch heute noch existiert. Zwischen Deutsch- und Welschtiroler Gelehrten gab es damals einen regen Gedankenaustausch. Das Interesse erstreckte sich auf die verschiedensten Gebiete von den Naturwissenschaften bis zur Geschichtsschreibung. Der Erforschung der Vergangenheit Tirols widmete sich mit besonderem Eifer der Innsbrucker Universitätsbibliothekar Anton Roschmann. Zu den hervorragendsten Köpfen, die Tirol im 18. Jahrhundert hervorgebracht hat, zählt der Bauer Peter Anich aus Oberperfuß bei Innsbruck (1723–1766), der als Kartograph und Feldvermesser berühmt wurde. Als Achtundzwanzigjähriger eignete sich Anich neben seiner landwirtschaftlichen Arbeit in mehrjährigem Privatstudium bei Professor Weinhart von der Innsbrucker Universität umfangreiche Kenntnisse in Mathematik, Astronomie und Kartographie an und verfertigte anschließend einen großen Himmels- und einen Erdglobus. Auf Grund dieser aufsehenerregenden Leistung und mehrerer kartographischer Probearbeiten erhielt er 1760 den Regierungsauftrag, das Land zu vermessen und eine Karte von Tirol zu zeichnen. In den Sümpfen südlich von Bozen holte sich Anich im vierundvierzigsten Lebensjahr den Tod. Die Karte des nördlichen Landesteils war bereits fertig. Den Süden ergänzte sein Dorfgenosse und Schüler Blasius Hueber, ebenfalls ein Bauer. Die neue Tirol-Karte – auf zwanzig Blättern in Kupfer gestochen – wurde wegen ihrer Genauigkeit und Reichhaltigkeit auch im Ausland gewürdigt. Die französische Regierung ließ Kopien anfertigen, nach denen sich später die napoleonischen Heere in Tirol orientierten, ein Nebeneffekt, den Anich sicher nicht gewollt hatte.

Von Peter Anich konstruierte und hergestellte Taschensonnenuhr. Auch das Gehäuse hat Anich selbst gedrechselt.

Im göttlichen Bund gegen revolutionäre Armeen und Ideen

Die Abwehrkämpfe der Jahre 1796/97 und das Ende der geistlichen Fürstentümer Trient und Brixen ● Neue Diözesangrenzen

Das berühmte Herz-Jesu-Bild in der Bozner Pfarrkirche hat wegen des Gelöbnisses vom Juni 1796 auch historische Bedeutung.

Die Ereignisse der Französischen Revolution wurden natürlich auch in Tirol bekanntgemacht und heftigst diskutiert. Nach Meinung vieler konservativer Tiroler waren sie nichts anderes als die Auswirkung und Folge des aufklärerischen Gedankengutes, das Sittlichkeit und Religion gefährde. Viele Reformgesetze der Wiener Regierung wurden deswegen abgelehnt, etwa das Toleranzpatent Josephs II., das auch Nichtkatholiken die freie Religionsausübung gestattete. Die Regierung ihrerseits sah andere Zusammenhänge und befürchtete eine Ausbreitung aus Frankreich kommender revolutionärer Ideen, wofür die 1793 erfolgte Gründung eines Jakobinerclubs in Innsbruck der beste Beweis schien. Auch in Trient und in Rovereto bildeten sich ähnliche geheime Zirkel, die unter anderem eine republikanische Verfassung für Österreich forderten. Auch aus kleineren Orten wurden Zeichen der Unruhe und Unzufriedenheit gemeldet. Mit verschärften Polizei- und Zensurmaßnahmen wollte die Obrigkeit solche Tendenzen im Keim ersticken, auch wenn vorerst nur eine verschwindende Minderheit der Tiroler Bevölkerung vom Bazillus der Revolution angesteckt schien oder überhaupt nur gefährdet war.

Von 1793 an bekam Tirol auch die politischen Auswirkungen des Umsturzes in Frankreich zu spüren. Die neuen Machthaber erklärten dem Kaiser den Krieg, was vorerst zwar nur die österreichischen Niederlande dem Angriff der französischen Revolutionsheere aussetzte und kriegerische Ereignisse in Oberitalien und am Oberrhein zur Folge hatte, doch kämpften auch freiwillige Tiroler Scharfschützen an den verschiedenen europäischen Fronten, mußten die Stände immer neue außerordentliche Steuern ausschreiben, zogen Truppen kreuz und quer durch das Land und belasteten durch Einquartierungen, Vorspanndienste und Lebensmittelforderungen die Bevölkerung.

Im Frühjahr 1796 war dann Tirol selbst vom Süden her bedroht, nachdem der junge General Napoleon Bonaparte die Österreicher zum Rückzug aus der Lombardei gezwungen hatte. Ein Ständeausschuß übernahm auf der Grundlage der alten Tiroler Wehrverfassung die Organisation der Landesverteidigung. Schon im Mai rückten die ersten Schützenkompanien an die Südgrenze des Landes. Die Soldaten der Französischen Revolution von Tirol fernzuhalten, geboten nicht nur Freiheitsliebe und Patriotismus, sondern auch die Anhänglichkeit zu Religion und Kirche, die unter den Übergriffen der Revolutionäre in Frankreich und in den von seinen Armeen eroberten Ländern so sehr zu leiden hatten.

Bezeichnend für die Stimmung der Tiroler ist das am 1. Juni 1796 von den Volksvertretern in Bozen beschlossene Gelöbnis, das Herz-Jesu-Fest in allen Tiroler Pfarren besonders feierlich zu begehen. Die Verehrung des heiligsten Herzens Jesu war seit Mitte des 18. Jahrhunderts vor allem von den Volksmissionaren gefördert worden, wurde jedoch später von besonders eifrigen staatlichen und kirchlichen Aufklärern wieder möglichst unterdrückt, ja sogar mit Verboten belegt, was allgemein viel Unmut auslöste. Trotzdem hob die Regierung alle Herz-Jesu-Bruderschaften auf, setzte auf die Verbreitung von Herz-Jesu-Bildern und Herz-Jesu-Büchern schwere Strafen, ließ das Fest des Herzens Jesu aus den Kalendern streichen. Aus manchen Kirchen wurden Bilder des göttlichen Herzens entfernt. Der Widerstand der Tiroler gegen diese Maßnahmen hatte bis weit in die neunziger Jahre hinein keinen vollen Erfolg. Vor diesem Hintergrund gewinnt das Herz-Jesu-Gelübde vom 1. Juni 1796, das bald schon als ein Bündnis, als „Gottesbund" im alttestamentarischen Sinn aufgefaßt wurde, eine noch tiefere Bedeutung. Offenbar ging es nicht nur darum, den Beistand Gottes im Kampf gegen äußere Feinde zu erflehen. Es war auch der Höhepunkt einer Auseinandersetzung mit Andersdenkenden im eigenen Land und an der Spitze des österreichischen Staates. In der Beschlußfassung durch die Landstände wird auch ausdrücklich vor einer Behinderung bei der Erfüllung des Gelübdes gewarnt. Doch die Regierung machte keinerlei Schwierigkeiten mehr.

Zeitgenössische Darstellung eines Kampfes zwischen Tirolern und Franzosen bei Branzoll (rechts) im März 1797. Im Vordergrund deckt eine Gruppe heftig feuernder Schützen den Flußübergang ihres Kommandanten und einiger Kameraden, die das von den Franzosen besetzte Kornmagazin erobern. Der Feind befindet sich bereits in voller Flucht, wie der Beschriftung des Blattes zu entnehmen ist. Ganz links der Ort Leifers.

Im September 1796 entschloß sich Napoleon, seine Stellungen rund um das belagerte Mantua durch einen Angriff auf Tirol abzusichern. Er marschierte im Etschtal nordwärts und besetzte Trient. Erst bei Salurn konnte der Vorstoß aufgehalten werden, worauf die französische Hauptmacht durch die Valsugana wieder abzog. Gegen die verbliebenen feindlichen Truppen standen an der Salurner Klause Tausende Schützen im Feld. Ihre Zahl vermehrte sich von Woche zu Woche. Die Kunde vom schrecklichen Hausen der Franzosen in Welschtirol, von Plünderungen, Morden und anderen Greueltaten der Feinde, ließ selbst Zaghafte zu den Waffen greifen. Im November 1796 bewährte sich das inzwischen auf 10.000 Mann angewachsene Landesaufgebot in erbitterten Kämpfen südlich von Salurn. Die Franzosen mußten zurückweichen und das Land schließlich ganz verlassen. Doch bald drohten neue Gefahren.

Napoleons Sieg bei Rivoli und der Fall der Festung Mantua zu Beginn des Jahres 1797 machten die Lage für Tirol äußerst bedrohlich. Da Napoleon mit der Hauptarmee über Friaul in Richtung Wien marschierte, wurde das österreichische Militär mit Ausnahme einiger schwacher Einheiten aus Tirol abgezogen. So konnte der französische General Joubert, der zum Flankenschutz über das Etschtal, Eisacktal und Pustertal marschieren sollte, ohne größere Schwierigkeiten bis Salurn vorstoßen, wo von den Schützen abermals eine Verteidigungsstellung errichtet worden war. Sie war jedoch zu schwach, um dem Druck der französischen Truppen standzuhalten. Am 23. März erreichte Joubert Bozen, am Tag darauf bereits Brixen, von wo aus er den Eingang ins Pustertal und damit den Weg in den Rücken der französischen Hauptarmee, die inzwischen in Villach einmarschiert war, absicherte. Die kaiserlichen Truppeneinheiten und die einheimischen Landesverteidiger hatten sich vor Joubert nach Sterzing zurückgezogen und ließen von dort aus dem Feind keine Ruhe.

Auch im Hochpustertal standen kurze Zeit österreichische Truppen und hätten die Franzosen im Brixner Kessel angreifen können. Der österreichische General Spork war nämlich vom Piavetal mit seinen Einheiten hierhergekommen. Statt die kampfwilligen Tiroler zu unterstützen, zog er jedoch nach Lienz und von dort aus über die Tauern in Richtung Salzburg ab. Er ließ sogar die Geschütze sprengen, die auf dem Weg über die Berge hinderlich gewesen wären. Auch der Kreishauptmann Leopold von Roschmann verließ mit seiner Amtskasse fluchtartig das gefährdete Gebiet des östlichen Pustertals.

Im westlichen und nördlichen Tirol folgten zur gleichen Zeit die meisten Wehrfähigen dem am 24. März erlassenen allgemeinen Landesaufgebot. Am meisten Eifer, den eingedrungenen Feind aus dem Land zu werfen, zeigten die Gemeinden des Wipptales und der Umgebung von Innsbruck. Ihre Landstürmer und Scharfschützen, geführt vom Rechtsanwalt Dr. Philipp von Wörndle, trugen die Hauptlast in jenem berühmten Gefecht bei Spinges am 2. April 1797, das nach anfänglichen Schießduellen zu einem blutigen Ringen Mann gegen Mann wurde und auf beiden Seiten große Verluste forderte. Der Ausgang war im Grunde unentschieden. Zwar mußten sich die Tiroler schließlich vor der anrückenden französischen Verstärkung zurückziehen, doch hatten sie den Feind entscheidend geschwächt und ihm mit ihrer Tapferkeit und der wilden Kampfesart Angst und Schrecken eingejagt, was sich in den folgenden Kriegsjahren häufig zugunsten der Tiroler auswirken sollte. Vom berühmten „Mädchen von Spinges", der Bauernmagd Katharina Lanz, die mit einer Heugabel in den Kampf am Friedhof von Spinges eingegriffen hat, weiß man wenig historisch Gesichertes. Sie wurde jedoch zu einer Symbolgestalt für tirolischen Freiheitswillen.

Die Schlacht von Spinges war Teil eines großangelegten Angriffs auf die französischen Stellungen in und um Brixen und Bozen, den die in Tirol verbliebenen österreichischen Generäle Laudon (im Burggrafenamt) und Kerpen (bei Sterzing) geplant hatten. Von allen Seitentälern heraus und vor allem über die Berghänge herab wurden die Franzosen bedrängt. Bedrohlich wurde die Lage für Napoleons General, als seine im Gebiet von Bozen stationierten Einheiten dem gemeinsamen Ansturm von österreichischem Militär, Schützenkompanien und Landstürmern aus dem Burggrafenamt, dem Passeier und dem Vinschgau nicht mehr standhalten konnten. Er nützte die Tatsache, daß sich die Pustertaler mangels Führung nicht erhoben hatten, und zog mit seinen rund 1000 Mann in Richtung Lienz ab, um in Kärnten zur Hauptarmee zu stoßen.

Auch in Lienz war es inzwischen zu Kämpfen gekommen, als von Kärnten aus französisches Militär die Stadt besetzte. Bauern der Umgebung wagten am Abend des 3. April einen Überraschungsangriff auf die schwache Einheit und vertrieben die Eindringlinge. Rund 200 Schützen besetzten daraufhin die Chrysanthner Schanzen am Kärntner Tor, um eine Rückkehr der Feinde zu verhindern. Doch nun kamen sie von der anderen Seite, aus dem Pustertal herab. Am 8. April mittags traf Joubert in Lienz ein. Es waren schlimme Tage für die Stadt. Es kam zu Plünderungen, offiziell wurde die Lieferung von 36.000 Portionen Brot und 10.000 Rationen Fleisch gefordert, außerdem 30 Ochsen und 20.000 Maß Wein. Und wegen der Vorfälle vom 3. April sollten die Lienzer Bürger 100.000 Gulden Kontribution bezahlen. Als nur 24.000 Gulden aufgebracht werden konnten, nahmen die Franzosen bei ihrem Abzug am 13. April den Bürgermeister, den Stadtrichter und drei Bürger als Geiseln nach Kärnten mit.

Das „Mädchen von Spinges" in einer zeitgenössischen Darstellung, erschienen in dem in Wien herausgegebenen „Tiroler Almanach auf das Jahr 1802" (Ausschnitt).

Da inzwischen die Franzosen Welschtirol wieder geräumt hatten, war nun das ganze Land befreit. Voll Stolz und Selbstbewußtsein weigerten sich die am Kärntner Tor stehenden Landesverteidiger – es waren Einheiten aus dem ganzen Land darunter, da man Jouberts Armee natürlich verfolgt hatte –, die im Vorfrieden von Leoben zwischen Erzherzog Karl und Napoleon ausgehandelten Waffenstillstandsbedingungen anzuerkennen, da sie den Franzosen eine Wiederbesetzung des Lienzer Talbodens gestatteten. Fast wäre es am 23. April östlich von Lienz, an den Chrysanthner Schanzen, erneut zu Kämpfen gekommen, doch das Läuten der Sturmglocken und verschiedene Täuschungsmanöver der Tiroler veranlaßten die von Oberdrauburg aus anrückenden Kolonnen zur Umkehr. So wurde ohne Blutvergießen ein Sieg errungen. Da die irrtümlich zustandegekommene Bedingung des Waffenstillstands aber der Form halber eingehalten werden mußte, ließen die Tiroler es schließlich

Der Lienzer Bürgermeister Josef Oberhueber, der am 13. April 1797 von den Franzosen als Geisel nach Kärnten verschleppt wurde.

zu, daß einige französische Offiziere und Soldaten durch einen Besuch in Lienz symbolisch ihr Recht in Anspruch nahmen und dann wieder abzogen. Die von General Joubert mitgenommenen Lienzer Geiseln konnten nach Bezahlung von weiteren 12.000 Gulden in ihre Heimatstadt zurückkehren.

Der Friede von Campoformio, der den Krieg zwischen Frankreich und Österreich im Oktober 1797 beendete, brachte für Tirol keinerlei Veränderungen. Schon im März 1799 entbrannte jedoch der sogenannte zweite Koalitionskrieg. Hauptkriegsschauplätze waren Süddeutschland und wieder Oberitalien. Nach Tirol stießen die Franzosen diesmal über Graubünden vor. Zwar wurden wieder die Schützen aufgeboten, um im Verein mit regulären Truppen die bedrohte Grenze zu sichern, doch konnten sie nicht verhindern, daß der Feind den obersten Vinschgau und Nauders besetzte und fürchterlich wütete – u. a. wurden Glurns, Mals und Schluderns in Brand gesteckt –, bis ihn die Ereignisse auf den anderen Kriegsschauplätzen zum Rückzug zwangen. Im Jahr darauf drangen die Franzosen siegreich bis nach Vorarlberg und ins Außerfern vor, ehe ein Waffenstillstand und der Friedensschluß von Luneville (9. Februar 1801) die Gefahr beendeten.

Österreich konnte seinen Länderbestand von 1797 wahren, das Deutsche Reich mußte jedoch alle Gebiete westlich des Rheins an Frankreich abtreten. Zur Entschädigung der betroffenen weltlichen Fürsten sollten die geistlichen Fürstentümer östlich des Rheins in ihren Besitz übergehen. Der „Reichsdeputationshauptschluß" von 1802/03 besorgte in diesem Sinne die erste Vereinfachung der Landkarte des zersplitterten Deutschen Reiches. Wenig später wurden auch die Gebiete der reichsunmittelbaren Adeligen und Städte den größeren benachbarten Fürstentümern einverleibt und so die „Flurbereinigung" in Deutschland beendet. Für Tirol hatte dieser Prozeß größte Bedeutung, denn auch innerhalb der Grenzen dieses Landes gab es zwei selbständige geistliche Fürstentümer: Trient mit etwa 4100 qkm und 145.000 Einwohnern, Brixen mit nur 900 qkm und 26.000 Einwohnern. Die Souveränität beider Territorien war jedoch seit Jahrhunderten durch Verträge mit der Grafschaft Tirol eingeschränkt, was für Brixen noch mehr zutraf als für Trient.

Mit der Einverleibung der Brixner und Trienter Territorien war ein Zustand beseitigt, der im Grunde schon lange als unzeitgemäß galt. Deshalb wurden auch von den konservativen Tirolern keine Einwände erhoben, obwohl diese Maßnahme letztlich in engem Zusammenhang mit den Folgen der Französischen Revolution und mit einem Diktat Napoleons stand. Die Eingliederung der neuen Landesteile ging ohne größere Schwierigkeiten vor sich, was bei den uralten Bindungen und Gemeinsamkeiten auch nicht anders zu erwarten gewesen war.

Über den Protest der beiden Fürstbischöfe gegen den Verlust ihrer Herrschaftsgebiete setzte sich Kaiser Franz ganz einfach hinweg. Interessant ist, daß erst 20 Jahre vorher Bischof Vigil Thun von Trient dem Kaiser Joseph II. von sich aus angeboten hatte, sein Fürstentum der österreichischen Staatshoheit vollständig unterzuordnen, damals der Kaiser jedoch abgelehnt hatte, weil er die komplizierte innere Struktur des ohnehin schwachen Deutschen Reiches nicht antasten wollte. Napoleons Liebeswerben um die deutschen Fürsten ließ dieses Deutsche Reich nun vollständig auseinanderbrechen. Die Gründung des „Rheinbundes" einiger deutscher Kleinstaaten unter dem Protektorat Napoleons mit der Verpflichtung, ihm Kriegshilfe zu leisten, bedeutete praktisch die Auflösung des Reichsverbandes und veranlaßte Kaiser Franz II., im Jahr 1806 die deutsche Kaiserwürde niederzulegen. Zwei Jahre vorher hatte er den Titel eines erblichen Kaisers von Österreich angenommen (als solcher Kaiser Franz I.), um ein Gegengewicht gegen das neue Kaisertum Frankreich unter Napoleon I. zu schaffen.

Daß Tirol durch die Beseitigung der geistlichen Fürstentümer im Inneren nun endlich ein Ganzes war, bedeutete noch keine Vereinheitlichung der Diözesangebiete. Außer Brixen und Trient hatten bis 1785 neun andere Diözesen Anteil am Tiroler Gebiet (Chur, Augsburg, Freising, Salzburg, Chiemsee, Aquileia bzw. seit 1751 Görz, Feltre, Padua und Verona). Dann fielen die Welschtiroler Pfarren von Verona, Padua und Feltre an Trient, und Brixen übernahm 1789 den kleinen Tiroler Anteil der Erzdiözese Görz. Diese Angleichung der Diözesangrenzen an die

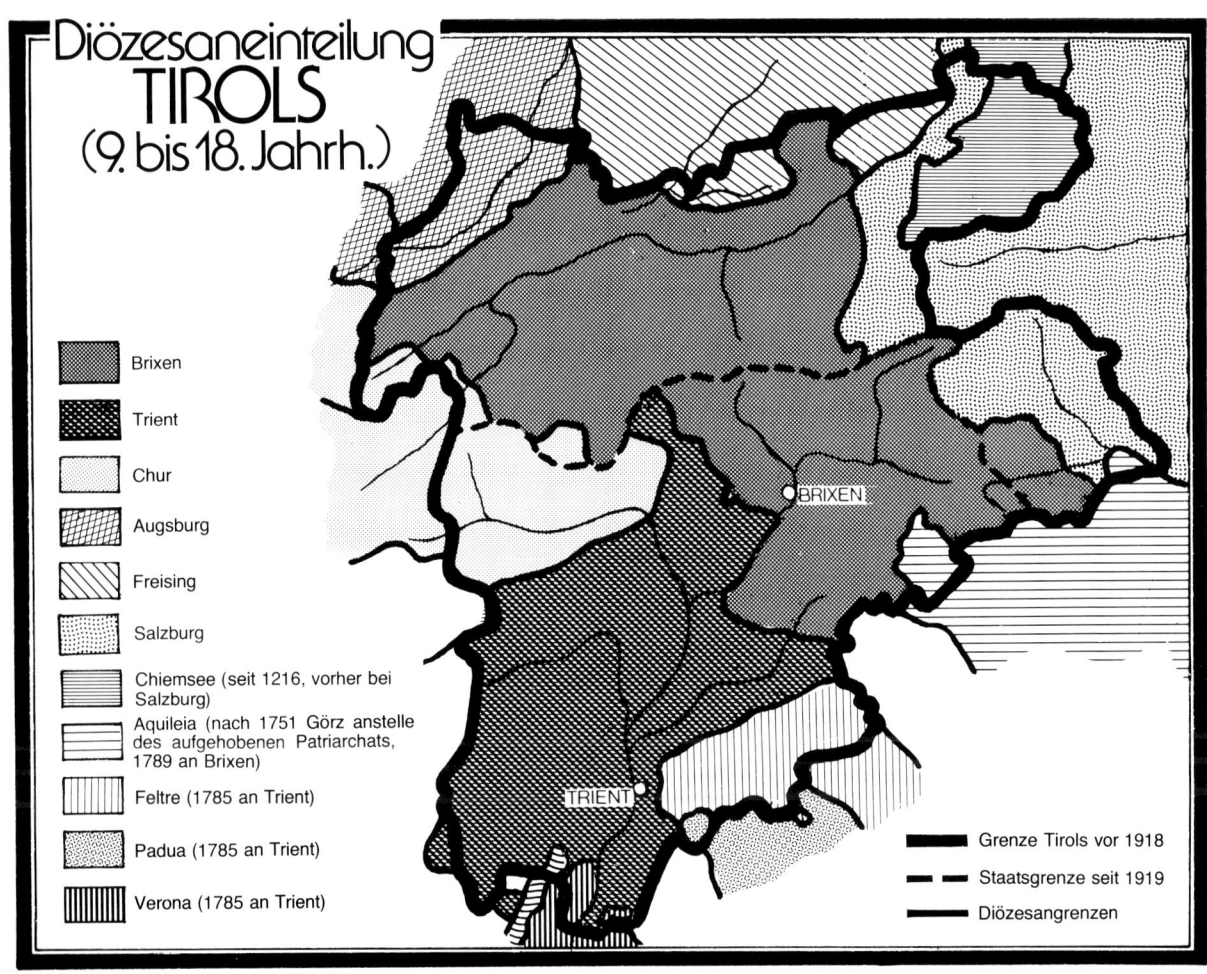

Der Domplatz von Brixen in der Biedermeierzeit (Lithographie von G. Pezolt). Damals war Brixen zwar kein selbständiges Fürstentum mehr, doch hatte die Bischofsstadt nichts von ihrer Bedeutung als geistiges Zentrum eingebüßt.

südlichen Landesgrenzen war ein Teil der Maria-Theresianischen bzw. Josephinischen Reformen. Im Osten und Norden dauerte der alte Zustand noch etwas länger an. Nach der napoleonischen Ära wurden aber auch hier neue, zeitgemäßere Regelungen getroffen. Nur Salzburg blieb weiterhin – im Nordtiroler Unterland bis heute – für zahlreiche Tiroler Pfarren zuständig.

Als selbständiges geistliches Fürstentum hatte auch Salzburg mit dem „Reichsdeputationshauptschluß" von 1803 zu existieren aufgehört. Das Land wurde in ein eng mit Österreich verbundenes Herzogtum umgewandelt, das ein Bruder des Kaisers regierte. An den Grenzen zu Tirol änderte sich nichts. Das Brixental, das Zillertal, Matrei in Osttirol, ein Teil des Defereggentals und Lengberg bei Lienz verblieben bei Salzburg und wurden 1805 – als Tirol zu Bayern kam – österreichisch. Aus der „salzburgischen Geschichte Tirols" muß das traurige Kapitel der Defereggerger Protestanten erwähnt werden, die gegen Ende des 17. Jahrhunderts ihre Heimat verlassen mußten, nachdem Bekehrungsversuche fehlgeschlagen waren. Über 900 Deferegger traf dieses Schicksal, das mit dem damaligen Reichsgesetz zusammenhing, daß der jeweilige Landesherr auch die Religion seiner Untertanen bestimmen durfte.

Tirol verschwindet von der Landkarte
Die bayerische Herrschaft und die Gründe für die Volkserhebung von 1809

Im Krieg von 1800 gegen Frankreich waren Österreich und Bayern noch verbündet. Fünf Jahre später standen sich die beiden Staaten als Feinde gegenüber. Der bayerische Kurfürst Max IV. Joseph hatte mit Napoleon ein Schutz- und Trutzbündnis abgeschlossen. Für Tirol war dies besonders gefährlich, da Bayern durch die Einverleibung der bisher geistlichen Fürstentümer Freising und Augsburg sowie anderer kleiner Herrschaften und der Reichsstädte größer und mächtiger geworden war und nun die ganze Nordgrenze beherrschte.
So mußten sich die Tiroler Grenzfestungen, die schon im ersten Napoleonischen Krieg erneuert und ausgebaut worden waren, beim Ausbruch der Feindseligkeiten im Jahre 1805 wieder einmal bewähren. Doch zwei bayerische Förster „knackten" die Festung in der Leutasch, indem sie mehr als 2000 Franzosen von Mittenwald aus über einen Gebirgssteig in den Rücken der Verteidiger führten. Gleichzeitig gelang es dem französischen Marschall Ney, die „Porta Claudia" bei Scharnitz sturmreif zu schießen. Als der verteidigende österreichische Oberstleutnant Swinburne erfuhr, daß dem Feind der Weg durch die Leutasch offenstand und er damit keine Rückendeckung mehr hatte, gab er auf. Tirol stand den Franzosen offen. Reguläre Truppen waren nicht mehr im Land. Nach der Kapitulation des österreichischen Heeres bei Ulm hatte man Tirol aufgegeben. Auch die aufgebotenen Schützen waren wieder entlassen worden. Am 5. November 1805 zog Marschall Ney mit klingendem Spiel in Innsbruck ein. Das von Napoleon und seinen Verbündeten schwer geschlagene Österreich mußte im Frieden von Preßburg am 26. Dezember 1805 die gefürstete Grafschaft Tirol an das mit dem Franzosenkaiser verbündete Bayern abtreten, das am 1. Jänner 1806 zum Königreich erhoben wurde. Das bayerische Besitzergreifungspatent datiert mit dem 22. Jänner 1806. Am 11. Februar übergaben französische Kommissäre und Offiziere das Land offiziell dem bayerischen Hofkommissär. Tirol war zu einem Teil Bayerns geworden.
Die Unterwürfigkeit und Schmeichelei, die eine Tiroler Delegation in München dem neuen Landesherrn gegenüber an den Tag legte, konnte nicht darüber hinwegtäuschen, daß die meisten Tiroler dem neuen Regime wenig Liebe entgegenbrachten. Alte Rivalitäten und vergangene militärische Auseinandersetzungen waren nicht vergessen. Daß man auch mit der Wiener Regierung nicht immer zufrieden gewesen war, fiel angesichts des erzwungenen Herrschaftswechsels nicht ins Gewicht. Bayerns König Max I. Joseph empfand für seine neuen Untertanen aufrichtige Zuneigung und war nach Kräften bemüht, sie allen widerwärtigen Umständen zum Trotz für sich zu gewinnen. Den Tiroler Abgesandten gegenüber zeigte er sich betont väterlich und herablassend. Er verstehe die Trauer der Tiroler über den Verlust eines guten Landesva-

Der bayerische Generalkommissär Karl Graf Arco, der von 1806 bis 1808 die Regierung Tirols leitete.

ters und werde sich bemühen, ihn zu ersetzen. Er versicherte ihnen auch schriftlich, „daß Wir sie (die Tiroler) nicht nur bei ihrer Landesverfassung, ihren wohlerworbenen Rechten und Freiheiten kräftiges Handhaben, sondern zugleich Uns stäts bestreben werden, ihren Wohlstand im höchsten Grad zu befördern, wobey Wir die Wünsche der treuen Landschaft jederzeit mit besonderer Aufmerksamkeit vernehmen werden, so oft sie solche verfassungsmäßig an Uns oder an Unsere Repräsentanten bringen wird."

Ganz im Sinne dieser wohlwollenden Einstellung den Tirolern gegenüber war es auch, daß der aus altem Welschtiroler Adel stammende Vizepräsident des Obersten Justiztribunals in Bayern, Karl Graf Arco, als Hofkommissär für Tirol nach Innsbruck geschickt wurde, um die Verwaltung des Landes zu leiten. Er sollte alles vermeiden, was zu Beschwerden Anlaß geben und als Eingriff in die überlieferte Verfassung und die Traditionen des Landes aufgefaßt werden könnte. Tatsächlich vertrat Arco in seiner zweijährigen Amtszeit in Tirol – sein Titel wurde bald von Hofkommissär in Generalkommissär umgewandelt – nicht selten die Interessen der Tiroler gegenüber den Münchner Zentralstellen.

Die Einverleibung Tirols in das bayerische Königreich konnte aber nicht ohne harte Maßnahmen erfolgen, da man in München einen modernen Einheitsstaat schaffen wollte. Die dazu notwendigen Reformen betrafen ganz Bayern, besonders alle seit 1802 erworbenen Gebiete und darunter wieder hauptsächlich Tirol, wo vieles erst nachzuholen war. Zum Teil waren es ähnliche Maßnahmen, wie sie bereits die österreichischen Herrscher Maria Theresia und Joseph II. begonnen, versucht oder zumindest beabsichtigt hatten. Schon damals hatte Wien damit den Unwillen der Tiroler Bevölkerung erregt und mußte vieles rückgängig machen. Was man sich schon vom angestammten Landesvater nicht gerne gefallen ließ, mußte als Diktat einer Fremdherrschaft besonders verbittern. Dazu kam statt der notwendigen Behutsamkeit nur zu oft eine übereilte und unkluge Vorgangsweise vor allem untergeordneter Beamter, die noch dazu durch hochmütiges Benehmen Anstoß erregten. Auch einheimische Amtsträger, die von den neuen bayerischen Herren aus österreichischen Diensten übernommen worden waren, machten das Regime oft genug unbeliebt, indem sie die angeordneten Reformmaßnahmen mit besonderem Eifer ausführten. Daß vieles am umfangreichen Reformwerk der bayerischen Regierung vor allem auf dem Gebiet des Gerichtswesens und der politischen Verwaltung, aber auch im schulischen Bereich und in anderen Belangen angebracht und an der Zeit war, da es ausgehöhlte Strukturen sowie manche Ungerechtigkeit und Unzukömmlichkeit beseitigte, wurde von fortschrittlichen Tirolern durchaus eingesehen. Doch die Mehrheit wollte nichts davon wissen.

Zu Beginn der bayerischen Herrschaft war es vor allem die drastische Erhöhung des Steuerdrucks, die den Unmut der Tiroler erregte. Schlimm war, daß gleichzeitig das Wirtschaftsleben stockte oder gar unter Rückschlägen litt. Dabei hatten sich ursprünglich viele Händler und Gewerbetreibende vom Wechsel der Staatszugehörigkeit wegen der verstärkten Wirtschaftsbeziehungen zum bayerischen Raum bedeutende Vorteile erhofft. Allein die Einbeziehung Tirols in den bayerischen

Mautverband ließ auf sich warten, die provinziellen Zölle bestanden fort, ja die neue Regierung verbot sogar den Viehexport nach Altbayern. Auch sonst gab es keine Förderung von Handel, Produktion und Verkehr durch die neuen Machthaber. Sie konnten auch nicht verhindern, daß Tirol durch Napoleons Kontinentalsperre großen Schaden nahm. Der Transithandel, eine der wirtschaftlichen Grundlagen des Landes, kam fast gänzlich zum Erliegen. Dennoch waren gerade die Bürger, vor allem die Innsbrucker, am ehesten geneigt, die positiven Seiten der Entwicklung zu sehen. Auf lange Sicht, so hoffte man, würden sich die neuen Grenzverhältnisse und auch die Nähe der Hauptstadt München doch noch positiv auswirken.

Auch in kulturpolitischer Hinsicht konnten sich freisinnige städtische Kreise von der aufgeklärten Münchner Regierung einiges erhoffen. Entsprechend ihrer Weltanschauung und Geisteshaltung hatten Beamtenschaft, Professoren und höhere Bürgerkreise meist nichts gegen die aufklärerische Kirchen- und Religionspolitik der neuen Regierung einzuwenden, die ansonsten im ganzen Lande abgelehnt wurde. Im Sinne des aufgeklärten Absolutismus fühlten sich die staatlichen Organe berechtigt, regelnd und reformierend in den kirchlichen Bereich einzugreifen und das religiöse Leben von allem zu säubern, was der neue Geist als unsinnig, unnütz und veraltet betrachtete. Auf die Traditionen und auf die konservative Denkweise des tiefgläubigen und an seinem Brauchtum hängenden Gebirgsvolkes wurde dabei keine Rücksicht genommen.

Porträt des bayerischen Königs Max I. Joseph auf einem in Tirol verbreiteten Flugblatt.

Wahrscheinlich haben die aufklärerischen Beamten gar nicht daran gedacht, wie sehr die bald nach der Übernahme der Herrschaft hereinbrechende Flut von Verboten und Verordnungen das religiöse Gefühl der Bevölkerung verletzen mußte. Tatsächlich war man vom Maß der Empörung völlig überrascht, die das Verbot der Mitternachtsmette zu Weihnachten des Jahres 1806 auslöste. Doch die Einmischung in kirchliche Angelegenheiten ging weiter: Bäuerliche Feiertage wurden abgeschafft, Bittgänge und Prozessionen verboten, das Glockengeläute am Feierabend unter Strafe gestellt usw. Alles wurde durch den Staat geregelt, ob es sich nun um das Rosenkranzgebet oder um den Verbrauch des Öls beim Ewigen Licht handelte. Wer nicht gehorchte, hatte Geld- und Arreststrafen, ja sogar öffentliche Prügelung zu befürchten.

Besser als das Volk sah der Klerus, daß die eigentliche Glaubenssubstanz nirgends angerührt wurde. Die meisten Priester ertrugen deshalb die Eingriffe mit Fassung, manche sahen die Notwendigkeit einiger Reformen auch ein. Aber auch Bischöfe und Klerus wurden mit nahezu unannehmbaren Forderungen konfrontiert, die alle auf eine völlige Unterwerfung der Kirche unter den Staat hinausliefen. Der Streit der Regierung mit den Tiroler Oberhirten in Brixen und Trient und dem Bischof von Chur, der während der napoleonischen Wirren in dem zum tirolischen Teil seiner Diözese gehörigen Meran residierte, artete immer mehr zu einem regelrechten Kirchenkampf aus, in dessen Verlauf der Bischof von Chur in die Schweiz abgeschoben und der von Trient nach Reichenhall verbannt wurde. Dreißig Priester mußten ihre Pfarren verlassen. Die sieben großen Klöster des Landes und eine Reihe weiterer geistlicher Vereinigungen wurden aufgehoben, die Stiftsgüter konfisziert. Daß sie

Unter bayerischer Herrschaft wurde die Haller Münzstätte reaktiviert. Neben anderen Geldstücken wurde hier diese „Landmünze" (6 Kreuzer) geprägt, die vorne das Profil des Königs zeigt und auf der Rückseite das seit September 1806 geltende Königswappen.

zumindest zum Teil zur Finanzierung öffentlicher Einrichtungen verwendet wurden und daß auch diese Maßnahmen bereits unter Joseph II. vorexerziert worden waren, änderte nichts an ihrer Wirkung auf die Stimmung der Bevölkerung, die in den Bayern allmählich eine gottlose Bande sehen mußte.

Der ärgste Schlag gegen das Tiroler Selbstverständnis und Traditionsbewußtsein war die Ausrufung der neuen Verfassung des Königreichs am 1. Mai 1808, die mit allem Althergebrachten völlig brach und einen modernen Einheitsstaat verwirklichen sollte. Die alten Provinzen als historisch gewachsene Einheiten wurden bewußt zerschlagen, an ihre Stelle traten kleinere Kreise nach rein administrativ-geographischen Gesichtspunkten. Solches Vorgehen traf andere Landesteile Bayerns nicht minder hart, war also keineswegs gegen Tirol gerichtet. Dennoch mußte es gerade die Tiroler brüskieren und verärgern, wenn ihr Land zu bestehen aufhörte und an seine Stelle nach den Hauptflüssen Inn, Eisack und Etsch benannte Kreise traten. Der Name Tirol wurde beseitigt.

Natürlich verschwand gleichzeitig die uralte landständische Verfassung, auf welche die Tiroler so stolz gewesen waren, auch wenn sie längst nicht mehr die einstige Bedeutung besessen hatte und volle Landtage seit langem kaum mehr zusammengetreten waren. Immerhin gab es noch landständische Behörden, Ausschüsse und verschiedene Amtsträger. Sie wurden jetzt aufgelöst oder abgesetzt. Vergeblich erinnerten die Tiroler an das Versprechen des Königs, ihre Sonderstellung, ihre Landesverfassung nicht anzutasten.

Mit der Einführung der zentralistischen Staatsverfassung bestand kein Hindernis mehr, Tiroler zum bayerischen Militärdienst heranzuziehen, was den verbrieften Landesfreiheiten widersprach. In München wußte man wohl, was eine allgemeine Konskription für die freiheitsliebenden Tiroler bedeutete. Doch Napoleon forderte von seinen Verbündeten immer größere Leistungen an Geld und Mannschaften. So mußte die Regierung alle Rücksichten fallenlassen, obwohl bereits die ersten Gerüchte über bevorstehende Zwangseinhebungen junge Männer veranlaßten, scharenweise in die Berge oder ins Ausland zu flüchten.

Als die Behörden am 12. und 13. März 1809 tatsächlich die ersten Rekruten ausheben wollten und dafür das Dorf Axams bei Innsbruck ausersahen, flohen die betroffenen Burschen in die umliegenden Wälder. Militär schwärmte aus, um die Entlaufenen festzunehmen. Dabei kam es zu einem ernsten Zwischenfall, als eine bayerische Patrouille zwei bewaffnete junge Männer festnehmen wollte und von ihnen in die Flucht geschlagen wurde. Daraufhin wurde das Militär in Alarmbereitschaft versetzt. In einigen Dörfern läuteten erstmals die Sturmglocken. Bauern griffen zu den Waffen, nahmen Soldaten gefangen und schickten sie entwaffnet nach Innsbruck zurück.

Die Folge dieses mißglückten Rekrutierungsversuchs waren Unsicherheit auf bayerischer und Selbstvertrauen auf tirolischer Seite. Die Widerstandsbereitschaft wuchs. Neben der Verbitterung über die verhaßten Maßnahmen der Fremdherrschaft hatte eine gezielte österreichische Propaganda ihre Früchte getragen. Auch organisatorisch waren die Tiroler zum Losschlagen bereit. Es fehlte nur noch das Signal.

Die Erhebung und Hofers Regiment
Die Ereignisse von April bis Oktober 1809

Viele Gründe mußten zusammenkommen, um den Aufstand der Tiroler gegen die bayerische Herrschaft auszulösen. Keiner allein hätte ausgereicht: weder die Aufhebung der alten Verfassung noch die Überheblichkeit bayerischer Beamter, weder die drückende Steuerlast noch die religionspolitischen Maßnahmen; ja nicht einmal die verhaßten Rekrutierungen zum bayerischen Militär hätten unter anderen Umständen solch verheerende Folgen gezeitigt. Ausschlaggebend war letztlich wohl, daß die Tiroler unter Bayern nicht Tiroler bleiben durften, daß man sie mit allen Mitteln zu Bayern machen wollte.

Vom wiederaufgerüsteten und kriegsbereiten Österreich aus wurde die Mißstimmung im Lande kräftig geschürt. Mehr noch: maßgebliche Kreise, an ihrer Spitze Erzherzog Johann, forderten die Tiroler geradezu zum Aufstand auf, versprachen ihnen alle Hilfe und versuchten, mögliche Skrupel zu beseitigen und ein gewaltsames Vorgehen gegen die rechtmäßige Regierung moralisch und juridisch zu rechtfertigen. Dabei wurde immer wieder betont, daß der bayerische König durch die Nichteinhaltung der Bestimmungen des Friedensvertrags von Preßburg das Recht auf Tirol verwirkt habe. Darin heißt es nämlich, Bayern solle von der Grafschaft Tirol „auf die gleiche Weise, mit den gleichen Titeln, Rechten und Prärogativen Besitz nehmen, wie sie vorher SE Majestät der Kaiser von Deutschland und Österreich oder die Prinzen seines Hauses besessen haben, und nicht anders". Dieser Passus wurde nun so ausgelegt, als ob er eine Garantie für die Sonderstellung Tirols beinhalte, eine Auffassung, die von bayerischer Seite – und wohl mit Recht – stets zurückgewiesen wurde, da diese auch sonst oft angewendete Floskel nach dem diplomatischen Sprachgebrauch eher die uneingeschränkte Zugehörigkeit Tirols zu Bayern bekräftigen sollte. Immerhin war auch eine Auslegung zugunsten Tirols möglich, und der in Wien wirkende Historiker, Archivdirektor und Dichter Josef Freiherr von Hormayr, ein Berater Erzherzog Johanns, sorgte durch seine propagandistische Tätigkeit dafür, daß diese Auffassung zum Allgemeingut der Tiroler wurde.

Auch das 1806 schriftlich abgegebene Versprechen des bayerischen Königs, daß er die Tiroler Landesverfassung nicht antasten wolle, spielte bei der moralischen Rechtfertigung des Aufstandes eine wichtige Rolle. Einem wortbrüchigen Herrscher sei man nicht zur Treue verpflichtet, wurde den Tirolern mündlich und schriftlich klargemacht. Außerdem hätten sie ein Recht auf Notwehr, ja sie seien sogar verpflichtet, heiligste Werte zu verteidigen. Flugblätter solchen Inhalts kursierten in großer Zahl in Tirol. Nachdem einige Führer des Tiroler Widerstandes – unter ihnen der Passeirer Sandwirt Andreas Hofer – in Wien konkrete Vereinbarungen getroffen hatten, kam es im ganzen Land zu geheimen Konfe-

Schmieden waren vielfach die geheimen Versammlungsorte der Tiroler zur Vorbereitung des Aufstandes gegen die bayerische Herrschaft. Eine solche Szene hat Johann Kapferer um die Mitte des 19. Jahrhunderts auf einem Ölbild dargestellt.

◁

Josef Freiherr von Hormayr, Propagandist der Volkserhebung und „Intendant" der provisorischen österreichischen Verwaltung nach der Vertreibung der Bayern.

renzen und zur organisatorischen Vorbereitung eines Aufstandes gegen die zahlenmäßig geringen Besatzungstruppen. Sofort nach der österreichischen Kriegserklärung an Bayern und Frankreich und dem Einmarsch des österreichischen Militärs in Tirol sollte losgeschlagen werden.

Die Untergrundarbeit tat ihre Wirkung. Anfang April 1809 war ganz Tirol zur Erhebung bereit. Nur die Innsbrucker waren von der allgemeinen bayernfeindlichen Stimmung wenig berührt. Auch wer von der Stadtbevölkerung treu österreichisch gesinnt geblieben war, wollte lieber auf einen Wechsel im Kriegsglück warten, als seine Hoffnung auf einen aussichtslosen Kampf gegen Napoleons erprobte Heere zu setzen und für das Land Kriegselend und Strafgerichte heraufzubeschwören. Die meisten Innsbrucker waren dann auch, als die Kämpfe rund um ihre Stadt herum mit besonderer Heftigkeit tobten, nicht viel mehr als leidgeprüfte und angsterfüllte Zuschauer.

Am 9. April 1809 war es soweit: Österreich erklärte Frankreich und seinen Verbündeten den Krieg, General Chasteler überschritt im Drautal die bayerische Grenze. Schon einen Tag vorher hatte Erzherzog Johann in Villach eine Urkunde unterzeichnet, mit der Österreich Tirol wieder in Besitz nahm. Josef Freiherr von Hormayr, der zum „Intendanten" für das wiedereroberte Land ernannt worden war, hatte auf eine frühzeitige Verlautbarung eines solchen „Besitzergreifungspatentes" großen Wert gelegt, damit sich die Tiroler nicht mehr als bayerische Untertanen fühlen mußten, sondern als Österreicher. Wer nun gegen Bayern kämpfte, war demnach kein Rebell, sondern ein Angehöriger eines militärischen Aufgebotes, wie es in der alten Tiroler Landesordnung für den Kriegsfall vorgesehen war. In kürzester Zeit kursierten im ganzen Land entsprechende Proklamationen und riefen die Bevölkerung zu den Waffen. Der Krieg war inzwischen in vollem Gang, am 10. April überschritt Erzherzog Karl mit der österreichischen Armee den Inn.

Bei der Kunde vom Kriegsausbruch erhoben sich überall in Tirol bewaffnete Bauernscharen, nahmen mißliebige Beamte gefangen und überwältigten oder vertrieben die schwachen Militäreinheiten. Einen gemeinsamen Oberbefehl gab es nicht, ja selbst bei Einzelaktionen fehlte oft eine wirkliche Führung. Der Passeirer Kommandant Andreas Hofer bei den Kämpfen in Sterzing und Josef Speckbacher bei der Gefangennahme der Besatzung von Hall und Volders waren Ausnahmen. Die schwersten Kämpfe ereigneten sich am 11. und 12. April um und in Innsbruck, wo die verzweifelt kämpfenden Bayern besiegt und gefangengenommen wurden. Einen Tag später mußte eine über den Brenner kommende französische Abteilung von 4600 Mann kapitulieren.

Im befreiten Land versuchte Intendant Hormayr als Vertreter der zivilen Gewalt, eine geordnete österreichische Verwaltung in Gang zu bringen. General Chasteler oblag die militärische Sicherung des errungenen Erfolges, eine zu schwierige Aufgabe, wie sich bald zeigen sollte. Denn Napoleon hatte inzwischen die Österreicher aus Bayern zurückgedrängt und marschierte in Richtung Wien. Er wollte keinen Unruheherd im Rücken und gab seinem Marschall Lefebvre den Befehl, mit zwei bayerischen Divisionen Tirol wieder zu unterwerfen. Obwohl die Tiroler die Grenzpässe nur schwach besetzt hielten, stieß der französische Feldherr am 11. Mai mit über 10.000 Mann am Paß Strub bei Lofer auf erbitterten Widerstand. Neun Stunden wurde gekämpft. Die Bayern verloren rund 1000 Mann an Toten und Verwundeten, bevor der Durchbruch endlich gelang. Die Soldaten waren wütend. Aufgehetzt durch wochenlange Propaganda, die die Tiroler als treulose Empörer und gnadenlose Unmenschen hinstellte, ließen sie sich bei dem nun folgenden Marsch über St. Johann nach Wörgl zu ärgsten Ausschreitungen hinreißen. Da wurde geplündert, Feuer gelegt, gemordet, daß den Offizieren schauderte. Sie hatten die Kontrolle über ihre Mannschaft verloren. Bei Wörgl erlitt das österreichische Korps eine schwere Niederlage. Beim Eingang ins Zillertal kam es erneut zu Kämpfen und zu Ausschreitungen. Dann wurde Schwaz erobert und in Brand gesteckt, ebenso Vomp und andere Orte der Umgebung.

Der Feuerschein und die Nachrichten vom gnadenlosen Wüten der Bayern hatten weitum Schrecken verbreitet, noch mehr aber Zorn und Haß. Die Grausamkeit des Feindes weckte in der bereits entmutigten bäuerlichen Bevölkerung erneut die Widerstandsbereitschaft. Während es im Inntal zunächst zu einer Kampfpause kam und die bayerischen Truppen in Innsbruck einzogen, rief südlich des Brenners Andreas Hofer dazu

Sofort nach der Befreiung im April 1809 wurden überall die bayerischen Wappen durch den Doppeladler ersetzt. Darstellung auf einer Schützenscheibe von Kaltern.

Der Brand von Schwaz und der umliegenden Dörfer im Mai 1809, gezeichnet von einem Zeitgenossen, dem Innsbrucker Servitenpater Benitius Mayr.

◁

General Johann Gabriel Marquis Chasteler war im April 1809 mit regulären österreichischen Truppen nach Tirol gekommen, wurde am 13. Mai bei Wörgl von den Bayern geschlagen und zog sich darauf ins sichere Pustertal zurück.

auf, dem „nördlichen Vaterland" Hilfe zu bringen und die „Mordbrenner" zu vertreiben. Auch Freiherr von Hormayr und andere Anführer der Volkserhebung waren für einen Marsch nach Innsbruck. Doch General Chasteler war dafür nicht zu gewinnen. Er zog über das Pustertal ab und ließ nur einen kleinen Rest seiner Truppen zur Unterstützung der Tiroler zurück.

Als von Innsbruck die Kunde ins Tiroler Hauptquartier nach Sterzing gebracht wurde, daß General Lefebvre seine Aufgabe in Tirol offenbar für beendet hielt und mit einem Teil der Truppen abzog, entschied sich ein Kriegsrat für den Angriff. Andreas Hofer, der von den Schützen und Landsturmabteilungen der südlichen Täler bereits allgemein als ihr Oberkommandant betrachtet wurde, schickte zum ersten Mal seine markig formulierten „Laufzettel" in alle Teile des Landes. Schon am nächsten Tag strömten von überall her bewaffnete Scharen in Sterzing zusammen. In den Morgenstunden des 25. Mai traf das etwa 5000 Mann starke Bauernheer in Matrei ein und begann mit der Besetzung der Berghänge südlich von Innsbruck, deren Mittelstück von der Sillschlucht bis zum Anstieg nach Natters damals allgemein als Bergisel bezeichnet wurde, ein Name, der heute nur mehr für den Hügel am Ausgang der Sillschlucht üblich ist. Speckbacher führte vom Unterinntal etwa 1000 Schützen heran. Die Tiroler wurden von rund 1200 Mann österreichischer Infanterie unterstützt, die über 5 Geschütze verfügten.

Einen Schlachtplan hatten die Tiroler nicht. „Wenn ihr die Bayern trefft, so schlagt drauflos und werft sie über den Berg hinab!" war Andreas Hofers einfaches taktisches Konzept. Es sollte sich bewähren. Bald kam es auf breiter Front zu Kämpfen mit den knapp 5000 bayerischen Soldaten unter General Deroy. Doch diese erste Bergiselschlacht dauerte nur wenige Stunden, die einbrechende Nacht und ein heftiger Gewitterregen trennten die Kämpfenden, ohne daß es eine Entscheidung gegeben hätte. Die Bayern hatten die Ebene, die Tiroler die Berghänge behaupten können.

Nachdem Andreas Hofer Verstärkungen herbeigerufen hatte, ließ er am 29. Mai 1809 noch einmal angreifen. Zuerst waren die bayerischen Truppen ganz in die Verteidigung gedrängt, dann berannten sie ihrerseits die Berghänge. Vergeblich. Ihre Verluste waren groß. Als am Abend die Lage für Deroy bedrohlich wurde, faßte er den Beschluß zum heimlichen Abzug in der Nacht. Zum zweiten Mal hatten die Tiroler die Bayern aus dem Land vertrieben. Einfälle der Feinde in südliche Landesteile wehrte die italienische Bevölkerung zusammen mit Deutschtiroler Schützenkompanien ab. Wie schon im April kam es auch jetzt wieder entlang der Nordgrenze zu Ausfällen einzelner Tiroler Einheiten nach Bayern, was da und dort in wilde Plünderungen ausartete. Aber auch so manche Niederlage mußten die Tiroler in Bayern einstecken.

Napoleon war inzwischen am 21. und 22. Mai nahe Wien bei Aspern und Eßlingen von der österreichischen Armee unter Erzherzog Karl besiegt worden, konnte jedoch, da die Österreicher ihren Erfolg nicht entschieden genug nützten, seinerseits die Österreicher bei Wagram schlagen und sie zu einem Waffenstillstand zwingen, der am 12. Juli in Znaim unterzeichnet wurde und Tirol neuerlich den Feinden auslieferte. Die Meldung wurde in Tirol zunächst nicht geglaubt, vor allem da Kaiser Franz erst am 29. Mai „seiner getreuen Grafschaft Tirol" feierlich versichert hatte, nie mehr einen Frieden unterzeichnen zu wollen, der das Land von Österreich trennt. Nun war freilich ein Waffenstillstand noch kein Friedensschluß, und der Vertrag von Znaim, von dem die Tiroler alsbald und unzweifelhaft auch offiziell in Kenntnis gesetzt wurden, enthielt ja „nur" die Bestimmung, daß Tirol von den Österreichern geräumt werden müsse. Von einer neuerlichen Besetzung durch Bayern und Franzosen war nicht ausdrücklich die Rede, was einige Optimisten weiter hoffen ließ.

In Wahrheit hatte natürlich Napoleon andere Absichten. Seinen eigenen Worten zufolge hatte er den Waffenstillstand überhaupt nur abgeschlossen, um mit den Tirolern abrechnen und das rebellische Land endgültig unterwerfen zu können. Rund 20.000 Mann wollte er abstellen, um sie von vier Seiten ins Land eindringen zu lassen. Das Oberkommando erhielt wiederum General Lefebvre: „Seien Sie schrecklich", hieß es in Napoleons Befehl. Geiseln sollten genommen und zur Abschreckung mehrere Dörfer angezündet werden. Zum Glück für die Tiroler nahm Lefebvre seinen Kaiser nicht wörtlich. Bei der Besetzung des Inntals in

Der bayerische General Bernhard Erasmus Graf Deroy, der die beiden Bergiselschlachten vom 25. und 29. Mai leitete.

den letzten Julitagen kam es zu keinerlei Übergriffen oder Grausamkeiten der Soldaten. Dies hängt natürlich auch damit zusammen, daß sie auf keine Gegenwehr stießen.

Zugleich mit dem Einmarsch des französischen Generals, der neben zwei bayerischen auch eine sächsische Division mit sich führte, zogen sich die noch in Tirol verbliebenen österreichischen Truppeneinheiten über den Brenner und das Pustertal nach Österreich zurück. Auch Freiherr von Hormayr und einige Tiroler Kommandanten verließen das Land. Innerhalb der Bevölkerung gab es verschiedene Strömungen. Viele Leute wollten von weiteren Kämpfen nichts mehr wissen. Angesehene Männer wirkten in diesem Sinne und riefen zu Ruhe und Besonnenheit auf. Es bleibe den Tirolern nichts anderes übrig, als sich geduldig in die Fügungen Gottes zu ergeben, hieß es in einem Aufruf des Brixner Bischofs. Nicht wenige waren anderer Meinung. Hatte man nicht gesehen, was ein Bauernheer leisten kann? Dabei waren im April und im Mai nicht einmal alle Kräfte aufgeboten worden. Und nun wolle man kampflos die Freiheit verlieren? An die Spitze dieser „Kriegspartei" stellte sich Andreas Hofer, der im noch unbesetzten Süden getreue Kommandanten um sich sammelte und für den weiteren Widerstand warb. Seiner Überzeugung nach hatte Napoleon kein Recht, während des Waffenstillstandes den Krieg in Tirol fortzusetzen. Auch der Kaiser sei getäuscht worden. Jeder Tiroler habe sogar die heilige Pflicht, den durch Lüge und Verrat ins Land gekommenen Feind zu vertreiben.

Inzwischen hatte General Lefebvre von Innsbruck aus strenge Befehle und Drohungen erlassen, doch gelang es ihm nicht, die Anführer der Erhebung festzunehmen. Er mußte nun alles daransetzen, den südlichen Landesteil zu besetzen. Denn der französische Marschall wußte aus bitterer Erfahrung, daß der Besitz der Hauptstadt noch nicht die Eroberung Tirols bedeutete. Der Kriegsplan sah vor, den Kern des Landes, der seit den Apriltagen nie behelligt worden war, von mehreren Seiten anzugreifen. Lefebvre selbst schickte sogleich eine starke Abteilung durch das Oberinntal in den Vinschgau und eine andere, die zum größten Teil aus Sachsen bestand, über den Brenner nach Brixen. Sie sollte sich dort mit einer über das Pustertal einmarschierenden französischen Division unter General Ruska vereinigen. Außerdem war im Süden eine französische Brigade zum Angriff durch die Veroneser Klause auf Trient angetreten, eine andere hatte den Auftrag, über Ampezzo ins Pustertal vorzustoßen. So war das südliche Tirol von allen Seiten eingekreist, und keiner der militärischen Führer zweifelte am Gelingen des Plans. Allein es kam anders.

Hofers Aufrufe hatten ihre Wirkung getan. Ohne voneinander zu wissen, ohne einen von einem Hauptquartier ausgegebenen Operationsplan griff die einheimische Landbevölkerung überall zu den Waffen und verwehrte dem Feind den Eintritt ins Land oder den Vorstoß in einen noch nicht besetzten Landesteil. In Kämpfen um die Lienzer Klause, an der Ehrenberger Klause (bei Reutte), an der Pontlatzer Brücke (zwischen Landeck und Prutz) und in der Eisackschlucht zwischen Sterzing und Brixen fügten Bauern den kampferprobten und gedrillten Soldaten vernichtende Niederlagen zu. Ruska mußte mit seinen Franzosen nach

Der französische General Lefebvre, Herzog von Danzig, der die bayerischen Divisionen zweimal nach Tirol führte und im August 1809 gegen die Tiroler Bauern bittere Niederlagen hinnehmen mußte.

Kärnten abziehen, wobei er aus Rache noch die Dörfer rund um Lienz anzünden ließ. Im Oberinntal wurde der Vormarsch von 1400 bayerischen Fußsoldaten, einer Einheit Dragonern und einer Abteilung Artillerie mit zwei Kanonen vereitelt, wobei wie schon 1703 auch die Taktik von Steinlawinen angewendet wurde. Südlich von Sterzing waren es zunächst die sächsischen Kontingente, die in die Falle der Tiroler Landesverteidiger gingen. Sie fanden die engen Wege durch Baumstämme und Felsbrocken verlegt, wurden von allen Seiten aus dem Hinterhalt beschossen und mit Steinlawinen überschüttet. Nachdem sich ihr General zurückgezogen hatte, um Verstärkung zu holen, verbluteten seine im Ort Oberau verschanzten Soldaten in zweitägigem Kampf. Die Schlucht zwischen Mauls und Franzensfeste wird seit damals „Sachsenklemme" genannt.

Als Lefebvre in Innsbruck vom mörderischen Ringen in der Eisackschlucht erfuhr, brach er sofort mit 7000 Mann und 10 Geschützen auf, um selbst den Weg über den Brenner nach Südtirol freizukämpfen. Aber auch er mußte unter schweren Verlusten den Rückzug antreten. Der Marschall erlebte am eigenen Leib, was seinen Untergebenen das Kriegführen in Tirol schon längst verleidet hatte. Die ungewohnten äußeren Bedingungen im Gebirgsland, vor allem aber die wilde Tapferkeit der Tiroler und ihre für reglementgewöhnte Armeesoldaten unbekannte Kampfesweise waren bei den Truppen der napoleonischen Allianz gefürchtet. Französische Offiziere, die an der Spitze von bayerischen Einheiten nach Tirol geschickt wurden, beklagten sich heftig über ihr Schicksal.

Auf seinem Rückzug von Sterzing nach Innsbruck folgten Lefebvre Tausende Tiroler Schützen, die sich unter der Führung von Andreas Hofer, Josef Speckbacher, Peter Mayr, dem Wirt an der Mahr, und Pater Haspinger zur dritten Bergiselschlacht formierten. Die nächsten Tage mußten eine Entscheidung bringen. In Innsbruck wurde die Lebensmittelknappheit so kraß, daß Lefebvre seine entkräfteten Truppen nicht schonen konnte und die Schlacht annehmen mußte. Es blieb ihm nichts anderes übrig, als am 13. August die auf den Bergrücken von Volders bis Kranebitten stehenden Tiroler anzugreifen. 15.000 Schützen waren diesmal dem Ruf Andreas Hofers und seiner Mitkämpfer gefolgt. Eine Verstärkung durch reguläres Militär gab es freilich nicht. Die bayerische Streitmacht war etwa gleich groß. Nach einer heftigen Kanonade marschierten die Sturmbataillone gegen die Hänge. Den ganzen Tag über wurde mit letztem Einsatz gerungen. Immer wieder trieben die französischen Kommandanten das bayerische Fußvolk in das mörderische Feuer der Tiroler. In manchen Abschnitten der Frontlinie kam es auch zu verzweifelten Nahkämpfen. Die Tiroler behielten bis zum Abend ihre Stellungen und bauten sie sogar aus. Um der völligen Einschließung und Gefangennahme zu entgehen, blieb Lefebvre nach einem Ruhetag nichts anderes übrig, als in der Nacht zum 15. August den Rückzug anzutreten. Zahlreiche Höfe und Ansitze rund um Innsbruck, die während der Kämpfe halbwegs heil geblieben waren, ließ er vorher niederbrennen. Auch einige Geiseln wurden mitgenommen.

Tirol war wieder frei. Das Land war jetzt aber völlig auf sich allein

Der „Hofer-Zwanziger" aus der Haller Münzstätte, geprägt nach der dritten Befreiung des Landes unter der Regentschaft von Andreas Hofer.

gestellt. Von außen war keine Hilfe mehr zu erwarten. Und im Innern fehlte eine gesetzmäßige Autorität. In dieser kritischen Situation suchte alles einen Mann, der imstande war, die Zügel in die Hand zu nehmen und chaotische Zustände zu verhindern. Es gab nur einen, Andreas Hofer, den Wirt und Viehhändler aus dem Passeier. Er hatte sich nie selbst vorgedrängt, sondern war allmählich dank seiner Persönlichkeit und seiner Führungsqualitäten vom Schützenhauptmann seines Heimattales zum Oberkommandanten des ganzen Landes aufgestiegen. Nun wurde er von allen Seiten aufgefordert, auch die zivile Verwaltung zu übernehmen. Aus Verantwortungsbewußtsein willigte er ein. Er verstand sich als „Treuhänder des Kaisers" und wollte – wohl wissend, daß er für derartige Aufgaben nicht geboren und nicht geschult war – das Land eben regieren, „so gut i's dermachen kann".

Mit der schwierigen Aufgabe, die Geschicke eines ganzen Volkes zu lenken, war der einfache Wirt gewiß überfordert. Hausverstand und Bauernwitz, natürliches Rechtsempfinden, ein respektgebietendes Auftreten, Redlichkeit, Volksverbundenheit und Leutseligkeit, Frömmigkeit, Gottvertrauen und Patriotismus konnten die fehlenden Voraussetzungen nicht ersetzen. Andreas Hofer war eben kein Staatsmann. Deshalb verließ er sich in den meisten Belangen auch auf Berater aus allen Ständen. In der Hauptsache war es aber doch ein Bauernregiment, das nun in der Innsbrucker Hofburg herrschte. Dementsprechend ländlich und ungezwungen ging es im Kreis der neuen Regierung zu, was ihr Ansehen bei den Innsbrucker Bürgern nicht gerade förderte. Hofer und seine Berater steuerten einen antiliberalen, radikal-konservativen Kurs, ließen mehrere angesehene Universitätsprofessoren nicht nur wegen ihrer Bayernfreundlichkeit, sondern wegen aufklärerischer Tendenzen verhaften und schritten durch „Sittenmandate" gegen allzu offenherzige Mode ein.

Die Landesverwaltung wurde notdürftig wieder in Gang gesetzt. In Hall ließ Hofer eigene Tiroler Münzen prägen, die als „Hofer-Zwanziger" bekannt wurden. Eine wichtige Aufgabe war die Beschaffung von Geldmitteln durch Anleihen bei Innsbrucker Handelsfirmen und Einzelpersonen. Vor allem aber ging es darum, die Landesgrenzen abzusichern. Alle Übergänge und Pässe im Norden wurden mit starken Einheiten besetzt. Im gefährdeten Osten und Nordosten sollten starke Vorposten geschaffen werden. Tatsächlich gelang es den Tirolern, auch Teile der Salzburger Bevölkerung gegen die französisch-bayerische Besatzung aufzuwiegeln und den Steinpaß zwischen Lofer und Bad Reichenhall sowie den Paß Lueg südlich von Hallein in ihren Besitz zu bringen. Diese Aktionen außer Landes waren freilich innerhalb der Tiroler Führung umstritten. Nicht alle Kommandanten und Mannschaften waren bereit, dabei mitzumachen.

Die Last der letzten Entscheidung und der Hauptverantwortung lastete auf Andreas Hofer ziemlich allein. Er hatte zwar daran gedacht, seiner Regierung durch die Einberufung einer „Nationalrepräsentation" eine solide Basis zu schaffen, doch kam es nicht mehr dazu. Die Mitglieder dieses Landtages hätten wegen der besonderen Umstände nicht gewählt, sondern von Hofer „nach bestem Ermessen" und „nach allen darüber

Befreyungs-Kampf am Berg Isel am 13. August 1809.

eingeholten Erkundigungen" ernannt werden sollen. Die Ereignisse gingen über solche Pläne ebenso hinweg wie über die Vorstellungen des Oberinntaler Richters und Bauernvertreters Michael Senn, der die errungene Selbständigkeit Tirols zur Erlangung einer besseren, zweckmäßigeren und zeitgemäßeren Landesverfassung nützen wollte. Er meinte, die Tiroler sollten die Rückkehr zu Österreich von der Erfüllung dieser Forderung und von anderen Bedingungen abhängig machen.
Andreas Hofer machte sich über die Möglichkeiten des Landes keine Illusionen. Bald nach der dritten Befreiung ließ er dem österreichischen Kaiser einen dringenden Brief schreiben: „Wir haben nochmals den Feind hinausgeworfen. Aber es drohen uns große Gefahren. Da ersuchen wir Ew. um Hilfe. Sollten jedoch die Umstände unmittelbare Hilfe unmöglich machen, so wollen E. M. dem getreuen Lande wenigstens die

Die dritte Bergiselschlacht am 13. August 1809, dargestellt von Jakob Placidus Altmutter, einem unmittelbaren Augenzeugen, der hinter den bayerischen Linien Skizzen anfertigte und sie später zu Aquarellen und Gemälden ausarbeitete.

Der Tiroler Oberkommandant und Landesregent Andreas Hofer, porträtiert von der Schwazer Malerin M. A. Moser. Dieses authentische Bildnis wurde vielfach kopiert und als Kupferstich weit verbreitet.

gegenwärtige Lage der Dinge mitteilen, um hieraus ersehen zu können, ob weiterer Widerstand die Rettung des so teuren Vaterlandes oder den gänzlichen Untergang desselben herbeiführen würde." Doch am Kaiserhof zögerte man. Es war nicht sicher, ob man die Tiroler nicht noch einmal brauchen würde. So weckte man in Innsbruck Hoffnung und Zuversicht und ließ das Land in die Katastrophe schlittern.

Freiheit und Einheit gehen verloren
Die Niederschlagung der Erhebung, Strafgerichte und Dreiteilung des Landes

Anfang Oktober 1809 mehrten sich in Tirol die unterschiedlichsten Gerüchte über angebliche Schlachten, Siege, Niederlagen, über einen Frieden und die Zukunft Tirols. In verantwortungsloser Weise ließ Wien die Tiroler über die wirtschaftliche und militärische Lage Österreichs im unklaren, bestärkte sie sogar in ihrem Eifer, auch als längst klar war, daß im bevorstehenden Friedensschluß Tirol für Österreich nicht zu retten war. Noch am 4. Oktober empfing Andreas Hofer eine Ehrenkette des Kaisers und eine beachtliche Summe für Verteidigungszwecke. Daß die Bauernführer die bald danach eintreffende Meldung vom Frieden zu Schönbrunn (14. Oktober) und vom neuerlichen Verzicht des Kaisers auf Tirol nicht glauben wollten, ist verständlich. Aber auch als an den Tatsachen nicht mehr zu zweifeln war, wollte man sie ganz einfach nicht wahrhaben. Selbst günstige Friedensangebote der Franzosen und des bayerischen Thronfolgers Ludwig, eines erklärten Freundes der Tiroler, wurden abgelehnt. Noch einmal wollte man eine Besetzung des Landes verhindern. Dabei war die Stimmung alles andere als zuversichtlich.

Nicht nur die Städter sehnten sich nach ruhigeren Zeiten, hatten genug von all den Befreiungen und Besetzungen und zweifelten, ob all die Opfer an Menschen und materiellen Werten das Schicksal Tirols ändern konnten. Es wurde ja ohnehin nicht am Bergisel, sondern auf den großen Schlachtfeldern Europas und an den Konferenztischen entschieden. Auch in der Landbevölkerung mehrten sich die Klagen. Es gab Gegenden, wo die Kriegsbegeisterung nie sehr groß gewesen war. Je mehr sich der Einsatz mit der Waffe in die Länge zog, desto mehr Kompanien drängten nach Austausch und Ergänzung der Mannschaften, um „Ruhetage" einschalten zu können. Beschwerden wegen mangelnder Verpflegung und fehlender Besoldung waren bei den Schützen nicht selten. Immer mehr wollten nach Hause oder folgten den Aufrufen Hofers einfach nicht mehr.

Noch am Tag des Friedensschlusses von Schönbrunn gab Napoleon den Befehl, Tirol endgültig zu unterwerfen. Von Rache und Strenge war diesmal allerdings nicht die Rede. Das Volk sei zu entwaffnen; doch auch die Beschwerden der Bewohner sollten entgegengenommen und untersucht werden; gegebenenfalls sei Abhilfe zu schaffen. Drei bayerische Divisionen traten zum Sturm auf Tirol an. Den Oberbefehl hatte nun General Drouet d'Erlon inne. Ein Divisionskommando führte der bayerische Kronprinz Ludwig. Am 17. Oktober wurde in Melleck der starke Tiroler Vorposten unter Speckbacher aufgerieben, wodurch der Zugang zum Paß Strub geöffnet war. Zwei andere Truppenkörper überschritten bei Kufstein und bei Kössen die Landesgrenze. Obwohl sich die Bayern bewußt Zeit ließen, um den Tirolern das Einlenken zu ermöglichen, standen sie bereits am 24. Oktober vor Innsbruck.

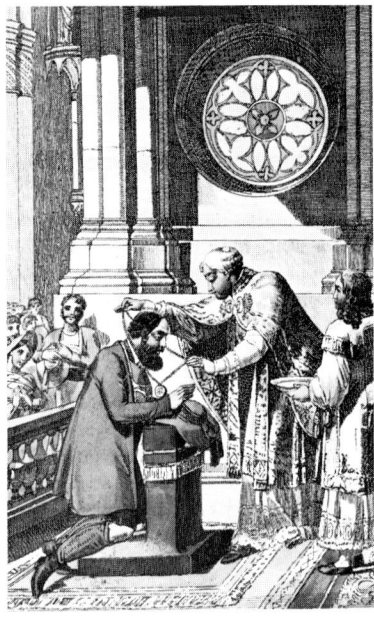

Andreas Hofer erhält am 4. Oktober aus der Hand des Abtes von Wilten die Ehrenkette des Kaisers. Zeitgenössischer Kupferstich.

Kronprinz Ludwig von Bayern, ein Freund der Tiroler und Gegner Napoleons, wurde 1810 zum Generalgouverneur und Militärkommandanten des Inn- und Salzachkreises ernannt. Er schlug in der Innsbrucker Hofburg seine Residenz auf.

Drei Tage vorher hatte Andreas Hofer die Tiroler Landeshauptstadt verlassen. Er war völlig verwirrt und wußte nicht, was zu tun sei. Verstört zog er zwischen verschiedenen Wipptaler Orten hin und her. Von allen Seiten redete man auf ihn ein. Jeder wollte und behauptete etwas anderes. Daß Österreich Tirol abgetreten habe, konnte Andreas Hofer im Vertrauen auf das feierliche Versprechen des Kaisers einfach nicht glauben. Die Möglichkeit eines neuerlichen Sieges über das Invasionsheer war jedoch nicht sehr groß, da viele der besten Anführer und Kompanien nicht mehr mittun wollten und allerorten Unsicherheit und Niedergeschlagenheit herrschte. Nur notdürftig hielt man den Bergisel besetzt. Für die Bayern wäre es ein leichtes gewesen, die Tiroler Stellungen einfach zu überrennen, doch der Kronprinz wollte unnötiges Blutvergießen vermeiden. Eine Art von Truppenparade sollte die bayerische Macht demonstrieren und die Bauern erkennen lassen, daß weiterer Widerstand sinnlos war. Endlich trafen am 27. Oktober im bayerisch-französischen Lager die Plakate mit den Friedensbedingungen ein. Sie enthielten auch die Zusicherung der Straflosigkeit für alle, die die Waffen sofort niederlegten. Mehrere Pakete mit diesen Schriftstücken sandte man an Hofers Hauptquartier hinter dem Bergisel. Angesichts der Tatsachen entschloß sich der Oberkommandant endlich, einen Waffenstillstandsbefehl auszugeben und selbst beim Kronprinzen vorzusprechen. Der Wagen war schon bespannt. Doch ein wütender Pater Haspinger vermochte Hofer umzustimmen. Also mußte es noch einmal zum Kampf kommen.

Nach leichten Gefechten am 31. Oktober traten die Bayern am 1. November in der Früh zum Sturm auf den Bergisel an. Es genügte eine kurze Beschießung und ein knapp zweistündiger Kampf. Die früher so todesmutigen Tiroler leisteten kaum Widerstand. Doch selbst diese letzte, verlorene Bergiselschlacht war noch nicht das Ende. Andreas Hofer brach jetzt unter der ihm aufgebürdeten Verantwortung zusammen und wurde zum Werkzeug verantwortungsloser Hitzköpfe. Vergeblich mahnten einige seiner engsten Vertrauten und treuesten Unterkommandanten, unter ihnen vor allem Jakob Sieberer und der Priester Josef Danei, daß nur eine Unterwerfung dem Lande noch größeres Leid ersparen könne. Zwar schenkte ihnen Hofer kurzfristig Gehör und erließ einen Aufruf, die Waffen niederzulegen, doch bald darauf konnten ihn andere durch Drohungen und Hinterlist dazu bringen, sein gegebenes Wort zu widerrufen. So schwankte er mehrmals hin und her, bis die Kriegspartei endgültig die Oberhand behielt. Erfolgreiche Gefechte, so ein Sieg am Küchelberg bei Meran am 16. November und die Gefangennahme von 1000 Franzosen in St. Leonhard in Passeier am 22. November schienen diesen Leuten rechtzugeben. Sieberer und Danei, die immer noch leidenschaftlich für den Frieden eintraten, wurden eingesperrt und schließlich sogar zum Tode verurteilt. Sie verdankten anrückenden Franzosen ihr Leben. Noch bis in den Dezember hinein wurde in mehreren Tälern gekämpft; viele Blutopfer und Hunderte Brandruinen waren die Folge.

Durch die Mißachtung der Friedens- und Amnestieangebote hatten sich die Aufständischen jede Schonung verwirkt. Das Strafgericht der Sieger war jedoch nicht überall gleich hart. In Nordtirol gab es überhaupt keine Todesurteile. Dagegen errichtete General Broussier im Pustertal ein wahres Schreckensregiment. In fast jedem größeren Ort fand er ein Opfer. Oft wurde ein Mann einfach willkürlich aus der Schar der Dorfbewohner herausgegriffen und ohne langes Verfahren abgeurteilt. Auch mehrere Priester waren unter den Erschossenen, deren Leichen meist mehrere Tage lang zur Schau gestellt wurden. Erst nach 25 Hinrichtungen ließ der Franzose von seinem haßerfüllten Wüten. Gerechter, aber ebenfalls streng gingen die Befehlshaber in Bozen und Brixen vor. Hier gab es eine Reihe von Exekutionen, andere Gefangene wurden zu lang-

Gedenktafel an die Erschießung zweier unschuldiger Bewohner des Marktes Windisch-Matrei (heute Matrei in Osttirol), die am 29. Dezember 1809 der Rachejustiz des französischen Generals Broussier zum Opfer fielen.

jähriger Festungshaft verurteilt und kehrten zumeist nicht mehr heim. Andererseits gab es auch im Süden Tirols verständnisvolle Kommandanten und milde Richter, die sich jeder Rachejustiz enthielten. Der für Tirol zuständige französische Vizekönig Italiens, Napoleons Stiefsohn Eugen Beauharnais, wollte auch den auf der Pfandleralm verhafteten und nach Mantua überstellten Andreas Hofer begnadigen, weil er sich gegenüber dem Feind menschlich verhalten und viel Unglück vermieden habe. Doch der Kaiser der Franzosen ordnete höchstpersönlich Hofers rasche Verurteilung und Hinrichtung an. Das Militärgericht konnte nicht mehr frei entscheiden.

Andreas Hofer war Ende November auf die Kellerlahn im Passeier, dann auf den Pfandlerhof und schließlich auf die Pfandleralm geflüchtet. Vom Feind war er geächtet, zur Flucht nach Österreich hatte er sich nicht überreden lassen. Er konnte seine Heimat in dieser schwersten Stunde nicht verlassen: Zuviel verband ihn mit dem Schicksal dieses Landes, zu schwer lastete auf ihm die Verantwortung für Not und Leiden seines Volkes. Noch immer konnte er aber nicht glauben, daß alles umsonst gewesen sein soll. In einem letzten Brief an den verehrten Erzherzog Johann fleht er verzweifelt um militärische Hilfe. Hofer fühlt sich in seinem Vertrauen auf den Kaiser enttäuscht und zugleich in

Andreas Hofer wurde in ganz Europa zu einer Symbolgestalt des Freiheitswillens. Sein Bild war weit verbreitet, u. a. auf Schnupftabakdosen wie dieser, wo er neben den deutschen Freiheitskämpfern Friedrich Wilhelm von Braunschweig und Ferdinand von Schill abgebildet ist.

Schuld verstrickt. Er unterschreibt den Brief als „armer verlassener Sünder". Gerade aus diesen Zeilen geht hervor, wie sehr Hofer unter Gewissensqualen und der Bürde seiner Stellung litt. Weil er immer auf die Hilfe Österreichs hingewiesen habe, müsse er nun „als Lugner vor meinen Brüdern stehen, zu Schanden vor allen werden, und nicht anderes wartet mir, als die Fluchreden in das kühle Grab: ,Du bist die Ursach unseres Unglücks'. Aber auch dieses wollte ich gerne ertragen, nur das strenge Gericht Gottes, wo ich Rechenschaft über meine Untergebene werde ablegen müssen, befürchte ich."

Über die Wochen vor dem Verrat Raffls, der Hofer der Gefangenschaft der Franzosen und damit dem Tod preisgab, schreibt Karl Paulin in seiner Andreas-Hofer-Biographie: „In der Einsamkeit dieser Adventwochen vollzog sich in Andre Hofer jene seelische Wandlung und Läuterung, die ihn über alle Niederungen des Kampfes und der eigenen Schuld erhob und den tragischen Helden des Jahres 1809 zur heroischen Überwindung des Lebens und der Todesfurcht befähigte." Vielleicht betrachtete Hofer den Tod als Sühne für eigene Schuld und als Erlösung von irdischem Zweifel und Gewissensqualen, wie der Dichter Franz Kranewitter es in seinem Andreas-Hofer-Drama darstellt. „Ade mein schnede Welt, so leicht khombt mir das sterben for, das mir nit die augen naß werden..." Diese ergreifenden Worte schrieb Andreas Hofer vor seiner Erschießung in Mantua am 20. Februar 1810. Der Historiker Hans Kramer meint: „Erst vom Festungswall in Mantua aus stieg er wahrhaft zur Unsterblichkeit empor..."

Der Freiheitskampf des Tiroler Volkes erregte durch seine Erfolge, aber auch durch sein tragisches Ende und die Erschießung Andreas Hofers in ganz Europa großes Aufsehen. Er wirkte wie ein Fanal und weckte oder bestärkte den Widerstand gegen den verhaßten Unterdrücker. So gesehen waren die Opfer der Tiroler nicht vergebens, sondern leiteten die Befreiung von 1813/14 ein. Zum Jahreswechsel 1809 konnte man das jedoch nicht ahnen.

Die Zukunft Tirols war ungeklärt und düster. Napoleon hatte die Bedeutung dieses Berglandes erkannt und hegte damit verschiedene Pläne. Zeitweise soll der Franzosenkaiser mit dem Gedanken gespielt haben, Tirol mit eigener Verfassung direkt unter seine Herrschaft zu stellen. Auch ein Anschluß ganz Tirols an das italienische Königreich schien durchaus im Bereich des Möglichen. Der bayerische König, seine Minister und Diplomaten wiederum bemühten sich, Tirol unversehrt zurückzuerhalten. Um den bayerischen Verbündeten nicht ganz zu verärgern und anderseits das Tiroler Volk möglichst zu schwächen, entschied sich Napoleon schließlich für eine Dreiteilung des Landes. Welschtirol und der südlichste Teil des deutschsprachigen Tirol (mit der Stadt Bozen) kamen zum Königreich Italien, ebenso Toblach im Pustertal, das in seinem östlichen Teil (mit Lienz und dem Iseltal) zu den Illyrischen Provinzen Frankreichs geschlagen wurde, deren Hauptstadt Laibach war; nur der Rest von Tirol, also das heutige Nordtirol und von Südtirol das Eisacktal mit Brixen bis südlich von Klausen, das Pustertal westlich von Toblach sowie der Vinschgau bis südlich von Meran, blieb bei Bayern. Petitionen vieler deutschsprachiger Gemeinden im Süden des Landes hatten diese unnatürliche Grenzziehung nicht verhindern können.

Die Münchner Regierung hatte aus der traurigen Erfahrung doch einiges gelernt. Sie entsandte – einer Anregung Napoleons folgend – den Kronprinzen Ludwig als Generalgouverneur des Inn- und Salzachkreises nach Innsbruck und unterstrich damit die Bedeutung Tirols. Dem leutseligen Prinzen, der mit seiner Gemahlin Therese in der Innsbrucker Hofburg

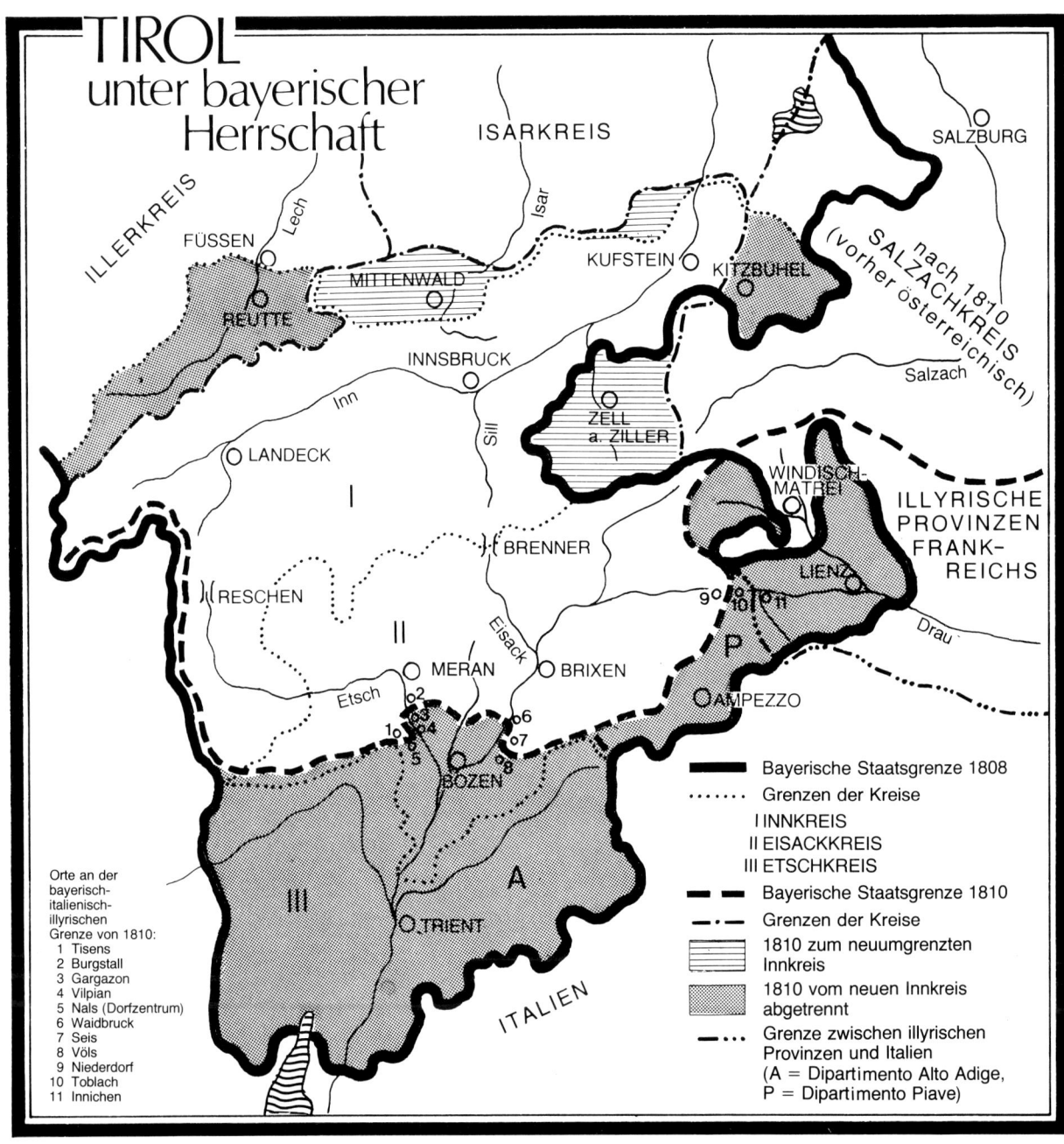

Rekrutierung zum bayerischen Militär im Lechtaler Ort Elbigenalp, dargestellt vom einheimischen Maler und Lithographen Anton Falger.

Oberer Teil eines Reisepasses des italienischen Königreichs mit den entsprechenden Hoheitszeichen und Stempeln, ausgestellt 1811 vom Trienter Präfekten des Departements Alto Adige, zu dem auch noch Bozen gehörte.

residierte und von hier aus das Land durchwanderte, gelang es auch, die Zuneigung der Tiroler zu gewinnen und zu einer gewissen Versöhnung beizutragen. Der mit ihm befreundete Generalkommissär Lerchenfeld war nach Kräften bemüht, frühere Fehler wieder gutzumachen und die Ursache berechtigter Klagen abzustellen. Die Konskription blieb allerdings, wurde aber von der enttäuschten und verbitterten Bevölkerung mit Resignation hingenommen. Auch der Steuerdruck und die Mißstände im staatlichen Finanzsystem wurden nicht besser, im Gegenteil: die Auswirkungen des Krieges verschlimmerten die Situation. Zu einer radikalen Kehrtwendung entschloß man sich in der Kirchenpolitik; die meisten der verbotenen Bräuche wurden wieder zugelassen.

Daß die Bayern nun einen viel milderen und klügeren Kurs steuerten, darf nicht darüber hinwegtäuschen, daß sich am Zentralismus des bayerischen Staatswesens nichts änderte. Bester Beweis dafür ist die Aufhebung der Innsbrucker Universität. Der akademische Nachwuchs Tirols sollte von nun an an der Landshuter Hochschule ausgebildet und wohl auch zu guten Bayern erzogen werden.

Die zum italienischen Königreich geschlagenen südlichen Landesteile bildeten im italienischen Königreich das Departement Alto Adige, also Hochetsch, da nach französischem Vorbild die Verwaltungseinheiten nach Flüssen benannt wurden. Hier und in den Gerichten Sillian, Lienz und Windisch-Matrei, die jetzt „Cantone" der Illyrischen Provinz Kärnten waren, wurde das sehr zentralistische französische Verwaltungssystem eingeführt.

Mit der Niederringung Napoleons 1813/14 ging für Tirol die Zeit der bayerisch-italienisch-französischen Fremdherrschaft zu Ende. Das bayerische Königreich war zwar noch rechtzeitig in das Lager der Napoleongegner übergetreten, doch beharrte Österreich verständlicherweise darauf, sich Tirol bei der Neuordnung der Verhältnisse wieder anzugliedern. Die südlichen Landesteile wurden schon im Laufe des Jahres 1813 unter kräftiger Mithilfe der Tiroler von Österreich besetzt. Die Unruhe unter der Bevölkerung, die sogar zu bewaffneten Auseinandersetzungen führte, beschleunigte die Entwicklung auch für Bayerisch-Tirol. Nach Abschluß längerer Verhandlungen war im Sommer 1814 ganz Tirol wieder österreichisch. Auch die Gerichte Matrei und Lengberg im heutigen Osttirol, die bis 1805 zu Salzburg gehört hatten, wurden jetzt mit Tirol

An die Zeit, als Lienz zu den Illyrischen Provinzen Frankreichs gehörte (1810–1813), erinnert eine Amtstafel mit den Insignien des französischen Kaiserreichs.

verbunden. 1816 wurde das Land sogar durch die bis dahin salzburgischen Gerichte im Brixental und im Zillertal sowie durch das Städtchen Vils an der Nordgrenze vergrößert. Vorarlberg wurde – wie schon früher – Tirol verwaltungstechnisch angegliedert, behielt jedoch seinen eigenen Landtag, der freilich nur symbolische Bedeutung hatte und kaum je in Aktion trat. Da Österreich auf dem Wiener Kongreß auf eine Wiedergewinnung seiner früheren „Vorlande" im schwäbischen Raum und am Oberrhein verzichtet hatte, war die Provinz Tirol und Vorarlberg nun der äußerste Westen der Monarchie. Im Süden grenzte das Land an die neue österreichische Provinz Lombardei–Venezien.

Wie Treue mit Undank belohnt wurde

Erzherzog Johann, die Landesverfassung von 1816 und die Volksstimmung in den folgenden Jahren • Die Franzensfeste und neue Straßen

Erzherzog Johann, der große Freund Tirols, der dem Land jedoch nicht helfen konnte. Dieses Bildnis entstand noch vor den Freiheitskriegen.

Die Neuorganisierung der österreichischen Verwaltung im wiedergewonnenen Tirol dauerte mehr als zwei Jahre, ein Umstand, der bei den Tirolern viel Unwillen und Unzufriedenheit auslöste. Die zum Teil verhaßten Verordnungen und Gesetze der bayerischen und der italienischen Regierung blieben zunächst weiter in Geltung, auch wenn die Amtsgebäude wieder der Doppeladler zierte. Manche Leute sagten, das sei auch das einzige, woran man erkenne, daß Tirol wieder österreichisch sei. Im südlichen Tirol, wo dieser Zustand ein Jahr früher begonnen hatte als im Norden des Landes, regte sich zuerst der Widerstand gegen das verhaßte Provisorium. In Bozen beschlossen führende Männer, eine große Versammlung des ganzen Landes nach Mauls einzuberufen. Tatsächlich kamen dort am 8. September 1814 Vertreter von 34 Städten und Landgerichten zusammen. Sie verfaßten eine ausführliche Denkschrift, die einer Delegation an den Kaiser in Wien mitgegeben wurde. Darin werden vor allem die Rechtsansprüche Tirols auf die Wiederherstellung der alten Verfassung betont und verschiedene dringende Wünsche geäußert.

Die einmütige Haltung und die entschiedene Wortmeldung der Tiroler Volksvertreter machten jedoch weder bei der provisorischen Landesregierung in Innsbruck noch bei den Hofstellen in Wien oder bei Kaiser Franz selbst einen größeren Eindruck. Es zeigte sich, daß der vielgeliebte Herrscher und seine Regierung nicht bereit waren, die Wünsche der Tiroler zu erfüllen. Auch Hinweise auf die in den vergangenen Kriegsjahren erworbenen Verdienste nützten wenig. Dabei hatten die Tiroler in Wien einen eifrigen Anwalt, nämlich Erzherzog Johann, der Tirol überaus liebte und mit Freuden als Generalgouverneur – wenn schon nicht als Landesfürst – nach Innsbruck übersiedelt wäre. Einmal schrieb er in sein Tagebuch: „Es ist nicht Ehrgeiz, aber ich paßte am besten zu den Leuten. Ich sollte dort sein, wahrlich, ich würde als Erzherzog wie ein Bürger leben, Loden tragen, die Sitten ehren, Land und Leute lieben, für ihr Glück sorgen, einfach wie sie in allem sein und leben."

Erzherzog Johann wollte aber nur dann nach Tirol kommen, wenn er – wie er schreibt – „diesem lieben Volke eine Verfassung, Glück, Ruhe und frohe Dinge bringen" konnte. Doch der Kaiser wollte keine Sonderstellung Tirols und auch keinen Regenten, auf dessen Popularität er eifersüchtig sein mußte. Vielleicht fürchtete Kaiser Franz sogar um die Loyalität eines von seinem Bruder regierten Tirol. Schließlich hatte man den Erzherzog in Zusammenhang mit Plänen zu einem neuerlichen Tiroler Aufstand im Jahr 1813 ja auch verdächtigt, sich zu einem „Alpenkönig", zum Herrscher eines neu zu bildenden Königreiches Rätien machen zu wollen. Zentrum dieses Alpenreiches hätte Tirol sein sollen. Erzherzog Johann und die Tiroler Verfassungswünsche paßten jedenfalls nicht ins Konzept des Kaisers und seiner Minister. Vorsichtshalber durfte Erzherzog Johann bis 1833 Tirol nicht mehr betreten. In seiner Liebe für die Alpenländer und die dort lebenden Menschen wandte sich deshalb der Habsburger dem Land Steiermark zu, wo er durch Jahrzehnte segensreich wirkte. Begraben wollte der „steirische Prinz" jedoch in der heißgeliebten Tiroler Erde werden. 1869, zehn Jahre nach seinem Tod, wurde sein Leichnam in die bei Schloß Schenna errichtete Grabkapelle übergeführt.

Erzherzog Johann hatte den Tirolern nicht helfen können. Ihre Treue wurde mit Undank und Mißtrauen belohnt. Tirol wurde wie ein erobertes Land behandelt. „Angeborene" Rechte wurden von vornherein nicht anerkannt. Allenfalls durften die Tiroler auf „allerhöchste Gnade" hoffen. Doch wie sah diese aus? Nicht nur, daß der Abgaben- und Steuerdruck gegenüber der Bayernzeit eher noch erhöht wurde; vor allem herrschten Enttäuschung und Erbitterung, daß Wien die alte Verfassung Tirols ebenso mißachtete wie vorher München. Wohl erließ der Kaiser im Jahr 1816 nach einem zähen und ernüchternden Ringen der Vertreter Tirols „huldvoll" eine neue Landesverfassung, allein, sie bedeutete einen Sieg des Zentralismus und Absolutismus über die tirolische Selbständigkeit. Nur die Form der ständischen Verfassung war ähnlich der alten. Ihr Inhalt entsprach mehr der Gedankenwelt zentralistischer Bürokraten, die in Tirol eine Provinz und im Tiroler einen Steuerknecht sahen, als dem Unabhängigkeitsgefühl und Freiheitswillen des Tirolers, der nur dem Kaiser als seinem Landesfürsten, nicht aber einer Zentralregierung in Wien untertan sein wollte.

Nach der neuen Tiroler Verfassung stand dem Vertreter des Kaisers, dem Gouverneur, kein eigener Landeshauptmann als Vertreter der Landesinteressen gegenüber. Der Gouverneur – in der Regel kein Tiroler – war zugleich Landeshauptmann, wie es schon Maria Theresia einmal eingeführt hatte. Der Landtag blieb fast ohne Kompetenzen und hatte keinerlei gesetzgebende Gewalt; in den sogenannten Ausschußkongressen, die fast jedes Jahr stattfanden, durfte zwar über alles geredet werden, auch Wünsche konnten an die Regierung herangetragen werden, entscheidende Befugnisse hatte das Ständegremium aber nicht.

Trotz aller Vorstellungen selbst höchster Beamter änderte sich an dem verfassungsmäßigen Zustand Tirols in den nächsten Jahrzehnten nichts. Gewiß, manche Wünsche der Tiroler wurden wohl erfüllt, aber im Grunde war es so, daß man in Wien auf die Bewohner der damals österreichischen Provinzen Lombardei und Venezien mehr Rücksicht nahm als auf die Tiroler, deren Treue man ohnehin sicher war. So konnte man es sogar wagen, 1819/20 die freie Werbung zur Ergänzung des Tiroler Jägerregiments abzuschaffen und die in den anderen Ländern der Monarchie übliche Rekrutierung durch Konskription einzuführen, obwohl man wissen mußte, was gerade dieser Bruch der Landesfreiheiten für einen Tiroler bedeutete.

Man kann verstehen, daß der Wiener Regierung jede Erinnerung an das Jahr 1809 äußerst peinlich sein mußte. Damals hatte man die Tiroler aufgefordert, sich gegen die Mißachtung der alten Rechte durch Bayern

Die feierliche Beisetzung der in Mantua exhumierten Gebeine des Freiheitshelden Andreas Hofer in der Innsbrucker Hofburg. Zeitgenössische Darstellung von hohem dokumentarischen Wert.

zu wehren; jetzt kümmerte sich Österreich genausowenig darum. Die Verantwortlichen hatten ein schlechtes Gewissen. Die mißtrauische und übervorsichtige Geheimpolizei fürchtete sogar geheime Verbindungen „mißvergnügter" ehemaliger Landesverteidiger mit der Schweiz oder mit dem italienischen Geheimbund der „Carbonari" und versuchte, durch Spitzel mögliche Aufstandspläne gegen Österreich in Erfahrung zu bringen. So weit kam es freilich nie. Doch war die Stimmung im Volk zeitweise wirklich äußerst gereizt.

Die Behörden hatten in dieser Situation auch nicht viel übrig für eine Verherrlichung Andreas Hofers und der Tiroler Erhebung. Erste Theaterstücke über dieses Thema wurden von der Zensur verboten. Als jedoch 1823 einige Offiziere des jungen Kaiserjägerregiments die Gebeine des Freiheitshelden in Mantua eigenmächtig und heimlich exhumierten und nach Innsbruck brachten, konnte die Regierung eine feierliche Beisetzung doch nicht gut untersagen. Also machte man eine Kehrtwendung und erklärte – um einer illegalen, womöglich revolutionären Hofer-Verehrung zuvorzukommen – den Sandwirt zum vorbildlichen und opferbereiten Kämpfer für Österreich und Habsburg und gewährte ihm Staatsbegräbnis und Denkmal in der Hofburg.

Das Gedenken an Anno Neun war von nun an stets verbunden mit Kundgebungen der Treue zu Österreich und zum Kaiserhaus. Tatsächlich hatten alle Enttäuschungen, die aufgebürdeten Lasten und die Spannungen zwischen Tirol und Wien den Patriotismus der meisten Tiroler nicht erschüttern können. Am eindrucksvollsten erfuhr dies Kaiser Ferdinand I., der 1835 den Thron bestiegen hatte und drei Jahre später zur Erbhuldigung nach Tirol kam. Überall wurde er mit unbeschreiblichem Jubel empfangen. Die Feierlichkeiten in Innsbruck fanden mit einem Aufmarsch der Schützen und einem Festschießen am Bergisel ihren Höhepunkt. Das kaiserliche Paar mischte sich bei diesem Anlaß zwanglos unters Volk, was der Schriftsteller Beda Weber mit folgenden überschwenglichen Worten kommentierte: „Dieses herzgewinnende Zutrauen, diese Herablassung des Landesvaters und der Landesmutter, dieses kindliche Sichanschmiegen des Volkes an das alte wiedererkämpfte Herrscherhaus, es drang und klang unwiderstehlich an jedes

Kaiser Ferdinand I. nimmt am 12. August 1838 im Riesensaal der Innsbrucker Hofburg die Erbhuldigung der Tiroler Stände entgegen. Lithographie aus dem „Journal pittoresque des Wolf v. Weissenbach".

Tirolerherz, jedermann fühlte sich das Herz erweitert und gerührt, manchem troff das Übermaß der Rührung aus dem nassen Auge, neu besiegelnd den Bund zwischen Fürst und Volk."

1838 waren die kritischesten Jahre allerdings bereits vorbei. Auch die ärgsten Notzeiten nach der langen Kriegsepoche waren überwunden, was die Volksstimmung natürlich positiv beeinflußte. Ein Wirtschaftsaufschwung setzte ein, der freilich vornehmlich den größeren Städten zugute kam. Ihre Einwohnerzahl begann nach Jahrhunderten des Stillstands wieder zu wachsen. Die rege Bautätigkeit befruchtete andere Branchen. Auch der Staat finanzierte bedeutende Vorhaben in Tirol, etwa die „Franzensfeste" bei Brixen, die im Rahmen der Erbhuldigungsfeierlichkeiten von 1838 eingeweiht wurde. Strategisch-politische Motive standen auch beim Bau der kühnen Serpentinenstraße über das 2757 m hohe Stilfser Joch im Vordergrund. Der Ausbau oder die Neutrassierung anderer Straßen hatten in erster Linie den Zweck, Tirol als europäisches Transitland wieder attraktiv zu machen. Erste Überlegungen, ob der Brenner wohl durch das neue Verkehrsmittel Eisenbahn überwunden werden könnte, künden vom Anbruch einer neuen Zeit.

Politik und Kultur zwischen Polizei und Zensur

Vormärz und Biedermeier (1814–1848) und die Fortsetzung des Systems bis 1859 • Liberalismus, kulturelles Leben und Technik

Eine Symbolfigur des autoritären Vormärz-Regimes war Österreichs höchster Polizeichef Sedlnitzky.

Die Rückkehr Tirols zu Österreich im Jahr 1814 hatte nicht die Erneuerung der alten Tiroler Verfassung gebracht. Die weitgehende Selbständigkeit früherer Jahrhunderte war vorbei. Und die demokratischen Traditionen des Tiroler Volkes blieben ebenfalls unberücksichtigt. Im neuen Landtag waren alle vier Stände wieder gleich stark vertreten, obwohl es inzwischen schon viele Kritiker dieses Systems gab. Aber an sich war es gleichgültig: Die Volksvertretung hatte ja im Grunde ohnehin keinerlei Rechte. Im Kampf gegen Napoleon hatte man das Volk gebraucht und an seinen Freiheitssinn appelliert; jetzt war dasselbe Volk eher lästig, war Freiheit ein verpöntes Wort.

Die „Reaktion" hatte vor Tirol nicht haltgemacht. In ganz Europa war eine Fürsten- und Politikergeneration an der Macht, die es als ihr Hauptziel ansah, nach den Wirren der Französischen Revolution und der Napoleonischen Kriege für Ruhe und Ordnung zu sorgen. Eine „Heilige Allianz" zwischen Österreich, Preußen und Rußland sollte das vom Wiener Kongreß 1814/1815 festgelegte Gesellschafts- und Staatensystem garantieren. Im Inneren stützten sich die einzelnen konservativ-autoritären Regierungen auf Bürokratie, Polizei und Zensur. Ruhe war die erste Bürgerpflicht. Wer sich daran hielt, konnte ungestört das geruhsame Leben und die Kultur der „Biedermeier"-Zeit genießen. Auf der politischen Ebene wird die Epoche bis 1848 „Vormärz" genannt, weil es im März 1848 in mehreren europäischen Hauptstädten zur Revolution kam. In Tirol war nur eine Minderheit der Bevölkerung, nämlich die städtische Intelligenz, ein Teil des Bürgertums und der Beamtenschaft sowie die akademische Jugend, als Träger liberalen Gedankenguts vom Polizei- und Zensurwesen des autoritären Vormärzregimes betroffen. Der Liberalismus war damals noch keine politische Bewegung, schon gar nicht eine Partei, sondern mehr eine Geisteshaltung, aus der heraus freilich in verschwommener Form auch gesellschaftspolitische Forderungen erhoben wurden: Vor allem ging es um die volle persönliche und geistige Freiheit jedes Menschen und um eine Staatsverfassung mit demokratischen Grundzügen als notwendige Schranke für die Willkür und Allgewalt der Herrschenden.

Auch der Tiroler Landtag, wo die konservativen Kreise dominierten, wurde von den Liberalen kräftig kritisiert. Vor allem die Austreibung der Zillertaler Protestanten im Jahr 1837, in deren Verlauf weit über 100 Familien wegen ihrer religiösen Überzeugung die Heimat verlassen mußten, und die Wiederberufung der unter Joseph II. verbotenen Jesuiten im Jahr 1838 bedeuteten für die Anhänger des Liberalismus nichts anderes als Auswüchse einer klerikalen Interessenspolitik und Beweise für die geistige Knechtung Tirols. Die Jesuiten waren in ihren Augen die Verkörperung des geistigen Rückschritts, des verhaßten Typus des politischen Priesters. Diese Meinung entsprang vielfach einer subjektiven, kritiklosen Voreingenommenheit und wurde vom Ausland durch gezielte Propaganda geschürt.

In den Chor der Jesuitengegner stimmte auch der einige Jahre lang in Bruneck als Konzeptpraktikant des Kreisamtes tätige Dichter Hermann von Gilm ein. In einem 1843 entstandenen Gedicht, das in vielen Abschriften verbreitet wurde, wandte er sich gegen den Orden und forderte die liberal gesinnte Tiroler Jugend auf, die „Finsterlinge" aus dem Lande zu vertreiben. Es war für die Polizei nicht schwer, den Verfasser zu ermitteln. Gilm, der Sohn eines angesehenen Innsbrucker Beamten, blieb jedoch unbehelligt. Schlechter war es einige Zeit früher dem jungen Dichter Johann Chrysostomus Senn ergangen, der in Wien wegen Teilnahme an einer angeblich revolutionären, in Wirklichkeit jedoch nur poetisch-philosophischen Gesellschaft mit der Polizei in Konflikt geraten war. Ein Jahr und zwei Monate saß er in Untersuchungshaft. Schließlich wurde er – obwohl freigesprochen – als politisch Gebrandmarkter nach Tirol abgeschoben. Nach einer längeren Militärdienstzeit lebte Senn krank, verarmt und verbittert in Innsbruck ohne feste Anstellung. Der öffentliche Dienst war ihm verwehrt. Auch aus seiner Hand kursierten im Lande zahlreiche politische Gedichte, anonym natürlich.

Sammelbecken für liberal gesinnte Tiroler waren verschiedene gesellige und kulturelle Vereinigungen, die in Innsbruck und Bozen entstanden und in den kleineren Tiroler Städten Nachahmung fanden. Obwohl dabei nicht selten die höchsten Beamten einer Stadt mitmachten, war die Polizei mißtrauisch und wachsam. Selbstverständlich waren Studentenverbindungen verboten. Von den Akademikern erwartete man sich ja, daß sie vom gefürchteten „Freiheitsgeist" besessen waren. Um eine ungünstige Beeinflussung zu verhindern, war Tiroler Studenten der Besuch ausländischer Universitäten verboten.

Auch im Falle der vielen Tiroler Arbeiter, die außerhalb ihrer Heimat einem Verdienst nachgehen mußten, befürchtete die Regierung eine Ansteckung durch neue politische Ideen – damals war schon von Sozialismus und „Comunismus" die Rede – und deren Einschleppung nach Tirol. Dies ging so weit, daß man jede Arbeit im Ausland verbieten wollte. Der Tiroler Gouverneur und die einzelnen Kreishauptleute waren jedoch einmütig gegen derartige Pläne der Wiener Zentralstellen, da es in den ärmeren Tiroler Tälern nicht genügend Verdienstmöglichkeiten gab.

Einflüsse von außen fürchtete die geheime Staatspolizei des vormärzlichen Tirol vor allem in bezug auf Welschtirol, ein beliebtes Ziel nationalistischer Propaganda italienischer Revolutionäre und österreichfeindlicher Politiker. Tatsächlich war ihre Wirkung jedoch gering. Nur kleine Gruppen in Trient und Rovereto wurden von der Idee eines italienischen Einheitsstaates angesprochen. Der bürgerliche Liberalismus verband sich hier mit nationalem Gedankengut, ohne daß es zu irgendwelchen

▷

Volksfest am Bergisel im Jahr 1838, als biedermeierliche Idylle gemalt von Georg Wachter.

Aktionen gekommen wäre. Gefährlicher für den Staat hätte die Tatsache werden können, daß viele Welschtiroler Beamte nach wie vor Anhänger des unter Napoleon gegründeten italienischen Königreichs waren, dem sie kurze Zeit gedient hatten, und daß sie die neuen Verhältnisse innerlich ablehnten. Ihre Tätigkeit und ihre Verbindungen wurden von den Vorgesetzten und den Polizeibehörden streng überwacht.

Ein wichtiges Mittel zur Eindämmung unerwünschter geistiger und politischer Strömungen waren im Vormärz die Zensur und das Verbot zahlreicher im Ausland erschienener Bücher. Auch hier gab es in Tirol Lükken in der Durchführung und viele Ausweichmöglichkeiten. Dennoch mußte die Bevormundung für die städtische Intelligenz besonders bedrückend sein. Die Engstirnigkeit der Zensoren bekam Johann Chrysostomus Senn zu spüren, als 1838 seine Gedichtsammlung im Druck erscheinen sollte und ein harmloses Trinklied amtlicherseits gestrichen wurde, weil es zu Fraß und Völlerei verleite.

Das Gedichtbändchen von 1838 sollte das einzige zu Lebzeiten gedruckte Werk dieses vom Schicksal schwer getroffenen Dichters bleiben. Senn starb 1857 als Einzelgänger, Sonderling, dem Alkohol verfallen, eine vom Amtsschimmel zugrundegerichtete Existenz. In seinen besten Gedichten findet man scharfen Intellekt, aber auch viel Leidenschaft und ein empfindsames Gemüt. Dabei spürt man sein Ringen mit

Sprache und Form. Senn bevorzugte das romantische Sonett, das er in Tirol heimisch machte. Zu seinen Bewunderern zählte der junge Hermann von Gilm, der bedeutendste Tiroler Lyriker nicht nur seiner Zeit. 1812 in Innsbruck geboren, begann er 1836 eine Beamtenlaufbahn, die ihn nach Schwaz, Bruneck, Rovereto, später auch nach Wien und Linz führte. Gilm war ein heiterer Lebenskünstler, ein eleganter Plauderer. Natur, Frauen und Freiheit sind die großen Themen in Gilms Lyrik, die ausgezeichnet ist durch Sprachgewandtheit, Formgebung, treffenden Ausdruck, Bilderreichtum und Begeisterung. Trotz seiner Lebenslust liegt über vielen Gedichten ein Hauch von stiller Wehmut, wie in diesen Strophen, die mit „Allerseelen" überschrieben sind:

Stell auf den Tisch die duftenden Reseden,
Die letzten roten Astern trag herbei
Und laß uns wieder von der Liebe reden,
Wie einst im Mai.

Gib mir die Hand, daß ich sie heimlich drücke,
Und wenn man's sieht, mir ist es einerlei;
Gib mir nur einen deiner süßen Blicke,
Wie einst im Mai.

Es blüht und funkelt heut auf jedem Grabe,
Ein Tag im Jahre ist den Toten frei;
Komm an mein Herz, daß ich dich wieder habe,
Wie einst im Mai.

Gilms politische Gedichte sind künstlerisch nicht von gleich hohem Niveau, stellen aber unersetzliche Zeitdokumente dar. Seine Anklagen gegen verschiedene Mißstände in der Tiroler Gesellschaft und gegen das gedankenlose Dahinleben vieler seiner Zeitgenossen wirken freilich manchmal etwas akademisch. Dennoch ist nicht zuletzt sein Eintreten für das damals nicht selbstverständliche „freie Wort" überzeugend:

Du freies Wort, des Friedens Schwert,
Heraus aus deiner Scheide,
Daß unser Aug' – wir sind es wert –
An deinem Glanz sich weide.

Wir haben lang schon ausgeruht
Von unsern Schlachtentagen,
Und jeden Morgen wächst der Mut,
Ein Leben dran zu wagen.

Es grämen sich die Eichen still,
Daß sie vergebens grünen,
Daß keiner mehr im Lande will
Der Blätter Kranz verdienen.

Du freies Wort, des Friedens Schwert,
Heraus aus deiner Scheide,
Und wie ein Blitzstrahl niederfährt,
So leuchte deine Schneide.

Der Dichter Hermann von Gilm auf einem Foto, das wenige Jahre vor seinem Tod entstand.

Der berühmte Tiroler Orientalist Jakob Philipp Fallmerayer (Fotografie aus dem Jahr 1858).

Der in Sterzing geborene Komponist Johann Gänsbacher.

Das Revolutionsjahr 1848 brachte, zunächst freilich nur für kurze Zeit, einen Sieg der liberalen Idee: Das freie Wort wurde selbstverständlich, die Zensoren und Polizeispitzel hatten ausgedient, eine neue Verfassung sollte mehr Demokratie ermöglichen. Doch der Freiheitstaumel war bald vorbei. Nach 1849 herrschten noch einmal für zehn Jahre die Zustände des „Vormärz".

Daß sich Dichter mit dem herrschenden politischen System auseinandersetzen, ist verständlich und sogar notwendig, wenn die Mächtigen die schöpferische Freiheit beschneiden. Typisch für die Tiroler Verhältnisse im 19. Jahrhundert ist es aber, daß sich seit dem Vormärz Literaten verschiedener Weltanschauungen und politischer Richtungen gegenseitig bekämpften. Einige engagierten sich auch in der Tagespolitik und ließen sich 1848 und danach in verschiedene Gremien wählen, wie der liberale und antiklerikale Bozner Josef Streiter (1804–1873) oder der aus Lienz stammende Benediktinerpater Beda Weber (1798–1858), der als Historiker, Volkskundler, Germanist und Topograph für Tirol große Bedeutung erlangte, 1848 als Abgeordneter in die Frankfurter Nationalversammlung einzog und schließlich als Seelsorger in Frankfurt am Main blieb.

Hatte Beda Weber immerhin lange Zeit in seiner Heimat gewirkt, so war Jakob Philipp Fallmerayer (1790–1861) zeit seines Lebens nur im Ausland tätig. Der Bauernsohn aus Tschötsch bei Brixen hatte in der Bayernzeit, als die Innsbrucker Universität aufgehoben war, in Salzburg und Landshut studiert und blieb – wie manch anderer Akademiker seiner Generation – in Bayern „hängen". Fallmerayer wurde zum angesehensten Orientalisten seiner Zeit. Seine fundierten und kritischen Reiseberichte aus den Ländern des Vorderen Orients wurden im ganzen deutschen Sprachraum gelesen und diskutiert. Italien dagegen profitierte von einigen abgewanderten Welschtirolern: Andrea Maffei (1798–1885) erwarb sich Verdienste durch das nachschöpferische Übersetzen deutscher Dramatiker, vor allem vieler Werke Schillers. Ein wichtiger Theologe und Philosoph war der in Rovereto geborene Priester Antonio Rosmini (gest. 1855), der mit seinen Ideen auf bedeutende Männer Einfluß gewann.

Auch die besten Tiroler Künstler der ersten Hälfte des 19. Jahrhunderts finden wir außerhalb des Landes tätig, man denke nur an den berühmten Maler Josef Anton Koch aus Elbigenalp (1768–1839), der in Rom lebte und wirkte, oder an den Grödner Dominikus Mahlknecht (1793–1896), der als Hofbildhauer des französischen Königs Louis Philipp eine Vielzahl von Denkmälern im Stil des romantischen Klassizismus schuf. Von den musikalischen Talenten mußte der Sterzinger Johann Gänsbacher (1778–1844) nach Wien übersiedeln, nachdem der Plan, ihn zum „Generalmusikdirektor und Kompositeur" für ganz Tirol zu machen, bei den Landesstellen keine Gegenliebe fand. In der österreichischen Hauptstadt war Gänsbacher Domkapellmeister und Chordirigent von St. Stephan und schuf zahlreiche Kompositionen, die nicht nur von seinen Zeitgenossen geschätzt wurden. In Paris feierte der Tiroler Komponist Matthias Nagiller aus dem Unterinntal (1815–1874) seine ersten Erfolge. Ihn holte man später allerdings doch als Musikdirektor nach Innsbruck.

Das geistig-kulturelle Leben im Lande selbst war von Bescheidenheit und provinzieller Enge geprägt. Die zumindest am Beginn der Epoche nicht gerade rosigen wirtschaftlichen Verhältnisse waren daran genauso schuld wie die politischen Voraussetzungen. Zwischen Polizei und Zensur mag die Kunst eben nicht so recht gedeihen, kann es zu fruchtbaren geistigen Auseinandersetzungen nicht kommen. Und das verzweifelte Bemühen der vormärzlichen Staatsführung unter Kaiser Franz und seinem Kanzler Metternich, die österreichischen Länder möglichst von allem abzukapseln, was im Ausland passierte, verhinderte den gerade für Tirol so wichtigen und zu anderen Zeiten so charakteristischen Kulturaustausch. Schließlich fehlte eine vollwertige Universität als Ausbildungsstätte und Sammelpunkt der heimischen Intelligenz. Das noch von den Bayern eingerichtete Lyceum war kein Ersatz, auch wenn nach und nach der Studienbetrieb den Verhältnissen einer Hochschule angepaßt und 1826 die offizielle Neugründung der Innsbrucker Universität gefeiert wurde. Es gab jedoch erst die beiden Studienrichtungen Philosophie und Jurisprudenz, und von größeren Leistungen oder einer wesentlichen Ausstrahlungskraft konnte noch länger keine Rede sein. Die in Innsbruck fehlende theologische Fakultät wurde mehr als vollwertig ersetzt durch die Philosophisch-Theologische Lehranstalt des nach der Aufhebung in der Bayernzeit 1823 wiedereröffneten Priesterseminars in Brixen, wo sogleich wieder 174 Hörer studierten. Die Professoren an dieser Anstalt erfreuten sich weit über Tirol hinaus eines guten Rufes, die von ihnen verfaßten Lehrbücher wurden an vielen theologischen Hochschulen des In- und Auslandes eingeführt.

Wichtig für Bildung und Wissenschaft war das 1823 gegründete, auf Vereinsbasis organisierte Landesmuseum Ferdinandeum. Da es dank der uneingeschränkten Unterstützung höchster Landesstellen und seines Protektors, des Erzherzogs Johann, vor zensurierenden Eingriffen staatlicher Überwachungsorgane weitgehend verschont blieb, entwickelte sich das Ferdinandeum nicht nur zu einem Zentrum der Forschung und Wissensvermittlung in allen Bereichen der Landeskunde, sondern auch zu einem Ort reger Diskussionen über geistig-politische Probleme. Nicht zuletzt deshalb sahen viele in dem Anfang der vierziger Jahre errichteten Museumsbau eine Trutzburg des Liberalismus.

Auf dem Sektor der bildenden Künste wirkte in Tirol eine Reihe von Meistern mit lokaler Bedeutung, die entweder dem späten Klassizismus bzw. dem Nazarenerstil huldigten oder der typisch bürgerlichen Biedermeierkultur zuzurechnen sind, wie etwa der Innsbrucker Maler Georg Schädler (1777–1866) oder Georg Wachter (1809–1863) von Hall, der hauptsächlich in Bozen arbeitete. Neben Szenen aus dem bürgerlichen Milieu wurden die Natur und das Volkstum zu bevorzugten Objekten der Biedermeiermaler, wobei sich Realismus und Romantik verbanden. Der Tiroler Freiheitskampf hatte dieser Tendenz starken Auftrieb gegeben. Einer der ersten und besten Vertreter dieser Richtung war Jakob Placidus Altmutter (1780–1890), der seinen künstlerischen Weg selbständig suchte und ging, unbeeinflußt von akademischen Schulen. Ganz auf Originalität und Unmittelbarkeit bedacht, bevorzugte er Skizzen nach der Natur. Selbst miterlebte Kriegsereignisse aus dem Jahr 1809

Photographie mit eigenhändiger Widmung des Tiroler Komponisten Matthias Nagiller.

Alois Negrelli, der durch seinen Plan für den Suezkanal berühmt wurde, aber auch zu den Pionieren des Eisenbahnbaus gehörte.

sind seine bekanntesten Werke. Hohe künstlerische Qualität und großer dokumentarischer Wert kommen aber auch seinen Bildern aus dem Volksleben zu.

Für Architekten fehlten im damaligen Tirol lohnende Aufgaben. Lediglich auf dem Sektor der technischen Nutzbauten wurden herausragende Leistungen erbracht, zum Beispiel die Stephansbrücke im Verlauf der um 1840 zwischen Innsbruck und Schönberg neutrassierten Brennerstraße. Planung und Ausführung dieses damals vielbestaunten Bauwerks lagen in den Händen von Leonhard Liebener (1800–1869) aus Truden bei Neumarkt, der in Bozen das Gymnasium besucht hatte, 1821 die Ingenieurprüfung ablegte und dann im öffentlichen Baudienst wirkte. Liebener trat auch als Erforscher der heimatlichen Bergwelt und mit wissenschaftlichen Werken zu geologischen und mineralogischen Themen hervor. Straßenprojekte, Brücken und Wasserbauten eröffneten zahlreichen Technikern ein interessantes Tätigkeitsfeld. Zwei Tiroler wurden auf diesem Fachgebiet zu europäischen Pionieren. An erster Stelle ist der im welschtirolischen Primiero als Sohn eines italienischen Vaters und einer Deutschtiroler Mutter geborene Alois Negrelli (1799–1858) zu nennen. Berühmt wurde er durch seinen Plan für den Suezkanal, vor dessen Ausführung er starb. Negrelli schrieb aber auch eine grundlegende Arbeit über den Eisenbahnbau und errichtete in der Schweiz, in Böhmen und in Oberitalien viele Straßen, Brücken und Bahnlinien. Vor seiner internationalen Karriere war er zwölf Jahre lang im Dienste des Tiroler Guberniums tätig gewesen. Hier hatte er gelernt und seine Erfahrungen gesammelt. Sein Vorgesetzter, Förderer und Freund Josef Duile aus Graun im Vinschgau (1776–1863) war nicht nur für die meisten Tiroler Straßenbauten dieser Zeit zuständig, sondern gilt als der theoretische Begründer und praktische Bahnbrecher der modernen Wildbachverbauung. Er gehört sicher zu den bedeutendsten Tirolern dieser als Übergangszeit zu bewertenden Epoche der Tiroler Geschichte.

Bestaunt wie heute die Europabrücke der Autobahn war im 19. Jahrhundert die von Leonhard Liebener aus Truden bei Neumarkt erbaute Stefansbrücke der neutrassierten Brennerstraße. Sie ist als klassizistischer Bau auch künstlerisch nicht ohne Bedeutung. Kolorierte Lithographie aus der Mitte des 19. Jahrhunderts.

Revolution in Wien und Krieg im Süden
Die kurzlebige Landesverfassung von 1848 und die Landesverteidigung in den Jahren 1848, 1859 und 1866

Alle strengen Überwachungsmaßnahmen des vormärzlichen Regimes konnten nicht verhindern, daß liberale Gedanken auch in Tirol Fuß faßten. Dennoch war man hier von Konflikten politischer oder gar revolutionärer Art weit entfernt. So blieb es im März 1848, als in Wien die Revolution losbrach, in Tirol ruhig, wenn man von einigen demonstrativen Aktionen im italienischen Landesteil absieht. Die Nachricht vom Sturz Metternichs und von der Einführung der Pressefreiheit wurde nur in den Städten bejubelt. Der Landbevölkerung war das nicht so wichtig, weshalb Studenten eigens in die Täler zogen, um die Bauern über die Bedeutung der liberalen Neuerungen aufzuklären. Als sich die Situation in Wien zuspitzte, floh der Kaiser mit dem ganzen Hof und der Regierung nach Innsbruck, wo er sich sicher fühlen konnte.

Das Jahr 1848 brachte mit dem zeitweiligen Sieg von Konstitutionalismus und Liberalismus dem österreichischen Kaiserreich erstmals eine – wenn auch kurzlebige – Staatsverfassung. In Tirol arbeitete ein ständischer Ausschuß eine liberale und demokratischere Landesverfassung aus. Dem Landtag sollten wie bisher je 13 Prälaten und Adelige angehören, die Zahl der Bürger- und Bauernvertreter wurde dagegen von je 13 auf je 23 erhöht. Als die erneuerte Ständeversammlung im Juni 1848 erstmals zusammentrat, wurde die Verfassungsfrage weiter diskutiert. Die Liberalen wollten von der ständischen Gliederung der Volksvertretung ganz abgehen und eine „Repräsentativverfassung" nach dem Vorbild westeuropäischer Staaten einführen. Schließlich wurde aber nur die Zahl der bäuerlichen Abgeordneten, die ja die überwiegende Mehrheit der Bevölkerung vertraten, auf 35 erhöht.

Der Landtag, der im Herbst 1848 zu einer neuerlichen Session einberufen wurde, setzte sich auch in anderer Weise für die Landbevölkerung ein. Schon vor den entsprechenden Initiativen des gesamtösterreichischen Parlaments, des Reichstags, der zuerst in Wien, dann in Kremsier in Mähren tagte, wurde die Ablösung der auf den bäuerlichen Gütern liegenden Lasten gegen eine gewisse Entschädigung beschlossen. Eine „Bauernbefreiung" wie in anderen Ländern war in Tirol nicht notwendig.

Ein Problem bildete das Verhältnis zum gesamtösterreichischen Staat, das in Wien und in Innsbruck natürlich sehr verschieden gesehen wurde. Während man im Reichstag den eigenmächtigen Beschluß einer neuen Landesverfassung durch den Tiroler Landtag mit viel Mißvergnügen zur Kenntnis nahm, hofften die Tiroler auf ein Wiederaufleben der autonomen Landesrechte. Das Verhältnis zu Österreich sollte auf föderativer Grundlage neu geregelt werden. Sogar liberale Abgeordnete hielten einen gesamtösterreichischen Reichstag vielfach für ein unglückliches

Einer der Tiroler Abgeordneten in der deutschen Nationalversammlung von Frankfurt war 1848/49 der aus Lienz stammende Benediktinerpater und Publizist Beda Weber.

Experiment und plädierten dafür, Tirol mit Österreich nur durch das Band des gemeinsamen Monarchen zu verknüpfen. In einer Stellungnahme des Tiroler Landtags zu diesem Problem hieß es: „Ein gleiches Oberhaupt, ein gleiches Ministerium mit anderen Ländern wollen wir haben, aber nicht einen Reichstag für die ganze Monarchie, wobei wir uns alles müßten gefallen lassen, was die Mehrheit ausspricht. Das ist gefährlich, denn wir haben ziemlich spezielle Interessen, Rechte, Bedürfnisse."

Besonders wichtig war dieser Punkt den konservativen Tiroler Politikern. Ihnen bereitete überhaupt die liberale Staatsverfassung Österreichs vom April 1848 größte Sorgen, waren sie doch nicht bereit, die darin verkündete Gleichberechtigung aller Religionen zu akzeptieren. Und der Klerus sowie ein großer Teil der Landbevölkerung unterstützten sie in dieser Haltung. Die Pfarrämter sammelten 120.000 Unterschriften für eine Petition, in der verlangt wurde, in Tirol wie bisher nur den Katholiken die Feier öffentlicher Gottesdienste zu gestatten. Dieser „Kampf um die Glaubenseinheit" sollte wenige Jahre später erneut aufflammen.

Trotz der Ablehnung einer gesamtösterreichischen Volksvertretung nahmen auch Tiroler Abgeordnete in den Jahren 1848/49 an den Beratungen und Abstimmungen des österreichischen Reichstages teil. Auch in der deutschen Nationalversammlung in Frankfurt saßen gewählte Tiroler Vertreter. Während die Abgeordneten Welschtirols im Landtag nicht erschienen, waren sie in Wien bzw. Kremsier und in Frankfurt sehr wohl vertreten und stritten in ihren Reden sowohl für demokratische Forderungen als auch für die nationalen Rechte der Welschtiroler.

In den beiden südlichen Kreisen Trient und Rovereto zählte man 1846 rund 315.000 Einwohner, davon waren etwa 300.000 Italiener. Demgegenüber hatte Deutschtirol damals rund 450.000 Einwohner mit nur wenigen Tausend Italienern. Die immer stärker werdende Idee des Nationalismus bedeutete für den Bestand eines multinationalen Tirol natürlich eine Gefahr. Die führenden Politiker des italienischen Landesteils, den man damals Südtirol nannte, forderten denn auch im Jahr 1848 die Abtrennung ihres Gebietes von Tirol und die Angliederung an die zu Österreich gehörige Provinz Lombardei-Venezien. In einer ihrer Denkschriften heißt es dazu: „Von der Salurner Klause nordwärts zweigen zur Rechten und zur Linken hohe Bergzüge ab, nur durch wenige steile Pfade durchschnitten. Über ihre Kämme verläuft im Westen am Sulzberg die lombardische, im Osten im Fassatale die venezianische Grenze. Die Natur hat hier die Scheidewand zwischen den beiden Nationen geschaffen. Die Völker haben sie respektiert, und eine nationale Politik wird sie auch in Zukunft achten."

Auch die provisorische lombardische Revolutionsregierung, die im März 1848 ihre Unabhängigkeit von Österreich und den Anschluß Oberitaliens an einen zu bildenden italienischen Nationalstaat erklärt hatte, versicherte den Tirolern, als bewaffnete italienische Freischaren zum Angriff auf Welschtirol antraten: „Nie werden wir die Grenzen Welschlands überschreiten. Wir wollen unsere Freiheit, aber zugleich die Freiheit aller Länder und vor allem die Freiheit Tirols. Trient ist welsch und soll welsch sein, Bozen ist deutsch und wird immer deutsch bleiben, denn unser Wahlspruch ist Selbständigkeit und Freiheit der Völker."

So ganz glaubte man in Tirol den Mailänder Proklamationen nicht, denn es gab schon damals einige italienische Propagandisten und Politiker, die auch Ansprüche auf Deutschtiroler Gebiet erhoben. Außerdem sah man das ganze mehrsprachige Tirol als eine Einheit und wollte es nicht zerreißen lassen. So folgten die Schützen dem Aufruf des Tiroler Landtags und griffen zu den Waffen – nur zur Verteidigung der Heimat wohlgemerkt; den in Oberitalien in Bedrängnis geratenen österreichischen Truppen zu Hilfe zu kommen, wie es der dort kommandierende Feldmarschall Radetzky verlangt hatte, wäre kaum jemand bereit gewesen. Noch Mitte März meinte man in Wien zu wissen, daß in diesem Krieg mit den Tirolern überhaupt nicht gerechnet werden dürfe. Sie seien auf das Militär, die Beamten, die Regierung zu schlecht zu sprechen, als daß sie noch einmal wie 1809 die Köpfe hinhalten würden. Doch im April standen plötzlich 760 bewaffnete Freiwillige an den wichtigsten Grenzpunkten, und im Mai waren schon 6000 Schützen aufgeboten und im Einsatz.

Das Oberkommando der Landesverteidigung hatte 1848 General Heinrich Freiherr von Rossbach (Atelieraufnahme aus späteren Jahren).

◁

Kampfszene aus dem 1848er Krieg um Tirols Südgrenze: Angriff der Tiroler auf Caffaro und Lodrone, gemalt vom Augenzeugen Alois Reisacher.

Viel zum Umschwung der Stimmung und zur Weckung der Verteidigungsbereitschaft hatte beigetragen, daß der unbeliebte Feldmarschallleutnant Welden das Oberkommando der Landesdefension abgeben mußte und General Rossbach an seine Stelle trat. Über ihn schrieb der bekannte Tiroler Dichter Adolf Pichler, der damals an der Spitze einer Studentenkompanie von Wien aus seiner Heimat zu Hilfe eilte: „Dieser Mann, treuherzig und bieder wie er war, hatte sich bereits früher, wo er als Oberst der Kaiserjäger im Lande stand, sowohl die Liebe seiner Soldaten, als auch die Achtung der Bürger zu erwerben gewußt. Der Tiroler will, daß man auf sein Wesen eingehe, geschieht dieses, dann rennt er auch durchs Feuer. Rossbach versteht es, die Saiten anzuschlagen, die im Herzen der Schützen widerklingen . . ."

Auch die Ernennung Erzherzog Johanns zum außerordentlichen Hofkommissär für Tirol und seine Reise durch das Land verfehlten die beabsichtigte Wirkung nicht. Vom populären Prinzen, der den Geist von Anno Neun wiederzuwecken verstand, ließen sich auch die noch Zögernden aufrütteln. Es war auch höchste Zeit. Ganz Oberitalien stand in Aufruhr, die österreichischen Truppen unter Radetzky waren in die Festung Verona zurückgedrängt, König Albert von Piemont-Sardinien rückte zur Unterstützung der nationalen Revolution mit seiner Armee in die Lombardei ein. Die lombardischen Freischaren unter Garibaldi, etwa 5000 Mann, und nicht viel weniger venezianische Freischärler hatten die Grenzen Tirols überschritten und Judikarien, Teile des Nonsbergs und die Valsugana in ihrer Hand. In Trient sympathisierten nationale Kreise mit ihnen, das welschtirolische Landvolk blieb passiv.

General Rossbach mußte seine wenigen Bataillone zu Expeditionen einsetzen und konnte die Grenzen nie besetzt halten. Hier lag die Aufgabe der Schützenkompanien, die aber auch mit dem Militär in den Kampf zogen und bei Umgehungsmanövern über das Gebirge erfolgreich waren. Es wurden keine großen Schlachten geschlagen; dafür zogen sich zahllose Gefechte über die Monate April bis August hin. Die Kompanien der einzelnen Orte und Gerichte wechselten einander ab; insgesamt waren in diesem Jahr 16.553 Mann im Einsatz und zwar durchaus freiwillig, denn eine Ausmarschpflicht gab es damals nicht mehr. Es gelang den Tirolern, gemeinsam mit dem ordentlichen österreichischen Militär, die italienischen Freischaren aus den Welschtiroler Tälern zurückzudrängen. Die Entscheidung im Krieg fiel aber weiter südlich, in der Schlacht bei Custozza, wo Radetzky den endgültigen Sieg errang. Oberitalien war durch Waffengewalt wieder österreichisch geworden.

Nicht nur die nationale Revolution der Italiener war erfolglos. Auch die Idee eines neuen Deutschen Reiches konnte sich nicht durchsetzen. Und die Errungenschaften der liberalen Revolution in Österreich waren rasch beseitigt, als der im Revolutionsjahr auf den Thron gekommene, erst 18jährige Kaiser Franz Joseph I. und seine wichtigsten Minister und Ratgeber die Zügel wieder fest in der Hand hielten. Rund zehn Jahre lang konnten sie noch einmal mit absoluter Herrschaftsgewalt regieren. Es gab keinen österreichischen Reichstag mehr, und in Tirol wurde die 1848 eingeführte fortschrittliche Landesverfassung wieder außer Kraft gesetzt.

Die 1848 abgewehrte Bedrohung Tirols von außen wiederholte sich im Krieg von 1859, ohne daß die wiederum aufgebotenen Schützen in Kämpfe verwickelt worden wären. Als Folge der österreichischen Niederlage kam die Lombardei zunächst an Frankreich und 1860 an das im Entstehen begriffene Königreich Italien. 1866 kam es neuerlich zum Krieg zwischen Österreich und Italien. Wieder bekämpften sich nicht nur die gegnerischen Armeen in Oberitalien, sondern auch italienische Freischaren und freiwillige Tiroler Schützen in Trentiner Grenzgebieten. Als Folge des Krieges, vor allem wegen der Niederlage gegen Preußen im Norden, mußte der Kaiser diesmal auch Venezien abtreten. Tirol grenzte im Süden nun an keine österreichische Provinz mehr, sondern zur Gänze an das großgewordene Italien, das die rund 300.000 italienischsprachigen Bewohner der südlichen Landesteile als „unerlöste" Brüder betrachtete. Das Risorgimento war zu Ende, die Irredenta begann.

Die Imster Scharfschützen vor dem Auszug in den Krieg von 1866.

Hauptmann Pichler aus Bozen stellte sich 1866 vor dem Einrücken noch dem Photographen zu einem Erinnerungsphoto.

Kuriensystem und Kulturkampf

Beginn der Verfassungszeit (1861/62), der neue Landtag und die Auseinandersetzungen zwischen Konservativen und Liberalen

Der Tiroler Staatsrechtler Hans von Perthaler war als hoher Ministerialbeamter am Zustandekommen des Verfassungswerks von 1860/61 beteiligt.

Die freiheitlichen und demokratischen Errungenschaften des Revolutionsjahres 1848/49 hatten keinen Bestand gehabt. Auf die Dauer ließ sich jedoch der in Wirtschaft und Kultur immer stärker hervortretende Liberalismus politisch nicht entmündigen. Als Österreich 1859 einen Krieg, die Lombardei und viel Prestige verlor, mußte das Ende des „Neoabsolutismus" kommen. 1860/61 erhielt Österreich wieder eine Verfassung, zugleich wurden auch neue Landesverfassungen erlassen. Das ständische Prinzip wurde zugunsten eines „Kurien"-Systems abgeändert. Entscheidendes Merkmal: Das Stimmrecht war an einen „Zensus" gebunden, an eine Mindeststeuerleistung also, die für jede „Kurie" oder Wählerklasse verschieden hoch angesetzt war. Da in den unteren Kurien auf einen Abgeordneten wesentlich mehr Wähler entfielen, waren die Stimmzettel unterschiedlich viel wert.

Dem Tiroler Landtag gehörten nun 68 Abgeordnete an. Vier davon wurden überhaupt nicht gewählt, sondern hatten als „Virilisten" kraft ihres Amtes Sitz und Stimme. Es waren dies die drei Bischöfe von Brixen, Trient und Salzburg und der jeweilige Rektor der Innsbrucker Universität. Von den 64 gewählten Abgeordneten gehörten vier zur Kurie der Prälaten; sie wurden von 15 Stiften und Klöstern entsandt. Die adeligen Großgrundbesitzer, von denen es in Tirol ungefähr 270 gab, delegierten 10 Vertreter. Nur drei mehr, also 13 Abgeordnete, wurden in den Städten und größeren Orten gewählt. Drei Mandate hatten die Handels- und Gewerbekammern zu vergeben. Auf die ländlichen Gemeinden, in denen der größte Teil der Tiroler Bevölkerung wohnte, entfielen schließlich 34 Abgeordnete. Gegenüber der früheren Zusammensetzung des Landtags war offensichtlich ein Fortschritt zu verzeichnen, doch blieb die Verteilung der Mandate auf die einzelnen Bevölkerungsgruppen für moderne demokratische Begriffe ungerecht. Die Stimmen wurden „gewogen" und nicht gezählt.

Für die weitere Entwicklung einer modernen Demokratie war die Formierung von Parteien unerläßlich. Die liberal Gesinnten hatten sich in den Jahren der Verfassungskämpfe erstmals zu einer Art politischen Partei zusammengetan. Als solche konnten sie nun bei den verschiedenen Wahlen in Gremien und Körperschaften auftreten. Ihr Widerpart waren die Katholisch-Konservativen, von ihren Gegnern auch Ultramontane oder Klerikale Partei genannt. Beide politischen und weltanschaulichen Gruppen stützten sich in ihrem Wirken auf die seit 1860 in großer Zahl gegründeten Vereine, auch wenn deren Zielsetzung vorwiegend kultureller oder geselliger Art war, und auf eigene Zeitungen. Im Landtag besaßen die Konservativen, zu deren Führern der Brixner Fürstbischof Vinzenz Gasser zählte, eine sichere Mehrheit.

Der Landtag hatte zur Erledigung der von der Verfassung festgelegten autonomen Landesangelegenheiten einen sechsköpfigen „Landesausschuß" zu wählen. Den Landeshauptmann ernannte der Kaiser; er gehörte nicht immer der stärksten Partei an. So erlangten dieses Amt zuerst zwei liberale Politiker, nämlich Dr. Hieronymus von Klebelsberg (1861–1862) und Dr. Johann Kiechl (1863–1866). Der erste konservative Landeshauptmann war von 1867–1869 der seit 1848 in vielen wichtigen Funktionen bewährte Dr. Johann Haßlwanter.

Die Differenzen zwischen den beiden Parteiblöcken betrafen in erster Linie kultur- und kirchenpolitische Probleme und staatsrechtliche Fragen, wobei beides eng zusammenhing. Die konservative Landtagsmehrheit in Tirol wollte sich nämlich nicht von der liberalen Mehrheit im gesamtösterreichischen Reichsrat in Wien Gesetze aufzwingen lassen, die dem eigenen politischen Standpunkt widersprachen und die man aus weltanschaulichen Gründen glaubte ablehnen zu müssen. So gab es seit 1861 wiederholt Proteste gegen Verfassungsänderungen und Regierungsbeschlüsse, die nach Meinung der Konservativen die Stellung Tirols schmälerten.

Die ablehnende Haltung der Tiroler Mehrheitspartei betraf vor allem die Beschlüsse der Wiener Regierung zum Verhältnis zwischen Kirche und Staat, die Zulassung verschiedener Konfessionen, die Ehegesetzgebung und die in Angriff genommene Reform des Schulwesens. Der sogenannte Kampf um die Glaubenseinheit hatte in Tirol schon eine lange Tradition. Nun flammte er im Anschluß an ein für ganz Österreich erlassenes „Protestantenpatent" wieder auf, da auch in Tirol evangelische Kirchengemeinden gegründet werden sollten. Zunächst schien die Agitation der katholisch-konservativen Tiroler Erfolg zu haben, der Kaiser sanktionierte im Kriegsjahr 1866 sogar ein Landesgesetz, das die Gründung nichtkatholischer Gemeinden von der Zustimmung der Tiroler Volksvertretung abhängig machte. Doch spätere Regierungen in Wien, die sich wieder stärker fühlten, bemühten sich mit Erfolg, diese Ausnahmestellung Tirols in der Konfessionsfrage aufzuheben.

Mit besonderer Erbitterung wurde in Tirol gegen die Durchführung der staatlichen Schulreform gekämpft, da konservative Politiker und der Großteil des Klerus eine Entchristlichung der Erziehung befürchteten. Bisher war nämlich die Schule in Tirol weitgehend Sache der Kirche. Nun sollte nach dem Reichsvolksschulgesetz eine staatliche Behörde die Schulaufsicht innehaben. Als der Staat gegen den Willen der Landtagsmehrheit mit der Durchführung des Gesetzes in Tirol begann, verlagerte sich der Kampf von der politischen und parlamentarischen Ebene auf die Straße und in die Dörfer. Vielfach wurden anrückende Schulinspektoren von wütenden Frauen empfangen, die sie mit Besen und Knüppeln in die Flucht schlugen. Schwere Verletzungen, nachfolgende Gerichtsverhandlungen und Haftstrafen waren keine Seltenheit.

Da Kompromißversuche fehlschlugen, zog sich der Schulstreit über viele Jahre hin und lähmte die Kräfte aller Betroffenen. Dies gilt im übrigen für den gesamten Tiroler Kulturkampf, wie man die damalige Auseinandersetzung um kultur- und staatspolitische Grundsatzfragen nennt. Der Streit wurde im Landtag, auf den Kanzeln, in Gerichtssälen und in den

Der seit 1848 in vielen Funktionen verdiente Politiker Dr. Johann Haßlwanter, erster konservativer Landeshauptmann von 1867 bis 1869.

Zeitungsspalten mit einer heute kaum mehr vorstellbaren Schärfe geführt und fand seine Fortsetzung in den Wirtshäusern und wohl nicht selten auch im Familienkreis.

In den siebziger Jahren wurde der Kulturkampf zunehmend zu einem Verfassungskampf und führte zu einer ernsten Krise auf Landes- und Staatsebene. Mit allen Mitteln wollten die Tiroler die Zentralregierung und den Reichsrat in Wien schwächen und verbündeten sich dazu mit den Böhmen und anderen opponierenden Nationalitäten. Statt zu einer Lockerung des staatsrechtlichen Verhältnisses der Länder zum Staatsganzen kam es jedoch 1873 zu einer Aufwertung des gesamtösterreichischen Parlaments durch die Einführung der direkten Volkswahl der Reichsratsmitglieder, die bisher von den Landtagen entsandt worden waren. Die konservative Tiroler Landtagsmehrheit legte dagegen eine Rechtsverwahrung ein, die sehr prägnant die Haltung vieler Tiroler zusammenfaßt:

„Das Land Tirol ist an das durchlauchtigste Haus Habsburg gekommen unter feierlicher Gewährleistung seines besonderen Landesrechtes. Dieses Landesrecht wurde wiederholt anerkannt in zahlreichen Erbhuldigungsakten, in der Pragmatischen Sanktion und endlich im Oktoberdiplom, auf Grund dessen dem tirolischen Landtage das Recht der Mitwirkung an den gemeinsamen Angelegenheiten des Reiches zusteht . . . Durch das Gesetz vom 2. April 1873 jedoch wurde die Behandlung der gemeinsamen Angelegenheiten einer Körperschaft überwiesen, die nicht aus den Delegationen der Landtage der verschiedenen Königreiche und Länder, sondern aus direkt gewählten Vertretern einzelner willkürlich bestimmter Wahlkreise besteht. Hiedurch wurde ohne Mitwirkung des tirolischen Landtags, ja gegen seine wiederholt ausgesprochene Rechtsverwahrung der § 16 der Landesordnung aufgehoben und die Verfassung Tirols in einer ihrer vitalsten Beziehungen gebrochen."

Da man den direkt gewählten Reichsrat als eine verfassungswidrig zustandegekommene Institution betrachtete, blieben die konservativen Tiroler Abgeordneten zunächst seinen Sitzungen fern, doch gab man infolge Uneinigkeit in den eigenen Reihen diese Haltung bald auf. Es fällt auch auf, wie rasch sich die Einstellung zum Reichsrat und zur Zentralregierung änderte, als die Konservativen dort mehr Einfluß gewannen.

Die Methode des Boykotts als Ausdruck ohnmächtigen Protestes übertrugen die Tiroler Konservativen auch auf den Landtag. Als der Kultusminister von Wien aus per Erlaß die Gründung von protestantischen Kirchengemeinden in Meran und Innsbruck genehmigte und damit praktisch das Tiroler Landesgesetz aus dem Jahr 1866 aufhob, verließ am 9. März 1876 die Mehrheit der Abgeordneten aus Protest gegen diese Maßnahme den Sitzungssaal und sprengte damit den Landtag. Der Kaiser war empört und löste die Tiroler Volksvertretung auf, und zwar „wegen pflichtwidrigen Benehmens der Mehrheit seiner Mitglieder", wie er ausdrücklich verkünden ließ. Erst ein Jahr später wurde neu gewählt. Erreicht wurde mit dem Protest nichts, im Gegenteil; er schadete dem Land, wie überhaupt die einseitige Fixierung auf einige wenige kulturpolitische und staatsrechtliche Probleme die Lösung vieler lebens-

wichtiger Anliegen im wirtschaftlichen und sozialen Bereich unmöglich machte. Solche Überlegungen stellte auch der „Bote für Tirol" nach der Sprengung des Landtags im März 1876 an: „Das Land mag nun budgetlos verwaltet werden; was liegt daran, ob Welschtirol eine Irrenanstalt erhält und Deutschtirol eine Ackerbauschule, ob die Bahn nach Meran gebaut wird. Die Etsch mag noch ferner Landstriche versumpfen und verseuchen, der Lech mag noch länger das Brot der armen Lechtaler hinwegschwemmen, wenn nur das Mütchen des Klerus an der Regierung gekühlt wird."

Der Schaden, den das Land durch den sogenannten Kulturkampf erlitt, betrifft aber nicht nur wirtschaftliche Belange. Die ständige gegenseitige Verteufelung des politischen und weltanschaulichen Gegners riß eine tiefe Kluft im Volk auf. Außerdem erlahmte das geistige Leben, und die längst fällige Reform des Schulwesens wurde um fast drei Jahrzehnte hinausgezögert. Schließlich mußte 1892 ja doch ein Landesschulgesetz nach den Richtlinien der staatlichen Schulgesetze beschlossen werden. Damit endet das nicht sehr erfreuliche Kapitel des Tiroler Kulturkampfes.

Der Landtagsskandal vom 9. März 1876, als die Mehrheit der Abgeordneten aus Protest gegen eine Maßnahme der Wiener Regierung den Sitzungssaal verließ, wurde von einem unbekannten Zeichner festgehalten.

Neue Kräfte erobern den Landtag

Das Werden der modernen demokratischen Parteien in den beiden Jahrzehnten um 1900 und die Bemühungen um eine gerechtere Wahlordnung

Josef Schraffl, christlichsozialer Politiker und erster Bauernbund-Obmann in einer Karikatur von Max von Esterle.

Dr. Aemilian Schöpfer, Theologieprofessor, Publizist und christlichsozialer Politiker.

Nach Jahrzehnten des politisch-weltanschaulichen Kampfes zwischen den beiden großen Blöcken der Konservativen und der Liberalen wurde in Tirol gegen Ende des vorigen Jahrhunderts das parteipolitische Geschehen differenzierter. Eine neue Generation von Politikern wollte Probleme in Angriff nehmen, die unter den Bedingungen des alten Systems ungelöst geblieben waren. Erstmals traten wahlwerbende Gruppen mit vorwiegend sozialer und wirtschaftlicher Zielsetzung auf.

Innerhalb der Konservativen Partei bildete sich eine sogenannte Gruppe der „schärferen Tonart", der junge dynamische und volksverbundene Politiker angehörten, wie der Brixner Theologieprofessor und Publizist Dr. Aemilian Schöpfer, der Bozner Beamte Dr. Johann Schorn und der Sillianer Wirt und Kaufmann Josef Schraffl. Diese und andere Persönlichkeiten wollten den Erfordernissen der Zeit besser gerecht werden, im Interesse ihrer Wähler neue soziale Ideen verwirklichen und fortschrittliche Initiativen auf wirtschaftlichem Gebiet ergreifen. Diese innerparteiliche Opposition, die den Wiener Christlichsozialen nahestand, trennte sich nach heftigen Auseinandersetzungen von den Konservativen und bildete 1901 die Christlichsoziale Partei Tirols. Ihre führenden Persönlichkeiten gründeten 1904 den Tiroler Bauernbund. Die bisher konservativen Tiroler Bauern gingen in den folgenden Jahren fast geschlossen ins christlichsoziale Lager über.

Die christlichsozialen Politiker schlugen damals geradezu sozialrevolutionäre Töne an. Im Zentrum ihres Parteiprogramms stand die neue Soziallehre der Kirche, die Papst Leo XIII. im Jahr 1891 in seiner Enzyklika „Rerum Novarum" verkündet hatte. Trotzdem waren die Bischöfe und der hohe Klerus entschiedene Gegner der neuen Parteirichtung, da man eine Schwächung der Konservativen und damit eine Gefährdung ihrer vorwiegend weltanschaulichen Zielsetzung befürchtete. Im Gegensatz dazu hatten die Christlichsozialen den größten Teil der Seelsorger, vor allem die vielen jungen Kooperatoren, auf ihrer Seite. Die Konservative Partei mußte trotz der Unterstützung durch allerhöchste kirchliche Amtsträger ohnmächtig zuschauen, wie sie nach und nach an Einfluß verlor. Dennoch waren ihre Wortführer nicht bereit, auf die Linie der auf den gleichen weltanschaulichen Grundsätzen aufbauenden Christlichsozialen einzuschwenken. Erst 1918 – später als im übrigen Österreich – schlossen sich in Tirol die beiden verfeindeten Schwesterparteien zusammen und gründeten die „Tiroler Volkspartei".

Die zweite politische Kraft der frühen Verfassungszeit, der Liberalismus, war nach 1880 vom nationalen Gedanken abgelöst worden. Die unter verschiedenen Namen aufgetretene Liberale Partei war durch mehr oder weniger liberale, vor allem aber nationale Gruppen ersetzt worden, die sich „fortschrittlich", „national" oder „freiheitlich" nannten, und für die die Sammelbezeichnung „deutschfreiheitlich" üblich wurde. Was blieb, war der tief eingefressene Gegensatz zu den Konservativen und zur katholischen Richtung, die man jetzt auch österreichisch-patriotisch nannte. Auch in der Auseinandersetzung mit der aufstrebenden Christlichsozialen Partei ging es alles andere als zimperlich zu. Die Radikalisierung nahm um 1900 sogar noch zu. Wegen der engen Bindung sowohl der Konservativen als auch der Christlichsozialen zu verschiedenen Gruppen in der Kirche und wegen der weltanschaulichen Differenzen wurde der politische Kampf auch zu einer Kampagne gegen den Katholizismus. Die vom nationalistischen Extremisten Georg Schönerer propagierte „Los-von-Rom"-Bewegung griff von Wien, wo es zu zahlreichen Kirchenaustritten kam, auch auf Tirol über, hatte hier jedoch nicht viel Erfolg.

Die wichtigste der national-liberalen Parteien war die „Deutsche Volkspartei" mit den Bürgermeistern Dr. Julius Perathoner von Bozen und Wilhelm Greil von Innsbruck als den führenden Persönlichkeiten. Sie schloß sich 1907 mit dem etwas radikaleren „Verein der Deutschnationalen" und anderen Gruppen zur „Deutschnationalen Landespartei für Tirol" zusammen. Im Landtag gab es einen „Deutschfreiheitlichen Club". Ihre stärkste Position hatten die Nationalliberalen in den größeren Städten, wo sie weitgehend die Kommunalpolitik bestimmten.

Während der Landtagsperiode von 1908 bis 1914 waren erstmals die Christlichsozialen mit 25 Mandaten die stärkste Partei. Die Konservativen waren nur noch mit acht Abgeordneten vertreten, vorher waren es 23 gewesen. 12 Sitze hatten die Deutschfreiheitlichen inne. Die Trentiner „Popolari", die den Christlichsozialen nahestehende katholische Volkspartei Alcide Degasperis, stellten 14 Abgeordnete; die italienischen Nationalliberalen hatten sechs Mandate errungen. Trotz des „Machtwechsels" im Landtag blieb bis zu seinem Tod im Jahr 1916 der konservative, aber den Christlichsozialen nicht allzu fern stehende Freiherr Dr. Theodor Kathrein Landeshauptmann von Tirol. Der erfahrene Politiker galt in Wien als allmächtig und stand mit dem Kaiser auf vertrautem Fuß. 1897 war Kathrein Präsident des Reichsrates gewesen.

Die sozialdemokratische Bewegung konnte sich in Tirol lange Zeit nicht richtig durchsetzen. Ihre Vorläufer waren Arbeitervereine in den wenigen Orten mit Industrie oder Großbetrieben des Verkehrswesens. Um 1890 wurde unter der Führung von Ignaz Saska aus Innsbruck und Josef Holzhammer aus Absam eine eigene Landesorganisation aufgebaut und eine Zeitung gegründet. Bald kam es auch zur Bildung von gewerkschaftlichen Organisationen. Im Tiroler Landtag blieb den Sozialdemokraten ein Sitz bis 1914 versagt. Sie scheiterten vor allem an der Tatsache, daß die ärmsten Volksschichten bei Landtagswahlen nicht stimmberechtigt waren.

Für die Wahlen in den österreichischen Reichsrat galt bis 1907 genauso wie auf Landesebene das System der nach Steuersatz eingeteilten Wählerklassen. Durch immer neue Reformen kamen immer weitere Kreise der Bevölkerung in den Genuß des Wahlrechts. Ab 1896 konnte jeder männliche und über 24 Jahre alte Tiroler seine Stimme abgeben, wenn

Innsbrucks deutschfreiheitlicher Bürgermeister Wilhelm Greil (Ausschnitt aus einem Photo von den Jubiläumsfeierlichkeiten im Jahr 1909 am Bergisel).

Bozens langjähriger Bürgermeister Dr. Julius Perathoner, eine der führenden Persönlichkeiten des national-liberalen Lagers.

ihr Gewicht auch noch sehr unterschiedlich war. Die 5,5 Millionen österreichischen Wähler der 1895 eingeführten „Allgemeinen Kurie" entsandten nur 72 Abgeordnete ins Parlament, während die rund 5500 Großgrundbesitzer allein schon 85 Abgeordnete stellten. Die Forderungen der aufstrebenden demokratischen Massenparteien, vor allem der Christlichsozialen und der Sozialdemokratischen Partei, zielten auf das allgemeine und gleiche Wahlrecht, das für das gesamtösterreichische Parlament im Jahr 1907 eingeführt wurde, wobei freilich die Frauen noch ausgeschlossen blieben.

Für den Tiroler Landtag galt dieses demokratische Wahlrecht nicht. Hier waren Leute, die keine Steuerleistung erbrachten, weiterhin von der Stimmabgabe ausgeschlossen. Mit diesem Zustand waren nicht nur die Sozialdemokraten nicht einverstanden, auch die Christlichsozialen traten von Anfang an für das allgemeine und gleiche Wahlrecht ein. Die Verhandlungen darüber waren jedoch schwierig und kompliziert, da Vorurteile überwunden und verschiedene Interessen unter einen Hut gebracht werden mußten. 1914 war es endlich so weit, daß bei der Landtagswahl eine allgemeine Wählerklasse eingeführt werden konnte. Gleichzeitig wurde die Gesamtzahl der Landtagsmandate von 68 auf 96 erhöht. Die vier an das Amt gebundenen Stimmen der Bischöfe und des Rektors der Universität sowie die 17 Sitze der Prälaten, des adeligen Großgrundbesitzes und der Kammern blieben trotz vieler zeitgemäßer Reformversuche bestehen. Von den 75 Sitzen der städtischen und ländlichen Wahlbezirke entfielen nun 21 auf die allgemeine Kurie, in der jeder mindestens 24jährige Tiroler unabhängig von seiner Steuerleistung wählen durfte, dies allerdings auch dann, wenn er als vermögender Steuerzahler seine Stimme bereits in einer der „Zensus"-Kurien abgegeben hatte. Bürgermeister Wilhelm Greil von Innsbruck bedauerte dieses „Mehrfachwahlrecht", weil es für den Landtag vorteilhaft gewesen wäre, auch die Arbeiterschaft zu hören, was aber nur bei Schaffung einer „reinen Kurie" möglich gewesen wäre.

Die neue Regelung ließ überhaupt keine durchgehende Linie erkennen, überall gab es Ausnahmen, Einschränkungen, halbe Lösungen. Die „Innsbrucker Nachrichten" schrieben denn auch: „Dieses Landtagswahlgesetz wird in seiner Systemlosigkeit ein Unikum in ganz Europa sein. Es wird in ihm nach keinem Grundsatz vorgegangen, sondern nur verschiedenen Wünschen Rechnung getragen." Je nach Kurie und Wahlkreis brauchten Abgeordnete hier die absolute, dort nur die relative Mehrheit; gab es hier ein direktes, dort ein indirektes Wahlsystem; durften hier auch Frauen wählen, dort wieder nicht. Das alte Prinzip der Interessensvertretung wurde beibehalten, zugleich aber in der allgemeinen Kurie aufgehoben, deren Bedeutung wiederum durch das Mehrfachwahlrecht eingeschränkt war. Und so geht es fort.

Die Wahlreform brachte keine sensationellen Änderungen im Parteienverhältnis. Immerhin konnten 1914 auch die Sozialdemokraten mit zwei Mandaten ins Landhaus einziehen. Der neue Landtag mußte seine Arbeit aber schon im Sommer 1914 wegen des Kriegsausbruchs einstellen.

Dr. Theodor Kathrein von der Konservativen Partei, der von 1904 bis zu seinem Tod im Jahr 1916 Landeshauptmann von Tirol war.

Josef Holzhammer, einer der Gründer der Sozialdemokratischen Partei in Tirol.

Mit dem Dampfroß kommen die Fremden

Die großen Eisenbahnbauten und der Aufschwung des Tourismus in den Jahrzehnten vor 1900

Der 25. Juli 1867 war für Tirol ein historischer Tag. Im „Boten für Tirol" lesen wir folgende Notiz: „Heute Morgens um 8 Uhr 5 Min. ist der erste Bahnzug, bestehend aus dem Lokomotive, einem Pack-, einem Personen- und einem Inspektionswagen nach Bozen abgegangen. Um 11 Mittags wird nun das erste Lokomotiv die Höhen des Brenners überfliegen. Das Lokomotiv war mit dem österreichischen und dem Tirolerwappen, mit österreichischen und Tirolerfahnen geschmückt."

Mit dem Bau und der Eröffnung der Brennerbahn begann, das kann man ohne Übertreibung sagen, eine neue Epoche in der Geschichte des Verkehrslandes Tirol. Einige wenige Optimisten hatten schon in den dreißiger und vierziger Jahren des vorigen Jahrhunderts gehofft, den wichtigen Alpenpaß bald durch eine Schienenbahn zu überwinden. Damals war die Technik jedoch nicht so weit. Erst 1858 stießen die Eisenbahnpioniere zunächst von Kufstein bis Innsbruck und 1859 von Ala bis Bozen vor. Inzwischen waren die technischen Möglichkeiten so weit verbessert worden, daß nun auch das Verbindungsstück geplant werden konnte. Die private Südbahngesellschaft brachte das nötige Kapital auf, und führende Tiroler Persönlichkeiten gründeten ein Komitee, das sich mit den Angelegenheiten der Brennerbahn befassen und die Interessen des Landes wahren sollte. Daß Wirte, Fuhrleute und andere am Straßenverkehr interessierte Kreise gegen das Projekt ankämpften, konnte das Dampfroß – letztlich zu aller Nutzen – nicht mehr aufhalten.

Die Südbahn-Gesellschaft betraute ihren Baudirektor Carl von Etzel mit der Projektierung und Ausführung des gewaltigen Vorhabens. Etzel, einer der angesehensten Fachleute im damaligen Eisenbahnwesen, verwarf nach dem Studium des Brennerterrains die bereits vorhandenen Pläne einer Brennereisenbahn und legte dem Handelsministerium ein eigenes Projekt vor, das eine kürzere und billigere Streckenführung vorsah. Es wurde mit einigen Abstrichen genehmigt, worauf 1864 mit dem Bau begonnen werden konnte. Fertig war das gewaltige Werk in einem selbst für unsere Begriffe unvorstellbar raschen Tempo. Dabei mußte statt der heute selbstverständlichen technischen Hilfsmittel und Maschinen fast ausschließlich menschliche Arbeitskraft eingesetzt werden. Die Zahl der beschäftigten Arbeiter – zum weitaus größten Teil kamen sie aus dem italienischen Teil der Monarchie, vor allem aus Welschtirol – war mit über 20.000 in Spitzenzeiten dementsprechend hoch.

Die ersten Züge über den Brenner waren mit rund sieben Stunden Fahrzeit zwischen Innsbruck und Bozen und häufigen Pannen noch ziemlich langsam und unsicher, was sich jedoch dank der technischen Fortschritte im Maschinenbau von Jahr zu Jahr besserte. Ab 1. Juni 1869 gab es bereits einen Eilzug, mit dem man in knappen sechs Stunden von Inns-

Zwei Fotos aus einer kleinformatigen Stereoserie über den Bau der Brennerbahn (1865/66): oben Brücke und Tunnel bei Matrei mit dem im Zweiten Weltkrieg zerstörten Schloß; unten der Atzwanger Tunnel und Brückenbau über den Eisack.

Bauarbeiten am Bahnhof Niederdorf (1870/71).

bruck nach Bozen und umgekehrt gelangte. Mit dem schnellsten Pferdepostwagen hatte man immerhin noch über 15 Stunden gebraucht. Um die Jahrhundertwende legte dann der schnellste Zug die gleiche Strecke bereits in drei Stunden und 25 Minuten zurück. Die Entwicklung des Verkehrs auf der Brennerbahn hat ihre überragende Bedeutung für den lokalen und besonders für den internationalen Verkehr bewiesen. Schon im ersten vollen Jahr ihres Bestandes wurden nahezu 200.000 Personen befördert. Und wenn auch in den ersten Monaten nach der Eröffnung nur wenige Güterzüge in der Woche über den Brenner fuhren, wurden immerhin bis Ende 1867 neben anderen Waren etwa 500.000 Zentner Getreide transportiert.

Die Fertigstellung der Brennerbahn gab einem uralten Tiroler Gewerbe, der Schiffahrt auf Inn und Etsch, den Todesstoß, nachdem sich schon die Bahnlinien bis Innsbruck und Bozen ungünstig ausgewirkt hatten. Waren zuerst wenigstens noch die Kosten des Wasserwegs geringer, so waren die Frachtboote gegenüber dem neuen Verkehrsmittel endgültig nicht mehr konkurrenzfähig, als das Umladen in Hall und Bozen wegfiel. Lediglich zum Zementtransport aus dem Unterinntal ins Niederösterreichische und bis nach Ungarn wurden die Innplätten noch bis gegen Ende des 19. Jahrhunderts eingesetzt. Nach dem Erfolg der Brennerbahn, der sich sogleich abzeichnete, wurde ein anderes altes Projekt in Angriff genommen, der Bau der Pustertalbahn, die eine innerösterreichische Verbindung zwischen Tirol und der Hauptstadt der Monarchie herstellte. Ende November 1869 erfolgte am sogenannten Ochsenhügel bei der Franzensfeste der Spatenstich. Hier entstand in den folgenden zwei Jahren eine der imposantesten und größten Brücken Europas. Zehn Monate früher als vorgesehen, am 20. November 1871, wurde die neue Bahnlinie zwischen Franzensfeste und Villach dem Verkehr übergeben. Gleich nach der Pustertalbahn kam die Schienenverbindung von Wörgl über Kitzbühel und Hochfilzen nach Salzburg an die Reihe. Und 1880 begann man mit dem Bau der Arlbergbahn, deren Tunnelabschnitt 1884 eröffnet wurde. Damit war die Einbindung Tirols in das internationale Eisenbahnnetz vollendet. Nach 1880 wurde zur Erschließung der abseits von den großen Verkehrslinien gelegenen Gebiete des Landes auch eine Vielzahl von Lokalbahnen errichtet, als erste die Bahn von Bozen nach Meran, die 1881 fertig war und 1906 eine Verlängerung in den Vinschgau erhielt.

Der traditionelle Frachtverkehr mit Pferd und Wagen erlebte durch die Bahnbauten einen letzten beachtlichen Höhepunkt, hörte dann freilich entlang der Bahnlinien völlig auf. Fast über Nacht gab es Hunderte Arbeitslose, weil ja auch die damit zusammenhängenden Gewerbe (Schmiede, Wagner, Gasthäuser) betroffen waren. In die Seitentäler dagegen nahm der private und öffentliche Personen- und Lastentransport durch die Belebung der Wirtschaft und den beginnenden Fremdenverkehr sogar noch zu. So brachte die Eisenbahn letztlich auch den Lohnkutschern und Fuhrunternehmern neue Verdienstmöglichkeiten. Und für andere verlorene Beschäftigungen gab es ebenfalls bald Ersatz. Ähnliche Probleme wie das Dampfroß brachte später das Automobil, das um 1900 Tirol zu erobern begann. Auch dieses neue Verkehrsmittel erforderte ein Umdenken und ein Umstellen der Branche, was natürlich nicht von einem Tag auf den anderen ging.

Den „Benzinkutschen" kam das großzügige Tiroler Straßenbauprogramm der letzten Jahrzehnte vor dem Ersten Weltkrieg zugute. Viele Täler und Pässe hatten seit 1870 modernere Straßen erhalten, die zum Teil aus Landesmitteln, zum Teil gemeinsam von Staat, Land und interessierten Gemeinden errichtet wurden. Eine Pioniertat war der 1908 vollendete Bau der Dolomitenstraße, auf der von Anfang an regelmäßig Autobusse fuhren. Die erste Postautobuslinie der österreichisch-ungarischen Monarchie wurde im Jahr 1907 auf der Strecke Neumarkt–Predazzo eröffnet.

Die Revolution im Verkehrswesen stellte die Tiroler Wirtschaft auf neue Grundlagen. Der Export der traditionellen Landesprodukte Holz, Obst und Wein, aber auch der Erzeugnisse des Handwerks und der Industrie wurde erleichtert, Grundnahrungsmittel kamen zu einem billigeren Preis ins Land, allerdings auch Massenware als Konkurrenz für das heimische Handwerk. Gleichzeitig entstand mit dem Fremdenverkehr ein völlig neuer Wirtschaftszweig, der bald zu den wichtigsten Lebensgrundlagen eines großen Teils der Bevölkerung zählen sollte. Es waren zuerst die Engländer, die zur Erholung und zum Vergnügen in die Alpen fuhren. Als Maler und Schriftsteller machten sie schon in der ersten Hälfte des 19. Jahrhunderts Propaganda für das Land. Schließlich wurden die Engländer zu Pionieren des Alpinismus, der auch in Deutschland und in Österreich zunehmend Anhänger fand. Als um 1860 die Eroberung der Tiroler Bergwelt begann, fehlten freilich alle die notwen-

Die technische Entwicklung und neue Straßen machten es möglich: Das Automobil erobert die Dolomiten (Postkarte aus der Zeit um 1910).

digen Einrichtungen für den Alpin-Tourismus. So wird in einem 1868 erschienenen „Tirolerführer" geklagt, daß „hinsichtlich der Führer noch wenig Vorsorge getroffen" sei. Immerhin gab es in den frühen Zentren des Alpinismus, im Ortlergebiet, im hinteren Ötztal, in Kals und in einigen Dolomitentälern bereits weitum bekannte und geschätzte Bergführer. Einige von ihnen vollbrachten auch eigene alpinistische Bravourleistungen.

Um die Ausbildung und Organisierung der Tiroler Bergführer kümmerten sich ab 1870 die jungen alpinen Vereine. War der 1862 gegründete „Österreichische Alpenverein" eher auf wissenschaftliche Leistungen

Gegen 1900 entstandenes Werbeplakat für die Pustertalbahn und die in ihrem Einzugsbereich liegenden Urlaubsgebiete.

Lithographie vom Großglockner und der Stüdlhütte, die zu den ältesten Alpenvereinshütten gehört. Rechts ist die Apparatur eines Photographen zu erkennen.

Ein neuer Berufsstand: der Bergführer (Atelierphoto um 1870).

bedacht als auf praktische Hilfen für den Bergfreund, so zeigte der 1869 unter Mitwirkung des Ötztaler „Gletscherpfarrers" Franz Senn gegründete Deutsche Alpenverein von Anfang an eine andere Tendenz. Als sich 1874 die beiden Organisationen vereinigten, ging die Erschließung der Tiroler Berge durch Wegbauten und Hütten zügig voran. Dazu kamen öffentliche und private Einzelinitiativen zum Ausbau der „Infrastruktur" für Bergsteiger und Wanderer.

War der Alpinismus die eine Wurzel des Tiroler Fremdenverkehrs, so waren Sommerfrischen und Bäder die andere. Heilquellen und Badegasthäuser hatten seit dem Mittelalter für die Tiroler Bevölkerung große Bedeutung. Sie waren aber auch bei den Städtern und selbst in adeligen Kreisen sehr beliebt. Im 19. Jahrhundert wurde eine ganze Reihe von Schwefel- und Eisenbädern, von Mineralquellen verschiedenster Art, von Sauerbrunnen und Warmbädern neu erschlossen. Die Gästezahlen stiegen, die Ausstattung der Badhäuser wurde verbessert. Das Eisenbad Ratzes in einem bewaldeten Hochtal bei Kastelruth hatte zum Beispiel 1823 bereits 53 Gästezimmer, 12 Baderäume und zwei Speisesäle. Neben den einheimischen Besuchern stellten sich seit der Mitte des 19. Jahrhunderts immer mehr Gäste von auswärts ein. Um 1880 betreuten die bekannteren Badeorte wie Schalders bei Brixen oder Prags bei Niederdorf zwischen 500 und 1000 Personen im Jahr, das Brennerbad sogar rund 1400. Die vielen traditionsreichen „Badln" waren zur Fremdenverkehrsattraktion geworden. Die Heilkraft mancher Quelle genoß internationalen Ruf. Von Ärzten wurden Tiroler Bäder aber auch wegen ihrer Höhenlage und gesunden Luft empfohlen.

Die Vorzüge des Klimas konnten auch ohne die Anziehungskraft einer heilkräftigen Quelle den Aufstieg eines Ortes zum internationalen Kurzentrum bewirken. In Meran wußten weitblickende Persönlichkeiten die natürlichen Voraussetzungen besonders gut zu nützen. Die Entwicklung der Stadt zum Kurort begann schon in der ersten Hälfte des 19. Jahrhunderts. „Brustkranke" Patienten waren die ersten Gäste. Stadtväter,

Die Portiere von drei großen Meraner Hotels gemeinsam im Photoatelier.

Nicht weit vom traditionsreichen Bauernbadl Altprags entstand um die Jahrhundertwende das „Wildbad Neuprags" als Kurhotel mit modernem Komfort. Das Plakat sollte die 50 Zimmer füllen helfen. ▷

Neue Erkenntnisse der Werbegraphik wandte Hugo Grimm bei seinem Plakat für Gossensaß und das Hotel Gröbner an; es entstand um 1910.

Ärzte und Fremdenverkehrsfachleute sorgten dann für einen raschen Aufstieg: Trauben- und Molkekuren wurden propagiert, eine Kaltwasserheilanstalt und ein Kursaal errichtet, 1855 erschien die erste Kurordnung. Verschiedene Initiativen der Kurverwaltung und die Vermehrung des Unterhaltungsangebots durch Kurkapelle, Theater und Sportveranstaltungen ließen die Zahl der Gäste emporschnellen. Die Saison dauerte von September bis Mai. In dieser Zeit gaben sich die oberen Zehntausend vieler europäischer Länder in den Salons und auf den Promenaden ein Stelldichein. Die durchschnittliche Aufenthaltsdauer der rund 40.000 Fremden, die 1913 in Meran gezählt wurden, betrug 30 Tage.

Nicht viel hinter dem mondänen Weltkurort Meran zurück stand Gries bei Bozen. Aber auch andere Orte machten sich Errungenschaften und Methoden des modernen Kurwesens zunutze und statteten neue Hotels und Pensionen mit entsprechenden Einrichtungen aus, z. B. für Schwitzbäder und Kaltwasserkuren. Neben Meran und Gries bei Bozen wurde vor allem das welschtirolische Arco als milde „Winterstation" in ganz Europa berühmt. Im Sommer waren es dann die höher gelegenen Luftkurorte und die in den neunziger Jahren erbauten mondänen Berghotels, die das geldkräftige Publikum des In- und Auslandes anlockten. Daneben blieben die einfachen „Sommerfrischen", wie sie in Tirol seit eh und je von den Einheimischen gerne aufgesucht wurden, als Ferienorte für breite Bevölkerungsschichten erschwinglich.

Bald begann Tirol, der bekannteren und in ihrer Erschließung weiter fortgeschrittenen Schweiz auf dem jungen „Tourismusmarkt" Konkurrenz zu machen. Seit Eröffnung der wichtigsten Eisenbahnlinien benützten Erholungsuchende und Reiselustige in Scharen die billige und relativ bequeme Fahrgelegenheit in die Alpen. Die Zeit des Massentourismus hatte begonnen. Die Sommerfrischen nördlich und südlich des Brenners füllten sich mit Gästen aus Deutschland und dem östlichen Österreich.

Neue Gastbetriebe entstanden in großer Zahl. Die Sektionen des Deutschen und Österreichischen Alpenvereins erschlossen die Bergwelt durch Wege und Hütten, Bergführer wurden in eigenen Kursen geschult, ihre Preise wurden in langen Tabellen festgehalten. In bekannten Hochtälern sammelten sich die Alpinisten aus aller Herren Länder. Die Bedeutung des Fremdenverkehrs für die Wirtschaft des Landes war nicht mehr zu übersehen. 1890 wurde ein „Landesverband der vereinigten Cur- und Fremdenverkehrsvereine für Tirol" gegründet, der durch Veranstaltung von Studientagungen, durch Werbemaßnahmen, Gesetzesinitiativen und verschiedene Aktionen wesentlich zum Aufschwung des Tourismus beitrug. Der Landtag war auch schon zu den ersten Subventionen bereit. 1895 wurden allein in Deutschtirol 322.000 Fremde mit 1,8 Millionen Übernachtungen gezählt, 1909 waren es 811.000 Gäste mit 4,5 Millionen Nächtigungen. Erst der Weltkrieg stoppte diese rasante Aufwärtsentwicklung.

Führend im Ausbau des Fremdenverkehrs und seiner Einrichtungen war Deutschsüdtirol, wo die schönsten und modernsten Hotels errichtet wurden, Service und Komfort einen hohen Standard erreichten und verschiedene Attraktionen, z. B. die ersten Seilbahnen, zusätzliche Vergnügen versprachen. Den mondänen Sammelpunkten des Nobeltourismus in Meran-Obermais, Gries, Levico und Arco, im Ortlergebiet, in den Dolomiten, im Hochpustertal und in Gossensaß hatte Nordtirol trotz aufstrebender Sommerfrischen und erster Alpinzentren eigentlich nur Igls bei Innsbruck entgegenzusetzen, das sich um 1900 zu einem Treffpunkt der europäischen Aristokratie entwickelte. Auch einen Winterbetrieb gab es lange Zeit nur in den Kurorten Südtirols mit ihrem milden Klima. Erst das Aufkommen des Wintersports in den neunziger Jahren machte es den Tälern und Ortschaften nördlich des Brenners möglich, eine „zweite Saison" aufzubauen. Das erste bekannte Schizentrum Tirols mit internationalem Publikum war Kitzbühel. Nach 1900 folgten bald weitere Orte und warben mit ihrem Schneereichtum um Gäste.

Ob die Fremden nun im Winter oder im Sommer kamen, zu Beginn unseres Jahrhunderts war der Tourismus aus der Wirtschaft Tirols bereits nicht mehr wegzudenken.

Skipioniere – mit der Einstocktechnik unterwegs (um 1900).

Ein Kitzbüheler Skistar aus der Zeit um 1905, aufgenommen im Atelier.

◁

Eishockey-Partie hinter dem Grandhotel in Kitzbühel (1910).

Von Schwabenkindern, Fabrikanten und Erfindern

Probleme der Landwirtschaft und deren Überwindung • Neuerungen im Gewerbe, Konjunkturaufschwung und Pioniere der Technik

Der Lienzer Bürgermeister Johann Franz Röck, der wegen seiner Initiative zur Gründung einer Landwirtschaftsgesellschaft in den dreißiger Jahren des 19. Jahrhunderts und seiner Forderung nach Fachschulen für die bäuerliche Jugend zu den Pionieren der Tiroler Landwirtschaft gehört.

Trotz der industriellen Revolution in anderen Ländern, trotz der neuen Verkehrsmittel und des einsetzenden Fremdenverkehrs war Tirol in der zweiten Hälfte des 19. Jahrhunderts immer noch ein ausgesprochenes Bauernland. Rund 65 % der gesamten Bevölkerung Alttirols lebten um 1890 ganz oder vorwiegend von der Landwirtschaft, wobei die südlichen Landesteile in noch stärkerem Maß auf die Agrarwirtschaft ausgerichtet waren als der Norden.

In den landwirtschaftlich wenig ertragreichen Gebieten waren die Bauern allerdings in eine arge Notlage geraten, seit gegen Ende des 18. Jahrhunderts viele damals noch betriebene Bergwerke eingestellt worden waren und damit eine zusätzliche Verdienstmöglichkeit wegfiel. Auch das oft als Ersatz dafür betriebene Hausgewerbe, dessen Ertrag die Existenz der Höfe gesichert und nicht selten Wohlstand gebracht hatte, verlor nun wegen der Konkurrenz ausländischer Fabrikswaren und veränderter Kaufgewohnheiten seine Abnehmer im In- und Ausland, was ganze Ortschaften in bittere Not stürzte. Schließlich litten manche Täler nach dem Bau der Bahnlinien unter den geänderten Verhältnissen im Verkehrswesen, das durch Jahrhunderte vielen Bauern den notwendigen Nebenerwerb gesichert hatte. In den am ärgsten betroffenen Gebieten mußte sich mancher Bursch zur Auswanderung entschließen. Andere verdienten als Saisonarbeiter außer Landes etwas Geld. Aus Matrei im heutigen Osttirol etwa wanderten Jahr für Jahr fünfzig bis hundert junge Leute in die Steiermark, um in den dortigen Bergwerken Beschäftigung und Verdienst zu suchen. Auch Kinder wurden in die Fremde geschickt, weil es zu Hause nicht genug zu essen gab und jedes verdiente Geldstück wertvoll war. Aus dem Oberinntal und dem Vinschgau zogen im Frühjahr Hunderte, oft sogar Tausende Buben und Mädchen als „Schwabenkinder" zu Fuß nach Süddeutschland, um sich dort den Sommer über bei einem Bauern als Hilfskraft zu verdingen.

Auch in Gegenden mit besseren natürlichen Voraussetzungen hatten die Bauern keinen leichten Stand. Die Folgen der langen Kriegsjahre zu Beginn des 19. Jahrhunderts waren jahrzehntelang kaum zu überwinden gewesen. Eine wirkungsvolle Hilfe der öffentlichen Hand gab es nicht. Auch die 1838 mit staatlicher Unterstützung gegründete „K. k. Landwirtschaftsgesellschaft für Tirol und Vorarlberg" erreichte nicht viel. Ihr Ziel war in erster Linie die „Verbesserung fehlerhafter Verfahrensarten", die „Ausrottung eingewurzelter schädlicher Vorurteile und Mißbräuche" und „ein immerwährendes Streben nach höheren Erkenntnissen", wie es der Lienzer Bürgermeister Johann Franz Röck ausdrückte, der die Gründung dieser Organisation im Landtag angeregt hatte. Doch die ebenfalls von ihm bereits in den dreißiger Jahren geforderte Errichtung landwirtschaftlicher Lehranstalten wurde erst 1874 und 1879 mit den Fachschulen von San Michele an der Etsch und Rotholz im Inntal verwirklicht. Bis dahin waren Artikel in Zeitschriften und Kalendern, Fachausstellungen und der Einsatz von Wanderlehrern ziemlich die einzigen Möglichkeiten zur Verbreitung neuer Methoden und Grundsätze in der Landwirtschaft. Sehr erfolgreich wirkte in dieser Hinsicht der Ötztaler Priester Adolf Trientl, der im ganzen Land als Berater und Lehrer der Bauern herumzog, eine Unzahl von Aufsätzen und Schriften verfaßte und als „Mistapostel" in die Geschichte der Tiroler Landwirtschaft einging.

Was den Bauern weiterhin fehlte, war eine wirkungsvolle Interessensvertretung auf breiter Basis. Ausbildungsmangel und veraltete Arbeitsweisen waren ja nicht die einzigen Ursachen dafür, daß die Landwirtschaft nach der Jahrhundertmitte immer weiter in die Krise schlitterte. Das Hauptübel war eine übermäßige und rasch fortschreitende Verschuldung. Gründe dafür gab es viele. Einer wurzelte sogar in einer ursprünglich als Förderung des Bauernstandes gedachten Maßnahme, nämlich in der gutgemeinten und sicher auch notwendigen Reform der Grundlasten:

Schon im 18. Jahrhundert hatte die Volkswirtschaftslehre gepredigt, daß die Abgabenpflicht des Bauern an seinen Grundherrn beseitigt werden müsse, um ihm ein freieres Wirtschaften zu ermöglichen. Die Jahrhunderte früher festgesetzte Form des jährlich zu erbringenden Zinses erschwerte jede Umstellung der Produktion und jedes Experiment. Auch in Tirol besaßen ja nur wenige Bauern Grund und Boden als wirkliches Eigentum, die meisten saßen als Erbpächter auf ihrem Hof. Das Revolutionsjahr 1848 brachte dann die lang geforderte Abschaffung der Grundherrschaft, wobei keine Enteignung der bisherigen Grundbesitzer beschlossen wurde, sondern eine Ablösung durch eine einmalige Entschädigungssumme. Der von den Behörden errechnete Wert aller Abgaben, Gebühren und Dienste im Verlauf von 20 Jahren wurde gedrittelt. Auf ein Drittel mußte der bisherige Grund- und Zehentherr verzichten, das zweite Drittel mußte in jedem Fall der Bauer bezahlen, während das dritte Drittel unter gewissen Voraussetzungen aus Steuermitteln finanziert wurde. Da in Tirol diese Voraussetzungen wegen der schon bisher recht guten Stellung und persönlichen Freiheit der Bauern fast nirgends zutrafen, mußte hier die Landbevölkerung zwei Drittel der Kosten für die Grundentlastung selbst übernehmen.

Das neue Besitzverhältnis begann also in der Regel mit einer Hypothekarschuld. Gleichzeitig wurde es für einen fleißigen und strebsamen Bauern immer schwieriger, neue Felder oder gar einen größeren Hof zu erwerben, weil die Preise dafür nach der Grundentlastung enorm anstiegen. Das Bargeld aber, das sich früher ein Bauer zu günstigen Bedingungen meist bei wohlhabenden Nachbarn oder örtlichen Grundbesitzern ausleihen hatte können, floß jetzt in die neuen Sparkassen und Kreditinstitute in den Städten, wo Darlehen mehr kosteten und die Rückzahlung mit größerer Strenge eingefordert wurde. Schon 1861 warnten die

Der Ötztaler Priester Adolf Trientl erwarb sich als unermüdlicher Wanderlehrer und Publizist in Sachen Landwirtschaft den humorvollen Ehrentitel „Mistapostel".

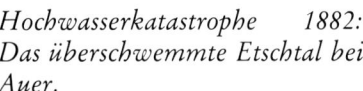

Hochwasserkatastrophe 1882: Das überschwemmte Etschtal bei Auer.

Chemische Schädlingsbekämpfung verlangte den Bauern einen hohen Einsatz von Barmitteln ab. Ausschnitt aus einem Inserat, um 1895.

„Tiroler Stimmen": „Seitdem der Boden frei ist von grundherrlichen Abgaben, muß die nächste und vorzüglichste Sorge dahingehen, daß Grund und Boden nicht vom Kapital abhängig werden, daß der Bauer nicht von der Gnade der Kapitalisten lebt und in ihren Beutel arbeiten muß."

Den Bauern mußte es in der zweiten Hälfte des 19. Jahrhunderts geradezu vorkommen, als hätten sich Natur und Politik gegen sie verschworen: Da gab es Hochwasserkatastrophen und Murbrüche, Mißernten und bisher unbekannte Schädlinge, die zunichte machten, was neu geschaffen worden war. Dazu kamen die Folgen der liberalen Wirtschaftspolitik: Die landwirtschaftlichen Erzeugnisse erzielten wegen vermehrter Einfuhren und des Aufkommens billiger Konserven immer geringere Preise, während umgekehrt die Belastung der Bauern stieg. Vieles, was er brauchte, wurde teurer, die Darlehenszinsen kletterten in die Höhe. Auch die Löhne der Dienstboten stiegen an, ebenso die öffentlichen Abgaben und Gebühren. Neue Errungenschaften, wie chemische Schädlingsbekämpfung oder moderne landwirtschaftliche Geräte, verlangten einen hohen Einsatz an Barmitteln. Kein Wunder, daß die Verschuldung der Bauernschaft stieg, oft genug bis ins Unerträgliche.

Wohl verhinderte der Tiroler Landtag in den siebziger Jahren die Durchführung eines neuen österreichischen Staatsgesetzes, das den bestehenden Schutz geschlossener Höfe aufhob, die Zerstückelung erleichterte und damit den Zugriff kapitalkräftiger Interessenten auf wertvollstes Bauernland leichtgemacht hätte; wohl brachte der seit Ende der sechziger Jahre aufkommende Fremdenverkehr der bäuerlichen Bevölkerung neue Verdienstmöglichkeiten; wohl erzielte die Landwirtschaftsgesellschaft da und dort Erfolge – es änderte jedoch alles nichts daran, daß die Not am Lande größer wurde, immer mehr Höfen die Versteigerung drohte und die landwirtschaftliche Produktion in manchen Gegenden sank statt zuzunehmen, wie man es sich auf Grund neuer Methoden erwarten hätte dürfen.

Anfang der achtziger Jahre erreichte die Krise der Tiroler Landwirtschaft einen Höhepunkt. Immer klarer wurde es, daß zur Rettung von beiden Seiten her etwas geschehen mußte: Auf der einen Seite mußten die Bauern mehr als bisher zusammenhalten und starke Selbsthilfeorganisationen aufbauen, auf der anderen Seite mußte der Gesetzgeber endlich entsprechende Maßnahmen beschließen und den Aufbau einer mit Kompetenzen und Geldmitteln ausgestatteten Organisation zur Landwirtschaftsförderung ermöglichen und unterstützen. Beides geschah auch: Am 24. September 1881 wurde das Landesgesetz über die Errichtung eines Landeskulturrates und die Bildung von Bezirksgenossenschaften der Landwirte als freie Unterorganisationen dieses Landeskulturrates verabschiedet.

Die Zeit des „Herumwurstelns" in Sachen Landwirtschaft war endgültig vorbei. Endlich entstand ein straff organisierter Verband, der an der Basis verankert war und auf die Politik Einfluß nehmen konnte. Gleichzeitig machte sich der Wandel im politischen Leben bemerkbar, da sich die neue Politikergeneration nicht nur für staatsrechtliche und kulturpolitische Fragen interessierte, sondern sich mit aller Kraft für die Lösung sozialer und wirtschaftlicher Probleme einsetzte. In langwierigen Verhandlungen einigte man sich in den zuständigen Landtagskommissionen auf eine Reihe von Gesetzesinitiativen, die den bäuerlichen Besitz sichern und damit der Landwirtschaft eine gesunde Basis gewährleisten sollten: 1897 wurde das Grundbuchgesetz beschlossen, die Voraussetzung für das gesamte Reformwerk. 1899 folgte das Gesetz über die Landeshypothekenanstalt, die langfristige und unkündbare Kredite vermitteln sollte. Im Jahre 1900 kam das Gesetz über die Rechtsverhältnisse der geschlossenen Höfe zustande, das unter dem Namen „Tiroler Höfegesetz" berühmt wurde und die weitere Zersplitterung sowie den Ausverkauf des bäuerlichen Grundbesitzes verhinderte.

Gleichzeitig mit den Politikern wurden auch die Funktionäre des Landeskulturrates und der Bezirksgenossenschaften aktiv. Es begann der Aufbau des Genossenschaftswesens zum gemeinsamen Bezug von Waren, zur Produktion und Vermarktung, zur Bodenverbesserung und zum Maschineneinsatz. Seit 1889 wurden allerorten Spar- und Darlehenskassen nach dem System des deutschen Wirtschaftspioniers Raiffeisen gegründet. Dabei ging es um die Sammlung und Verwertung aller verfügbaren Gelder der bäuerlichen Bevölkerung. Der Aufbau einer über Genossenschaften und Vereine weitverzweigten Organisationsstruktur bot zudem den Verantwortlichen des Landeskulturrates die Möglichkeit, Beratung und Schulung, Serviceangebot, Subventionsaus-

Vom Landeskulturrat bzw. den Bezirksgenossenschaften vergebene Medaille für hervorragende Leistungen im Gartenbau.

▷

Innerhalb des Landeskulturrates bildete Welschtirol eine eigene Sektion. Für Deutschsüdtirol gab es etwas ähnliches nicht, doch schlossen sich die Bezirksgenossenschaften südlich des Brenners wegen ihrer besonderen wirtschaftlichen Voraussetzungen und Interessen zu einem eigenen Verband zusammen. Von ihm wurde 1908 diese Anerkennungsurkunde für eine Weinkellerei in Kaltern ausgestellt.

schüttung und andere Förderungsmaßnahmen günstig abwickeln zu können. Im Bereich der Forschung und Wissensvermittlung arbeiteten Landeskulturrat und Genossenschaften eng mit den beiden Landwirtschaftlichen Lehranstalten des Landes in San Michele und Rotholz zusammen, die an mehreren Orten Spezialkurse einrichteten.

Um die Jahrhundertwende fand die Landwirtschaft den Anschluß an den allgemeinen Wirtschaftsaufschwung. In den Städten und Märkten hatte die günstige Konjunkturentwicklung seit den siebziger Jahren den Wirtschaftstreibenden immer bessere Erträge gebracht und damit neue Investitionen ermöglicht. Voraussetzung dafür war die Einführung der Gewerbefreiheit und die Gründung von Handels- und Gewerbekammern (1851) gewesen. Neben der jungen Fremdenverkehrswirtschaft verzeichnete das Baugewerbe dank der vielen Straßen- und Bahnprojekte, der nach dem Hochwasser von 1882 verstärkt betriebenen Wildbachverbauung und dem Anwachsen der Städte den größten Zuwachs an Umsatz und Beschäftigten.

Aber auch mit der Industrie ging es in der zweiten Hälfte des 19. Jahr-

hunderts aufwärts. Bis dahin hatte es in Tirol nur ganz wenige Unternehmungen gegeben, die man nach heutigen Begriffen als Fabriken bezeichnen könnte. Wenn man vom Salzbergwerk in Hall und der im Vormärz in Schwaz gegründeten Tabakfabrik mit mehreren Hundert Beschäftigten absieht (im Vergleich dazu: 20 Arbeiter in der Glashütte Kramsach), gehören diese ältesten Tiroler Industriebetriebe durchwegs der Textilbranche und dem Bereich der Metallverarbeitung an. Die Tiroler Lodenindustrie, die Baumwollfabriken, Webereien und andere Textilwerke, nicht zu vergessen die Seidenspinnereien in Welschtirol, beschäftigten um 1890 bereits über 11.000 Männer und Frauen und hatten überregionale Bedeutung. In der Sensenunion Jenbach wurde Tiroler Eisen fabriksmäßig zu Sensen und Sicheln verarbeitet und bis nach Rußland verschickt. Die Stubaier Kleineisenindustrie hatte sich auf die neue Zeit umgestellt und durch die Gründung einer Werkgenossenschaft ihre Konkurrenzfähigkeit verbessert. Andere Betriebe Nordtirols erzeugten die verschiedensten Maschinen und Geräte, die vor allem für die Landwirtschaft bestimmt waren. Was die Verarbeitung des im Lande selbst nur noch in bescheidenen Mengen gewonnenen Kupfers betrifft, war die einstmals sehr bedeutende Lienzer Messingfabrik 1813 eingestellt worden, während das Werk von Achenrain bei Kramsach bis in unser Jahrhundert weiterbestand.

Die Spinnerei Bozzoni bei Riva, um 1870.

Unter starkem Druck auswärtiger Konkurrenz standen die 14 Fabriken, die sich laut Statistik von 1897 mit der Papierherstellung befaßten. Der Waldreichtum des Landes ermöglichte den Export von Rundholz, aber auch den Aufbau einer holzverarbeitenden Industrie. Auch der Marmor von Laas verließ das Land zum Teil in rohen Blöcken für die Prunkbauten in Wien und München, zum Teil in verarbeitetem Zustand. Das allgemeine Baufieber ließ auch die Granit- und Porphyrwerke im

Abtransport eines Marmorblocks aus Laas im Vinschgau, um 1895.

Das Baugewerbe profitierte vom Wachstum und von der Modernisierung der Städte. Das Bild zeigt die nach 1900 in vollem Umfang einsetzenden Kanalisationsarbeiten in Innsbruck.

Zum Zementtransport waren noch bis gegen 1900 Innplätten im Einsatz.

Eisacktal und verschiedene andere Steinbrüche aufblühen. Von den traditionellen Schätzen des Landes spielte nach wie vor das Salz von Hall eine große Rolle. Ganz neu hingegen war die Tiroler Zementindustrie, die sich nach kurzer Zeit eine Spitzenstellung in der ganzen österreichisch-ungarischen Monarchie eroberte. Um 1840 hatte der gebürtige Bozner Franz Kink in der Nähe von Kufstein damit begonnen, die dortigen Kalkmergelvorkommen zur Erzeugung von Roman-Zement abzubauen. Weitere Vorkommen erlaubten die Herstellung eines Zements, dessen Qualität der des englischen Portland-Zements glich. Die meisten Zementfabriken entstanden in den Bezirken Kufstein und Kitzbühel, doch wurden Betriebe dieser Art auch bei Castell Toblino im Sarcatal und bei Vils im Außerfern eröffnet. Ähnlich steil war der Aufschwung der jungen chemischen Industrie, deren größte Betriebe um 1900 das Carbidwerk in Matrei am Brenner und eine Kunstdüngerfabrik in Rovereto waren. Auch die Nahrungsmittelerzeugung stellte sich auf moderne Verarbeitungsmethoden und Produkte um, wobei die Obst- und Fleischkonservenfabrikation in Bozen die größte Bedeutung erlangte. Ein ganz neues Element im Wirtschaftsleben stellte gegen Ende des Jahrhunderts die Elektrizität dar, zu deren Gewinnung in den neunziger Jahren die ersten Wasserkraftwerke entstanden.

Die Begeisterung für den technischen Fortschritt weckte im 19. Jahrhundert in vielen Tirolern eine erstaunliche Erfindungsgabe. Zum Teil ohne Studium und entsprechende Ausbildung wurden große Leistungen erbracht, die freilich nur in den seltensten Fällen wirtschaftlich genutzt werden konnten. Die Reihe beginnt mit dem Kufsteiner Schneidermeister Josef Madersperger, der um 1814 eine Nähmaschine erfand. Der Tischler Peter Mitterhofer aus Partschins bei Meran stellte zwischen 1864 und 1869 mehrere Modelle einer Schreibmaschine her. Zu den

wichtigen Pionieren der Technik zählten weiters Johann Kravogl aus Lana, der in seiner Werkstätte in Wilten bei Innsbruck den ersten wirklich leistungsfähigen Elektromotor baute und damit auf der Pariser Weltausstellung von 1867 großes Aufsehen erregte; Christian Reithmann aus Fieberbrunn, der sich mit verschiedenen Maschinen befaßte und um 1867 – etwa zugleich mit dem deutschen Erfinder Otto – einen Viertaktmotor für Leuchtgasbetrieb konstruierte; der Jenbacher Arzt Dr. Norbert Pfretzschner, der Erfinder der photographischen Trockenplatte (1866/67); Jakob Eisendle, ein Bauer in Pflersch bei Gossensaß, der unter anderem zur Vermessung der Brennerbahnstrecke ein selbsttätig zeichnendes Mappierungsgerät bastelte, für das er auf der Wiener Weltausstellung von 1873 eine Auszeichnung erhielt, und von dem eine in der Praxis erprobte Nähmaschine stammt; Luis Zuegg aus Lana bei Meran, der zwischen 1912 und 1936 durch grundsätzliche Neuerungen und Verbesserungen im Detail die moderne Seilbahntechnik begründete, nachdem der Bozner Gastwirt Josef Staffler schon 1908 den Anstoß zur ersten Personenseilbahn Europas gegeben hatte, die von Bozen nach Kohlern führte. Zwar kein Erfinder, aber ein bedeutender Pionier des Straßen- und Bahnbaus und der Elektrizitätswirtschaft in Tirol ist der Bozner Techniker und Bauunternehmer Josef Riehl, dessen kühnstes Werk die elektrisch betriebene Bahnstrecke von Innsbruck nach dem bayerischen Mittenwald ist.

Eine große Leistungsschau der Tiroler Wirtschaft bot im Jahr 1893 die erste Tiroler Landesausstellung in Innsbruck, auf der – nach den „Mittheilungen des Tiroler Gewerbevereins" – „die gesammte geistige und materielle Schaffenskraft des Landes" präsentiert werden sollte. Die Bedeutung der Veranstaltung wurde dadurch unterstrichen, daß Kaiser Franz Joseph höchstpersönlich das Protektorat übernahm. Besonderer Wert wurde darauf gelegt, die Vielfalt der Wirtschaftszweige und der im Land erzeugten Produkte herauszustellen. So nahm neben der Landwirtschaft, dem Handwerk und der Industrie das Kunstgewerbe eine wichtige Stellung ein, was auf alte Traditionen gleichermaßen zurückzuführen ist wie auf intensive Anstrengungen in der zweiten Hälfte des 19. Jahrhunderts. Ein Musterbetrieb dieser Sparte war die Glasmalereianstalt in Innsbruck-Wilten, deren kunstvolle Fenster und Mosaike geradezu weltweites Ansehen genossen.

Im kunstgewerblichen Bereich hatte auch die alte Hausindustrie verschiedener Täler noch eine Chance, vor allem dann, wenn das Niveau der Erzeugnisse durch entsprechende Schulung und Ausbildung der Mitarbeiter verbessert werden konnte, wie dies etwa bei den Spitzenklöpplerinnen im Ahrntal und bei den Grödner Schnitzern der Fall war. In St. Ulrich, wo es schon seit 1825 eine Zeichenschule gab, errichtete die Regierung 1872 eine „Holzschnitzereischule für kirchliche Arbeiten". Im Gegensatz zur staatlichen Förderung im Grödental war der Aufschwung der Spitzenklöppelei im Ahrntal der Privatinitiative des Prettauer Pfarrers Johann Peskosta zu danken, der drei Mädchen seiner Pfarrgemeinde zur Ausbildung nach Wien schickte. 1908 eröffnete aber auch hier der Staat einen Fachkurs, der regen Besuch verzeichnen konnte. Um die künstlerische Begabung und das handwerkliche

Ahrntaler Mädchen beim Klöppeln, um 1905.

Der Straßen- und Bahnpionier Josef Riehl bei der Durchlöcherung der Martinswand bei Innsbruck (Karikatur von Esterle).

In der Fachschule für Eisenverarbeitung in Fulpmes (1910).

Geschick der Bevölkerung wirtschaftlich zu nutzen, förderte der Staat neben traditionellen Zentren des Kunstgewerbes auch neue Sparten. So wurde zum Beispiel 1874 in Cortina eine Fachschule für Filigrangegenstände aus Silber- und Golddrähten gegründet.

Auch in anderen Bereichen des Wirtschaftslebens wußte man eine gute schulische Ausbildung zu schätzen. Schon im Handelskammer-Bericht für 1880 hieß es: „Überwunden ist der Wahn, es könne der Handels- und Gewerbsmann auch heute noch ohne jeglichen Nachtheil den Luxus der modernen Schul- und Fachbildung entbehren." In den folgenden Jahrzehnten machte der Ausbau des Gewerbe- und Fachschulwesens große Fortschritte. Der Staat konnte es sich leisten, größere Summen in die Ausbildung des Tiroler Nachwuchses hineinzustecken. Immerhin war das Land aus der Sicht des österreichischen Gesamtstaates wirtschaftlich und finanzpolitisch überaus aktiv. Im Jahr 1910 betrugen die Ausgaben der Staatskasse für Tirol 34 Millionen Kronen, die Einnahmen aus Tirol wurden dagegen mit 45 Millionen Kronen beziffert.

Wie lange die Wirtschaftsblüte angedauert hätte, weiß heute niemand genau zu sagen. Manche Forscher sehen rückblickend die ersten Krisenzeichen schon in den Jahren vor Ausbruch des Ersten Weltkriegs, der dann ohnehin alles zerstörte, was zwei Generationen aufgebaut hatten.

Neue Wege in stürmischer Zeit

Das Tiroler Kultur- und Geistesleben in den Jahrzehnten um 1900 ● Erwachtes Interesse für Brauchtum und Volkskunst

Wie in Wirtschaft und Politik waren die Jahre um 1900 auch in geistig-kultureller Hinsicht eine Zeit stürmischer Entwicklungen. Angeregt durch verschiedene Kunstströmungen des Auslandes gingen Tiroler Künstler neue Wege. Bevor es aber so weit kommen konnte, mußte eine längere Periode der Stagnation überwunden werden, für die nicht zuletzt der alles lähmende Kampf zwischen den beiden weltanschaulichen Lagern der Konservativen und der Liberalen mitverantwortlich war. Dieser „Kulturkampf" ließ schöpferischen Kräften wenig Raum, erschwerte bleibende Leistungen, zwängte jeden Kulturschaffenden gleich in ein weltanschauliches Korsett. Wer es abstreifen wollte, mußte mit Ausbrüchen echten Gesinnungsterrors rechnen. So schimpften die Liberalen den Dichter und Gelehrten Adolf Pichler einen „Renegaten", als er sich in den achtziger Jahren zeitweise von ihnen distanzierte. Dabei hatte er schon 1863 als sein Programm verkündet: „Liberal, aber nicht mit den Liberalen!" Für geistige Selbständigkeit hatte aber niemand viel übrig.

Auch der innertirolische Nationalitätenstreit zwischen Deutsch- und Welschtirolern war ein Hemmschuh der kulturellen Entwicklung. Denn das geistig-künstlerische Leben Tirols war durch Jahrhunderte gerade von der Mittlerstellung zwischen dem deutschen und dem italienischen Kulturkreis befruchtet worden. Nationalistische Frontstellungen und Abneigungen schränkten die spezifischen Möglichkeiten Tiroler Kulturschaffens ein.

Die Basis für jedes kulturelle Leben wird im Schul- und Erziehungswesen eines Landes geschaffen. Damit war es in Tirol um die Mitte des vorigen Jahrhunderts gar nicht gut bestellt. Der Schulbesuch ließ zu wünschen übrig; die Lehrer waren schlecht ausgebildet und mußten sich wegen unzureichender Bezahlung Nebeneinkommen suchen; die Schulaufsicht durch die Pfarrer und kirchlichen Behörden versagte weitgehend. Bezeichnend ist, daß es nach der Volkszählung von 1900 bei einer Bevölkerungszahl von rund 850.000 nicht weniger als 146.151 Analphabeten und 19.780 Personen gab, die nur lesen, aber nicht schreiben konnten. Als die Staatsregierung eine Reform des Schulwesens in die Wege leitete, löste dies aber in Tirol heftige Gegenreaktionen kirchlicher und konservativer Kreise aus, die von den neuen Schulaufsichtsgremien und staatlichen Inspektoren einen allzugroßen Einfluß liberaler Elemente befürchteten. Erst Anfang der neunziger Jahre setzte sich die Vernunft durch, kam es zu einem Einvernehmen der weltanschaulich-politischen Gegner in der Schulfrage. Jetzt konnte ein allgemeiner Aufschwung einsetzen.

Auch die Innsbrucker Universität hatte lange gebraucht, bis sie aus

Hörsaal im neuen physikalischen Institut der Innsbrucker Universität (1891).

Universitätsprofessor Julius von Ficker, der eine neue Epoche der Geschichtsschreibung in Tirol begründete.

ihrem Schattendasein der ersten Hälfte des 19. Jahrhunderts herausfand und wieder Einfluß und Ausstrahlung gewinnen konnte. Zeitgemäße Reformen des Jahres 1848 hatten einen steilen Aufschwung eingeleitet; 1857 wurde die Theologische, 1869 die Medizinische Fakultät wiedererrichtet. Allmählich stellten sich auf allen Gebieten wissenschaftliche Erfolge ein. Die Zahl der Studenten stieg von 277 im Jahr 1850 auf 1364 im Jahr 1913. Für die Mediziner wurden zwischen 1873 und 1900 neue Institutsgebäude und Klinikpavillons außerhalb des damals verbauten Gebietes der Stadt geschaffen; mit einem Neubau für die übrigen Fakultäten begann man erst 1914.

Professoren kamen aus dem ganzen deutschen Sprachraum nach Innsbruck, umgekehrt wirkte so mancher Tiroler Gelehrte an auswärtigen Universitäten. Der Historiker Albert Jäger, ein Benediktiner von Marienberg, erhielt 1851 eine Berufung nach Wien, wo er das Institut für österreichische Geschichtsforschung gründete und bis 1869 leitete. Die Geschichtswissenschaft erreichte aber auch in Innsbruck einen hohen Stand, was dem in Westfalen geborenen Julius von Ficker zu danken ist, der seit 1852 hier lehrte und für sein Fach neue kritische Methoden einführte. Auch der berühmte „Geschichtsschreiber der Päpste", Ludwig von Pastor aus Aachen, hatte in Innsbruck einen Lehrstuhl inne. Bei den Juristen gab es wegen der italienischsprachigen Studenten und ihrer Forderungen verschiedene Schwierigkeiten, was schließlich 1904 zur Gründung einer eigenen italienischen juridischen Fakultät führte. Nach heftigen Protesten und Demonstrationen deutschnationaler Kreise, nach tätlichen Zwischenfällen und blutigen Schlägereien mußte sie wieder geschlossen werden. Im Verlauf der Unruhen war Militär eingesetzt worden, was einem jungen Maler das Leben kostete.

Von allen Fakultäten verbreitete sich am weitesten der Ruf der von den Jesuiten geführten Theologie. Im Sommersemester 1898 studierten Theologen aus 56 Diözesen der ganzen Welt und von 11 verschiedenen Orden in Innsbruck. Die Philosophisch-Theologische Lehranstalt am Brixner Priesterseminar war nicht weniger angesehen. Aus dem Kreis der dortigen Professoren gingen mehrere Bischöfe hervor, darunter Vinzenz Gasser, der von 1856 bis 1879 die Leitung der Diözese innehatte und einer der bedeutendsten Kirchenmänner seiner Zeit war. Auf dem Ersten Vatikanischen Konzil (1870) spielte er eine wichtige Rolle. In einer vierstündigen lateinischen Rede verteidigte er die Unfehlbarkeit des Papstes. In Tirol war Vinzenz Gasser wegen seines politischen Engagements als Führerpersönlichkeit der Konservativen und wegen seiner Haltung im „Kulturkampf" zu seinen Lebzeiten und noch später heftig umstritten. Anderseits war er ein frommer Priester, großer Gelehrter und gewissenhafter Oberhirte, zu dessen bleibenden Leistungen die Gründung eines Knabenseminars gehört, das nach seinem Tod den Namen „Vinzentinum" erhielt. Aus dieser Anstalt, die zu den besten Gymnasien der Monarchie gehörte, ging in den folgenden Jahrzehnten ein Großteil der geistigen Elite Tirols hervor. Die Tiroler Ordensgymnasien mußten damals im Zuge der staatlichen Schulreformen ihren Lehrkörper praktisch auswechseln, da bisher fast durchwegs Ordensangehörige ohne entsprechende Prüfungen unterrichteten und diese Praxis jetzt von der Regierung nicht mehr geduldet wurde. Bei Nichterfüllung der staatlichen Auflagen drohte der Entzug des Öffentlichkeitsrechts, wie dies dem traditionsreichen Bozner Franziskanergymnasium 1872 passierte. An dieser Anstalt hatte wenige Jahrzehnte vorher ein einfacher Bauernbub aus Aldein studiert, der später als Theologe und Berater des Papstes berühmt werden sollte, nämlich Kardinal Johannes Bapt. Franzelin SJ (1816–1886).

Auch nach der politischen Einigung über die Schulfrage zu Beginn der neunziger Jahre und dem Ende des „Kulturkampfs" im Landtag gingen die harten Auseinandersetzungen zwischen den gegensätzlichen weltanschaulichen Richtungen weiter. 1899 wurde sogar ein Hirtenbrief des Brixner Fürstbischofs in Innsbruck öffentlich verbrannt. Daß der Liberalismus inzwischen vom nationalen Gedanken abgelöst worden war, änderte nichts am tief eingefressenen Gegensatz zu den Konservativen und ihren Nachfolgern, den Christlichsozialen.

Zu Beginn unseres Jahrhunderts beherrschte der Kampf der Geister weiterhin die Politik, das Vereinswesen – es war ein großer Unterschied, ob man beim christlichen oder beim nationalen Turnverein mitmachte, ob man bei einem katholischen, bei einem „deutschen" oder beim Arbeitergesangsclub seine Stimme erschallen ließ – und die Kunst, vor allem die Literatur. Ein Idol der Liberalen und Deutschnationalen war Adolf Pichler (1819–1900), die beherrschende Tiroler Dichtergestalt der zweiten Hälfte des 19. Jahrhunderts. Er gilt als der Meister der niveauvollen

Fürstbischof Vinzenz Gasser von Brixen, der Gründer des Knabenseminars „Vinzentinum".

Der Volksschauspieler Ferdinand Exl mit Masken der von seiner Bühne bevorzugt aufgeführten Autoren, darunter Franz Kranewitter (oben links) und Karl Schönherr (oben rechts). Karikatur von Max von Esterle, um 1910.

Frühes Photo des Dichters und Gelehrten Adolf Pichler. Dieses Bild ist auch in anderer Hinsicht bemerkenswert: Es gehört zu den ältesten erhaltenen Photographien in Tirol und wurde von Dr. Norbert Pfretzschner, dem Erfinder der Trockenplatte, um 1855 aufgenommen, allerdings noch im Naßplattenverfahren.

Tiroler Volkserzählung, schilderte die Natur und die heimatliche Bergwelt aber auch in klassizistischen Gedichten und pflegte die anspruchsvolle literarische Form der Verserzählung. Adolf Pichler erwarb sich zusätzlich Verdienste als Wissenschaftler. An der Universität Innsbruck unterrichtete er Mineralogie und Geologie.

In Pichlers Nachfolge bildete sich um 1900 eine Dichtergruppe unter dem Namen „Jung-Tirol". Sie stand mit ihrer liberalen, nationalen und antiklerikalen Tendenz in schroffem Gegensatz zu den Dichtern und Schriftstellern der katholisch-konservativen, österreichisch-patriotischen Richtung, zu der u. a. der Volksschriftsteller Sebastian Rieger (1867–1953) gehörte, ein Geistlicher, der unter seinem Pseudonym Reimmichl besser bekannt ist. Durch seine zahlreichen Romane, in denen er Unterhaltung geschickt mit Belehrung zu verbinden wußte, durch seinen weitverbreiteten Kalender und durch das von ihm redigierte Wochenblatt „Tiroler Volksbote", die erste wirklich für das Landvolk geschriebene und auch allgemein gelesene Zeitung, erlangte Reimmichl weitgehenden Einfluß auf das geistig-kulturelle Bewußtsein und die politische Haltung der bäuerlichen Bevölkerung. Seine Unterstützung der in ihren Anfängen hart umkämpften Christlichsozialen Partei mag mitentscheidend für ihren Erfolg gewesen sein.

Literarisch bedeutsamer als alle Romane und Gedichte dieser Zeit sind einige Tiroler Beiträge für das Theater. Daß Franz Kranewitters Drama „Andre Hofer" im Jahr 1903 im Innsbrucker Stadttheater einen handfesten Skandal auslöste, ist darauf zurückzuführen, daß die Tiroler ihren Heros kaum wiedererkannten: Hier zeigte man ihnen plötzlich keinen Helden ohne Fehl und Tadel, sondern einen Menschen aus Fleisch und Blut, der unter der Bürde allzuschwerer Verantwortung zusammenbricht: eine psychologische Studie, die auch soziale Probleme anklingen läßt und der historischen Wahrheit näherkommt, als manche wissenschaftliche Arbeit es vermochte. Der in Nassereith geborene Franz Kranewitter (1860–1938) machte aus seiner liberalen und nationalen Weltanschauung kein Hehl, doch sind die meisten seiner Werke über kleinlichen Parteienstreit erhaben und gehören zum Besten, was in Tirol gedichtet worden ist. Menschliche Leidenschaft und schicksalhaftes Verhängnis, den Fluch des Bösen und seine Folgen bannte Kranewitter voll Wucht und Eindringlichkeit in die Einakterfolge der „Sieben Todsünden", wohl sein bekanntestes Werk, an dem er zwanzig Jahre lang arbeitete.

Ein zweiter großer Tiroler Dramatiker machte um die Jahrhundertwende erstmals auf sich aufmerksam: Karl Schönherr (1867–1943), der freilich die meiste Zeit in Wien lebte. Kranewitter und Schönherr eröffneten dem Tiroler Volksschauspiel neue Dimensionen, indem sie am Beispiel der bäuerlichen Gesellschaft allgemeingültige Probleme auf die Bühne brachten. Ihre Stücke wurden von der 1902 gegründeten „Exl-Bühne" meisterhaft aufgeführt. Mit Schönherr, Kranewitter und dem Volksschauspieler Ferdinand Exl begann um 1900 ein neues Kapitel Tiroler Theatergeschichte.

Entstand im Volksschauspiel neues Leben aus alter Tradition heraus, so machte sich in anderen Sparten der Literatur das Aufgreifen verschieartiger künstlerischer Tendenzen des Auslandes bemerkbar. Bahnbrechend auf dem Weg der Tiroler Dichtung bis hin zum Anschluß an die europäische Entwicklung war Ludwig von Ficker, der 1910 in Innsbruck die literarisch-philosophische Zeitschrift „Der Brenner" gründete und sie zum Forum für eine neue Dichtung machte. Offen und aufgeschlossen für alles, was es an geistigen Strömungen außerhalb des Landes gab, konsequent und sicher in der Förderung des Wesentlichen, erlangten Ficker und sein Brenner weit über Tirol hinaus Bedeutung. Nirgendwo anders als im „Brenner" wäre damals die Veröffentlichung von so herausfordernden und für die Zeitgenossen vielfach unverständlichen Gedichten, wie jenen von Georg Trakl (1887–1914), möglich gewesen. Ficker besaß Weitblick und Unterscheidungsgabe genug, um das Genie Trakl zu erkennen und ihm Anerkennung zu verschaffen. Der vom Krieg hinweggeraffte „Dichter des Todes und der Auferstehung" stammt aus Salzburg, lebte zuletzt aber bei Ficker in Innsbruck und liegt in Mühlau begraben.

Der intensivere Gedankenaustausch über die Grenzen hinweg ließ das Tiroler Geistesleben im ersten Jahrzehnt nach der Jahrhundertwende allmählich weltoffener werden und gab auch anderen Sparten der Kunst neue Impulse. Zwar war die dekorative Historienmalerei nach wie vor äußerst beliebt, nicht weniger die Darstellung von volkstümlichen Szenen aus den Freiheitskriegen und dem Bauernleben im Stile des in München wirkenden Tirolers Franz von Defregger (1835–1921), doch gingen mehrere Maler ganz andere Wege. Ausschlaggebend war dabei das Studium in den ausländischen Kunstzentren, wo sich um 1900 einige Tiroler zeitweise oder für immer niederließen. Einer von ihnen ist der Meraner Leo Putz (1869–1940), der zunächst in München studierte, dann für zwei Jahre nach Paris ging, um anschließend gleich für dreieinhalb Jahrzehnte nach München zurückzukehren. Putz schloß sich der Münchner Sezession an und wurde für viele Jahre einer der wichtigsten und fruchtbarsten Mitarbeiter der Zeitschrift „Jugend". Seine zeichnerisch-virtuosen Skizzen, die dem Jugendstil zuzurechnenden Umschlagentwürfe für Zeitschriften und seine spätimpressionistischen Gemälde von vibrierender Sinnlichkeit haben Leo Putz in der bayerischen und in der tirolischen Kunstgeschichte einen festen Platz gesichert.

Einen anderen künstlerischen Weg ging Albin Egger-Lienz (1868–1926), der zwischen 1893 und 1899 in München wirkte, dann nach Wien übersiedelte, einen Ruf nach Weimar annahm und sich schließlich 1913 in Bozen niederließ. Um 1900 fand Egger-Lienz zu „seinem" Thema, dem bäuerlichen Lebenskreis als Sinnbild menschlichen Seins, das er in seinen Gemälden zunehmend verdichtete und ausdrucksstark gestaltete. Die künstlerische Kraft dazu schöpfte er auch vor seiner endgültigen Rückkehr nach Tirol aus langen Heimataufenthalten. Anders als Egger-Lienz hatte sein berühmter Welschtiroler Kollege Giovanni Segantini (1858–1899) nur geringe Verbindungen zu seiner Heimat. Außer einigen Kindheitsjahren in seinem Geburtsort Arco und einer kurzen Zeit als Jugendlicher bei seinem Stiefbruder in der Valsugana verbrachte er sein ganzes Leben außerhalb des Trentino, zuerst in Mailand, später in der Schweiz.

Der Maler Franz Defregger in jungen Jahren, als man ihn erst zu Hause kannte, aufgenommen 1865/66 im Lienzer Atelier von Georg Egger, dem Vater von Albin Egger-Lienz.

Selbstbildnis des inzwischen berühmt gewordenen und geadelten Franz von Defregger.

Josef Bachlechner mit Gehilfen in seiner Werkstätte in Hall.

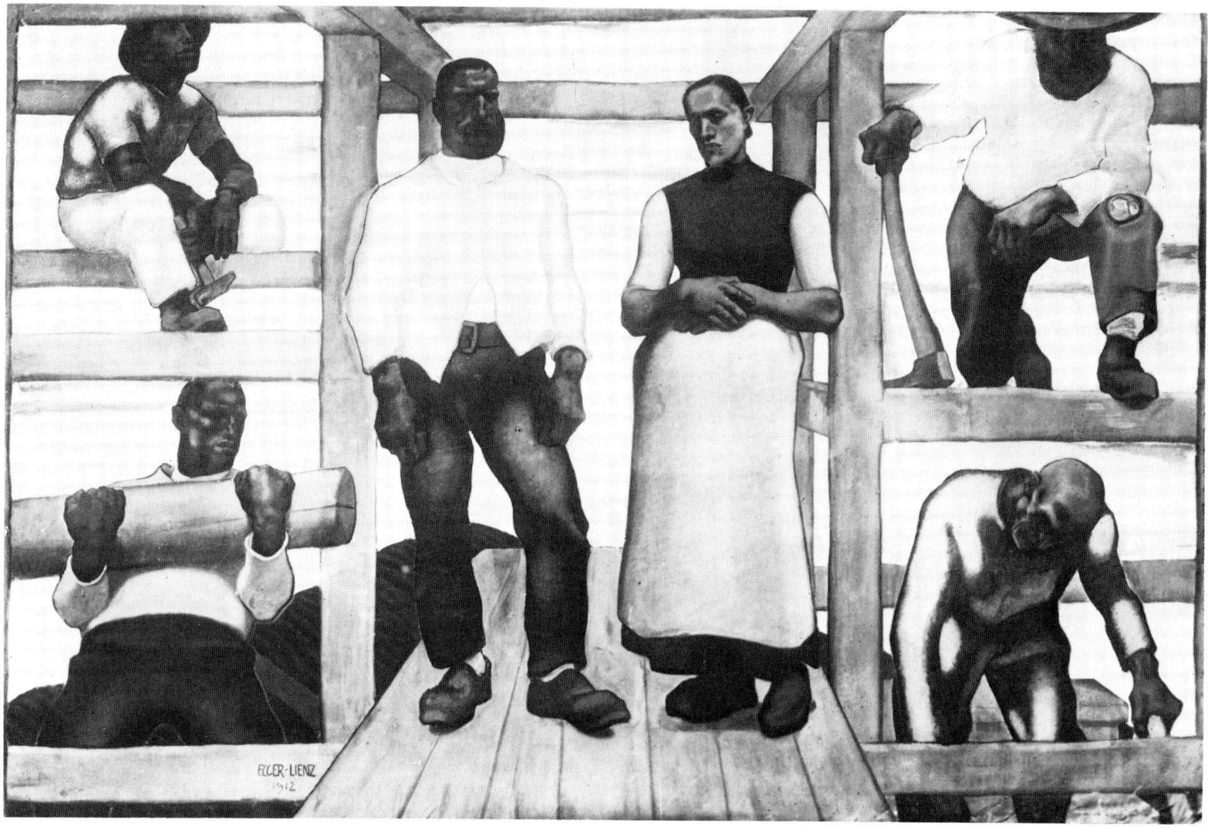

„Das Leben" oder „Die Lebensalter", ein für Albin Egger-Lienz typisches Werk (1912).

Auch in der Plastik zeigten sich noch vor dem Ersten Weltkrieg Ansätze zu einer Überwindung des jeweils herrschenden akademischen Einheitsstils, der im 19. Jahrhundert vom Klassizismus über die Neugotik zum Naturalismus geführt hatte. Zu einem eigenständigen Stil fanden Josef Bachlechner (1871–1923) in seinen an gotische Vorbilder anknüpfenden, naiv-ursprünglich empfundenen Krippendarstellungen und Altären sowie Ludwig Penz (1876–1918), der sich viel weiter von der Tradition entfernte. Penz erreichte seine höchste Gestaltungskraft in Kleinplastiken aus Holz, doch stammt auch das 1909 enthüllte Haller Speckbacher-Denkmal von ihm. Der Denkmäler-Boom der Jahre um 1900 brachte einer Reihe von Künstlern – vor allem der traditionell-naturalistischen Richtung – schöne Aufträge. Ein typisches Beispiel ist das 1893 errichtete Andreas-Hofer-Monument am Bergisel von Heinrich Natter, einem in Wien wirkenden Tiroler.

Viele Denkmäler dieser Zeit rechnet man heute mehr dem Kunstgewerbe als der „hohen" Kunst zu. Eine solche Trennung ist jedoch eine spätere Erfindung. Um die Jahrhundertwende waren die Grenzen fließender, scheuten sich auch anerkannte Künstler nicht, im typisch kunstgewerblichen Bereich tätig zu sein, sprach man auch mehr oder weniger serienmäßig hergestellten Skulpturen, wie jenen der Marmorschule von Laas im Vinschgau, einen künstlerischen Wert durchaus nicht ab. Die in der

Bevölkerung aller Landesteile reichlich vorhandene künstlerische Begabung, die sich auf handwerklicher Ebene etwa in hervorragenden Schmiedearbeiten, in der Klöppelei, im Schnitzen, im qualitätvollen Metallguß und in anderen kunstgewerblichen Sparten zeigt, wurde seit etwa 1870 von der Staats- und Landesregierung systematisch gefördert. Manche Sparten des Kunsthandwerks hatten nicht zuletzt infolge der zahlreichen Kirchenbauten und öffentlichen Bauprojekte viel zu tun. In der Baukunst wurden bis zur Jahrhundertwende fast ausschließlich historische Stile nachgeahmt. Erst dann setzten sich allmählich neue Tendenzen durch, in erster Linie die aus München kommende Regionalromantik, die dem Heimatschutzgedanken nahestand und sich mit der traditionellen heimischen Baukultur auseinandersetzte.

Während die wenigen „Großen" der Tiroler Kunst um 1900 – vor allem Franz von Defregger, Albin Egger-Lienz und Leo Putz – für die Kunstgeschichte von Bedeutung sind, waren es doch die namenlosen Kunsthandwerker und die vielen heute kaum mehr bekannten Bildhauer und Maler aus allen Landesteilen, die für den kulturellen Standard der Bevölkerung entscheidend waren.

Josef Pembaur d. Ä., Musikdirektor, Dirigent, Komponist und Pädagoge.

Das Niveau der Musikpflege konnten in der zweiten Hälfte des 19. Jahrhunderts einige namhafte Persönlichkeiten spürbar anheben. In Innsbruck kommt dabei das größte Verdienst dem Musikdirektor, Dirigenten, Komponisten und Pädagogen Josef Pembaur d. Ä. (1848–1923) zu. In Brixen wirkte der aus St. Justina im Pustertal stammende Ignaz Mitterer (1850–1924) als Domkapellmeister, Komponist und Präsident des Cäcilienvereins. Der in Stadt und Land zu beobachtende Aufschwung der Kirchenchöre war nicht zuletzt ihm und seinen Reformbestrebungen im Sinne der „cäcilianischen" Bewegung zu danken, die nach größerer Einfachheit in der Sakralmusik strebte. In Trient genossen damals der Domchor und der Kirchenkomponist Don Felini überregionalen Ruf. Die Welschtiroler Hauptstadt bot aber darüber hinaus im weltlichen Bereich ein anspruchsvolles Konzertprogramm. Und das 1905 gegründete Liceo Musicale sorgte für einen Musikernachwuchs, der in ganz Italien zur Spitze vorstieß. Großgeschrieben wurde in Trient das Musiktheater. Für Opernaufführungen wurden angesehene italienische Künstler verpflichtet.

Was Brauchtum und Volkskultur am Lande betrifft, so sind um 1900 sehr unterschiedliche Entwicklungen zu beobachten: Einerseits brachten der Ansturm der modernen Zivilisation, die neuen Verkehrswege und Verkehrsmittel, veränderte Freizeitgewohnheiten und der Fremdenverkehr das Ende so mancher Tradition, anderseits erlebte das Schützenwesen damals einen Höhepunkt seiner Entwicklung, weckten Brauchtums- und Trachtenvereine allerorten neues Interesse für überlieferte Formen der Volkskultur. Freilich brachte dies in vielen Bereichen statt einer Erneuerung eher eine Erstarrung, Reglementierung oder gar eine Verfälschung mit sich. Vor allem stellte sich das vereinsmäßig organisierte Brauchtum nicht selten in den Dienst geschickter Tourismusmanager, die den Unterhaltungswert und die Werbewirksamkeit von Volksmusik, Lied und Tanz, von Tracht und anderen Äußerungen der Volkskultur entdeckten. Kein Wunder, daß sich Volkstumsvereine und Folklo-

Ignaz Mitterer, Brixner Domkapellmeister, Komponist und Präsident des Cäcilienvereins.

Das „Nationalsänger"-Ensemble Schöpfer (um 1900), das wie viele ähnliche Gruppen auf ausgedehnten Konzertreisen und Folklore-Veranstaltungen Tiroler Liedgut und Volksmusik vermarktete. ▷

Noch im 19. Jahrhundert setzte das Sammeln von Volkskunst ein. Hier ein Schafkampen aus dem Tiroler Volkskunstmuseum, dessen Schätze zum Großteil vor dem Ersten Weltkrieg zusammengetragen wurden und aus allen Teilen des großen alten Tirol stammen.

regruppen in ihren Programmen immer mehr dem Geschmack des in- und ausländischen Publikums anpaßten. Am ärgsten betroffen war der musikalische Bereich. Nach dem Vorbild der schon im Biedermeier berühmt gewordenen Zillertaler Sängergruppen bildeten sich überall sogenannte „Nationalsänger"-Vereinigungen, die zu Hause und auf ausgedehnten Konzertreisen ein Repertoire boten, das mit überliefertem Liedgut und echter Volksmusik fast nichts mehr zu tun hatte. Sie verbreiteten das Bild vom jodelnden und schuhplattelnden Tiroler in der ganzen Welt.

Die Kommerzialisierung von Brauchtum und Volkskultur ging nicht in allen Landesteilen, Tälern und Orten gleich rasch und intensiv vor sich; und der Schaden war nicht überall gleich groß. Es gab auch schon früh unermüdliche Mahner, die eine Gegenbewegung ins Leben riefen und zu retten versuchten, was noch zu retten war. Und ihre Bemühungen hatten Erfolg, wenn es auch noch Jahrzehnte, ja zum Teil bis in unsere Zeit dauern sollte, bis er auf breiter Basis zum Tragen kommen konnte.

Was schon vor dem Ersten Weltkrieg gelang, war das Sammeln und Dokumentieren alten Volksguts in allen Bereichen. Zeichner und Fotografen waren unterwegs, Volkskundler beschrieben Bräuche und forschten nach ihren Ursprüngen, Lieder und Erzählgut wurden aufgeschrieben und damit der Nachwelt unverfälscht erhalten, Bilder und Dokumente gerettet. Einige weitblickende Persönlichkeiten begannen im Auftrag und mit den Mitteln des Tiroler Gewerbevereins, eine Sammlung von Tiroler Volkskunst aufzubauen, die heute noch den Grundstock, ja die eigentliche Substanz des in aller Welt berühmten Tiroler Volkskunstmuseums in Innsbruck bildet. Ihre gezielte und fachkundige Forschungs- und Einkaufstätigkeit war umso wichtiger, als damals bereits viel wertvolles Kulturgut ins Ausland wanderte und der Ausverkauf von unersetzbaren Zeugnissen der Kunstfertigkeit und des schöpferischen Gestaltungssinns des Tiroler Volkes nicht mehr aufhaltbar schien.

Wie war das mit dem Trentino?
Der Streit um die Welschtiroler Autonomie • Die Situation der Ladiner

So vehement die Tiroler ihre Autonomiewünsche in Wien vorbrachten, so wenig Verständnis hatten die meisten deutschsprachigen Politiker für den Wunsch des italienischen Bevölkerungsteils nach größerer Selbständigkeit. In Innsbruck und Bozen wollte man unbedingt an der „historischen Einheit Tirols" festhalten, während in Trient der Ruf „Los von Innsbruck" seit 1848 immer lauter wurde. Im österreichischen Reichstag der Revolutionsjahre 1848/49 hatten die Trentiner Unterstützung gefunden. Damals wäre nicht nur die Bildung eines selbständigen österreichischen Kronlandes Trient, sondern auch der Anschluß an Lombardo-Venezien eine „patriotische" Lösung gewesen, da Oberitalien noch zu Österreich gehörte. Zu einer demokratischen Entscheidung der Trienter Frage kam es wegen der Auflösung des Reichstags und der Wiederkehr des absolutistischen Regimes nicht mehr.

Da es seit 1866 kein österreichisches Oberitalien mehr gab, sondern Welschtirol nun an das nach weiteren Gebietsgewinnen strebende Königreich Italien grenzte, wäre die Gewährung einer Autonomie ein Gebot der politischen Klugheit gewesen. Auf diese Weise hätte man jenen Trentiner Politikern zuvorkommen können, die nicht nur „los von Innsbruck", sondern auch „los von Wien" wollten. Doch in Innsbruck sah man das nicht ein. Die von den Autonomisten für das italienische Tirol geprägte Bezeichnung „Trentino" wurde als „geographische Übersetzung" der politischen „Los-von-Innsbruck"-Parole betrachtet und abgelehnt. Offiziell sprach man nur von Welschtirol oder von Südtirol.

Neben den 500.000 Deutschtirolern – das ist der Stand um 1900 – lebten im Land rund 350.000 Welschtiroler. Sie hatten in ihrem geschlossenen Siedlungsgebiet die volle kulturell-nationale Autonomie: Italienisch war Amts- und Gerichtssprache; es gab genügend viele italienische Schulen; Aufschriften und Namenstafeln waren durchwegs italienisch. Nicht nur die Beamten der autonomen Behörden, wie der Gemeinden, waren stets Italiener, auch staatliche Beamtenstellen wurden fast durchwegs mit italienischsprachigen Einheimischen besetzt. Auch sonst kam es zu keiner Benachteiligung oder gar Unterdrückung der italienischen Bevölkerung. Trotzdem wollten die führenden Welschtiroler mehr, nämlich einen eigenen Landtag, eine eigene gesetzgebende und ausführende Gewalt. Was die Tiroler insgesamt von Wien forderten, verlangten die Trentiner von Innsbruck. Man war im Tiroler Landtag nicht großzügig genug, diesem verständlichen Wunsch Rechnung zu tragen. Aus Protest blieben die italienischen Abgeordneten immer wieder durch längere Zeit hindurch den Sitzungen des Landtags fern.

Ganz anders verhielten sich die Angehörigen der dritten tirolischen Volksgruppe, die Ladiner in den fünf Dolomitentälern, deren Zahl für

Typisches Welschtiroler Ortsbild. Das sehr frühe, um 1865 aufgenommene Photo vom Dorfplatz in Strigno in der Valsugana stammt aus einer Kleinformatserie des Trentiner Lichtbildpioniers G. B. Unterweger.

die Jahrhundertwende auf rund 20.000 geschätzt wird. Die jahrhundertelange Zugehörigkeit zum Fürstentum Brixen bzw. zum Land Tirol und die enge persönliche, wirtschaftliche und rechtliche Bindung an den deutschen Siedlungsraum hatten bei Bewahrung der eigenen Sprache eine weitgehende Angleichung an die deutschen Lebens- und Kulturformen bewirkt. Auch in bezug auf Besitzrecht und Gemeindewesen gab es nie einen Unterschied zwischen deutschen und ladinischen Bauern.
Mit Ausnahme des Fassatales, das seit 1815 zu Welschtiroler Kreisen gehörte, waren alle Dolomitentäler deutschen Verwaltungssprengeln zugeordnet. Ampezzo bildete zusammen mit Buchenstein seit 1868 eine eigene Bezirkshauptmannschaft. Ein Anspruch auf Autonomie in irgendeiner Form wurde von den Ladinern nie gestellt. Sie fühlten sich seit eh und je eng den Deutschtirolern verbunden, von denen sie auch im Landtag vertreten wurden. Eine Ausnahme bildeten auch hier wieder die Ladiner im Fassatal, die einen Welschtiroler wählen mußten. Die Bemühungen der Fassaner, in allen Belangen an Deutschtirol angeschlossen zu werden, wurden zwar vom Tiroler Landtag unterstützt, scheiterten aber an der Verständnislosigkeit der Wiener Regierung. So konnte Fassa zu einem Brennpunkt des nationalen Kampfes werden. Einen schlechten Dienst leisteten die Österreicher dem Ladinertum damit, daß sie bei den Volkszählungen die Ladiner zu den Italienern rechneten. Der von Deutschtirolern eingebrachte Vorschlag, die fünf ladinischen Täler zu einem Wahlkreis zusammenzuschließen und so die Wahl eines Ladiners zu ermöglichen, wurde von den Vertretern Welschtirols zu Fall gebracht.
Die Frage der Trentiner Autonomie trat – nach einigen früheren Zugeständnissen – um 1900 in eine entscheidende Phase. Schon 1889 hatte die deutsche Mehrheit im Tiroler Landtag die Berechtigung von – wie es hieß – „besonderen Einrichtungen und Organen der Selbstverwaltung zur besseren Besorgung der nur den italienischen Landesteil betreffenden Angelegenheiten" zugegeben. Die eingeleiteten Verhandlungen erbrachten jedoch kein Ergebnis. Zwischen 1900 und 1902 kam es zu mehreren ernsthaften Versuchen, das Problem zur beiderseitigen Zufriedenheit zu lösen. Zwar war nie an einen Trentiner Landtag und an eine Teilung des Landes gedacht; immerhin sollte es aber eine italienische Sektion der Landesregierung in Trient und verschiedene autonome Organe geben; auch andere für eine Minderheit vorteilhafte Regelungen waren vorgesehen, z. B. die Bildung nationaler Sektionen im Landtag und die Teilung des Budgets.
Doch es sollte nicht dazu kommen. Einmal wurde eine Vereinbarung von der Staatsregierung sabotiert, die fürchtete, für Tschechen und Ruthenen einen Präzedenzfall zu schaffen; dann wieder waren die italienischen Politiker mit dem Erreichten unzufrieden, oder die deutschen Landtagsabgeordneten stimmten mit Nein; oft scheiterte ein fertiger Entwurf nur an wenigen Detailfragen. Schließlich lehnten die Trentiner Wähler selbst durch eine Art Referendum die vorgeschlagene Lösung ab. Die Welschtiroler Nationalliberalen hatten mit Erfolg das „Alles oder Nichts" propagiert. Die Trentiner Sozialdemokraten waren entsetzt, weil sie einen Kompromiß, auch wenn er nicht ihren Idealvorstellungen

entsprach, als einen „guten Schritt in Richtung Autonomie" angesehen hätten.

Nach diesem Mißerfolg konstruktiver Verhandlungen änderten sich Taktik und Ziele der Trentiner Politiker, die seit 1901 wieder an den Landtagssitzungen teilnahmen. Die extremen italienischen Nationalisten wollten gar keine Autonomie mehr, um das ungelöste Problem für ihre Forderung nach einem Anschluß an Italien ausnützen zu können. Der christlichsoziale „Partito Popolare", dessen rasch wachsende ländliche Anhängerschaft durchaus österreichisch gesinnt war, arrangierte sich hingegen mit den führenden Männern in Innsbruck, um in Trient seine Ziele verwirklichen zu können. Die Autonomieforderung war dabei als Druckmittel wertvoll, da die regierende Christlichsoziale Partei bei den Landtagsabstimmungen auf die Unterstützung ihrer italienischen Gesinnungsfreunde angewiesen war. Dem Trentino kam diese realistische oder – je nach Standpunkt – opportunistische Politik sehr zugute, nicht zuletzt in wirtschaftlicher Hinsicht. Die „Popolari" verstanden es auch, die Situation propagandistisch zu nützen. Alles Positive war ihr Verdienst, alles Negative konnten sie der deutschen Mehrheit anlasten. So führten die italienfreundlichen Nationalliberalen wie die proösterreichischen Christlichsozialen aus dem Trentino im Landtag nicht einen Kampf u m die Autonomie, sondern einen Kampf m i t der Autonomiefrage, wie es Claus Gatterer einmal ausdrückte.

Nur den zahlenmäßig schwachen Trentiner Sozialdemokraten, die 1914 nach Änderung des Wahlrechts mit Cesare Battisti ins Landhaus einzogen, ging es wirklich noch um die Autonomie. Battisti betrachtete das Trentiner Problem von zwei Seiten: Einmal meinte er, nach Gewährung einer Autonomie die Politik der herrschenden „Popolari" als für das Trentino schädlich entlarven zu können, anderseits sah er in einer national sauberen Lösung einen Beitrag zur Bewältigung des Nationalitätenproblems im Vielvölkerstaat Österreich. Battisti schrieb: „Wenn wir unseren Landtag in Trient haben werden, wird niemand mehr sagen können, daß die zunehmende Not in unserem Lande eine unmittelbare Folge des deutschen Regimes ist. Allein unser Bürgertum wird dann für Reformen und Gesetze verantwortlich sein. Nur eine autonome Verwaltung wird das Trentino wirtschaftlich heben und den nationalen Streitigkeiten ein Ende setzen. Das wird nicht nur zum Nutzen des Trentino und Tirols gereichen, sondern zum Nutzen des ganzen Staates."

Statt einer zukunftsweisenden Lösung näherzukommen, nahmen Radikalisierung und Mißtrauen auf beiden Seiten zu. In Welschtirol orientierten sich vor allem bürgerliche Kreise immer mehr nach Italien. Da Cesare Battisti seine Ideen innerhalb Österreichs nicht verwirklichen konnte, wurde auch er schließlich einer der eifrigsten Kämpfer für ein Italien bis Salurn. Bei Kriegsausbruch emigrierte Battisti nach Italien, setzte sich entschieden für einen Kriegseintritt des Königreichs gegen Österreich ein und kämpfte in der italienischen Armee. Als er 1916 gefangengenommen wurde, lautete das Urteil auf Hochverrat und Tod durch den Strang, weil Battisti als Landtags- und Reichsratsabgeordneter sowie als Offizier auf den österreichischen Staat vereidigt war.

Nicht nur unter den Trentinern, auch auf der Gegenseite gewann extre-

Die Errichtung eines Dante-Denkmals in Trient (Photo von der Enthüllung am 11. Oktober 1896) wurde von vielen Deutschtirolern als nationalistische Provokation empfunden.

▷

mer Nationalismus an Boden. Er wollte den Welschtirolern sogar die Anerkennung eines geschlossenen italienischen Siedlungsgebietes verweigern. Einzelne radikale deutsche Wortführer planten sogar zielstrebige Germanisierungsmaßnahmen. Von den Regierungen in Wien und Innsbruck wurde jedoch das Territorialprinzip mit der ethnischen Grenze bei Salurn so streng eingehalten, daß man sich selbst um die großen deutschen Sprachinseln im Trentino, Lusern und Fersental, kaum kümmerte. Es war der Einsatz privater Vereinigungen notwendig, um dort deutsche Schulen zu gründen oder andere Maßnahmen zum Schutz dieses gefährdeten Volkstums in die Wege zu leiten. Trentiner Politiker waren empört über solche Aktivitäten. Umgekehrt wurde von Deutschtiroler Seite jede Initiative der Trentiner, ganz gleich ob wirtschaftlicher oder kulturell-nationaler Art, als Irredentismus gedeutet, auch wenn sich die Verantwortlichen völlig loyal zu Österreich verhielten.

In Tirol war man in jenen Jahren aufs engste mit den Problemen konfrontiert, die den österreichisch-ungarischen Vielvölkerstaat erschütterten. Ein übersteigerter Patriotismus, Denkmalenthüllungen, Jubiläumsfeiern, patriotische Reden und glanzvolle Kaisermanöver konnten nicht darüber hinwegtäuschen, daß die Lebensfragen der Donaumonarchie ungelöst waren. Wie sollten sich über ein Dutzend Völker untereinander verständigen können, wenn es in Tirol schon zwischen zwei Volksgruppen nicht möglich war, zu einer vernünftigen Einigung zu kommen. Die zukunftsträchtige Chance eines zwei- bzw. dreisprachigen Tirol wurde vertan.

Der Krieg in Fels und Eis

Der Mythos von der Brennergrenze, der Angriff Italiens und Tirol im Ersten Weltkrieg • Zusammenbruch und Waffenstillstand

Die Gründung des Königreichs Italien im Jahr 1861 war für die Geschichte Tirols von großer Bedeutung. Denn nun war die Zeit des „Risorgimento", der an das Rom der Antike anknüpfenden „Wiedergeburt" eines italienischen Nationalstaates, vorbei. Es folgte die Zeit des „Irredentismus", der politisch-nationalen Idee, die noch „unerlösten" italienischen Gebiete diesem neuen Staat einzugliedern. Hauptziele des Irredentismus waren Triest und Trient, der Hauptgegner war Österreich. Für etwa zwei Jahrzehnte änderte sich die Politik zumindest des offiziellen Italien, als das Königreich 1882 im „Dreibund" zum Partner der Habsburgermonarchie und Deutschlands wurde. Die auf privater Basis gegründeten irredentistischen Vereinigungen setzten ihre Tätigkeit aber auch in dieser Zeit ziemlich ungehindert fort.

Seit dem späten 19. Jahrhundert begnügten sich einige extreme italienische Nationalisten und nationale Vereinigungen nicht mehr mit der irredentistischen Forderung nach Vereinigung des Trentino mit dem italienischen Staat, sondern verfochten unter dem Schlagwort von der Hauptwasserscheide als der „natürlichen" Grenze Italiens imperialistische Ziele. Es war praktisch das Werk eines einzelnen Privatmannes, des aus Rovereto gebürtigen Lehrers Ettore Tolomei, daß diese „Wasserscheidentheorie" und die Ansprüche Italiens auf Tirol bis zum Alpenhauptkamm in Italien immer populärer wurden und schließlich dank intensivster Propaganda der Mythos von der Brennergrenze entstand. Er prägte den Namen „Alto Adige", also „Hoch-Etsch" oder „Ober-Etsch", für Deutsch-Südtirol und unterstützte seine These von der Italianität Südtirols durch willkürlich übersetzte Ortsnamen und pseudowissenschaftliche Arbeiten, die in dem 1906 von ihm gegründeten Jahrbuch „Archivio per l'Alto Adige" veröffentlicht wurden. Auch italienische Fachleute erkannten sehr wohl, was dahintersteckte. So bezeichnete der Historiker Gaetano Salvemini das „Archivio" als eine einzige Fälschung.

Maßgebliche italienische Politiker distanzierten sich lange Zeit von der Forderung nach der Brennergrenze. Die Haltung der Trentiner Irredentisten war nicht immer klar. Es überwog bei ihnen die Meinung, daß eine Annexion deutscher Gebiete im Sinne derselben Prinzipien abgelehnt werden sollte, auf Grund derer sie den Anschluß ihres Landesteils an Italien verlangten. Vertreter dieser Politik betonten auch, daß die angeführten strategischen Gründe für eine Brennergrenze nicht stichhältig seien, weil die Talenge von Salurn eine ebenso gute Grenze bedeute.

Als im Sommer 1914 als Folge der schon lange dauernden Spannungen innerhalb Europas der Erste Weltkrieg ausbrach, erklärte sich Italien neutral und begann, gleichzeitig mit beiden kriegsführenden Parteien zu

Durch Sonderzeitungen und Anschläge wird die Bevölkerung über den Kriegsausbruch und die folgenden Ereignisse informiert. Photo vom Sommer 1914.

Voll Zuversicht gehen die Soldaten (hier Kaiserjäger in Brixen) in den Krieg.

verhandeln. Es forderte von Österreich dalmatinische Küstengebiete und Triest, vor allem aber die Abtretung ganz Welschtirols, was Kaiser Franz Joseph jedoch strikte ablehnte. Erst als in Italien die Befürworter einer Kriegserklärung an Österreich-Ungarn an Boden gewannen und die Regierung zunehmend unter den Druck der öffentlichen Meinung geriet, war man in Wien zu immer größeren Zugeständnissen bereit. Doch auch die italienischen Forderungen steigerten sich, wobei es freilich nie um die Brennergrenze ging. Ministerpräsident Antonio Salandra erklärte noch im April 1915 einem Journalisten gegenüber: „Wir haben auf Südtirol verzichtet, denn da wir eine irredentistische Politik betreiben, können wir vernünftigerweise nicht die Inkorporierung von 200.000 Deutschen aus primitiven strategischen Überlegungen und Gründen militärischer Konvenienz verlangen." Unter diesem Aspekt konnte der österreichische Verhandlungspartner annehmen, daß italienischerseits die „napoleonische Grenze" (1810–1813), die bekanntlich nördlich von Bozen, aber südlich von Brixen und Meran verlief und für Österreich unannehmbar war, nur aus taktischen Gründen ins Gespräch gebracht wurde. Dagegen erklärte die österreichische Regierung verbindlich, das Trentino („Tirol, soweit es italienischer Nationalität ist") abtreten zu wollen und hinsichtlich der anderen italienischen Wünsche zu größten Konzessionen bereit zu sein.

Die gleichzeitigen Verhandlungen mit den Gegnern Österreichs schienen der italienischen Regierung aussichtsreicher. Tatsächlich erhielt Italiens Botschafter in London weitgehende Zusagen als Preis für einen Kriegseintritt des Königreichs Italien auf der Seite der Entente, wie das westliche Bündnis genannt wurde. So wurde am 26. April 1915 der „Londoner Vertrag" unterzeichnet, der bezüglich Tirol den Passus enthält, daß bei dem kommenden Friedensschluß Italien das Gebiet des Trentino und „ganz Südtirol bis zu seiner natürlichen Grenze, als welche der Brenner anzusehen ist", erhalten solle. Am 4. Mai kündigte daraufhin Italien den Dreibund, erklärte am 23. Mai 1915 seinem früheren Bündnispartner Österreich-Ungarn den Krieg und marschierte entlang der Grenze auf.

Tirol schien dem Angriff schutzlos ausgeliefert. Nicht nur die zur k. u. k. Armee gehörigen Kaiserjägerregimenter, sondern auch die Landesschützen, die einen Teil der Landwehr bildeten, und sogar die als Reserve geltenden Landsturmregimenter, zu denen die Männer vom 37. bis 42. Lebensjahr einberufen wurden, kämpften und verbluteten fern ihrer Heimat auf den Schlachtfeldern Serbiens und Rußlands. Vergeblich hatten die Landeshauptleute von Tirol und Vorarlberg darum gebeten, Landesschützen und Landsturm in Tirol zu belassen, weil „es den Anschein habe, daß das Land selbst von Feindesgefahr bedroht sei". So war Tirol im Frühjahr des Jahres 1915 fast völlig von Truppen entblößt. Einschließlich Gendarmerie und Finanzwache standen nicht einmal 20.000 Mann im Land.

In dieser durch das Unvermögen der Obersten Heeresleitung entstandenen Situation kam alles auf die oft belächelte Kampfreserve des Landes an, auf die in die Listen der Schießstände eingetragenen Standschützen, den letzten Rest der alten Tiroler Wehrtradition. Alle dienstpflichtigen Männer von 21 bis 42 Jahren waren längst eingezogen. Von den 60.000 im Jahr 1913 gezählten Scheibenschützen waren nur die Jüngsten, Ältesten oder Untauglichen im Land geblieben und wurden jetzt als das „letzte Aufgebot" einberufen. Tausende junger Burschen und alter Männer ließen sich beim nächsten Schießstand „einrollieren", um auch

Die Standschützen von Matrei in Osttirol (oben und unten) vor dem Abmarsch an die bedrohte Landesgrenze im Mai 1915.

Beliebtes Motiv für Photographen und Künstler: der älteste und der jüngste Standschütze, hier gezeichnet von Albin Egger-Lienz.

mit ausrücken zu dürfen. Insgesamt waren es rund 32.000 Mann, darunter 2000 Vorarlberger und 3400 Welschtiroler, die ab Mitte Mai an die nur notdürftig durch Verteidigungsanlagen gesicherte Grenzlinie geschickt wurden.

Verzweifelter Mut beseelte die Standschützen und ihre in freier Wahl erkorenen Offiziere. Dennoch traute ihnen kaum ein militärischer Fachmann zu, daß sie der übermächtigen italienischen Armee standhalten könnten. Als das verbündete Deutschland deshalb 13 Bataillone zu einem „Alpenkorps" zusammenstellte und zur Sicherung der bedrohten Südflanke nach Tirol schickte, erhielt der kommandierende General Krafft von Dellmensingen nur den Auftrag, auf jeden Fall den Alpenkamm nördlich des Inn zu halten und damit den Italienern den Vormarsch nach Süddeutschland zu verwehren. Doch das rasche Aufstellen der Standschützeneinheiten, von vielen als ein organisatorisches Wunder angesehen, verhinderte einen italienischen „Spaziergang nach Innsbruck". Dabei war am Tag der italienischen Kriegserklärung der Aufmarsch der Tiroler Landesverteidiger noch nicht abgeschlossen, die Grenze nur notdürftig besetzt. Ein rascher Vorstoß der Italiener hätte vielleicht eine frühe Entscheidung herbeigeführt. Doch an der Front rührte sich in den ersten Tagen kaum etwas. Das unerwartete Auftreten von Truppen an der Grenze eines wehrlos geglaubten Landes hatte die

Bei der Abfahrt des Standschützen-Baons Meran I am 20. Mai 1915 (oben) und Meraner Standschützen im Laufgraben am Basson im August 1915.

Der Krieg in Fels und Eis: Oben „kaverniertes" Infanteriegeschütz in den Dolomiten, unten Stellung am Gipfel des Ortlers.
◁

Angreifer zum Zögern und zur Vorsicht veranlaßt. Plötzlich stand da ein komplettes Armeekorps, mit dem niemand, weder Freund noch Feind, gerechnet hatte. Dafür gab es in vielen Tiroler Dörfern außer dem Pfarrer keinen Mann mehr.

Trotz der Unterstützung durch das hauptsächlich aus bayerischen Soldaten bestehende Deutsche Alpenkorps trugen bis zum Herbst 1915 die Standschützen die Hauptlast der Verteidigung. Dann kamen endlich die Tiroler Kaiserjäger und die Landesschützen, nach 1916 Kaiserschützen genannt, von den anderen Kriegsschauplätzen in ihre umkämpfte Heimat zurück. Neben ihnen standen natürlich auch Einheiten anderer österreichisch-ungarischer Truppenkörper im Einsatz.

Drei Jahre dauerte der Kampf um Tirol. Es war ein blutiges Ringen in Fels und Eis, ein erbarmungsloser Stellungskrieg im Hochgebirge, wo es nicht nur den Feind, sondern auch die Natur zu bekämpfen galt. Rund 350 km lang war die Front vom Ortler bis zum Kamm der Karnischen Alpen. Bis auf jene kleinen Gebiete, die vom Tiroler Landesverteidigungskommando schon vor Kriegsbeginn aufgegeben worden waren, etwa das Ampezzaner Becken, konnten die Italiener nirgends auf Tiroler Boden eindringen. Großangelegte Durchbruchversuche ins Pustertal, ins Gader- bzw. ins Fassatal und über den Pasubio ins Etschtal konnten in verlustreichen Kämpfen abgewehrt werden. Im Frühjahr 1916 trat die österreichische Armee ihrerseits zum Angriff an, um über die Höhen südöstlich von Trient in die oberitalienische Tiefebene durchzustoßen, doch mußte die Offensive abgebrochen werden, da der Widerstand der Italiener zu stark war und gleichzeitig neue schwere Kämpfe an der russischen Front eine Konzentration aller Kräfte unmöglich machten. Eineinhalb Jahre später, im Herbst 1917, brachte der österreichische Sieg an der Südostfront gegen Italien eine Wende: In der letzten der zwölf verlustreichen Isonzoschlachten wurden die Italiener bis an den Piave zurückgeschlagen, was gleichzeitig die Aufgabe der Dolomitenfront bedeutete.

Der Krieg hatte für die Tiroler Zivilbevölkerung große Belastungen mit sich gebracht, auch wenn das Kampfgeschehen direkt nur wenige Orte unmittelbar hinter der Front berührte, am ärgsten Sexten, das durch Artilleriebeschuß völlig zerstört wurde. Die anfängliche Hurra-Stimmung wich bald einer zunehmenden Ernüchterung, obwohl eine von oben gelenkte Propaganda die Kriegsbegeisterung aufrechterhalten und immer wieder neu wecken wollte. Die Erfordernisse der Kriegswirtschaft wirkten sich auf Tirol ungünstig aus, die Teuerung ließ ab 1917 viele Menschen verzweifeln. Im letzten Kriegsjahr wurden die Lebensmittel immer knapper, lebte ein Großteil der Bevölkerung in drückender Not. In den Ballungszentren kam es zu Hungerdemonstrationen und Streiks. Vergeblich bemühte sich der im Juni 1917 zum Landeshauptmann ernannte christlichsoziale Politiker Josef Schraffl um eine Verbesserung der Situation.

Die Lebensmittelproduktion im eigenen Land litt unter dem Mangel männlicher Arbeitskräfte. Bald trugen die Bäuerinnen zusammen mit alten Leuten und Kindern fast allein die Last der gesamten Arbeit. Anweisungen für eine möglichst rationale Bebauung des Bodens durch

Das durch Artilleriebeschuß völlig zerstörte Sexten.

Im Krieg trugen die Frauen ganz allein die Last der Arbeit auf dem Feld und im Weinberg.
◁

den Landeskulturrat, die Subventionierung von damals noch sehr primitiven Maschinen sowie der Einsatz von Flüchtlingen und vorwiegend russischen Kriegsgefangenen als landwirtschaftliche Arbeiter konnten nur unzureichender Ersatz für die eingerückten Burschen und Männer sein. Sondervorschriften und Bewirtschaftungsgesetze, die für ganz Österreich galten und keinerlei Rücksicht auf die besonderen Verhältnisse Tirols nahmen, brachten oft mehr Schaden als Nutzen. So mußten etwa in hochgelegenen Tiroler Tälern genauso Zuckerrüben angebaut und abgeliefert werden wie in den Ebenen Niederösterreichs. Die politischen Gremien und Behörden waren dem Militärbürokratismus gegenüber machtlos; der Tiroler Landtag trat während des Krieges überhaupt nie zusammen.

Als unmittelbares Front- und Aufmarschgebiet war ganz Tirol südlich des Brenners der strengen Kontrolle des Militärs unterstellt, was weitgehende Eingriffe ins tägliche Leben mit sich brachte und viel Unmut auslöste. Am ärgsten war es in Welschtirol, wo die Militärverwaltung aus Furcht vor Untergrundtätigkeit, Spionage und Hilfeleistung für den Feind besonders streng vorging. Zahlreiche verdächtige Personen kamen in das Internierungslager Katzenau bei Linz. Aus Sicherheitsgründen wurde überdies die Bevölkerung frontnaher Gebiete ins Innere der Monarchie evakuiert.

Mitten im Krieg, am 21. November 1916, starb Kaiser Franz Joseph I. Sein Nachfolger Karl I., der die Situation in Tirol aus eigener Anschauung kannte, machte in Deutsch-Südtirol der fast diktatorischen Militärkontrolle ein Ende und leitete Erleichterungen für Welschtirol ein. In seinen Friedensbemühungen war der junge Herrscher ebenso erfolglos wie in dem viel zu späten Versuch, durch einen Umbau der Donaumonarchie auf föderalistischer Basis das Habsburgerreich zu retten. Sein Manifest vom 18. Oktober 1918, in dem er allen Nationalitäten des Reichs die Bildung von eigenen Parlamenten und Regierungen gestat-

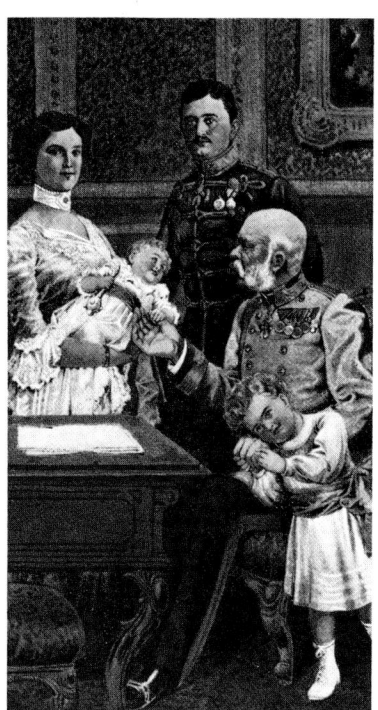

Kaiser Franz Joseph I. (gest. 1916) und Thronfolger Erzherzog Karl mit Familie.

tete, bedeutete nicht die Rettung in letzter Minute, sondern den Beginn der Auflösung.

Damals war längst klar, daß trotz einzelner Erfolge und trotz der enormen Opfer – allein das deutschsprachige Tirol hatte 20.000 Gefallene zu beklagen, fast vier Prozent seiner Bevölkerung – die totale Niederlage der Mittelmächte nicht mehr zu vermeiden war. Noch bevor die Waffen schwiegen, riefen einzelne der neuen Nationalregierungen innerhalb der Donaumonarchie ihre Truppen von den Fronten zurück. Die verbleibenden Kämpfer waren unterernährt, nur mehr mangelhaft ausgerüstet, enttäuscht und über die Vorgänge im Inneren ihres Vaterlandes verwirrt. Unter diesen Umständen mußte die österreichische Heeresleitung, die eine großangelegte Offensive der Italiener am Piave nicht stoppen und bei Vittorio Veneto eine Niederlage nicht verhindern konnte, auf schnellstem Weg einen Waffenstillstand herbeiführen. Jede Bedingung mußte angenommen werden, auch die Preisgabe Südtirols bis zum Brenner.

Was die Italiener in dreieinhalb Kriegsjahren bei allem Einsatz von Menschen und Material und aller Tapferkeit ihrer Elitetruppen nicht erobern konnten, fiel ihnen jetzt in wenigen Tagen kampflos in die Hände. Folgenschwer waren Unklarheiten, Mißverständnisse und mangelnde Information rund um den Zeitpunkt, an dem der in Padua unterzeichnete Waffenstillstand vom 3. November in Kraft treten sollte. Aus bisher noch nicht restlos geklärten Gründen wurden auf österreichischer Seite die Kampfhandlungen einen Tag früher eingestellt als bei den Italienern. Auf diese Weise gerieten über 350.000 Soldaten, die sich bereits auf dem Rückzug befanden, ohne Gegenwehr in die Gefangenschaft der vorrückenden italienischen Truppen.

Die von diesem Schicksal nicht betroffenen Einheiten, demoralisiert und hungernd, fluteten teils geordnet, teils in Auflösung begriffen nach Norden. Nicht wenige Soldaten aus nichtdeutschen Teilen der Monarchie, die als erste die Südfront verlassen hatten, benahmen sich dabei wie in Feindesland. Ruhe und Ordnung waren gefährdet, die Versorgung brach zusammen. Kein Wunder, daß vielerorts die Italiener sogar gebeten wurden, doch schneller vorzurücken bzw. die Demarkationslinie zu überschreiten, um das Ärgste zu verhindern. In Nordtirol und Kärnten bildeten sich Volkswehren, Bürgergarden und ähnliche Formationen, um den Rückzug zu regeln, für Verpflegung zu sorgen und polizeiliche Funktionen auszuüben. Ein erschütterndes Bild von der Situation und der Stimmung jener Tage geben die Tagebucheintragungen des in Innsbruck wirkenden Historikers Ludwig von Pastor. Am 9. November 1918 notierte er:

„Nachmittags ging ich mit meinem Sohn Ludi zur Brennerstraße, dort bewegte sich ein Heereszug, so groß wie die alte Straße ihn noch nie gesehen. Die Reste der kaiserlichen Armee, nicht vom Feinde, sondern vom Hunger besiegt! Die Armee, die Helden der vier furchtbaren letzten Jahre des alten Kaiserstaates kehren zurück, entwaffnet, todmüde, ohne Dank, sie wissen nicht, wohin sie ihr Haupt legen sollen – die Monarchie, für die sie so tapfer und aufopfernd gekämpft, finden sie in den Delirien der Auflösung."

Wie es zur Zerreißung Tirols kam

Die Gründung der Republik Österreich • Die „14 Punkte" des amerikanischen Präsidenten Wilson und das Diktat von Saint-Germain

In der letzten Kriegswoche war die Donaumonarchie endgültig auseinandergebrochen. In Wien gab es zwar noch eine kaiserliche Regierung, die Geschicke des deutschsprachigen Restes der Monarchie lenkten aber bereits eine auf Grund des kaiserlichen Manifestes vom 18. Oktober 1918 zusammengetretene provisorische Nationalversammlung und ein von ihr eingesetzter Staatsrat. Die Frage der Staatsform dieses neuen Staates „Deutsch-Österreich" wurde am 11. November 1918 mit der Verzichterklärung Kaiser Karls und am 12. November mit einem einstimmigen Beschluß der Nationalversammlung zugunsten einer demokratischen Republik entschieden.

In Tirol hatte sich im Oktober 1918 eine tirolische Landes- oder Nationalversammlung gebildet mit einem „Tiroler Nationalrat" als Vollzugsausschuß und Landesregierung. Im Juni 1919 wählten die Tiroler – erstmals nach dem allgemeinen und gleichen Verhältniswahlrecht – einen verfassunggebenden Landtag, der am 1. Juli zur ersten Sitzung zusammentrat. Da in dem von den Italienern besetzten Teil Tirols nicht gewählt werden konnte, wurden die Südtiroler Abgeordneten (ohne Welschtirol) aufgrund des Parteienverhältnisses der letzten Wahl ernannt. Diese Delegation aus dem südlichen Landesteil nahm erst am 16. November 1920 Abschied vom Tiroler Landtag, nachdem am 10. Oktober dieses Jahres die formelle Eingliederung Südtirols in das italienische Königreich erfolgt war.

Daß es jemals so weit kommen könnte, hatte im November 1918 noch kaum jemand geglaubt. Zwar wußte man in Tirol von den Ansprüchen Italiens auf die Brennergrenze, doch vertraute man auf das feierlich gegebene Wort des mächtigsten Mannes der Welt von der Selbstbestimmung der Völker und vom gerechten Frieden: Die berühmten 14 Punkte des amerikanischen Präsidenten Woodrow Wilson sollten Grundlage für eine Friedensordnung in Europa sein. Der zweite dieser Artikel versprach „die Regelung aller Fragen, sowohl der Gebiets- wie der Souveränitätsfragen... auf Grund einer freien Annahme dieser Regelung durch das Volk, das unmittelbar damit betroffen ist, und nicht auf der Grundlage materieller Interessen oder des Vorteils irgendeiner anderen Nation oder eines Volkes, das eine andere Regelung zur Ausbreitung seines Einflusses oder seiner Herrschaft wünscht." Und im Punkt 9 heißt es: „Es soll eine Berichtigung der Grenze Italiens durchgeführt werden nach den klar erkennbaren Linien der Nationalität." Mehr wollten die Tiroler gar nicht. Diskutiert wurde bei Kriegsende – so auf einem „Volkstag" in Brixen – höchstens die Frage, ob man den Trentinern die Möglichkeit lassen sollte, sich freiwillig an Österreich anzuschließen, oder ob diese Lösung gar nicht in Betracht gezogen werden sollte. Die

Einheit Deutschtirols schien angesichts der Erklärungen Wilsons nicht bedroht. Daran änderte auch die Tatsache nichts, daß Italien Südtirol besetzte, denn das war für die meisten Tiroler eben eine Waffenstillstandsbedingung und nichts weiter. Die Italiener hatten bei den Waffenstillstandsverhandlungen ja sogar auf dem Recht zur Besetzung strategisch wichtiger Punkte in Nordtirol bestanden. Tatsächlich wurden zeitweise u. a. in Innsbruck italienische Einheiten stationiert.

Daß die Italiener nicht gewillt waren, sich aus Südtirol wieder zurückzuziehen und daß sie mit allen Mitteln versuchten, vollendete Tatsachen zu schaffen, um die bevorstehende Friedenskonferenz in ihrem Sinne festzulegen, wurde allerdings den weitsichtigeren Politikern bald klar. Zuerst erkannten die Südtiroler selbst die drohende Gefahr. In Bozen hatte sich in den Umbruchstagen, als die Verbindung nach Innsbruck zeitweise abbrach, ein eigener „Südtiroler Nationalrat" gebildet. Bald nach der Besetzung Südtirols wurde diese Körperschaft aufgelöst, arbeitete aber im geheimen weiter und brachte – da die Absicht der Italiener nicht mehr zu übersehen war – eine Aktion der gesamten Südtiroler Bevölkerung gegen die drohende Annexion zustande. Protestbriefe sämtlicher deutscher und der zwölf ladinischen Gemeinden wurden wegen der italienischen Überwachung auf tief verschneiten Hochgebirgspfaden nach Innsbruck geschmuggelt und von dort nach Bern zum amerikanischen Gesandten weitergeleitet. Doch die Hoffnung auf Wilson sollte bitter enttäuscht werden. Macht ging vor Recht. Südtirol wurde zum Schacherobjekt.

Schon im Jänner 1919 war Wilson entschlossen, im Falle Südtirols seine 14 Punkte außer acht zu lassen und das italienische Argument von der strategischen Notwendigkeit der Brennergrenze anzuerkennen, um Italien dafür zu entschädigen, daß das ebenfalls von Rom beanspruchte Dalmatien dem neuen südslawischen Staat zugesprochen wurde. Und davon wollte Wilson auf keinen Fall abgehen. Der Londoner Vertrag, der Italien die Brennergrenze als Preis für seinen Kriegseintritt auf der Seite Frankreichs und Englands zusicherte, war – wie man sieht – für die Südtirol-Frage nicht entscheidend. Nach ihm hätte Italien ja auch die dalmatinische Küste bekommen müssen. Präsident Wilson war an das Abkommen Italiens mit Frankreich und England nicht gebunden. Eine völlige Verstimmung der italienischen Regierung wollte der amerikanische Präsident aber verhindern, vor allem weil er ihre Unterstützung für seinen Völkerbundplan brauchte. Auf Kosten des Verliererstaates Österreich konnte er sich am leichtesten aus der Affäre ziehen. Dabei hätte es nach dem Willen der meisten italienischen Politiker umgekehrt kommen sollen, war doch die Brennergrenze ursprünglich nur als Faustpfand gedacht, das man im Tausch gegen die Erfüllung wesentlicherer Forderungen, eben in bezug auf Dalmatien, wieder aufzugeben gedachte.

Die Frage nach der Nationalität der Bevölkerung Südtirols spielte bei den Verhandlungen auf der Friedenskonferenz in Saint-Germain-en-Laye bei Paris, wo ab Mitte April 1919 die Tiroler Frage auf der Tagesordnung stand, ebenfalls eine viel geringere Rolle, als meist angenommen wird. Der als Berater der italienischen Delegation in Paris weilende Ettore Tolomei legte zwar seine „Beweise" für die Italianität Südtirols

Der österreichische Staatskanzler Karl Renner bei seiner Ankunft in Paris.

vor, doch war Präsident Wilson – wie wir heute wissen – sehr wohl über die tatsächlichen ethnischen Verhältnisse in Tirol informiert. Dennoch bedeutete es natürlich einen großen Nachteil für Österreich und die in Paris anwesenden Tiroler Politiker und Fachleute, daß die Italiener Wilson direkt bearbeiten konnten, während die österreichische Delegation zu keinen mündlichen Verhandlungen zugelassen war und ihren Standpunkt, der sich auf wissenschaftliche Gutachten und Willenskundgebungen der Bevölkerung stützte, nicht zur Geltung bringen konnte. Es durften nur schriftliche Stellungnahmen eingereicht werden, was umso schwieriger war, als die Argumente der Gegenseite oft genug gar nicht bekannt waren und die Österreicher über den Stand der Verhandlungen völlig im unklaren gelassen wurden. Entscheidend war dies jedoch alles nicht.

Es hätte wohl auch nichts am Schicksal Tirols geändert, wenn auf Seite Österreichs weniger Fehler gemacht worden wären. Vor allem die Tatsache, daß die Volksvertretung dieses neuen Österreich gleich bei der Staatsgründung erklärt hatte, sich an Deutschland anschließen zu wollen, stimmte die Sieger über eben dieses verhaßte Deutschland mißtrauisch. Die Unbeugsamkeit, mit der der österreichische Außenminister Otto Bauer die Anschlußpolitik vertrat, und sein Traum von einem sozialistischen Mitteleuropa waren nicht geeignet, die Gunst der Westmächte zu gewinnen. Uneinigkeit unter den Österreichern und diplomatische Schnitzer taten ein übriges.

Die Tiroler selbst agierten auch nicht immer geschickt und zielführend. Zwar wurde viel geredet, gefordert und – meist mit nicht kompetenten Leuten – verhandelt, doch fehlten Entschlußkraft und wohl auch die Erfahrung auf dem heiklen Parkett internationaler Diplomatie. Daß sich die Vertreter Tirols in Paris aus Mißtrauen gegenüber der Wiener Regierung zu einer eigenen Politik entschlossen, die mit der offiziellen Haltung Österreichs nicht im Einklang stand, machte auf die Großmächte sicher nicht den besten Eindruck, weil sie zur Überzeugung kommen mußten, die Tiroler seien gleichermaßen gegen Österreich wie gegen Italien. Doch den verantwortlichen Tiroler Persönlichkeiten ging es darum, ihren letzten Trumpf auszuspielen: Sie waren bereit, Tirol als neutralen Kleinstaat für selbständig zu erklären, wenn auf diese Weise die Einheit des Landes gerettet werden konnte. Daß hinter diesem heute utopisch anmutenden Plan reale Möglichkeiten standen, ist sicher. Vor allem die Franzosen hätten eine solche Lösung nicht ungern gesehen, denn als eine Art Pufferstaat hätte ein selbständiges Tirol inmitten der Alpen eine wichtige Funktion erfüllen können. Auch die italienische Diplomatie hatte Sorge, die Tiroler könnten sich mit diesem Schachzug durchsetzen. Sie bemühte sich deshalb, durch direkte Verhandlungen mit dem österreichischen Außenministerium Hoffnungen zu wecken, den Einfluß Wiens zu stärken und dadurch eine Selbständigkeitserklärung Tirols zu verhindern.

In Innsbruck konnte man sich zu keinen konkreten Schritten in Richtung auf eine Selbständigkeit des Landes entschließen. Die praktischen Schwierigkeiten waren einfach zu groß, die Macht der vollendeten Tatsachen unüberwindlich. Am 3. Mai 1919 beschloß die Landesregierung

Die Unterzeichnung des Staatsvertrages von Saint-Germain (10. September 1918) durch Staatskanzler Karl Renner, von dem auf diesem Illustriertenphoto nur Kopf und Hand zu sehen sind.

zwar auf Drängen einer Südtiroler Delegation, „der Pariser Friedenskonferenz zur Kenntnis zu bringen, daß Tirol entschlossen ist, von dem ... Selbstbestimmungsrecht Gebrauch zu machen und das geschlossene deutsche und ladinische Siedlungsgebiet bis zur Salurner Klause als selbständigen, demokratischen und neutralen Freistaat Tirol auszurufen, falls nur dadurch die Einheit dieses Gebietes erhalten werden kann", doch wurde das entsprechende Schreiben von den Allmächtigen in Paris nicht einmal einer Antwort für würdig befunden.

In Italien selbst wurden im Sommer 1919 viele Stimmen gegen eine Annexion Südtirols laut. Die italienischen Sozialisten meldeten ernste Bedenken an und traten dafür ein, sich mit der Eingliederung italienischer Gebiete zu begnügen. Manche Italiener verwiesen auch darauf, daß Italien mit Recht stolz darauf sei, seine Einigung und Staatswerdung während des 19. Jahrhunderts aufgrund von Volksabstimmungen in den einzelnen Herrschaftsgebieten der Halbinsel erreicht zu haben. Jetzt könne man nicht plötzlich in Gebieten mit deutscher, ladinischer und slawischer Bevölkerung (Istrien!) eine andere Politik einschlagen. Doch die italienische Regierung und ihre Vertreter auf der Friedenskonferenz, Ministerpräsident Orlando und Außenminister Sonnino, hörten auf solche Mahnungen nicht. Sie mußten ohnehin die meisten imperialistischen Ziele (Gebiete Dalmatien, Stützpunkte in Albanien, Kolonien) aufgeben, da Italien der schwächste der Siegerstaaten war und sich nur selten durchsetzen konnte. Umso stolzer war man auf den Gewinn Südtirols. Wo es für Italien einen Vorteil bedeutete, war sogar die vielzitierte Hauptwasserscheide plötzlich nicht mehr maßgebend: Vom Bezirk Lienz wurden unter Verletzung dieses Prinzips Innichen und das Sextental abgetrennt.

Der Staatsvertrag von Saint-Germain, der die gewaltsame Zerreißung

Tirols besiegelte und Österreich die unnatürliche Brennergrenze aufzwang, wurde vom österreichischen Staatskanzler Karl Renner am 10. September 1919 unterzeichnet. Ohnmächtig und verzweifelt mußte das Tiroler Volk das Unrecht hinnehmen. Bei der Ratifizierung des Vertrags im österreichischen Parlament blieb den Tiroler Abgeordneten nichts anderes übrig, als aus Protest den Saal zu verlassen. Ein Jahr später, als Italien am 10. Oktober 1920 Südtirol offiziell und endgültig annektierte, gab der „Tiroler Volksbote" die seit November 1918 im ganzen Land herrschende Stimmung mit folgenden Worten wieder: „Ungebrochen und unbesiegt standen wir am Ende des schweren Krieges da, da kam der Pharisäer Wilson und ließ uns meuchlerisch von rückwärts erdolchen. Wochen, Monate, ja mehr als ein Jahr hatten wir gegen alle Aussicht gehofft und uns an jeden Strohhalm geklammert. Jeden untergehenden Stern haben wir für den Morgenstern gehalten, bis endlich die rauhe Wirklichkeit auch den hoffnungsseligsten Träumer

Bilder und Postkarten wie diese waren nach der Zerreißung Tirols im Jahr 1919 weit verbreitet und brachten auf populäre Weise den Schmerz, aber auch die Hoffnung auf Wiedervereinigung der getrennten Landesteile zum Ausdruck.

weckte und zeigte, daß wir zwar da und dort Mitleid fanden, aber nirgends Hilfe ..." Die Hoffnung war aber noch immer ungebrochen. Der „Tiroler Anzeiger" schrieb am 9. Oktober 1920: „Wir Tiroler haben die Hoffnung, daß dieser Zustand der Trennung des Südens vom Norden kein andauernder sein kann ..."
Als am 21. Juni 1921 erstmals Südtiroler Politiker als gewählte Mandatare im römischen Parlament auftraten, protestierten sie feierlich gegen die Annexion ihrer Heimat durch den italienischen Staat, bezeichneten die Vorenthaltung des Selbstbestimmungsrechts als einen „Akt der Unterdrückung" und legten dagegen eine „förmliche Rechtsverwahrung" ein. Die Südtiroler würden auch nie „auf das Recht verzichten, uns an das italienische Volk zu wenden, dem der nationale Gedanke stets das Gesetz war und von ihm zu fordern, daß es unsere nationale Freiheit wiederherstelle ..."

Große Sorgen im kleinen Österreich

Nord- und Osttirol werden zum Bundesland ● Wirtschaftskrisen, Parteienhader, Ständestaat und der „Anschluß" ● Die Kultur der zwanziger Jahre

Während um die Einheit Tirols vergeblich gerungen wurde, war für die im November 1918 entstandene Republik Österreich eine tragfähige Basis geschaffen worden. Daß die provisorische Nationalversammlung dieses deutschsprachigen Restes der alten Monarchie schon in ihren Anfangstagen die „Übernahme der Staatsgewalt in den Ländern" beschlossen und den Umfang des Staatsgebietes festgelegt hatte, zu dem auch „die Grafschaft Tirol mit Ausschluß des geschlossenen italienischen Siedlungsgebietes" gehören sollte, hatte in der Praxis nicht viel zu bedeuten. Wesentlicher war, daß die in Innsbruck zusammengetretene tirolische Landesversammlung und der Tiroler Nationalrat als Landesregierung zunächst keine Zweifel an der Zugehörigkeit Tirols zum neuen Staat aufkommen ließen. Tiroler Abgeordnete saßen ja auch in dessen politischen Gremien. Zu einer feierlichen Beitrittserklärung, wie sie andere Kronländer abgegeben haben, ist es von seiten Tirols allerdings nie gekommen. Am 25. November 1918 wies der Tiroler Nationalrat ausdrücklich darauf hin, daß erst eine neugewählte Volksvertretung berechtigt sei, über die „endgültige Regelung der staatsrechtlichen Gestaltung des Landes" zu entscheiden. Inzwischen spreche der Tiroler Nationalrat nur mit diesem Vorbehalt den Anschluß an die Deutschösterreichische Republik aus und führe die Verwaltung des Landes „unter Aufrechterhaltung der Autonomie".
Welche andere Möglichkeiten gab es aber für Tirol? Wie sah die Rechtslage aus? Die meisten Tiroler Politiker und Staatsrechtler hielten Tirol für unabhängig. Ihr Gedankengang war folgender: Die Verbindung Tirols mit den übrigen Ländern, die Österreich ausmachten, beruhte nur auf Verträgen, die von den Vertretern des Landes mit habsburgischen Herrschern geschlossen wurden. Vertragspartner waren also das Land Tirol und das Haus Habsburg, nicht aber ein Staat Österreich, der in diesem Sinne gar nicht existierte. Mit dem Rücktritt der Habsburger von der Regierung hörte die Geltung dieser Verträge auf. Tirol war durch keinen Rechtstitel mehr gebunden, konnte über sein Schicksal frei entscheiden und sein Verhältnis zu den Nachbarstaaten selbst bestimmen. Die Frage nach der Zukunft Tirols beschäftigte damals nicht nur die Politiker, sondern alle Kreise der Bevölkerung. Die verschiedenen Möglichkeiten wurden auch in der Presse erörtert. In Leitartikeln und Leserbriefen gab es Anregungen und Vorschläge. Da wurde gefühlsbetont polemisiert und sachlich argumentiert; Wirtschaft, Geschichte, Kultur, Volkstum, Religion, Parteipolitik, alles mußte zur Begründung der eigenen Ansicht und zur Bekämpfung der gegenteiligen Meinung herhalten. Die einen wollten Tirol zu einem Kanton der Schweiz machen; die anderen glaubten, man müßte zusammen mit den österreichischen

Nachbarländern – vielleicht auch mit Bayern – einen Alpenstaat nach Schweizer Muster gründen; vielen erschien der Anschluß an einen Freistaat Bayern als die beste Lösung, wobei Tirol einen autonomen Kreis bilden sollte; vielfach wurde auch eine direkte Verbindung mit der deutschen Republik gefordert. Deutschösterreich war noch nicht abgeschrieben, doch hatte die provisorische Nationalversammlung den Anschluß an Deutschland proklamiert: da schien der Umweg über Wien nicht sinnvoll. Daß es eine Donauföderation geben könnte, daran glaubten nur mehr wenige. Am meisten diskutiert wurde die Möglichkeit einer vollen Selbständigkeit Tirols. Für die Staatsform und internationale Stellung eines solchen „souveränen deutschen Alpenstaates Tirol" gab es die verschiedensten Vorschläge: Republik, Fürstentum unter einem Habsburger, „Kirchenstaat" (ohne genauere Definition), verbündet mit anderen Staaten, neutraler Pufferstaat unter internationaler Garantie, entmilitarisiert mit italienischen oder Schweizer Garnisonen usw.
Neben der Abneigung gegen das „rote Wien" mit seiner Industriearbeiterschaft und gegen das „protestantische Preußen" ließ vor allem die Sorge um Südtirol die Selbständigkeit Tirols als erstrebenswerte Lösung erscheinen. Die Rettung der Landeseinheit schien im Staatsverband Deutschösterreichs vor allem wegen der Anschlußerklärung an Deutschland unmöglich. Dem verhaßten Deutschland würden die Sieger Südtirol ganz sicher wegnehmen. Als neutraler Kleinstaat könnte man dagegen die Sympathien der Großmächte gewinnen, so hofften viele Tiroler.
Im Frühjahr 1919 geriet die Frage der Zukunft Tirols zunehmend ins parteipolitische Fahrwasser, da die Sozialdemokraten die Wiener Politik unterstützten und die Deutschfreiheitlichen konsequent für eine „Vereinigung aller deutschen Stämme" eintraten. Der Tiroler Volkspartei, die aus der Vereinigung von Christlichsozialen und Konservativen hervorgegangen war, wurde von ihren Gegnern im linken und im rechten politischen Lager vorgeworfen, es ginge ihr bei ihrem Unabhängigkeitskurs nur um die Festigung ihrer Machtposition, die sie in einem größeren Staat verlieren würde. In bürgerlichen und bäuerlichen Kreisen wiederum fürchtete man sich vor einer sozialistischen oder gar bolschewistischen Machtergreifung in Wien, die durch den Ausbau der seit Kriegsende bestehenden städtischen und dörflichen Selbstschutzverbände zur Heimwehr oder Heimatwehr verhindert werden sollte. In diesem Bemühen fand man in Bayern eifrige Verbündete.
Was die Selbständigkeit Tirols betrifft, scheinen selbst ihre lautesten Befürworter an die Durchführbarkeit dieses kühnen Planes nicht wirklich geglaubt zu haben. Schier unüberwindlich waren die praktischen Schwierigkeiten. So wurde nur geredet. Und die Vertreter der Siegermächte in Paris gingen auf dementsprechende Erklärungen und Angebote der Tiroler überhaupt nicht ein. Also wurde das Projekt eines selbständigen Tirol bald wieder zu den Akten gelegt und nach dem Mai 1919 nicht mehr zur Sprache gebracht. Als die Pariser Friedenskonferenz gegen den Willen der Bevölkerung Südtirol zu Italien schlug und den Anschluß Österreichs (die Vorsilbe „Deutsch-" mußte in Zukunft wegbleiben) an Deutschland ausdrücklich untersagte, wollte man sich in Tirol mit den Tatsachen nicht abfinden. Jetzt erst wurde richtig deutlich,

Werbeplakat zur Tiroler Anschluß-Abstimmung im April 1921.

wie sehr Südtirol für alle Tiroler das Zentrum ihres politischen Denkens bedeutete: Bis weit hinein in die konservativsten Kreise dachte man jetzt erst recht an eine Verbindung mit dem nördlichen Nachbarn. Man sah nur mehr in friedlichen Verhandlungen zwischen Deutschland und Italien einen Hoffnungsschimmer. War man vor dem Friedensvertrag vielfach gegen einen Anschluß an Deutschland, weil man so der Sache Südtirols besser dienen zu können glaubte, so forderten ihn nun aus demselben Grund viele namhafte Persönlichkeiten und auch große Teile der Bevölkerung. Allerdings spielten jetzt auch immer mehr wirtschaftliche Überlegungen mit: Die Ernährungslage war katastrophal, die allgemeine Not überstieg beinahe das Maß des Erträglichen. Außerdem fühlten sich die Tiroler von Wien stiefmütterlich behandelt.

Doch es gab auch Gegner eines Anschlusses, z. B. Prälat Dr. Aemilian Schöpfer von der Tiroler Volkspartei und den ihm nahestehenden „Tiroler Volksboten". Diese „österreichische" Richtung konnte nicht zuletzt darauf hinweisen, daß man in Österreich – im Gegensatz zu Deutschland – auf dem Weg zu einer bundesstaatlichen Verfassung war. In Deutschland werde, so las man im „Bötl", bereits allenthalben der Ruf „Los von Berlin" laut. Wollte Tirol vom Regen in die Traufe kommen? Die Anschlußstimmung war jedoch stärker. Alte deutschnationale Traditionen lebten in voller Stärke wieder auf. Deutsche Wirtschaftskreise unterstützten eine großzügige Anschlußpropaganda, wofür in Innsbruck u. a. eine eigene Zeitung gegründet wurde.

Zwar stand einer Verbindung mit Deutschland – auch wenn sie nur wirtschaftlicher Natur sein sollte – das Anschlußverbot der Siegermächte im Wege, doch man ließ trotzdem nicht locker. Dabei hoffte man auf die Wirkung einer eindeutigen Willenskundgebung der Bevölkerung und auf eine Entscheidung des Völkerbundes. Am 24. April 1921 wurde wirklich eine vom Tiroler Landtag beschlossene Volksbefragung durchgeführt. 98,5 Prozent der Wahlberechtigten in Nord- und Osttirol sprachen sich dabei für einen Anschluß an Deutschland aus. Diese entschiedene Willensäußerung hatte aber keine unmittelbaren Konsequenzen. Dennoch gab es Folgen, freilich wenig erfreuliche: Weil die Österreicher nicht bereit waren, sich an die Bestimmungen des Friedensvertrags zu halten – eine Anschlußabstimmung gab es auch in Salzburg; Anschlußpropaganda wurde in ganz Österreich betrieben – scheiterten die Verhandlungen der österreichischen Regierung um einen internationalen Kredit. So blieb der österreichischen Wirtschaft die dringend notwendige Hilfe vorerst versagt.

Inzwischen war das Verhältnis Tirols zur Republik Österreich verfassungsrechtlich geregelt worden. In langwierigen Verhandlungen der Parteien- und Ländervertreter war ein brauchbarer Mittelweg zwischen einem zentralistischen Einheitsstaat und dem losen Zusammenschluß selbständiger Länder gefunden worden. Auch Beamte und Rechtsgelehrte arbeiteten an den verschiedenen Entwürfen mit. Als im Sommer 1920 nur mehr die Neufassung der staatsbürgerlichen Grundrechte offen war und hier die Meinungen unvereinbar schienen, beschloß man im Verfassungsausschuß des Parlaments, die entsprechenden Formulierungen aus der Dezember-Verfassung 1867 der Monarchie zu übernehmen.

Am 1. Oktober 1920 verabschiedete der Nationalrat das Verfassungswerk. Nach den Grundsätzen der Bundesverfassung von 1920, die – mit späteren Änderungen – auch heute in Geltung ist, wurde in Tirol eine neue Landesverfassung erarbeitet und am 8. November 1921 vom verfassungsgebenden Tiroler Landtag beschlossen. Erstmals wurden darin die Prinzipien der modernen parlamentarischen Demokratie und des allgemeinen, gleichen und direkten Wahlrechts ohne Unterschied des Geschlechts verankert. 40 Abgeordnete wurden von nun an von der Tiroler Bevölkerung für jeweils vier Jahre in den Landtag entsandt. Seine Mitglieder hatten den Landeshauptmann und die Landesregierung zu bestimmen. Die Tiroler Abgeordneten zum österreichischen Nationalrat wurden direkt vom Volk gewählt.

Die Zukunft des neuen Staates schien den meisten Österreichern mehr als ungewiß. Wirtschaftskrise und Not, Verbitterung über die Abtrennung Südtirols und den Diktatfrieden der Siegermächte, ernste Zweifel an der Lebensfähigkeit des Kleinstaates Österreich – all das waren keine günstigen Bedingungen für einen neuen Anfang. Auch mangelte es an Erfahrung mit der parlamentarischen Demokratie, und so stellten die Parteien nach den ersten Jahren der Zusammenarbeit bereits das Trennende über das Gemeinsame. Durch die überaus harte ideologische Auseinandersetzung, eine demagogische Propaganda und den täglichen parteipolitischen Kleinkrieg wurden die Gräben zwischen dem von Christlichsozialen und Großdeutschen gebildeten „Bürgerblock" und den Sozialdemokraten immer tiefer. Aus Mißtrauen und Angst voreinander unterhielten beide Seiten starke Wehrverbände. Zudem kam Österreich in den Sog einer antiparlamentarischen Strömung, die überall in Europa den Ruf nach dem „starken Mann" laut werden ließ. So schlitterte die parlamentarische Demokratie in eine Krise.

Der verhängnisvolle Parteienhader der Ersten Republik griff auch auf das politische Leben Tirols über. Äußeres Zeichen dafür waren die Auf-

Großes Fest der Heimatwehr in Lienz (August 1928).

märsche der bewaffneten Selbstschutzverbände, deren größter im November 1928 von der Heimatwehr in Innsbruck veranstaltet wurde. Der Innsbrucker Rechtsanwalt Dr. Richard Steidle stieg innerhalb der österreichischen Heimwehrbewegung, die sich zum Teil den italienischen Faschismus zum Vorbild nahm und einen autoritär regierten Staat anstrebte, zu einer führenden Persönlichkeit auf und trat am Höhepunkt seines Ansehens an die Spitze der Bundesführung. Der Heimwehr im rechten politischen Lager stand der Republikanische Schutzbund im linken gegenüber. Er spielte in Tirol keine große Rolle, doch machte auch er sich mit Aufmärschen und Feiern bemerkbar.

Parallel zur Entwicklung in ganz Österreich begannen seit ca. 1930 die von Deutschland unterstützten Nationalsozialisten mit ihrer Propaganda, die bald schon Erfolg hatte. Die allgemeine Radikalisierung, die große Unsicherheit und Unzufriedenheit weiter Bevölkerungsschichten wegen der neuerlichen Wirtschaftskrise und der in Tirol immer schon starke nationale Gedanke trugen maßgeblich dazu bei. Allmählich gewannen die Nationalsozialisten die Anhänger der Großdeutschen Partei, die aus der Vereinigung deutsch-freiheitlicher Gruppen hervorgegangen war, für sich, dazu Randschichten der beiden Großparteien. Während auf Landesebene der Tiroler Landtag aus Angst vor spektakulären NS-Erfolgen beschloß, die fälligen Neuwahlen nicht durchzuführen, sondern die laufende Legislaturperiode zu verlängern, errang die Innsbrucker NSDAP am 21. April 1933 einen sensationellen Wahlsieg: Bei den Ergänzungswahlen zum Gemeinderat eroberte sie neun der zu vergebenden 20 Mandate.

In den Jahren 1933 und 1934 erreichten die auf der Straße ausgetragenen politischen Konflikte ihren Höhepunkt. Vor allem die Nationalsozialisten, denen die Machtergreifung Hitlers in Deutschland Rückhalt gab, wollten ihre Ziele in Österreich durch massiven Terror durchsetzen. Als die NS-Partei deshalb im Juni 1933 verboten wurde, erkannte der Tiroler Landtag den nationalsozialistischen Gemeinderatsmitgliedern von Innsbruck, Hötting und Landeck ihre Mandate ab. Auch die Sozialdemokraten stimmten für diese Maßnahme. Die Terrorwelle der illegalen Nationalsozialisten ging in Tirol jetzt erst richtig los. An den Grenzen zu Bayern, von wo aus eine „österreichische Legion" geflüchteter Anhänger der verbotenen Bewegung operierte, kam es zu schweren Zwischenfällen, bei denen es auch Tote und Verletzte gab. Bei der Abwehr dieser Bedrohung von innen und außen spielte neben der Exekutive die Tiroler Heimatwehr eine wichtige Rolle, doch sah sie ihren Hauptgegner in der Sozialdemokratie, trat auch ihrerseits ziemlich gewalttätig auf und versuchte der Landesregierung ihren Willen aufzuzwingen.

Inzwischen war auf gesamtösterreichischer Ebene das Parlament ausgeschaltet worden (März 1933) und die Umwandlung Österreichs in einen autoritären Ständestaat im Gang. Am 12. Februar 1934 kam es zur bewaffneten Auseinandersetzung zwischen dem Bundesheer und der Heimwehr auf der einen Seite und der von der Regierung Dollfuß verbotenen militärischen Organisation der Sozialdemokraten, dem Republikanischen Schutzbund, auf der anderen Seite. Die Tiroler Arbeiterschaft

verhielt sich während des nur wenige Tage dauernden Bürgerkriegs relativ ruhig. Nur in Wörgl kam es zu einem kurzen Feuergefecht. Da der Tiroler Sicherheitsdirektor Anton Mörl die Verkündigung des Standrechts absichtlich verzögert hatte, wurden die an den Kampfhandlungen beteiligten Arbeiter im Vergleich zu den entsprechenden Urteilen in Ostösterreich eher milde bestraft.
Nun wurde auch die Sozialdemokratische Partei verboten. Ihre Mandate in den verschiedenen Vertretungsgremien verfielen. Entsprechend der Entwicklung in Wien vollzog in Tirol der Rumpf-Landtag den endgültigen Schritt zum autoritären Kurs und übertrug alle seine Befugnisse dem Landeshauptmann und seinem Stellvertreter. Er sollte auch das Recht haben, die Mitglieder eines neuen Landtags zu ernennen.
Am 1. Mai 1934 wurde die neue österreichische Verfassung für den „Christlichen deutschen Bundesstaat auf ständischer Grundlage" verkündet. Als einziges Forum der politischen Willensbildung fungierte von nun an die „Vaterländische Front"; politische Parteien gab es keine mehr. Illegal existierten freilich die verbotene Linke wie auch die NS-Gruppen weiter. Hitler rächte sich für die Ausschaltung seiner Anhänger in Österreich durch die „1000-Mark-Sperre". Jeder Deutsche, der nach Österreich fahren wollte, mußte eine Gebühr von 1000 Reichsmark entrichten. Damit kam der Reiseverkehr zwischen den beiden Staaten praktisch zum Erliegen. Der nationalsozialistische Putschversuch am 25. Juli 1934, in dessen Verlauf Bundeskanzler Engelbert Dollfuß ermordet wurde, hatte auf Tirol nur geringe Auswirkungen. In die in Kärnten ausgebrochenen Kämpfe schaltete sich eine aus Osttirol ausgerückte Heimwehrabteilung ein. Am Brenner marschierten italienische

Truppen auf, um die Deutschen von einem Überfall auf Österreich abzuhalten. Zum Nachfolger von Dollfuß ernannte der Bundespräsident den aus Tirol stammenden Minister Dr. Kurt Schuschnigg, der den innen- und außenpolitischen Kurs seines Vorgängers fortsetzte und Österreichs Unabhängigkeit gegenüber Deutschland zu erhalten suchte. Dabei konnte sich Schuschnigg immerhin auf die Tatsache stützen, daß die nach dem Ersten Weltkrieg von den Siegermächten erzwungene Selbständigkeit Österreichs inzwischen für den größeren Teil der Bürger dieses Staates – ganz gleich, ob sie Befürworter oder Gegner des herrschenden Systems waren – zu einem erhaltenswerten Gut geworden war. In Tirol wurde im November 1934 von Landeshauptmann Dr. Franz Stumpf, der als Nachfolger von Josef Schraffl zwischen 1922 und 1935 an der Spitze des Landes stand, eine neue Tiroler Landesordnung erlassen, nach der sich der Landtag aus Vertretern der Berufsstände zusammensetzen sollte, wie es die österreichische Verfassung vom 1. Mai 1934 vorsah. Schulwesen, Wissenschaft und Kunst, Land- und Forstwirtschaft, Industrie und Handwerk, Verkehr und Handel, öffentlicher Dienst und freie Berufe sowie die Kirche sollten jeweils mit Delegierten im Landtag vertreten sein. Diese wurden auf Vorschlag der betreffenden Verbände vom Landeshauptmann ernannt. Zu einer Wahl der Ständevertreter, wie sie in der Verfassung vorgesehen war und von führenden Tiroler Politikern wiederholt verlangt wurde, kam es während der kurzen Dauer des Regimes nicht mehr.

Am 9. März 1938 hielt Bundeskanzler Schuschnigg am Höhepunkt der Auseinandersetzung mit dem nationalsozialistischen Deutschland in Innsbruck jene berühmte Rede, in der er eine Volksabstimmung über die Frage ankündigte, ob Österreich selbständig bleiben sollte. Es war jedoch schon zu spät. Um einer Willenskundgebung der Bevölkerung zuvorzukommen, entschloß sich Hitler, rasch zu handeln, und marschierte in Österreich ein. Der autoritäre Ständestaat war zu Ende. Die Diktatur des NS-Regimes begann.

Die zwei Jahrzehnte der Zwischenkriegszeit im Bundesland Tirol waren von politischen Unruhen und Kämpfen, aber auch von wirtschaftlichen Krisen geprägt. Das ärgste Nachkriegselend war noch nicht überwunden, da brach die Währung zusammen. Die Geldentwertung erreichte ein atemberaubendes Tempo. In den Städten blühten das Spekulantentum und der Schleichhandel. Ein Großteil des Mittelstandes war verarmt. Um leben zu können, war oft das Familienvermögen verkauft worden. Die Kriegsanleihe war ein wertloses Papier, die Inflation ließ die Ersparnisse in nichts zusammenschrumpfen. Das finanz- und wirtschaftspolitische Sanierungswerk der Regierung Seipel, das Österreich im Jahr 1922 eine solide Währung sicherte, verlangte von der Bevölkerung neuerlich große Opfer. In Tirol verursachten die Folgen der Zerreißung des Landes als eines historisch gewachsenen Wirtschaftsraumes zusätzliche Probleme, die erst überwunden werden mußten, bevor es zu einem neuen Aufschwung kommen konnte. Allerdings war dies für Südtirol schwieriger als für den bei Österreich verbliebenen Landesteil.

Die Unordnung, in die das europäische Handels-, Zoll- und Währungssystem durch den völligen Umsturz der Verhältnisse gekommen war,

◁

Empfang des österreichischen Bundeskanzlers Kurt Schuschnigg in Innsbruck am 9. März 1938.

förderte das Auftauchen immer neuer wirtschaftlicher Projekte, von denen man sich Zukunftschancen erhoffte. Daß es im Innsbruck der Nachkriegszeit 25 verschiedene Banken und Geldinstitute gab, ist schon bezeichnend genug. Bemerkenswert ist aber auch die Gründung einer Warenbörse, durch die Innsbrucks günstige Lage im internationalen Handelsverkehr ausgenützt werden und ein richtiger Warenumschlagplatz aufgebaut werden sollte. Die 1919 errichtete Börse mußte sich aber schon wenige Jahre später auf den Handel mit Holz, Häuten und Molkereiprodukten beschränken und erwies sich schließlich als Fehlspekulation. Dagegen war 1923 die Einführung einer jährlichen Innsbrucker Messe eine Maßnahme von bleibender Bedeutung. Überhaupt begann sich nun die Wirtschaft zu stabilisieren, wobei die traditionsreichen Schwerpunkte von Gewerbe und Industrie (Jenbacher Werke, Montanwerke Brixlegg, Textilindustrie, Bauwesen, Zement, Holzverarbeitung, Glas) die wichtigste Rolle spielten. Eine Neugründung war das Planseewerk in Reutte, das sich auf schwerschmelzbare Metalle (Pulvermetallurgie) spezialisierte. Im Bereich der Energiegewinnung begann mit der Errichtung des Achenseewerks (1924–1928) die Zeit der Großprojekte. In den zwanziger Jahren wurden auch die Bahnstrecken Tirols elektrifiziert. Nicht nur für das Baugewerbe wichtig war die Anlage einiger neuer Straßen, die zum Teil erstmals Nebentäler für das Automobil zugänglich machten. Unerfüllt blieb hingegen der Wunsch der seit der Abtrennung Südtirols völlig isolierten Osttiroler nach einer modernen Verkehrsverbindung über den seit Jahrhunderten begangenen Felbertauern, was einen Anschluß des Bezirks über den Pinzgau nach Nordtirol bedeutet hätte. Besonders eifrig setzte sich für dieses Projekt der Matreier Hotelier und Politiker Natalis Obwexer ein. Er erreichte einen einstimmigen Beschluß des Tiroler Landtags, diese wirtschaftlich wie politisch gleich wichtige Straßenverbindung über den Alpenhauptkamm zu verwirklichen, doch zog die Bundesregierung den von Salzburg und Kärnten betriebenen Plan einer Großglockner-Hochalpenstraße vor.

Eine Felbertauernstraße hätte für Osttirol auch im Hinblick auf den Fremdenverkehr große Bedeutung gehabt, der seit 1922 in ganz Tirol wieder rasch anstieg und bald schon die Vorkriegsziffern erreichte. Um mit der Schweizer Konkurrenz mithalten zu können, wurden neue Hotels und die ersten Seilbahnen in Innsbruck, Ehrwald, Kitzbühel und St. Anton errichtet, womit auch die ohnehin schon recht rege Wintersaison einen neuen Auftrieb erhielt. Weltweites Interesse erweckten die Schiweltmeisterschaften der FIS, die 1933 in Innsbruck durchgeführt wurden. Bald darauf verhängte jedoch Hitler als politisches Druckmittel gegen Österreich die 1000-Mark-Sperre, was die gesamte Tiroler Wirtschaft schwer schädigte und für viele Fremdenverkehrsorte einer Katastrophe gleichkam. Zum Teil verzeichnete man einen Rückgang der Nächtigungen auf weniger als die Hälfte. Eine intensive Werbung im östlichen Österreich und im nicht deutschsprachigen Ausland vermochte den Verlust der deutschen Gäste nur teilweise gutzumachen.

Die Notlage der Fremdenverkehrsbetriebe war umso schlimmer, als schon Jahre vorher die Weltwirtschaftskrise auch Tirol mit voller Wucht erfaßt hatte und vom Wirtschaftsaufschwung der zwanziger Jahre nichts

Dokument aus dem Tiroler Wirtschaftsgeschehen der Zwischenkriegszeit: Plakat der zweiten Innsbrucker Messe.

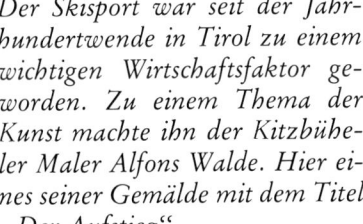

Der Skisport war seit der Jahrhundertwende in Tirol zu einem wichtigen Wirtschaftsfaktor geworden. Zu einem Thema der Kunst machte ihn der Kitzbüheler Maler Alfons Walde. Hier eines seiner Gemälde mit dem Titel „Der Aufstieg".

mehr übriggeblieben war. Viele Unternehmen mußten zusperren, selbst Gemeinden wurden zahlungsunfähig. Die Zahl der Arbeitslosen nahm von 1929 an sprunghaft zu. Im Februar 1933 hatten laut Statistik der Arbeitslosenunterstützung 17.573 Tiroler keinen Arbeitsplatz. Trotz einiger Gegenmaßnahmen der Regierung (etwa Inangriffnahme von Straßenbauten oder von Flußregulierungen) konnte sich die Wirtschaft in den folgenden Jahren nicht mehr erholen. Weite Kreise der Bevölkerung lebten in drückender Not. Auch die Bauernschaft, die es zu Beginn der zwanziger Jahre vielfach besser gehabt hatte als die Stadtbevölkerung und während der Inflationszeit ihre Schulden relativ leicht zurückzahlen hatte können, blieb von der neuen Krise wegen des Preisverfalls und der Absatzschwierigkeiten von Holz und Vieh nicht verschont. Die Verschuldung stieg wieder an, Hofversteigerungen waren keine Seltenheit. In dieser schwierigen Situation verließen mehrere Hundert Tiroler ihre Heimat, um sich in Brasilien, wo sie die Siedlung Dreizehnlinden gründeten, neue Existenzmöglichkeiten zu schaffen.

Die Krisenjahre nach Kriegsende und nach 1929 waren nicht dazu angetan, besondere kulturelle Leistungen hervorzubringen. Aber auch „goldene zwanziger Jahre" hat es in Tirol trotz der kurzfristigen wirtschaftlichen Erholung nicht gegeben. Immerhin wurden damals die beiden Tiroler Architekten Clemens Holzmeister und Luis Welzenbacher weit über die Grenzen des Landes hinaus berühmt. Die bildende Kunst

wurde noch von der überragenden Gestalt eines Albin Egger-Lienz beherrscht, der 1926 in seinem Bozner Heim starb. Es gab aber auch eine ganze Reihe von Künstlern, die sich ganz anderen Stilrichtungen und weniger gedankenschweren Themen zuwandten. Artur Nikodem, Ernst Nepo, Rudolf Lehnert gehören zu ihnen. Am bekanntesten wurde Alfons Walde in Kitzbühel, dessen Werke – nicht immer seine besten – als Postkarten um die ganze Welt gingen und das Bild Tirols im Ausland mitprägten.

Die in Südtirol lebenden und wirkenden Künstler hatten trotz der neuen Grenzziehung noch gute Kontakte zu ihren Kollegen im Norden und stellten auch gemeinsam mit ihnen aus, etwa 1925/26 in einer berühmt gewordenen Wanderschau durch verschiedene deutsche Städte, in der das ganze breite Spektrum der damaligen künstlerischen Bestrebungen in Tirol zur Geltung kam. Auch später gelang es den faschistischen Machthabern in Italien nicht, die Gemeinsamkeit des Kunstraumes Tirol völlig zu zerstören, was nicht zuletzt jenen Malern zu danken ist, die – wie Hans Weber-Tyrol – als österreichische Staatsbürger nur zeitweise in Südtirol wohnten und arbeiteten. Soll man für diese Zeit beispielhaft einige Namen von Südtiroler Künstlern nennen, so dürfen die drei Brüger Ignaz, Albert und Rudolf Stolz nicht fehlen, dann Carl Moser, dessen Meisterschaft im Farbholzschnitt freilich erst viel später außerhalb seiner Heimat erkannt und geschätzt wurde, sowie als Bildhauer Hans Piffrader.

Im geistig-kulturellen Bereich mußte sich mit der Zeit auswirken, daß 1922 der Nordtiroler und Vorarlberger Teil der Diözese Brixen wegen der neuen politischen Verhältnisse, aber auch aus seelsorglichen Gründen, zur „Apostolischen Administratur Innsbruck-Feldkirch" erhoben wurde. Offiziell war der uralte Diözesanverband zwar nicht aufgelöst, doch zwangen die Behinderungen durch die italienische Regierung dazu, in den dreißiger Jahren für das neue Kirchengebiet ein eigenes Knabenseminar in Schwaz und ein Priesterseminar in Innsbruck zu errichten.

Die Innsbrucker Universität, deren Neubau am Innrain nach dem Ersten Weltkrieg bezogen werden konnte, litt natürlich auch unter den ungewöhnlichen Zeitumständen, konnte jedoch trotz allem ihren guten Ruf sichern und hervorragende Leistungen erbringen. Die höchste Auszeichnung wurde ihr zuteil, als 1936 einem ihrer Professoren der Nobelpreis für Physik verliehen wurde: Es war der Entdecker und Erforscher der kosmischen Strahlung, der gebürtige Steirer Victor Franz Hess, der von 1931 bis 1937 hier wirkte und in einem Laboratorium auf dem Hafelekar hoch über Innsbruck seine entscheidenden Forschungsarbeiten durchführte. Auch drei andere Professoren der Alma Mater Oenipontana erhielten den Nobelpreis, allerdings erst nach ihrem Fortgang aus Innsbruck. Gebürtige Tiroler waren keine darunter. Der Bozner Max Valier, der in Innsbruck und Wien studiert hatte, wurde in Deutschland zu einem Bahnbrecher der Raketentechnik, verunglückte jedoch 1930 in jungen Jahren bei einem Laborversuch. Er hatte sich damals mit seinen Ideen bereits durchgesetzt und durch das populäre Büchlein „Der Vorstoß in den Weltraum" viel dazu beigetragen, das Wissen über die Möglichkeiten der modernen Raketentechnik ins Volk zu tragen.

Wie vor dem Ersten Weltkrieg auch in der Zwischenkriegszeit der wichtigste Tiroler Maler: Albin Egger-Lienz (Porträtphoto vor einem seiner Gemälde).

Der in Innsbruck wirkende Professor Victor Franz Hess erhielt 1936 den Nobelpreis.

Im Würgegriff des Faschismus

Vergebliches Hoffen auf Autonomie ● Die Diktatur,
Tolomeis Italianisierungsprogramm und der Widerstand der Südtiroler

Rund 240.000 Tiroler deutscher und ladinischer Muttersprache waren durch das Diktat von Saint-Germain unter italienische Herrschaft gekommen. Eine Verpflichtung zum Schutz dieser Minderheit hatte das zentralistisch regierte Königreich Italien nicht übernehmen müssen. Dennoch schien es zunächst so, als würden die Tiroler innerhalb des italienischen Staates entsprechende autonome Rechte erhalten. Darauf ließen die ersten Proklamationen des 1918 einrückenden Militärs, Versprechungen während der Friedensverhandlungen und eine Erklärung des italienischen Königs in seiner Thronrede vom 1. Dezember 1919 schließen: „Die neu annektierten Gebiete bedeuten für uns neue Probleme. Unsere freiheitlichen Traditionen werden uns die Richtung weisen, wie wir sie lösen sollen unter sorgfältigster Wahrung der lokalen Institutionen, der Selbstverwaltung und der lokalen Sitten."
Die Gegner der Brennergrenze in Italien traten, als diese Wirklichkeit geworden war, für eine möglichst umfassende Autonomie Südtirols ein. Der linksliberale Politiker und Historiker Gaetano Salvemini schrieb im Jahr 1919: „Es fällt uns nicht schwer, zu erklären, daß wir mit wesentlich weniger Zögern der Brennergrenze zustimmen würden, wenn wir die Sicherheit hätten, daß unsere Regierung den Einflüsterungen unserer ‚Preußen' zu widerstehen weiß, die Südtirol erobern wollen, um die Deutschen zu unterdrücken und sie damit für die ‚Erbsünde' zu bestrafen, den Brenner überschritten zu haben; wenn wir sicher wären, daß unser Parlament Südtirol eine komplette Autonomie gewähren wird und daß kein italienischer Beamter hingesandt wird, um die österreichische Verwaltungsordnung zu sabotieren und den Haß gegen Italien zu lehren; wenn wir schließlich sicher wären, daß unsere Regierung aus Südtirol eine Art Schweizer Kanton zu machen verstünde, völlig frei in der Verwaltung, im Schulwesen, im religiösen Leben, mit einem eigenen, vom römischen Parlament völlig unabhängigen Landtag, wobei die Regierung über Südtirol nur die höchste politische Souveränität und das militärische Durchzugsrecht ausüben würde; wenn wir also der Intelligenz und des gesunden Menschenverstandes unseres Parlaments, unserer Bürokratie und unseres abscheulichen Pressewesens sicher wären . . . Aber wir haben unsere Zweifel . . ."
Salveminis Zweifel waren nur zu berechtigt. Die Bemühungen der Südtiroler um eine Autonomie hatten tatsächlich keinen Erfolg, obwohl die italienische Regierung im Frühjahr 1920 größtes Verständnis für ihre Wünsche zeigte und Verhandlungen in Rom fast schon vor einem positiven Abschluß standen, was heftige Proteste nationalistischer Kreise im Trentino auslöste. Eine Eigenverwaltung innerhalb des Königreichs Italien wollten im übrigen auch viele Trentiner, Alcide Degasperi zum

Beispiel, der vor 1918 als österreichischer Politiker für ein „Trentino der Trentiner" eingetreten war, jetzt allerdings die Parole „Südtirol den Südtirolern" nicht mehr gelten lassen wollte, sondern die Autonomie für das gesamte ehemals österreichische Gebiet anstrebte. Seine Argumentation stützte sich darauf, daß die deutschsprachigen Tiroler – so lange sie in diesem Land die Mehrheit hatten – immer betonten, es gäbe kein eigenes Trentino, Tirol sei eine Einheit. Warum sollte es jetzt anders sein? Jetzt würden in dem Teil von Tirol, der zu Italien gekommen war, eben die Italiener die Mehrheit haben. Die antirömischen Parolen, mit denen Degasperi für diese Autonomie eintrat, waren schärfer als je seine früheren Angriffe gegen Innsbruck oder Wien. Für die Trentiner „klerikalen" Popolari wäre eine Autonomie im liberalen Italien, das seit der Aufhebung des Kirchenstaates in scharfem Gegensatz zur kirchlichen Hierarchie stand, auch parteipolitisch sehr wichtig gewesen. Doch sie kam genausowenig zustande wie eine Eigenverwaltung der Südtiroler. Daraufhin änderten Degasperis Popolari ihre Politik und forderten nun die Errichtung von zwei Provinzen mit den Hauptstädten Bozen und Trient, wobei die ladinischen Täler und das Bozner Unterland an das Trentino kommen sollten. Die nationalliberale Partei hingegen verlangte eine Einheitsprovinz und sollte sich mit dieser Forderung nach der Machtergreifung des Faschismus auch durchsetzen. Vorerst galten zum Großteil die österreichischen Verwaltungsstrukturen und Gesetze weiter, auch nach der Ablösung des zuerst für die besetzten Gebiete zuständigen Militärkommandanten durch einen zivilen Generalkommissär, der seinen Sitz in Trient hatte.

Zur besseren Vertretung der Südtiroler gegenüber Rom überwand die politische Führung im Land die alten Parteischranken. Im Oktober 1919 schlossen sich die Katholische Volkspartei und die Deutschfreiheitliche Partei zum „Deutschen Verband" zusammen. Seine Tätigkeit erstreckte sich auch auf das ladinische Gebiet Südtirols, was umso wichtiger war, als die italienische Regierung die Ladiner allen Protesten zum Trotz als Italiener ansah und ihnen ein eigenständiges Volkstum kurzerhand absprach. Im Mai 1920 ergriffen deshalb rund 70 Vertreter der ladinischen Bevölkerung von Gröden, Enneberg, Buchenstein, Ampezzo und Fassa die Initiative, trafen sich am Grödner Joch und vereinbarten den Zusammenschluß aller Ladiner, um die Forderung nach Anerkennung als eigene Volksgruppe besser durchsetzen zu können. Damals entstand auch die blau-weiß-grüne Ladinerfahne.

Ohne es zu beabsichtigen, erwies der italienische Staat den Ladinern, deren Überlebenskampf er sonst auf alle nur denkbare Art durch behördliche Schikanen und sonstige Maßnahmen behinderte, einen großen Dienst: Bei der Volkszählung vom 1. Dezember 1921 gab es – im Unterschied zur früheren österreichischen Praxis – erstmals für Italiener und Ladiner getrennte Spalten. Wahrscheinlich wollte man damit verhindern, daß sich die Ladiner als Deutsche erklärten. Das Ergebnis war ein überwältigendes Bekenntnis zur ladinischen Muttersprache. In Colle Santa Lucia und Ampezzo nützte die Eintragung als Ladiner freilich nichts, da hier im nachhinein bei einer sogenannten Revision der Volkszählung alle Personen mit italienisch klingenden Namen ohne Rücksicht

Vom Ladinerverein nach dem Ersten Weltkrieg herausgegebenes Notgeld. Insgesamt gab es fünf verschiedene Scheine, jeder mit dem Motiv aus einem der Dolomitentäler. Auf dem 40-Heller-Schein das im Krieg zerstörte Buchenstein.

Protestkundgebung auf dem Bozner Viehmarktplatz (heute Verdiplatz) gegen den Terrorüberfall faschistischer Kommandos vom 24. April 1921, der als „Blutsonntag" in die Geschichte Tirols einging.

auf das von diesen abgegebene Bekenntnis zur italienischen Volksgruppe geschlagen wurden. Ähnliches geschah in Bozen und im Bozner Unterland, wo man auf diese Weise 6.000 bis 7.000 Italiener mehr zählte, als es tatsächlich gab. Insgesamt waren zum Zeitpunkt der Volkszählung in Südtirol ca. 20.000 Personen mit italienischer Muttersprache ansässig. Das bedeutet, daß seit 1918 bereits rund 13.000 Italiener zugezogen waren.

Am 10. Oktober 1920 war die Angliederung Südtirols an das Königreich Italien durch die offizielle Annexion rechtskräftig geworden. Bei den folgenden Wahlen zum italienischen Parlament (Mai 1921) entsandten die Südtiroler durch eine fast geschlossene Stimmabgabe vier Politiker des „Deutschen Verbandes" als ihre Abgeordneten nach Rom. Obwohl auch unter der damaligen liberal-demokratischen Regierung nationalistische Tendenzen immer stärker wurden und erste minderheitenfeindliche Maßnahmen zum Tragen kamen, konnten die Südtiroler immer noch hoffen, vor allem als 1921 eine „Beratende Kommission zum Studium der Autonomie" eingesetzt wurde. Doch zu diesem Zeitpunkt war das Land bereits mit dem Terror der Faschisten konfrontiert, die wenig später das politische Geschehen beherrschen sollten. Eine Vorahnung auf die kommenden Jahre brachte der 24. April 1921, als faschistische Kommandos in Bozen einen Trachtenumzug überfielen, wobei der Lehrer Franz Innerhofer erschossen und 40 weitere Südtiroler verletzt wurden. Ein Jahr später stellten die Faschisten an den gewählten Bozner

Gemeinderat unzumutbare Forderungen, die dieser ablehnte. Daraufhin rückten einige Tausend aus dem Süden herbeitransportierte Faschisten in Bozen ein und besetzten das Rathaus. Die staatliche Verwaltung schaute machtlos zu und sanktionierte die Gewalttat sogar durch die geforderte Absetzung des Bürgermeisters Perathoner. Der „Marsch auf Bozen" vom 2. Oktober 1922 war das unmittelbare Vorspiel und die Generalprobe für Mussolinis Machtergreifung durch den „Marsch auf Rom" (28. Oktober 1922).

Die Haltung des Faschistischen Rates in Rom zur Südtiroler Minderheitenfrage war ganz von Ettore Tolomei geprägt, der nach dem Krieg in Bozen ein „Kommissariat für die Sprache und Kultur des Oberetsch" eingerichtet hatte und nun zum Senator ernannt wurde. Seine Thesen von der Italianität Südtirols erhielten unter Mussolini so gut wie amtlichen Charakter. Tolomeis Bestreben war es, die von ihm ersonnenen Maßnahmen zur Entnationalisierung der deutschsprachigen Gebiete gesetzlich zu verankern. Einmal schien es noch, als ob zwischen den Südtirolern und den örtlichen Faschisten ein „Modus vivendi" gefunden und eine Art Burgfrieden geschlossen werden könnte. Doch scheiterte der Vertrag, dessen Wert ohnehin sehr umstritten war, am Einspruch der Machthaber in Rom. Nun konnte Tolomei sich austoben. Im Juli 1923 verkündete er im Bozner Stadttheater ein 32 Punkte umfassendes Italianisierungsprogramm, das in den folgenden Jahren schrittweise durchgeführt wurde. In erster Linie wollte man die deutsche Sprache ausmerzen. Dazu wurde in allen Schulen die italienische Unterrichtssprache eingeführt und der Deutschunterricht verboten. Außerdem wurde Italienisch zur ausschließlichen Amts- und Gerichtssprache erklärt. Ein weiteres Hauptziel war die völlige Italianisierung der Verwaltung auf allen Ebenen. Schon im Jänner 1923 wurden Südtirol und das Trentino zur Provinz „Venezia Tridentina" vereinigt, an deren Spitze ein Präfekt in Trient stand. Irgendeine Sonderstellung innerhalb

Faschistentrupp in der Bozner Altstadt.

> Libes crischint
> es virt iez pal
> vainact unt i froi
> mi ser. Bite pringhe
> mir aine rodel un
> ain par socchen
> dain Peter

Die Folgen des fehlenden Deutschunterrichts: erschütterndes Dokument aus Kinderhand.

Italiens hatte die Provinz nicht. In den folgenden Jahren beseitigte Rom auch die traditionsreiche Tiroler Gemeindeautonomie, löste die Gemeinderäte auf, entließ die gewählten Bürgermeister, ernannte faschistische Amtsbürgermeister und italienische Gemeindesekretäre. Deutsche Beamte und Lehrer wurden entlassen bzw. in andere italienische Provinzen versetzt, an ihre Stelle rückten Italiener aus allen Teilen des Königreichs. Die Südtiroler wurden in ihrer eigenen Heimat fast völlig aus dem öffentlichen Leben verdrängt. Durch Zensur und Verbote erlangte der faschistische Staat die Kontrolle über das Pressewesen. Mit den Vereinen verfuhr man ähnlich: entweder völlige Unterwerfung und Umfunktionierung oder Verbot! Im wirtschaftlichen Bereich kam es zur Ausschaltung der von Einheimischen geleiteten Einrichtungen wie Banken und Genossenschaften.

Die dritte Stoßrichtung der faschistischen Unterdrückungspolitik zielte gegen alles, was mit Tradition zu tun hat. Das ging so weit, daß Andreas-Hofer-Bilder aus den Schulen verschwinden mußten und keine deutschen Lieder gesungen werden durften. Das Land sollte seine nationale Identität verlieren. Die ausschließliche Verwendung der von Tolomei erfundenen italienischen Ortsnamen war bereits im März 1923 verordnet worden. Bald ging man jedoch weit darüber hinaus, bis auch Straßen- und Wegbezeichnungen sowie überhaupt alle öffentlichen Aufschriften italienisch waren. Auch der Name Tirol wurde ausgelöscht. Südtirol hieß von nun an „Alto Adige". Zudem wurden alle in Verbindung mit „Tirol" stehenden Bezeichnungen verboten. So mußte der Verlag „Tyrolia" zunächst in „Vogelweider" und schließlich in „Athesia" (lateinische Bezeichnung für Etsch) umgetauft werden. Wie das Land selbst so sollten auch die Südtiroler keine deutschen Namen mehr tragen. Offiziell sprach man wie bei den Ortsnamen von einer „Rückführung" in die „italienische Urform". Bei den Taufnamen war die Italienisierung noch relativ einfach, doch dabei wollte man es nicht belassen. So begann man 1926 auch mit der Italienisierung der deutschen Familiennamen, wofür als Grundlage ein von Tolomei verfaßtes Verzeichnis diente. Darin gab es versuchte Übersetzungen genauso wie bloß angehängte italienische Endsilben. So sollte ein Gruber zu einem Dalla Fossa werden, ein Fink aber zu einem Finco. Tolomeis Liste war nicht vollständig und auch nicht verbindlich, so konnten einzelne Beamte ihrer Phantasie freien Lauf lassen und etwa aus dem Tiroler Namen Staudacher die italienische Form Staudaccheri oder aus Niederkofler Nicovolo machen. Es kam vor, daß mehrere Brüder plötzlich verschiedene Familiennamen hatten. Die zwangsweise Umwandlung der deutschen Namen, mit der nach dem Alphabet begonnen worden war, mußte bereits nach dem Buchstaben B wegen der massiven ausländischen Proteste eingestellt werden. Von nun an war die Aktion „freiwillig". Dafür wurde verordnet, daß Grabsteine nur mehr in italienischer Sprache beschriftet werden durften. „Tolomei erfand immer neue Methoden, um die Deutschen in Südtirol zu peinigen", schreibt Gaetano Salvemini.

Auch rein äußerlich sollte Südtirol ein italienisches Gesicht erhalten, ausdrücklich wurde für Neubauten die Anwendung eines „italienischen

Stils" verlangt. In Einzelfällen kam es auch zu Eingriffen in die bestehende Bausubstanz, wofür die 1932 erfolgte Umgestaltung des Bozner Museums wohl das beste Beispiel ist. Für die Zukunft war sogar die Niederreißung der gesamten Nordseite der berühmten Bozner Lauben geplant. Ein Ärgernis besonderer Art, ja fast eine Verhöhnung der unterjochten Südtiroler, war die Errichtung eines „Siegesdenkmals" in Bozen ausgerechnet an der Stelle, wo während des Ersten Weltkriegs das Fundament für ein Kaiserjäger-Denkmal gesetzt worden war. Die Grundsteinlegung im Juli 1926 und die Einweihung zwei Jahre darauf wurden mit großem Pomp gefeiert. Symbolcharakter hatte das „Siegesdenkmal" nicht nur wegen der monströsen faschistischen Architektur, sondern auch wegen seines Zwecks, den Südtirolern die Macht des Staates und seine Haltung gegenüber der deutschen Minderheit vor Augen zu führen. Daß weniger ein militärischer Sieg gefeiert werden sollte als die Knechtung des annektierten Landesteils von Tirol, geht deutlich aus der Inschrift des Denkmals hervor, die stolz verkündet, hierher Sprache, Gesetze und Kunst gebracht zu haben.

In die Zeit der Errichtung des Siegesdenkmals fällt eine verwaltungstechnische Maßnahme von nicht geringer Bedeutung: Da sich der Zusammenschluß des „Alto Adige" mit dem Trentino nicht bewährt hatte, wurden 1927 zwei Provinzen geschaffen, wobei das Bozner Unterland zum Trentino geschlagen wurde. Natürlich verblieb auch das ladinische Fassatal bei der Provinz Trient. Buchenstein und Ampezzo waren schon früher der Provinz Belluno angeschlossen worden. In Bozen residierte also nun ein eigener Präfekt. Wer geglaubt hatte, daß dies Erleichterungen bringen würde, hatte sich getäuscht.

Die Südtiroler hatten keine rechtlichen und vor allem keine wirksamen Möglichkeiten, sich gegen das Entnationalisierungsprogramm eines Tolomei und seiner Gesinnungsgenossen an den Schalthebeln der Macht zu wehren. Die völlige Italianisierung war das offizielle Ziel des faschistischen Staates, und er wollte es mit allen Mitteln der Diktatur durchsetzen. Der Demokratie hatte Mussolini mit seiner Machtergreifung ein Ende gesetzt. Ab 1924 stellten die Südtiroler auf Grund eines Wahlrechts, das den Faschisten von vornherein zwei Drittel aller Mandate garantierte, im italienischen Parlament nur mehr zwei Abgeordnete (Dr. Karl Tinzl und Dr. Paul von Sternbach). Doch hatte dies wenig zu bedeuten, da inzwischen der Parlamentarismus ohnehin nur noch eine Farce war. Im lokalen Bereich wurde der uralten demokratischen Tradition auch auf Gemeindeebene ein Ende gesetzt, und Institutionen, die als Vertretungskörperschaften der Bevölkerung gelten konnten, wurden zwangsweise in faschistische Korporationen umgewandelt, wie der Südtiroler Bauernbund, oder aufgelöst, wie der „Deutsche Verband". 1929 gab es das Schauspiel einer „plebiszitären Wahl", die dem Stimmberechtigten keine Wahl ließ. Er konnte nur für oder gegen eine faschistische Einheitsliste stimmen, wobei von Wahlgeheimnis keine Rede war. Einen deutschen Abgeordneten gab es in der so „gewählten" rein faschistischen Kammer nicht mehr. Die Diktatur Mussolinis bedeutete für Südtirol – wie für die anderen Minderheiten in Italien – nicht nur einen rücksichtslosen Kampf gegen Sprache und Volkstum, wobei Schikanen,

Die Notschullehrerin Angela Nikoletti von Kurtatsch, die ihren Einsatz für Sprache und Volkstum mit dem Leben bezahlte.

Knüppelterror, Erpressung, Berufsverbot, Gefängnis und Verbannung die Hauptwaffen waren, sondern auch – wie im ganzen übrigen Italien – die Aufhebung der politischen, staatsbürgerlichen und vieler persönlich-menschlicher Rechte. Außerdem brachte der faschistische Alltag Behördenwillkür, Korruption und Mißwirtschaft mit sich.

Die deutsche und ladinische Bevölkerung leistete in dieser hoffnungslos scheinenden Lage mit verbissener Zähigkeit passiven Widerstand. „Was soll aus uns werden? Werden wir noch als Volksgruppe fortexistieren können, oder sollen wir uns hinlegen und dem übermächtigen nationalen Gegner zurufen: Mache der Pein ein rasches Ende! Mit uns ist es sowieso schon aus!" Kanonikus Michael Gamper, der diese rhetorische Frage im „Volksboten" aufwarf, dachte keinen Augenblick ans Aufgeben. Er wurde zum Vorkämpfer für die Erhaltung des Südtiroler Volkstums, der nationalen Eigenart und der traditionellen Kultur des Landes. Ein besonderes Anliegen war ihm die Rettung der deutschen Sprache. So wurde er zum Gründer und Förderer der deutschen Notschule. „Katakombenschulen" nannte man den geheimen, aber von mehreren führenden Mitarbeitern gut organisierten Privatunterricht der Kinder in ihrer Muttersprache. Alle, die mitmachten, hatten Unannehmlichkeiten aller Art oder gar schwerste Strafen zu befürchten und zu erdulden, weil der Hausunterricht zuerst ungern gesehen und behindert wurde, seit 1926 aber ausdrücklich und streng verboten war. Nicht nur ausgebildete Lehrerinnen, auch einfache Südtiroler Mädchen, die nur die Volksschule besucht hatten, wurden für diese Aktion herangezogen und in geheimen Ausbildungskursen vorbereitet.

Die „Katakombenlehrerinnen" ließen sich auch in der härtesten Verfolgungs- und Leidenszeit nicht von ihrer wichtigen Aufgabe abbringen. Die Lehrerin Angela Nikoletti, die in Kurtatsch eine Geheimschule unterhielt, wurde von Carabinieri und Behörden so lange schikaniert,

Notschule in einer Bauernstube im Sarntal.

verhört und eingesperrt, bis ihre Gesundheit zusammenbrach. An den Folgen der ausgestandenen Behandlung starb das Mädchen im Jahr 1930. Mit roher Gewalt verfolgten die Faschisten auch den Rechtsanwalt Dr. Josef Noldin, der im Bozner Unterland die Organisation des Geheimunterrichts leitete. Wie mancher andere Südtiroler wurde er schließlich in Verbannung geschickt. Auf der Strafinsel Lipari zog er sich eine todbringende Krankheit zu. Kurz nach seiner Entlassung in die Heimat starb Dr. Noldin im Dezember 1929. Sein Name steht für alle, die ähnliches geleistet und erduldet haben.

Im Bereich des höheren Schulwesens spielten die katholischen Privatgymnasien während des Faschismus eine wesentliche Rolle. Zwar wurden die beiden von Ordensschwestern geführten Mädchenlyzeen schon 1923 abgeschafft und die Anstalten der Franziskaner in Bozen, der Benediktiner in Meran sowie der Augustiner in Brixen so lange schikaniert, bis sie schließen mußten – die Franziskaner führten allerdings die Unterstufe weiter, die Augustiner in Brixen ein kleines Knabenseminar mit drei Oberklassen –, doch blieb das Vinzentinum in Brixen unangetastet. Außerdem wurde 1928 im Dorf Tirol bei Meran ein eigenes Knabenseminar für den Südtiroler Anteil der Diözese Trient gegründet, das den Namen Johanneum von Vorläuferanstalten übernahm. In diesen beiden kirchlichen Internatsschulen konnte auch während des Faschismus der Unterricht in deutscher Sprache abgehalten werden; sie wurden zu einem Hort traditioneller Tiroler Schulbildung und sicherten das Heranwachsen einer künftigen geistigen Elite.

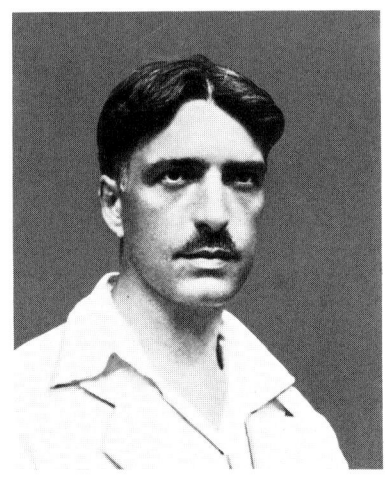

Wurde zur Symbolgestalt des Widerstands gegen die faschistische Italianisierungspolitik: Dr. Josef Noldin, der als Opfer der Gewaltherrschaft im Dezember 1929 starb.

Die Kirche hatte im faschistischen Italien trotz zeitweiser Anfeindungen und Verfolgungen eine relativ günstige Position, überhaupt nach den zwischen Mussolini und Papst Pius XI. im Jahr 1929 abgeschlossenen Lateranverträgen. Diese Tatsache bescherte den Südtirolern wenigstens einen Freiraum für die Pflege deutscher Sprache und tirolischer Kultur, für Informationsaustausch und überliefertes Gesellschaftsleben. Die Predigt und der deutsche Religionsunterricht in kirchlichen Räumen waren wesentliche Hilfen; kirchliche Zeitungen durften weiter ziemlich ungehindert erscheinen und Dinge veröffentlichen, die man sonst nirgends lesen konnte; katholische Jugendgruppen boten eine Plattform für politische Diskussionen und geistige Auseinandersetzungen – auch mit dem Gedankengut des Nationalsozialismus, der in diesen Kreisen sehr kritisch bis ablehnend beurteilt wurde. Dagegen stand der 1933 gegründete „Völkische Kampfring Südtirol" (VKS) bald ganz im Banne der Erfolge Hitler-Deutschlands, wie man ja überhaupt in Südtirol verständlicherweise auf das Erstarken Deutschlands große Hoffnungen setzte. Hitlers sehr früh ausgesprochene Anerkennung der Brennergrenze war zwar bekannt, wurde jedoch nicht wirklich geglaubt. Die aus Deutschland zur Unterstützung des Volkstumskampfes nach Südtirol fließenden Gelder kamen nach 1933 zunehmend dem VKS zugute. Die ältere Politikergeneration trat gegenüber dieser neuen Bewegung in den Hintergrund. Zum Teil hatten ihre Vertreter auch außer Landes gehen müssen wie der frühere Südtiroler Abgeordnete in Rom Eduard Reut-Nicolussi, der nach 1927 von Innsbruck aus für die Rechte seiner unterdrückten Landsleute eintrat.

Internationale Proteste und Interventionen des Auslandes zu Gunsten der Südtiroler waren spärlich und meist erfolglos. Lediglich die zwangsweise Italianisierung der Familiennamen wurde wegen der Reaktion der Weltöffentlichkeit bald wieder eingestellt. Auch Österreich und Deutschland erreichten sonst kaum etwas. Die hauptsächlich in der notwendigen Absicherung gegen das nationalsozialistische Deutschland begründete Annäherung der österreichischen Regierung an Mussolini brachte Südtirol nur ganz geringe vorübergehende Erleichterungen, machte es andererseits aber vielen schwer, in Österreich weiterhin das ersehnte Vaterland zu sehen. Die Haltung des offiziellen Österreich darf freilich nicht verwechselt werden mit der Einstellung der Bevölkerung in Tirol und in den anderen Bundesländern, die das Geschehen südlich des Brenners mit wachsendem Unmut verfolgte, durch Demonstrationen die Aufmerksamkeit der Welt zu wecken versuchte und mit direkter und indirekter Hilfe nicht sparte, wenn dies auch nur in geringem Maß möglich war. Die Kontakte waren durch die Ausreiseschwierigkeiten der Südtiroler, denen kaum einmal ein Paß gewährt wurde, aufs äußerste eingeschränkt.

Wie die deutschen Südtiroler widerstanden auch die Ladiner mit Erfolg den Italianisierungsmaßnahmen. Nur in Cortina d'Ampezzo gelang den Italienern durch besondere Bemühungen um den Fremdenverkehr und staatlich geförderte Zuwanderung ein tieferer Einbruch. In Gröden kam es unter den Einheimischen zu starken Spannungen zwischen tirolisch Gesinnten und faschistischen Mitläufern. Daß sich einzelne Südtiroler der Zwangsrute von Staat und Partei beugten und den Willen der Machthaber zur Erreichung persönlicher Vorteile erfüllten, kam natürlich überall vor, doch muß man bei solchen Beurteilungen vorsichtig sein. Oft genug war eben die Not stärker als der persönliche Wille. So sind z. B. die vielen „freiwilligen" Italianisierungen von Familiennamen zu verstehen. Um Arbeit oder einen Kredit zu bekommen, um beim Bezug der Invalidenpension nicht „benachteiligt" zu werden, verzichtete der eine oder andere eben doch auf seinen deutschen oder ladinischen Familiennamen. Viel hing dabei vom jeweiligen „Dorftyrannen" ab, wie überhaupt von Ort zu Ort starke Unterschiede im Ausmaß und in der Brutalität der faschistischen Eingriffe bestanden.

Als man in Rom und Bozen Anfang der dreißiger Jahre allmählich einsehen mußte, daß sich die Südtiroler auch durch radikalstes Vorgehen nicht würden zu Italienern machen lassen, begann man die Zuwanderung und Ansiedlung italienischer Familien noch mehr zu fördern als bisher. Deshalb wurde in Bozen mit der Anlegung eines Industrieviertels begonnen. Mitten in einem Gebiet intensiver Obst- und Weinkultur entstanden Betriebe der Groß- und Schwerindustrie und andere Fabriken. Den ungünstigen – weil nur aus politischen Gründen gewählten – Standort mußte der Staat durch zehnjährige Steuerbefreiung und Transportkostenvergütung ausgleichen. Südtiroler oder Trentiner durften in der neuen Bozner Industriezone nicht beschäftigt werden, obwohl es im Land wegen der Weltwirtschaftskrise eine nie gekannte Zahl von Arbeitslosen gab. Auch für die Besetzung öffentlicher Dienststellen wurden fast ausschließlich Italiener herangezogen. Die Grundstücke für

Errichtung einer Industriezone in Bozen als politische Maßnahme: Bau der ersten Fabriksanlagen inmitten der Obstwiesen südwestlich der Stadt.

den Ausbau der Fabriksanlagen und für die Realisierung des Wohnbauprogramms, das die Zuwanderung notwendig machte, wurden von Südtiroler Bauern gegen einen viel zu geringen Preis enteignet. 1937 erließ der Duce ein Dekret, das die Enteignung von Südtiroler Grund und Boden zugunsten einer italienischen Gesellschaft praktisch zur Formsache machte. Auch wenn es nur selten angewendet wurde, hing es wie ein Damoklesschwert über der alteingesessenen Bevölkerung. Bozen hatte um diesen Zeitpunkt bereits eine italienische Mehrheit. Und in ganz Südtirol war die Zahl der Italiener von 7.000 im Jahr 1910 auf 81.000 im Jahr 1939 gestiegen.

Die Tatsache, daß 220.000 Deutschtiroler und rund 20.000 Ladiner innerhalb der italienischen Staatsgrenze lebten, war aber auch mit der Ansiedlung von Italienern nicht aus der Welt zu schaffen. Eine Radikallösung des Problems im Sinne extremer italienischer Nationalisten, nämlich die Vertreibung der ganzen unerwünschten Volksgruppe oder zumindest eines Teils davon, rückte in greifbare Nähe, als sich Hitler mit Mussolini verbündete und 1939 dem sogenannten Umsiedlungsabkommen zustimmte.

Dableiben oder gehen?

Das Umsiedlungsabkommen von 1939 und die Option ● Das traurigste Kapitel in Tirols Geschichte

Daß Italien nach einer Annexion Südtirols das Minderheitenproblem durch die Vertreibung der dort ansässigen Bevölkerung würde lösen müssen, hat schon im Jahr 1914 der italienische Kammerabgeordnete Adriano Cologgi-Vespucci betont, und Ettore Tolomei hat sich dieser Meinung ein Jahr später in einem Artikel ohne Einschränkung angeschlossen. Nach dem Krieg waren beide in amtlicher Stellung um die Italianisierung des „Alto Adige" bemüht, doch mußten sie auf die erträumte Radikallösung des Problems vorerst verzichten. Einer zwangsweisen Aussiedlung von über 200.000 Menschen hätte die Welt bei aller Zerstrittenheit der Staaten und Völker nicht tatenlos zugesehen. Erst die Machtergreifung des Nationalsozialismus in Deutschland (1933) und das Bündnis der beiden Diktatoren Hitler und Mussolini (1936) rückte die Verwirklichung dieses alten Plans in den Bereich des Möglichen. Hitler hatte nämlich im Gegensatz zu seinen sonstigen Ansprüchen auf „deutschen Volksboden" von Anfang an erklärt, daß Südtirol für ihn kein Problem sei und er den Brenner als endgültige Grenze Italiens betrachte.

Hatte dieser Verzicht schon zu einer Zeit gegolten, als sich der Duce und der Führer noch mißtrauisch und eifersüchtig gegenüberstanden und die beiden bezüglich der Selbständigkeit Österreichs völlig entgegengesetzte Positionen einnahmen, so bedeutete die deutsch-italienische Freundschaft seit 1936 für Italien umsomehr eine Garantie dafür, daß Hitler keine Ansprüche auf Südtirol erheben würde. Gegenteilige Hoffnungen

Handschlag zwischen Nationalsozialisten und Faschisten vor dem Bozner „Siegesdenkmal". Die Szene spielte sich schon 1932 ab, also einige Jahre vor dem Bündnis der beiden Diktatoren Hitler und Mussolini.

vieler Tiroler nördlich und südlich des Brenners wurden bitter enttäuscht. Auch nach dem erzwungenen Anschluß Österreichs an Deutschland im März 1938 machte Hitler keinerlei Anstalten, nun auch Südtirol „heim ins Reich" zu holen. Im Gegenteil, er bestätigte seine Anerkennung der Brennergrenze und versicherte Mussolini seine Dankbarkeit dafür, daß dieser nicht länger auf der Selbständigkeit Österreichs bestanden hatte. „Duce, das vergesse ich Ihnen nie", lautete Hitlers berühmter Ausspruch.

Diese Stimmung wurde von Italien dazu benützt, führenden deutschen Persönlichkeiten erstmals eine Umsiedlung großer Teile der Südtiroler Bevölkerung nach Deutschland vorzuschlagen. Über ein Jahr lang wurden auf verschiedenen Ebenen Gespräche geführt und Vorschläge ausgetauscht, bis es schließlich am 23. Juni 1939 zu einer grundsätzlichen Vereinbarung zwischen den Unterhändlern beider Seiten kam. Als endgültig formuliert kann das Umsiedlungsabkommen jedoch erst mit den „Richtlinien" vom 21. Oktober desselben Jahres betrachtet werden. Wesentlich war, daß es den Südtirolern freigestellt werden sollte, ob sie die italienische Staatsbürgerschaft behalten oder die deutsche Reichsangehörigkeit erwerben und nach Deutschland abwandern wollten. Diese Möglichkeit der „Option" (d. h. Recht auf Wahl, Recht auf Entscheidung) war von den Vertretern der italienischen Regierung verlangt worden. Deutscherseits hatte man eher an einen „Abwanderungsbefehl" und eine Totalaussiedlung zur „volklichen Flurbereinigung" (Hitler) gedacht. In diesem Sinn waren etwa die Verträge mit der Sowjetunion und mit Rumänien über die Um- bzw. Aussiedlung der „Volksdeutschen" aus Ostpolen, der Bukowina und Bessarabien formuliert. Die Südtiroler Optanten sollten ihren beweglichen Besitz mitnehmen dürfen; Grund und unbewegliche Güter hatte der italienische Staat dem geschätzten Wert gemäß abzulösen.

Für das nationalsozialistische Deutschland bedeutete das Umsiedlungsabkommen die Bereinigung einer unguten Situation, von der man nicht wußte, ob sie nicht doch einmal die Beziehungen zum Bündnispartner Italien belasten würde, zugleich auch den Gewinn an Menschen und Vermögen. Unter den NS-Größen sprach sich nur der Tiroler Gauleiter Franz Hofer dagegen aus. In Kreisen der italienischen Regierung war man froh, das leidige Problem endlich lösen zu können, und nahm dafür die voraussehbaren hohen Entschädigungssummen in Kauf. Eine völlige Räumung Südtirols durch die einheimische Bevölkerung wollten freilich nur ganz wenige Italiener; einer von ihnen war Senator Tolomei. Die maßgeblichen Männer mit Mussolini an der Spitze wünschten sich, die „radikalen Hetzer", die Reichsdeutschen, die bis 1938 Österreicher gewesen waren, und etwa ein Drittel oder die Hälfte der Bevölkerung loszuwerden. Eine völlige Entsiedlung der Bergtäler hätte nicht in ihren Plan gepaßt und wäre auch viel zu teuer gekommen. Bei entsprechender Zuwanderung wäre man mit den verbliebenen Südtirolern schon fertiggeworden.

Die Betroffenen selbst wurden von keinem der beiden Vertragspartner befragt. Als das Umsiedlungsabkommen wenige Tage nach dem 23. Juni 1939 in Südtirol bekannt wurde, herrschte allseits Empörung. Auch der illegale „Völkische Kampfring Südtirol" (VKS), der mit offiziellen deutschen Stellen in engem Kontakt stand, wollte zunächst vom Ansinnen seiner Geldgeber und Gesinnungsfreunde in Deutschland nichts wissen. Doch der auf Endlösungen spezialisierte „Reichsführer SS" Heinrich Himmler, der persönlich für die Verwirklichung des Plans verantwortlich zeichnete, wußte die Führung des „Kampfrings" umzustimmen. Nach mehreren Vorsprachen in Deutschland verkündete sie: „Das deutsche Volk von Südtirol verläßt die alte Heimat und schlägt zur Rettung und Erhaltung seines deutschen Volkstums im Großdeutschen Reiche eine neue Heimat auf." Zur Umstimmung hatte wohl ganz entscheidend beigetragen, daß Himmler den VKS-Leuten zugesichert hatte, die abwandernden Südtiroler geschlossen anzusiedeln und das entsprechende Gebiet nur mit ihrer Zustimmung zu wählen. Diese Vereinbarung schien ein geeignetes Mittel, die Durchführung der Umsiedlung hinauszuschieben oder gar zu verhindern. Auch die Entschädigungsverhandlungen wollte man zu diesem Zweck nützen. Überhaupt scheint man im Kreise des VKS zeitweise der Meinung gewesen zu sein, mit einer möglichst hundertprozentigen Option für Deutschland Hitler zur Änderung seiner Haltung in dieser Frage bewegen zu können. Zugleich war es die langersehnte Gelegenheit, dem faschistischen Italien vor aller Welt eine Absage zu erteilen. Es gab Leute, die eine Option für Deutschland befürworteten, damit aber ein ausdrückliches Nein zur Umsiedlung verbanden, was die allgemeine Unsicherheit und das herrschende Informationschaos wohl am besten deutlich macht. Kaum jemand wußte sofort, was das alles bedeutete, wie er sich entscheiden sollte, was für ihn und das Land am besten sei. Letztlich hatte man immer ein ungewisses Schicksal vor sich. Doch die Bedenkzeit war kurz. Bis 31. Dezember 1939 mußte jeder Südtiroler optiert haben – für die Annahme der deutschen Staatsbürgerschaft und die Umsiedlung ins Reich oder für ein Verbleiben im faschistischen Italien. Wer gar nichts unternahm, blieb gemäß Vereinbarung italienischer Staatsbürger.

In der nun einsetzenden Propaganda, die von Deutschland aus massiv mit Geld, Material und Aktivisten unterstützt wurde, stellte der VKS die Option für Deutschland immer mehr als eine Volksabstimmung gegen Italien und die Südtirolpolitik der faschistischen Regierung hin. Gleichzeitig versprach man allen, die sich zum Verlassen der Heimat bereiterklärten, für die Zukunft das Blaue vom Himmel. In ihrer Verzweiflung waren die Menschen bereit, auch das Unmöglichste zu glauben. Es hieß aber auch, wer im Land verbleibe, gebe sein Deutschtum auf, unterwerfe sich den Italienern, habe außerdem mit Arbeitslosigkeit und Not zu rechnen. Daß von faschistischen Funktionären angedeutet wurde, die übrigbleibenden Südtiroler könnten nach Sizilien oder in italienische Kolonien umgesiedelt werden, unterstützte die Propaganda für eine Option zugunsten Deutschlands. Zudem waren Leute, die die Italiener weghaben wollten, ärgsten Drohungen und Schikanen ausgesetzt.

Immer größer wurde die Zahl der Deutschland-Optanten oder „Geher", wie man sie im Unterschied zu jenen „Dableibern" nannte, die sich um Kanonikus Michael Gamper und einige tirolisch, österreichisch und katholisch-konservativ gesinnte Persönlichkeiten scharten.

Kanonikus Michael Gamper, einer der führenden Männer im Kampf gegen die Italianisierungsmaßnahmen der faschistischen Diktatur und während der Optionszeit der Kopf der „Dableiber".

Sie betonten ihre Gegnerschaft zum Nationalsozialismus aus weltanschaulichen Gründen, stellten in ihrer Argumentation die Unmöglichkeit einer geschlossenen Ansiedlung von 200.000 Menschen heraus und zeigten Optimismus in bezug auf die Erhaltung des deutschen Volkstums auch in Italien. „Wir bleiben in der Heimat für jene, die einmal wieder zurückkehren werden", formulierte Kanonikus Gamper die historische Aufgabe der „Dableiber", die ihre Hauptstütze im Klerus hatten, weshalb ihre Gegner antiklerikale Emotionen zu wecken versuchten. Auch die soziale Komponente spielte in der Auseinandersetzung eine Rolle, weil man den Dableibern vielfach vorwarf, sie würden lieber ihr Volkstum als ihren Besitz aufgeben. Im Gegensatz zu den Befürwortern der Umsiedlung verfügten die „Dableiber" weder über Geld für ihre Propaganda noch über einen organisatorischen Apparat. Erst im November 1939 wurde in Bozen der „Andreas-Hofer-Bund" gegründet, der sich als antinazistische und antifaschistische Widerstandsbewegung verstand, eindeutig österreichisch orientiert war und sich vor allem darum bemühte, den „Dableibern" psychologischen Halt zu geben. Darüberhinaus konnte man nicht wenige Deutschland-Optanten zum „Um-Optieren" bewegen.
Zur Durchführung der Option und zur Organisierung der Umsiedlung war in Bozen die „Amtliche deutsche Ein- und Rückwandererstelle" mit Zweigstellen in den größeren Orten eingerichtet worden. Gleichzeitig gründete der „Völkische Kampfring Südtirol" die „Arbeitsgemeinschaft der Optanten für Deutschland" (AdO), die straff organisiert und nach bewährtem NS-Muster in Kreise, Ortsgruppen und Blöcke gegliedert war. Die AdO war nicht nur den Optanten bei der Abwicklung ihrer Angelegenheiten behilflich, sondern war auch politisch aktiv und richtete für die Kinder der „Geher" deutsche Sprachkurse ein. Die deutsche „Parallelverwaltung" war bald so stark, daß die italienischen Behörden vielerorts kaum mehr etwas zu sagen hatten.
Die ganze Aktion nahm überhaupt einen völlig anderen Verlauf, als es sich die Italiener erwartet hatten. Hatten sie am Anfang versucht, durch Drohungen und andere Methoden die Option für Deutschland anzukurbeln, so mußten sie bald danach trachten, die Entwicklung wieder zu bremsen, wollten sie nicht eines Tages über ein völlig verlassenes Land mit einer nicht mehr funktionsfähigen Wirtschaft herrschen und wollten sie weiters nicht den Staatshaushalt durch wahre Unsummen von Entschädigungen ruinieren. So machten sie den „Dableibern" verschiedene Versprechungen, dementierten nun Aussagen über geplante Umsiedlungen nach Süditalien und unterstützten auch sonst die Propaganda „für das Bleiben", was sich freilich eher zugunsten der Option auswirkte. In dieser Zeit gegen Ende des Jahres 1939 waren VKS-Aktivisten, AdO-Mitarbeiter und sonstige Befürworter einer Entscheidung zugunsten des Deutschen Reichs Repressalien der italienischen Polizei ausgesetzt, mußten sich heimlich treffen und ihre früher öffentliche Propaganda im Untergrund betreiben. Eine Reihe von ihnen wurde verhaftet.
Die Option bedeutete für die Südtiroler eine Gewissensentscheidung, die der einzelne kaum ohne Zweifel, Bangen und Selbstvorwürfe treffen konnte. Umso fanatischer klammerte man sich schließlich an die einmal

getroffene Wahl. Und umso härter wurde um jede Stimme gerungen, umso heftiger prallten die Meinungen aufeinander. Der Streit entzweite Familien, brachte Freunde für immer auseinander, schlug Wunden, die noch Jahrzehnte später nicht verheilten. Die Propagandaschlacht artete in gegenseitige Verketzerung aus, etwa wenn die Dableiber einfach als „Walsche" und umgekehrt die Geher als Heimatverräter oder Nazi verschrien wurden, und verführte zu mehr als bedenklichen Methoden. So waren Kanonikus Gamper und seine führenden Mitstreiter wiederholt tätlichen Angriffen ausgesetzt. Gehässigkeiten gegen weniger Prominente gehörten zur Tagesordnung.

Besonders krasse Formen nahm die Auseinandersetzung in Gröden an, was damit zu erklären ist, daß für die Ladiner auch eine Umsiedlung nach Deutschland der Aufgabe ihres Volkstums gleichkam und daß gerade dort die Faschisten auf unliebsame Talbewohner massiven Druck ausübten, um sie zur Auswanderung zu bewegen. Anfang 1940 wollten die Grödner Optanten eine Sonderaktion starten und betrieben ihre geschlossene Umsiedlung nach Osttirol. Nur mit Mühe konnte die „Südtiroler Volksgruppenführung", wie sich die AdO-Spitze nannte, diesen Plan verhindern.

Mit besonderer Spannung blickte alles auf die bäuerliche Bevölkerung, von der sich die Dableiber wegen der bewährten Heimatliebe und der tiefen Beziehung zum bebauten Boden eine Stärkung ihrer Position erwarteten. Doch auch hier war das Erlebnis der faschistischen Unterdrückung stärker, wirkte sich die unmittelbare Bedrohung durch das italienische Enteignungsgesetz aus. Und die weichenden Bauernkinder hatten keine Chance, irgendwo im Land Anstellung und Arbeit zu finden. Zudem drohten vielen Höfen wegen der schlechten Wirtschaftslage

Im Frühjahr 1940 verließ tagtäglich ein Zug mit Südtiroler Umsiedlern den Bozner Bahnhof.

Von der Arbeitsgemeinschaft der Optanten für Deutschland (AdO) bzw. der „Volksgruppe Südtirols" an die Auswanderer übergebenes Schmuckblatt-Dokument in Holzschnitt. Der Text voll nationalem Pathos stellt die Umsiedlung ausschließlich als Opfer zum Wohle Deutschlands dar.

Verpfändung oder Versteigerung. So waren auch die meisten Südtiroler Bauern zum Verlassen ihrer Heimat bereit.

Im Zuge der Option entschieden sich schließlich 86 Prozent der Südtiroler für die Annahme der deutschen Staatsbürgerschaft und die Aussiedlung in reichsdeutsches Gebiet. Obwohl inzwischen – am 1. September 1939 – der Zweite Weltkrieg ausgebrochen war und es für die „Achsenmächte" sicher wichtigere Probleme zu lösen gegeben hätte, wurde noch im Frühjahr 1940 mit der Umsiedlungsaktion begonnen. In den folgenden eineinhalb Jahren verließen etwa 10.000 Südtiroler, die immer schon die österreichische bzw. dann die deutsche Staatsbürgerschaft besessen hatten, das Land, ebenso über 60.000 Optanten, vor allem Arbeiter und andere Besitzlose aus den Städten und Märkten, in erster Linie aus Bozen und Meran. Etwa die Hälfte von ihnen fand in den eigens für sie errichteten Siedlungen in Nord- und Osttirol Unterkunft, die anderen wurden über die österreichischen Länder und Deutschland verstreut. Ein Drittel der Ausgesiedelten sollte nach 1945 wieder in die Heimat zurückkehren.

Nach der ersten Auswanderwelle im Jahr 1940 geriet die Umsiedlung ins Stocken und kam gegen Ende des Jahres 1941 ganz zum Stillstand. Verantwortlich dafür war nicht zuletzt die AdO selbst, die immer neue Gründe zur Verzögerung fand. Probleme gab es vor allem mit der Schätzung und Bezahlung der Vermögenswerte der Optanten. Aber auch das versprochene Siedlungsgebiet für die Südtiroler war noch nicht gefunden worden, obwohl es eine Reihe von Vorschlägen gab, die mit dem Kriegsverlauf zusammenhingen. Zur Diskussion standen etwa die Beskiden im Süden Polens, Burgund oder die Krim. Immer mehr Tiroler nördlich und südlich des Brenners waren darauf aus, das Umsiedlungsabkommen zu sabotieren, wobei ihnen die Tatsache, daß der Krieg jetzt doch alle Kräfte beanspruchte, sehr zu Hilfe kam. Das Drängen der mit der Durchführung der Umsiedlung beauftragten SS-Stellen, die Aktion wieder in Schwung zu bringen, nützte wenig, zumal sowohl der Gauleiter von Tirol–Vorarlberg, Franz Hofer, als auch der deutsche Reichsvertreter in Mailand, Otto Bene, die AdO unterstützten und die Interessen der Betroffenen zu wahren suchten. Ein entschiedener Gegner der Umsiedlung war der Nachfolger Benes, Dr. Ludwig Mayr-Falkenberg, der ab Oktober 1941 in Bozen amtierte, den Titel eines Hohen Kommissars für die Umsiedlung trug, im stillen jedoch mit allen möglichen Tricks und Täuschungsmanövern selbst am meisten dagegenarbeitete und damit Erfolg hatte.

Der Sturz Mussolinis im Juli 1943, der Übertritt Italiens auf die Seite der Gegner Deutschlands und die Besetzung Südtirols durch die deutsche Armee (8. September 1943) bedeuteten endgültig das Ende des Kapitels Umsiedlung und Option, das zu den traurigsten Abschnitten in der Geschichte Tirols zählt. Es ist einer glücklichen Fügung zu verdanken, daß nur ein Drittel der Optanten tatsächlich vom harten Los der Auswanderung betroffen wurde und daß die Substanz der Südtiroler Bevölkerung erhalten blieb. Wer damals für Deutschland und für die Umsiedlung optierte, hatte sicher nach langer Überlegung eine Entscheidung getroffen, die er in einer ausweglosen Situation seines Landes und oft genug in nicht minder schwierigen persönlichen Verhältnissen nicht umgehen zu können glaubte. Heute darüber zu urteilen, wäre verfehlt und ungerecht. Fest steht, daß die Entscheidung zumeist keine Sympathiekundgebung für den Nationalsozialismus, sondern eine Absage an die Unterdrückungspolitik des italienischen Faschismus bedeutete. Fest steht aber auch, daß die entschiedene antifaschistische und antinazistische Haltung der Dableiber es war, die nach 1945 den Südtirolern den Weg in eine bessere Zukunft ermöglichte. Nur die „Dableiber" als italienische Staatsbürger durften sich in den ersten Jahren nach 1945 politisch betätigen. Nur sie genossen das Vertrauen der Großmächte.

Die Bozner Zentrale der „Amtlichen deutschen Ein- und Rückwandererstelle" im Hotel Bristol, davor eine aus Carabinieri und deutschen Wehrmachtsangehörigen zusammengesetzte Streife, wie sie nach der Besetzung Südtirols durch die deutsche Armee im September 1943 üblich waren.

Tirol unterm Hakenkreuz

Der Gau Tirol-Vorarlberg von 1938 bis 1945 und Südtirol als Teil der „Operationszone Alpenvorland" (1943–1945) • Die Opfer des Nationalsozialismus nördlich und südlich des Brenners

Als Südtirol im September 1943 vom Joch des Faschismus befreit wurde und dafür unter die Herrschaft des Hakenkreuzes geriet, hatte das übrige Tirol schon mehr als fünf Jahre einer NS-Diktatur hinter sich. Sofort nach dem Anschluß Österreichs an das Deutsche Reich im März 1938 wurden auch in Tirol Regierung und politische Verwaltung von Funktionären der bisher illegalen Nationalsozialistischen Partei übernommen. Ohne die Bevölkerung zu fragen, wurde Osttirol zum Gau Kärnten geschlagen, Vorarlberg dafür mit Tirol vereinigt. Ab Oktober 1938 war der Innsbrucker Kaufmann Franz Hofer Gauleiter und Reichsstatthalter für den Gau Tirol-Vorarlberg. Da Hitler Österreich nicht als Einheit bestehen ließ, wie viele österreichische Nationalsozialisten gehofft hatten, und schon gar keine Sonderstellung der „heim ins Reich" geholten „Ostmark" duldete, wurde der Gau Tirol-Vorarlberg direkt Berlin unterstellt. Nur die eigenwillige Haltung des Gauleiters Hofer, den man später auch als „Tito des Nationalsozialismus" bezeichnete, bewahrte Tirol in gewissem Sinn noch eine Spur von Eigenständigkeit. Obwohl sich die Nationalsozialisten in Tirol mit ihrer Propaganda nicht sehr leicht getan hatten, weil allgemein bekannt war, daß Hitler Südtirol

Rede des Gauleiters und Reichsstatthalters Franz Hofer vor der Innsbrucker Hofburg. Nach dem 8. September 1943 war er als „Oberster Kommissar" der Operationszone Alpenvorland auch für Südtirol zuständig. Er war mit dem Südtiroler „Volksgruppenführer" und späteren Präfekten der Provinz Bozen, Peter Hofer, nicht verwandt.

aufgegeben hatte, war der Anschluß an Deutschland vor allem in Innsbruck und in anderen Städten bejubelt worden. Und in der von Hitler angesetzten Volksbefragung wurde er von der Tiroler Bevölkerung zu fast 100 Prozent gutgeheißen. Beides hatte sehr komplexe Gründe. Da war einmal der Traum vom großen Reich, die Bewunderung für die tatsächlichen und scheinbaren Leistungen des Hitler-Regimes, die Hoffnung auf eine wirtschaftliche Aufwärtsentwicklung und auf ein Ende der Notzeiten, bei vielen gewiß auch Sympathie für die nationalsozialistische Ideologie. Andererseits muß das Abstimmungsergebnis zu einem guten Teil auch als Folge massiver Einschüchterung gewertet werden. Bekannte Gegner Hitler-Deutschlands waren bereits in den ersten Stunden und Tagen nach der Machtübernahme verhaftet worden. Den erklärten Anhängern des Nationalsozialismus und den vielen Mitläufern standen genausoviel passive Gegnerschaft, Ablehnung und mutiger aktiver Widerstand einzelner und organisierter Gruppen gegenüber. Ein bald nach der Machtübernahme verfaßter Geheimbericht des deutschen Sicherheitsdienstes über Stimmung und politische Haltung der Tiroler Beamtenschaft bezeichnet 15 Prozent als verläßlich kämpfende NS-Beamte und 30 Prozent als NS-Beamte aus nicht-ideellen Gründen. Zehn bis zwanzig Prozent der Beamten seien politisch unzuverlässig und 35 bis 40 Prozent marxistisch oder „klerikal". Von dieser letzten Gruppe heißt es, sie bestehe aus Hetzern und heimlichen Saboteuren.
Die nationalsozialistische Herrschaft brachte einigen Bevölkerungsgruppen am Anfang spürbare Vorteile. So machte sich der Wirtschaftsaufschwung durch neue Absatzmöglichkeiten und Investitionen bemerkbar, der Fremdenverkehr stieg sprunghaft an, die Arbeitslosigkeit konnte beseitigt werden. Die Bauern wiederum kamen in den Genuß von großzügigen Umschuldungsaktionen. Doch dann begann der Krieg, in dessen Folge eine Reihe großer Bauvorhaben, etwa der Bau einer Autobahn durch das Inntal bis Matrei am Brenner, eingestellt werden mußte und der auch sonst das Leben und die Wirtschaft völlig veränderte. Aber schon in der ersten Zeit konnten die Erfolge des Regimes nicht darüber hinwegtäuschen, daß seine Herrschaft durch brutalen Terror, Zwangsmaßnahmen der Behörden, Willkürakte der Polizei sowie legalisiertes Unrecht und Verbrechen durch die NS-Justiz gekennzeichnet war.
Der Totalitätsanspruch der neuen Machthaber und die Ideologie des Nationalsozialismus mußten im gut katholischen Tirol zwangsläufig zu einem Konflikt mit der Kirche führen. Er wurde durch die Tatsache verschärft, daß Gauleiter Hofer besonders antiklerikal eingestellt war. Der im Oktober 1938 eingesetzte Apostolische Administrator des Nordtiroler und Vorarlberger Teils der Diözese Brixen, der junge Bischof Paulus Rusch, der erste Oberhirte, der in Innsbruck seinen Sitz hatte, wurde von ihm nicht anerkannt. Im Zuge des einsetzenden Kirchenkampfes wurden Klöster aufgehoben, Ordensschulen und Internate geschlossen, kam es zu einer Einschränkung des Religionsunterrichts und zur Behinderung der Seelsorge. Mißliebige Geistliche wurden schikaniert, gauverwiesen oder ins Konzentrationslager gesteckt. Dabei machte man auch vor der Spitze des Klerus nicht halt, wie die Hinrich-

tung von Provikar Carl Lampert beweist. Auch andere Priester kamen ums Leben.

Die ersten Tiroler Juden wurden gleich nach dem Einmarsch deutscher Truppen im März 1938 verhaftet und in Konzentrationslager verschickt. Im November 1938 gab es während der „Reichskristallnacht" auch in Innsbruck organisierte Ausschreitungen gegen Juden. Nach dem Geheimbericht eines SS-Untersturmführers hatte Gauleiter Hofer die zuständigen Männer zusammengerufen und höhere Weisungen übermittelt, wonach es notwendig sei, „daß sich auch in Tirol in dieser Nacht die kochende Volksseele gegen die Juden erhebe". Dann wurden „jüdische Objekte und Personen" auf einzelne Gruppen „aufgeteilt". SS in Zivilkleidern spielte „kochende Volksseele", zerstörte Wohnungen und Eigentum der Juden, tötete drei ihrer führenden Persönlichkeiten, warf ein Ehepaar in die Sill und verhaftete 18 Mitglieder der israelitischen Kultusgemeinde. „Nahezu alle von ihnen waren verletzt, jedoch nur einer auf schwere Art", heißt es in dem Bericht. Nachweislich wurden 43 der insgesamt 130 Innsbrucker Juden in den folgenden Jahren in Vernichtungslagern ermordet. Nach der Besetzung Südtirols erlitt die jüdische Gemeinde von Meran dasselbe Schicksal.

Ein oft vergessenes Verbrechen der nationalsozialistischen Herrschaft soll auch nicht unerwähnt bleiben: die Tötung von Geisteskranken. Hunderte Tiroler starben, nachdem man sie aus den Anstalten von Hall, Mils und Pergine in Welschtirol, das ab Herbst 1943 ebenfalls zum Machtbereich Hitlers gehörte, abtransportiert hatte.

Am Stadtrand von Innsbruck wurde 1942 das Arbeitslager Reichenau errichtet. Hier wurden vorwiegend „widerspenstige" Zwangsarbeiter aus besetzten Gebieten zur „Umerziehung" eingeliefert. Es diente aber auch als Durchgangslager für politische Gefangene auf dem Weg ins KZ.

Es wird wohl nie möglich sein, die Opfer des Nationalsozialismus statistisch zu erfassen. Rund 700 Nordtiroler Regimegegner wurden in Gefängnisse oder Konzentrationslager eingeliefert. Ein Verzeichnis der wegen ihrer politischen oder religiösen Überzeugung, wegen aktiven Widerstandes oder wegen Gehorsamsverweigerung aus Gewissensgründen hingerichteten Tiroler nennt 23 Namen, wobei die Südtiroler noch fehlen. Dazu kommen alle, die in Lagern oder an den Folgen von Mißhandlungen starben, und die noch nirgends vollständig erfaßten Opfer der Wehrmachtsjustiz. Für sie soll stellvertretend Dr. Walter Krajnc aus Hall genannt werden, der sich weigerte, an einer Geiselerschießung teilzunehmen und deshalb vor Gericht gestellt wurde. Dabei wurde entdeckt, daß er mit französischen Widerstandsgruppen in Verbindung stand. Durch Preisgabe von Namen hätte er sein Leben retten können, doch Dr. Krajnc ging lieber in den Tod. Auch die vielen Tausend Tiroler Soldaten, die an den verschiedenen Fronten gefallen sind, und die im Bombenhagel der letzten Kriegsjahre ums Leben Gekommenen müssen zu den Opfern des Nationalsozialismus gerechnet werden.

Im September 1943 konnte Gauleiter Franz Hofer seinen Machtbereich auf Südtirol ausdehnen. Nach dem Sturz Mussolinis im Juli 1943 und dem im September vollzogenen Frontwechsel Italiens unter der Regierung Badoglio rückte die deutsche Wehrmacht über den Brenner vor.

Wurde von den Nationalsozialisten hingerichtet: Carl Lampert, Provikar der Apostolischen Administratur Innsbruck-Feldkirch.

Pfarrer Otto Neururer von Götzens, der im KZ Buchenwald ums Leben kam.

Die Truppen wurden von der Bevölkerung als Befreier aus italienischer Zwangsherrschaft freudig bis stürmisch begrüßt. Allgemein erwartete man sich nun den Anschluß an Deutschland und damit die Wiedervereinigung Tirols. Doch Hitler, der Mussolini befreien und als Chef einer norditalienischen „Republik von Salò" wieder einsetzen hatte lassen, wollte seinen ohnehin schwachen Verbündeten mit einem solchen Schritt nicht völlig brüskieren. So wurden die Provinzen Bozen, Trient und Belluno zwar zu einer „Operationszone Alpenvorland" zusammengefaßt, dem zum Obersten Kommissar ernannten Gauleiter Franz Hofer unterstellt und von deutschen Militär- und Zivilbehörden verwaltet, doch blieben grundsätzlich die italienische Gebietshoheit und die Staatsgrenze bestehen. Mit seinen Wünschen einer Annexion setzte sich auch Gauleiter Hofer in Berlin nicht durch.

Racheakte der Südtiroler Bevölkerung gegen die verhaßten Unterdrücker der vergangenen Jahrzehnte blieben aus, wenn man davon absieht, daß in Gröden einige berüchtigte Faschisten verprügelt wurden. Dafür rächte sich die deutsche Besatzung mit grausamer Härte an den Umsiedlungs-Gegnern. Ihre führenden Persönlichkeiten, insgesamt 166, wurden in Konzentrationslager eingeliefert, andere erhielten Zwangsaufenthalte zugewiesen. Aber auch die kleinen Leute, die nicht für Deutschland optiert hatten, bekamen den Unwillen der neuen Herren im Lande zu spüren. Der Wortführer der „Dableiber", Kanonikus Michael Gamper, konnte sich einer Verhaftung entziehen und hielt sich einige Wochen versteckt, bis ihm die Flucht nach Italien gelang.

Als Oberster Kommissar der Operationszone Alpenvorland vereinigte Gauleiter Hofer das Bozner Unterland, Ampezzo und Buchenstein wieder mit der Provinz Bozen. Nur die Ladiner des Fassatales mußten weiterhin bei der Provinz Trient bleiben. Beim Aufbau einer deutschen Verwaltung zog Franz Hofer vor allem die in Südtirol verbliebenen Deutschland-Optanten heran. Aus ihren Kreisen rekrutierte sich auch eine eigene Sicherheitspolizei, der „Südtiroler Ordnungsdienst" (SOD). „Volksgruppenführer" Peter Hofer wurde zum Präfekten der Provinz Bozen ernannt. In den Gemeinden wurden die italienischen Amtsbürgermeister durch einheimische kommissarische Bürgermeister ersetzt. Die deutsche Sprache war nun überall wieder gleichberechtigt, doch behielten die italienischen Beamten und Angestellten staatlicher Einrichtungen ihre Positionen. Auch sonst blieben Stellung und Rechte der Italiener unangetastet, ihre Kinder konnten weiterhin italienische Volksschulen besuchen. Für die deutschsprachige Bevölkerung gab es allerdings ab Oktober 1943 wieder deutsche Volksschulen. In Gröden und Enneberg wurde auf Wunsch der Bevölkerung der deutsch-ladinische Schultyp eingeführt. Gauleiter Hofer verbot die bisher allmächtige faschistische Partei, doch duldete er in der Operationszone Alpenvorland auch die NSDAP nicht.

Trotz aller Erleichterungen regte sich in Südtirol bald der Widerstand gegen das neue Regime, vor allem gegen die deutsche Polizei und gegen den Krieg bzw. die Kriegsführung durch Deutschland. Er wurde brutal unterdrückt: In den nicht einmal zwei Jahren deutscher Besatzung wurden mindestens 25 Südtiroler hingerichtet oder kamen in einem KZ ums

„Volksgruppenführer" Peter Hofer, der im September 1943 nach der Besetzung Südtirols durch die deutsche Wehrmacht zum Präfekten der Provinz Bozen ernannt wurde, bei einem Besuch im Sarntal.

Leben. Rund 230 Südtiroler – eine andere Statistik nennt die Zahl 310 – waren aus politischen Gründen in Gefängnissen und Lagern eingesperrt. Tausende Regimegegner, Partisanen und Personen, die aus rassischen oder religiösen Gründen verfolgt wurden, auch Familienangehörige von Flüchtigen, die der Sippenhaft zum Opfer fielen, wurden zeitweise im sogenannten „polizeilichen Durchgangslager" in der „Via Resia" festgehalten, das von der Bevölkerung wegen seiner Lage bei der berühmten Schloßruine auch „Konzentrationslager Sigmundskron" genannt wurde. Die dort Inhaftierten kamen zum größeren Teil nicht aus Südtirol, sondern aus allen Teilen Italiens und aus anderen von den Deutschen besetzten Ländern.

Alle wehrdienstfähigen Südtiroler – nach November 1943 auch Nicht-Optanten, also italienische Staatsbürger – mußten zur Deutschen Wehrmacht oder zu lokalen Polizeieinheiten einrücken. Wer sich weigerte, wurde erschossen. Dieses Schicksal erlitt zum Beispiel Markus Dapunt aus Abtei, der aus der Kaserne des Polizeiregiments Schlanders flüchtete, weil er es mit seinem Gewissen nicht vereinbaren konnte, einem Diktator zu dienen, der den Untergang seiner Heimat beschlossen hatte. Dapunt wurde kurz darauf aufgegriffen und zum Tode verurteilt. Vor seiner Hinrichtung sagte er dem Gefängnisseelsorger: „Freiwilliger, zu dem man mich stempeln wollte, bin ich keiner, darum verweigere ich den Kriegsdienst. Besser, ich sterbe so." Viele Südtiroler wurden zur SS eingezogen; auch dagegen konnte man sich nicht wehren, ohne seine Hinrichtung oder die Verhaftung seiner Angehörigen zu riskieren. Manche haben es dennoch gewagt. Am bekanntesten wurde der Fall des jungen Bozners Josef Mayr-Nusser, der Diözesanführer der Katholischen Jugend war. Er verweigerte den SS-Eid auf den Führer wegen seiner religiösen Überzeugung, wie er betonte. Obwohl er sich gleichzeitig bereiterklärte, in der Wehrmacht den Fahneneid zu schwören, wie es jeder Staat verlangen könne, wurde er der „Wehrmachtszersetzung" beschuldigt und inhaftiert. Auf dem Weg nach Dachau ließ man Mayr-Nusser in einem abgestellten Gefangenenwaggon elend zugrundegehen. Ein bemerkenswerter Akt spontanen Widerstandes ereignete sich in Brixen, wo das dortige Polizeiregiment ohne Verabredung geschlossen die Eidesleistung verweigerte und deshalb strafweise an die Ostfront verlegt wurde.

Bei einem Sprengstoffattentat auf eine in Rom stationierte, der SS unterstellte Südtiroler Polizeieinheit, der zwangsweise eingezogene Reservisten angehörten, wurden 1944 insgesamt 32 Südtiroler getötet. Als Vergeltung erschoß die SS vor den Toren der Stadt 335 italienische Geiseln. Der Kommandant des Polizeibataillons hatte die Durchführung der Exekution mit dem Hinweis abgelehnt, seine Männer seien durchwegs katholisch und ältere Jahrgänge, die es nicht über sich bringen würden, auf die wehrlosen Geiseln zu schießen.

An der Spitze des aktiven Widerstandes gegen das NS-Regime in Südtirol stand der Andreas-Hofer-Bund, dessen erster Obmann Friedl Volgger im Herbst 1943 als prominenter Dableiber verhaftet und etwas später ins Konzentrationslager Dachau eingeliefert wurde. Hans Egarter trat daraufhin an seine Stelle. Die Widerstandsbewegung nahm Verbindung

Josef Mayr-Nusser von Bozen, der sich aus religiösen Gründen weigerte, den SS-Eid auf den Führer abzulegen, und auf dem Weg ins KZ Dachau elend zugrunde ging.

Der Bozner Pfarrplatz nach einem Bombenangriff und die zerstörte Pfarrkirche.

mit alliierten Stellen in der Schweiz, mit österreichischen Widerstandskreisen und auch mit italienischen Gesinnungsfreunden auf.

In Nordtirol war seit Ende 1944 die Aktivität der Widerstandsbewegung stärker geworden. Im ganzen Land wurden mehrere Funkstationen in Betrieb gehalten. Gegen Kriegsende schlossen sich die verschiedenen im Untergrund wirkenden Gruppen zusammen, koordinierten ihre Tätigkeit mit gesamtösterreichischen Plänen und setzten sich mit den Alliierten ins Einvernehmen. Persönlichkeiten des politischen wie militärischen Widerstands ergriffen schließlich gemeinsam die Initiative, berieten die Bildung eines provisorischen Nationalkomitees und besetzten am 2. Mai 1945 die Innsbrucker Kasernen und andere wichtige Positionen. In seinem Befehlsstand auf der Hungerburg konnte General Böhaimb mit seinem Stab verhaftet werden. So verhinderten die Tiroler aus eigener Kraft weitere Verluste an Gut und Leben. Insgesamt sind bis zum Kriegsende bei verschiedenen Aktionen in Nordtirol – u. a. wurden Brücken vor der Sprengung bewahrt und viele Tonnen Sprengstoff vernichtet – 21 Widerstandskämpfer gefallen. Als am 3. Mai 1945 die Amerikaner in Innsbruck einrückten, konnte ihnen eine provisorische Landesleitung gegenübertreten, die bereits alle wichtigen Ämter unter ihre Kontrolle gebracht und mit verläßlichen Demokraten besetzt hatte.

In Südtirol übergaben die deutschen Militärbehörden die Verwaltungsgeschäfte einem Delegierten des italienischen Befreiungskomitees (CLN), doch erhielten auf Betreiben der einrückenden Alliierten in Anbetracht des geleisteten Widerstands gegen den Nationalsozialismus auch Vertreter der deutschen Bevölkerungsgruppe die Möglichkeit der Mitsprache, die freilich sehr eingeschränkt war und kaum zur Geltung kam. Die Menschen waren glücklich über das Ende des Schreckens. Eine Wiedervereinigung Tirols war keine Utopie mehr.

Von Paris nach Sigmundskron

Das Wiedererstehen Österreichs, die Verweigerung des Selbstbestimmungsrechts, das Pariser Abkommen und die erste Phase im Kampf um die vereinbarte Autonomie

Es ist heute kaum mehr vorstellbar, mit wieviel Hoffnung und Zuversicht die Tiroler bei Kriegsende der Zukunft entgegengesehen haben. Allgemein war man überzeugt, daß es nun, nach all den ausgestandenen Leiden, endlich zu einer Wiedervereinigung kommen würde. In beiden Landesteilen hatten sich demokratische Körperschaften gebildet, die sich der anstehenden Probleme annehmen konnten. Während in Innsbruck aus dem „Ordnungsausschuß" der Widerstandsgruppen eine provisorische Landesregierung mit Vertretern der traditionellen Parteien hervorging, wurde in Bozen am 8. Mai 1945 von Gegnern der Umsiedlung und Verfolgten der NS-Herrschaft die Südtiroler Volkspartei (SVP) als Forum und Vertretungskörperschaft aller deutschen und ladinischen Südtiroler gegründet. Ihr erster Obmann war Erich Amonn. Ohne Parteigrenzen wollte man in gemeinsamer Arbeit die lebenswichtigen Forderungen und Ziele der Tiroler südlich des Brenners durchsetzen. Dementsprechend wurde das Selbstbestimmungsrecht zum Zentralpunkt des SVP-Programms. Unverzüglich richtete man verschiedene Memoranden, Bittschriften und Appelle an die Großmächte. Später wurde auch eine Unterschriftenaktion eingeleitet, in deren Verlauf 158.628 Südtiroler – praktisch die gesamte erwachsene Bevölkerung – die Angliederung an das neuerstandene Österreich forderten.
Die Wiedererrichtung eines demokratischen Österreich war schon 1943 erklärter Wille der Siegermächte gewesen. Der am 27. April 1945 in Wien unter dem Schutz der Roten Armee gebildeten provisorischen Staatsregierung Karl Renners brachte man freilich in den westlichen Bundesländern zunächst wenig Vertrauen entgegen. Erst als die Verkehrsverhältnisse und damit die Verbindungsmöglichkeiten sich besserten und man sehen konnte, daß diese ersten Repräsentanten eines freien Österreich keine willenlosen Werkzeuge der Sowjets waren, zeigten sich die Politiker Tirols und anderer Bundesländer sowie die inzwischen einmarschierten westlichen Alliierten zu einer Zusammenarbeit bereit. Die Wiener Regierung, die von sich aus die Bundesverfassung von 1920 mit den späteren Abänderungen wieder in Kraft gesetzt hatte, wußte sehr wohl, daß in Österreich die Länder das staatstragende Element sind, und ließ sich ihre Befugnisse von den Ländervertretern eigens bestätigen. Zu diesem Zweck kam es zu einem Treffen der westlichen Bundesländer in Salzburg und vom 24. bis 26. September 1945 zu einer allgemeinen Länderkonferenz in Wien, die damals, wie die „Wiener Zeitung" schrieb, das „einzige Plenum Österreichs" war. Entsprechend einem Beschluß dieser Konferenz wurde die provisorische Staatsregierung

Österreichs Bundeskanzler Figl nimmt am 22. April 1946 bei einer Massenkundgebung in Innsbruck die 158.600 Unterschriften entgegen, mit denen die Südtiroler die Wiedervereinigung des Landes verlangten (dahinter Außenminister Karl Gruber, der vorher erster Tiroler Nachkriegs-Landeshauptmann war).

durch Vertreter der Bundesländer erweitert. So trat der bis dahin amtierende Tiroler Landeshauptmann Dr. Karl Gruber als Unterstaatssekretär für Äußeres in das Kabinett Renner ein.

Am 25. November 1945 kam es in Tirol wie im übrigen Österreich zu den ersten Wahlen seit langer Zeit. In einem Urnengang wurden Abgeordnete in den Nationalrat und in den Landtag entsandt. Es zeigte sich, daß das alte österreichische Parteiensystem die Wirren der Zeit und die autoritären und diktatorischen Regime überstanden hatte. Wie bis zum Beginn der dreißiger Jahre bekannte sich die überwiegende Mehrheit der Tiroler zum christlichsozialen Lager (nun Österreichische Volkspartei). Als zweitstärkste Gruppe behaupteten sich jetzt und in den folgenden Wahlen die Sozialdemokraten (Sozialistische Partei Österreichs). Die Anhänger der nationalliberalen Richtung durften erst 1949 als „Wahlgemeinschaft der Unabhängigen" bzw. seit 1955 als Freiheitliche Partei Österreichs kandidieren und bildeten im Tiroler Landtag wie schon in früheren Zeiten die kleinste Fraktion. Wichtig für das politische Leben war auch die Wiedererstehung der Interessensvertretungen, der Gewerkschaften, der Kammern, des Tiroler Bauernbundes. Als Landeshauptmann folgte auf Dr. Karl Gruber noch im Jahr 1945 Dr. Alfons Weißgatterer, 1951–1957 amtierte Ök.-Rat Alois Grauss, 1957–1963 Dr. Hans Tschiggfrey. 1963 wurde Ök.-Rat Eduard Wallnöfer Landeshauptmann des Bundeslandes Tirol. Er bekleidete dieses Amt 24 Jahre lang und gestaltete in dieser Zeit das heutige Tirol wesentlich mit. Im Winter 1986/87 erkrankte Landeshauptmann Wallnöfer schwer und wurde am 5. März 1987 von Dipl.-Ing. Dr. Alois Partl abgelöst.

Die volle Entscheidungsbefugnis der Landes- wie auch der Bundesregierung blieb bis zur Erlangung des Staatsvertrags im Jahr 1955 durch die Besatzungsmächte eingeschränkt, wenn auch zumindest in Tirol nur theoretisch, denn zuerst die Amerikaner und seit Sommer 1945 die Franzosen legten der freien Willensbildung und der souveränen Regierung des Landes keine Hindernisse in den Weg. Der Bezirk Lienz, von den Nationalsozialisten an Kärnten angeschlossen, gehörte zur britischen Besatzungszone, wurde jedoch 1947 unter großem Jubel der Bevölkerung wieder mit Tirol vereinigt. Die westlichen Alliierten erwiesen sich nicht nur in politischen Belangen als Freunde Österreichs, sondern halfen auch bei der Bewältigung der Nachkriegsnot und beim Wiederaufbau des vom Krieg arg in Mitleidenschaft gezogenen Landes. Vor allem die amerikanische Finanzhilfe war entscheidend.

Nicht weniger wichtig als die Bewältigung der innenpolitischen und wirtschaftlichen Probleme der ersten Nachkriegszeit war für die österreichische Regierung und natürlich für jeden Tiroler die Lösung des Südtirol-Problems durch die Wiedervereinigung des 26 Jahre vorher zerrissenen Landes. Daran zu glauben, war keine Utopie. Immerhin hatte Kanonikus Michael Gamper noch gegen Kriegsende die Möglichkeit gefunden, die Alliierten in einer ausführlichen Denkschrift über Südtirol zu informieren, und in einem 1944 in den USA veröffentlichten Manifest hatten namhafte italienische Antifaschisten, unter ihnen der Dirigent Arturo Toscanini, den Verzicht Italiens auf das deutsch besiedelte Gebiet gefordert. Bei der amerikanischen Militärverwaltung in Bozen, die bis Ende 1945 die oberste Autorität darstellte, stießen die Tiroler genauso auf Verständnis wie bei Regierungsstellen in Paris, London und Washington. Während die Südtiroler das Recht auf Selbstbestimmung für sich forderten und Österreich bei den Alliierten offiziell Anspruch auf das deutschsprachige Gebiet südlich des Brenners und die fünf ladinischen Täler erhob, unternahm die italienische Regierung alles, um Südtirol behalten zu können. Dabei wurden besonders die seit 1919 getätigten Investitionen in der Provinz Bozen, ihre wirtschaftliche Bedeutung für den italienischen Staat und die Tatsache eines großen italienischen Bevölkerungsanteils betont. Um die Freunde Tirols in aller Welt zu beruhigen, wurde den Südtirolern eine weitgehende Autonomie versprochen.

Die Entscheidung der Großmächte wurde schließlich – wie schon nach dem Ersten Weltkrieg – nicht vom eindeutigen Willen der betroffenen Bevölkerung bestimmt, sondern von verschiedenen politischen Überlegungen und Rücksichten. Da Italien sonst sehr harte Friedensbedingungen hinnehmen mußte, sollte wenigstens die Brennergrenze bestehenbleiben. In erster Linie waren es die Sowjets und wohl auch die Amerikaner, die ihre jeweiligen Anhänger in Italien, auf die sie große politische Hoffnungen setzten, nicht enttäuschen wollten. Außerdem fürchtete man damals im Westen, vor allem in London, daß Österreich ganz unter russischen Einfluß geraten und eine Wiedervereinigung Tirols deshalb der freien Welt einmal zum Nachteil gereichen könnte. Bereits im September 1945 fiel auf einer Konferenz der Außenminister der Alliierten in London die Entscheidung zugunsten der Brennergrenze. Da jedoch weder die Österreicher noch die Südtiroler davon erfuhren, war man hier weiter voll Zuversicht. In Wien wurden bereits konkrete Vorgangsweisen für eine Volksabstimmung in Südtirol und die Rückgliederung des Landes ausgearbeitet. Auf die Argumente Italiens eingehend, erklärte die österreichische Regierung, daß die in der Zwischenkriegszeit erbauten Elek-

In Südtirol und in ganz Österreich fanden im April und Mai 1946 Massenkundgebungen gegen die Entscheidung der Pariser Außenministerkonferenz statt, derzufolge Südtirol weiterhin bei Italien bleiben sollte: Rechts ein Demonstrationszug in Klausen, unten der Südtiroler Exil-Politiker Dr. Eduard Reut-Nicolussi als Redner bei einer Südtirolkundgebung in Linz.

trizitätswerke in italienischem Besitz bleiben könnten und daß die italienische Minderheit in Südtirol die volle kulturelle Autonomie erhalten würde.

Noch einmal befaßten sich die Großmächte auf der Pariser Außenministerkonferenz vom April 1946 mit Südtirol, doch wurde nach längeren Debatten nur die Entscheidung von London bestätigt. Dieser Beschluß traf die Bevölkerung nördlich und südlich des Brenners völlig unerwartet und rief allseits Empörung hervor. Doch selbst scharfe Proteste und eindrucksvolle Massenkundgebungen in Südtirol und in Österreich konnten nichts ändern; auch die diplomatischen Bemühungen der österreichischen Regierung blieben erfolglos. Lediglich „kleine Grenzberichtigungen" wurden in Aussicht gestellt.

Daraufhin brachte die österreichische Delegation in Paris, die unter Führung von Außenminister Dr. Karl Gruber stand, die sogenannte „Pustertaler Lösung" ins Gespräch, die eine Rückgliederung des Pustertals samt Brixen und dem obersten Eisacktal an Österreich vorsah. Dies hätte zwar die Isolierung des Landesteils Osttirol beseitigt, zugleich jedoch den endgültigen Verzicht auf den größten Teil Südtirols bedeutet. Kein Wunder, daß auch die Südtiroler dagegen waren. Außenminister Gruber vertrat aber die Ansicht, daß es sich dabei nur um einen „taktischen Schachzug" handle, „um im Falle der tatsächlichen Rückgabe des Brenners und des Pustertals ein aussichtsreiches Pfand in der Hand zu haben". Österreich hätte, meinte Gruber, den Italienern die militärische Beherrschung des Brenners weiter einräumen und dafür eine weitgehende Autonomie für ganz Südtirol erreichen können.

Da nicht zu erwarten war, daß die Pariser Friedenskonferenz vom Som-

Kundgebung der Ladiner am Grödner Joch zugunsten eines Anschlusses ihrer Täler und ganz Südtirols an Österreich (Frühsommer 1946).

mer 1946 von den Beschlüssen der Außenminister abrücken würde, mußten sich die Vertreter Österreichs und Südtirols klar werden, ob sie ein „Alles oder Nichts" wollten oder ob man nun wenigstens einen möglichst wirksamen Schutz der Tiroler Minderheit in Italien anstreben sollte. Man entschied sich dafür, grundsätzlich zwar das Selbstbestimmungsrecht nicht aufzugeben, an dieser Frage jedoch eine Vereinbarung mit Italien nicht scheitern zu lassen. Vor allem die Engländer drängten darauf, daß den Italienern im Friedensvertrag die Verpflichtung auferlegt werden sollte, der deutschen und ladinischen Bevölkerung eine weitgehende Autonomie zu gewähren. Bei den folgenden Verhandlungen – die Südtiroler durften offiziell nicht daran teilnehmen, wurden von den Österreichern jedoch laufend konsultiert – forderte die österreichische Delegation mit Nachdruck die Einbeziehung der Ladiner in den abzuschließenden Vertrag, was jedoch am Widerstand der Italiener scheiterte. Nach langem Tauziehen konnte schließlich nur eine indirekte Formulierung zum Schutz der Ladiner durchgesetzt werden.

Am 5. September 1946 kam es zur Unterzeichnung des „Pariser Abkommens" durch den prominenten Trentiner Politiker Alcide Degasperi als italienischen Ministerpräsidenten und den österreichischen Außenminister, den Tiroler Karl Gruber. Der Vertragstext war unter Zeitdruck zustandegekommen und beschränkt sich deshalb im ersten Absatz auf einige grundsätzliche Formulierungen über die Gleichberechtigung der Minderheit und über Maßnahmen zum Schutz des Volkstums und der kulturellen und wirtschaftlichen Entwicklung der Südtiroler Bevölkerung; sodann werden einige wesentliche Punkte (Unter-

Nach der Unterzeichnung des „Pariser Abkommens" am 5. September 1946: Italiens Ministerpräsident Alcide Degasperi (links) und Österreichs Außenminister, der Tiroler Karl Gruber, beim Handschlag für die Pressefotografen.

richtssprache, Stellenproporz, Ortsnamen, Deutsch als gleichberechtigte Amtssprache) aufgezählt; schließlich wird die Gewährung einer Autonomie zugesagt, deren „Rahmen" im Einvernehmen mit den Südtirolern festgelegt werden sollte. Weitere Paragraphen betreffen die gutnachbarlichen Beziehungen zwischen Italien und Österreich sowie die Zuerkennung der italienischen Staatsbürgerschaft an die Deutschland-Optanten von 1939. Diese letzte Frage war für das weitere Schicksal Südtirols entscheidend; immerhin waren zu der Zeit an die 80 Prozent der Südtiroler nicht im Besitz der italienischen Staatsbürgerschaft und der damit zusammenhängenden Rechte. Die Lösung dieses Problems versuchte die italienische Regierung in der Folgezeit mehrmals als Druckmittel gegen Österreich und die Südtiroler einzusetzen.

Bei aller Knappheit und den unzweifelhaften Mängeln des Gruber-Degasperi-Abkommens stellt es doch ein richtungweisendes Dokument dar, das sich gerade wegen seiner Grundsätzlichkeit auch in Zukunft als tragfähig erweisen sollte. Entscheidend war, daß die Südtiroler von nun an unter dem Schutz eines internationalen Vertrags standen, der bei Nichterfüllung eingeklagt werden konnte. Österreich war offiziell als Schutzmacht seiner Landsleute im Süden des Brenners anerkannt, auch wenn dies die Italiener später abstreiten wollten. Der Nationalrat in Wien nahm im Herbst 1946 in einer Grundsatzerklärung das Pariser Abkommen als ein völkerrechtlich verbindliches Dokument zur Kenntnis, betonte aber ausdrücklich, daß damit kein Verzicht auf das Selbstbestimmungsrecht geleistet werde. Eine ähnliche Haltung nahm der Parteiausschuß der Südtiroler Volkspartei in seiner Sitzung vom 4. Oktober 1946 ein, nachdem die nach Paris entsandten Südtiroler, Dr. Friedl Volgger und Dr. Otto von Guggenberg, Bericht erstattet hatten.

Das Pariser Abkommen zwischen Österreich und Italien wurde als Annex IV dem italienischen Friedensvertrag vom 10. Februar 1947 beigefügt. Die in Ausarbeitung stehende neue Verfassung Italiens, das nun kein Königreich mehr war, sondern eine Republik, hatte die entsprechenden Bestimmungen zu berücksichtigen. Doch bald mußten die Südtiroler erkennen, daß der inzwischen zum Ministerpräsidenten aufgestiegene Alcide Degasperi die geplante Autonomie auf das Trentino ausdehnen und so die in Paris eingegangenen Verpflichtungen zur Erfüllung alter Trentiner Autonomiewünsche ausnützen wollte, ja mehr noch, daß er innerhalb einer zu schaffenden autonomen Einheitsregion Trentino-Südtirol die ladinische Bevölkerung überhaupt aufsaugen und die deutsche Volksgruppe mit Hilfe der Trentiner Mehrheit an die Wand drücken wollte. Autonomieentwürfe der Südtiroler Volkspartei wurden in Trient und in Rom ebensowenig berücksichtigt wie minderheitenfreundliche Projekte der ASAR, einer parteiunabhängigen Trentiner Autonomistenbewegung.

Entgegen den Bestimmungen des Pariser Abkommens wurden zunächst zur Ausarbeitung eines Autonomiestatuts keine Vertreter der Südtiroler herangezogen. Erst nach Inkrafttreten der neuen italienischen Verfassung vom 1. Jänner 1948, in der die aus den Provinzen Trient und Bozen gebildete autonome Region den Namen „Trentino-Alto Adige (Tiroler Etschland)" erhielt, bewirkten die Proteste der Südtiroler doch noch einige Abänderungen im Autonomiestatut, das schließlich am 29. Jänner vom Parlament beschlossen wurde und am 14. März 1948 Gültigkeit erlangte. Wichtig war die Rückgabe des vorher zu Trient gehörigen Unterlandes sowie der deutschen Gemeinden am Nonsberg; auch die Errichtung eines eigenen Wahlkreises für Südtirol war erreicht worden. Dem von der SVP vertretenen Wunsch der Ladiner in Ampezzo, Colle Santa Lucia und Buchenstein, von der Provinz Belluno wegzukommen und der Provinz Bozen angeschlossen zu werden, wurde dagegen nicht Rechnung getragen.

Völlig unzureichend war das Ergebnis aller Bemühungen um die zugesicherte Autonomie im inhaltlichen Bereich. Die beiden „autonomen Provinzen" Bozen und Trient hatten zwar eigene Landtage und Landesregierungen, doch wurde der größte Teil der Kompetenzen auf die Region übertragen, in deren politischen Gremien (Regionalregierung in Trient, abwechselnd in Trient und Bozen tagender Regionalrat) sich die Südtiroler in der Minderheit befanden und nach Belieben überstimmt werden konnten. Von Autonomie konnte also keine Rede sein. Dazu kommt, daß verschiedene wesentliche Punkte des Pariser Abkommens nicht berücksichtigt wurden, z. B. die Gleichstellung der deutschen Sprache, wirtschaftliche Förderungsmaßnahmen oder die Einstellung der Südtiroler in öffentliche Ämter. Auch das Autonomiestatut selbst wurde nur zum geringen Teil verwirklicht, weil entsprechende Durchführungsbestimmungen nicht erlassen wurden. So konnte z. B. die Provinz Bozen die ihr zustehenden Kompetenzen auf dem Gebiet des Schulwesens nie übernehmen. Ähnlich war es auf dem wirtschaftlichen Sektor, etwa in bezug auf die Landwirtschaft.

Die Versuche der Südtiroler, wenigstens die geringen Möglichkeiten der Selbstverwaltung, die das Autonomiestatut der Provinz Bozen einräumte, voll zu nützen und innerhalb der Region zu einem fruchtbaren Miteinander oder zumindest einem vernünftigen Nebeneinander zu gelangen, scheiterten an der starren Haltung der konservativen Trentiner Christdemokraten (DC), die sich auf eine große Mehrheit stützen und ihre politischen und wirtschaftlichen Interessen durchsetzen konnten. Die ASAR, die zu einer engen Zusammenarbeit mit den Südtirolern bereit gewesen wäre, gab es inzwischen nicht mehr; sie hatte dem Druck der DC nicht standhalten können. So schien die Tiroler Minderheit auch im neuen, demokratischen Italien trotz internationaler Verträge und einer verfassungsmäßig garantierten Autonomie aufs äußerste gefährdet. In vielen Belangen wurde sogar die faschistische Politik fortgesetzt. So förderte der Staat weiter kräftig die Zuwanderung aus Süditalien, hatten Südtiroler kaum eine Chance, im öffentlichen Dienst Anstellung zu finden, wurden Einheimische im Wohnbau und bei der Wohnungsvergabe extrem benachteiligt. Und von einer Gleichberechtigung der deutschen Sprache konnte keine Rede sein. Im Alltag waren Schikanen und amtliche Maßnahmen gegen die Interessen der deutschen und ladinischen Volksgruppe eher die Regel als die Ausnahme. Mit Verbitterung mußten die Südtiroler feststellen, daß zahlreiche Ex-Faschisten als einflußreiche Amtsträger wieder auftauchten.

In dieser Situation war es für Südtirol entscheidend, daß es wenigstens

Schulamtsleiter Josef Ferrari, dem ein Hauptverdienst an der Wiedererrichtung des deutschen Schulwesens in Südtirol nach 1945 zukommt.

intern keine parteipolitischen Auseinandersetzungen gab. Die große Sammelpartei der SVP erhielt sowohl in den ersten Parlamentswahlen vom 18. April 1948 mit über 62 Prozent der Stimmen als auch bei den ersten Landtagswahlen vom 28. November 1948 mit sogar 67,6 Prozent der Stimmen und 13 von 20 Mandaten eine eindrucksvolle Bestätigung durch die Bevölkerung. Ähnliche Ergebnisse gab es 1952, 1956 und bei den folgenden Urnengängen. Landeshauptmann war von 1948 bis zu seinem Tod im Jahr 1955 Dr. Karl Erckert. Ihm folgte Dr. Alois Pupp (1956–1960). Dann wurde Dr. Silvius Magnago an die Spitze der Landesregierung berufen.

Eine der größten Leistungen der Nachkriegszeit war zweifellos die Wiedererrichtung des deutschen Schulwesens unter dem 1945 zum Schulamtsleiter ernannten Priester Josef Ferrari (gest. 1958). Neben dem Bemühen um mehr autonome Rechte und den Schutz des Volkstums waren es vor allem wirtschaftliche Probleme, mit der sich die Südtiroler Landespolitiker und die leitenden Beamten auseinanderzusetzen hatten und deren Lösung durch die uneinsichtige Haltung Roms und der Trentiner äußerst erschwert wurde. Einen Lichtblick stellte das unter dem Namen „Accordino" bekannt gewordene Regionalabkommen zur Erleichterung des Warenaustausches zwischen den Bundesländern Tirol und Vorarlberg einerseits und der Region Trentino-Tiroler Etschland (Südtirol) anderseits dar. Es beruht auf Bestimmungen des Pariser Abkommens, die die wirtschaftlichen Folgen der Zerreißung Tirols mildern sollten, und wurde 1949 unterzeichnet.

Ohne Unterstützung aus Österreich und Deutschland hätte die Südtiroler Landesverwaltung in den fünfziger und vor allem später in den sechziger Jahren die vielfältigen Aufgaben auf wirtschaftlichem, sozialem und kulturellem Gebiet nicht wahrnehmen können, wobei sich Regierungen und öffentliche Institutionen genauso daran beteiligten wie private Organisationen, Vereine und Einzelpersonen. Gleich wichtig wie die materielle Hilfe war der ideelle Beistand. Auch auf diplomatischem Weg versuchten die maßgeblichen Politiker in Wien und Innsbruck, den Südtirolern zu helfen. Daß man damit jahrelang nicht an die Öffentlichkeit ging, hängt damit zusammen, daß dem italienischen Ministerpräsidenten Degasperi, der ja als europäischer Staatsmann galt, ein Einlenken erleichtert werden sollte. Es gab jedoch keine positiven Reaktionen.

Die Nichterfüllung des Pariser Vertrags ließ in Südtirol und in Österreich den Ruf nach Selbstbestimmung wieder laut werden. Immer wieder gab es äußere Anlässe, die alte Forderung zu aktualisieren. 1953 zum Beispiel, als Regierung und Parlament Italiens eine Volksabstimmung in Triest verlangten. Die italienische Hafenstadt mit einer starken slowenischen Minderheit war im italienischen Friedensvertrag von 1947 zu einem Freistaat erklärt worden, der aber noch von Amerikanern und Engländern besetzt blieb (Zone A). Das istrische Hinterland (Zone B) wurde von Jugoslawien verwaltet. Sofort setzten sich die Südtiroler Vertreter im römischen Parlament für eine Entscheidung durch die betroffene Bevölkerung ein, verlangten aber auch die Anerkennung des gleichen Rechts für Südtirol. Der österreichische Außenminister Gruber richtete eine Note an die Großmächte, in der er ebenfalls feststellte, das

Prinzip der Selbstbestimmung sei im Falle Triest zu bejahen, müsse aber auch für die Südtiroler gelten. Italien erhielt schließlich 1954 die Stadt Triest ohne Volksabstimmung zurück. Die Zone B fiel an Jugoslawien. Für Südtirol änderte sich nichts. Auch die Lösung des deutsch-französischen Saar-Problems im Sinne des europäischen Gedankens und andere positive Beispiele für wahrhaft europäische Minderheitenpolitik färbten auf die italienische Haltung gegenüber Südtirol nicht ab. Diesbezügliche Hoffnungen mancher Südtiroler Politiker erwiesen sich als Illusion. So spitzte sich die Lage zu. Äußeres Zeichen dafür waren im September 1956 und im Jänner 1957 die ersten demonstrativen Sprengstoffanschläge, für die eine Reihe junger Südtiroler ins Gefängnis kam.

Die Jahre nach 1955 waren entscheidend für das weitere Schicksal Südtirols. Österreich konnte sich nach Abschluß des Staatsvertrags und Abzug der Besatzungsmächte international stärker für die Durchführung des Pariser Abkommens einsetzen, was auch geschah, obwohl Italien immer wieder behauptete, daß es sich hier ausschließlich um ein internes Problem handle. In Südtirol rückten neue Männer an die SVP-Spitze, die bereit waren, gegenüber Rom eine härtere Gangart einzuschlagen und die Schaffung einer eigenen, autonomen „Region Südtirol" zu verlangen. Unter ihrem neuen Obmann Dr. Silvius Magnago rief die Südtiroler Volkspartei für den 17. November 1957 zu einer Großkundgebung auf Schloß Sigmundskron auf, an der 35.000 Südtiroler teilnahmen. „Los von Trient" war die Parole des Tages.

Pressebilder von der Großkundgebung auf Schloß Sigmundskron am 17. November 1957 (unten SVP-Obmann Dr. Silvius Magnago bei seiner Ansprache), die eine neue Phase im Kampf um die Autonomie einleitete.

Der lange Weg zum Paket

Das Südtirolproblem vor der UNO ● Sprengstoffanschläge, Verhandlungen und das neue Autonomiestatut von 1972

Neben der Großkundgebung von Sigmundskron gab es um das Jahr 1957 zwei weitere Ereignisse, die den Beginn einer neuen Phase der Südtiroler Zeitgeschichte dokumentieren: Am 8. Oktober 1956 übergab die österreichische Bundesregierung dem italienischen Botschafter ein umfassendes Memorandum mit dem Nachweis, daß die wesentlichen Punkte des Pariser Abkommens nicht durchgeführt wurden, und schlug die Einsetzung einer gemischten österreichisch-italienischen Kommission vor. Am 4. Februar 1958 reichten die Abgeordneten der Südtiroler Volkspartei im römischen Parlament einen Gesetzesentwurf zur Aufhebung der bisherigen Region Trentino–Tiroler Etschland und zur Schaffung einer „Region Südtirol" ein.

Die italienische Regierung zeigte nicht die geringste Bereitschaft zum Einlenken, ja sie verschärfte sogar die Situation durch neue Maßnahmen zur Einschränkung des bestehenden Autonomiestatuts. So wurden im Jänner 1959 Durchführungsbestimmungen erlassen, mit denen der Provinz jeder Einfluß auf die Wohnbauprogramme in Südtirol und auf die Wohnungsvergabe entzogen wurde, was zum demonstrativen Auszug der Südtiroler Vertreter aus der Regionalregierung führte. Wen wundert's, daß Kanonikus Gampers Wort vom „Todesmarsch der Südtiroler" neue Aktualität erhielt und das Gefühl der Unfreiheit, der Unterdrückung, der Hoffnungslosigkeit wuchs. Aus nichtigen Anlässen kam es zu Prozessen und Strafen wegen „Beleidigung der italienischen Nation". Es war die Zeit, in der man vor Gericht kam, wenn man die Fensterläden rotweiß streichen ließ, und in der – um nur ein konkretes Beispiel zu nennen – eine Nordtiroler Volksmusikgruppe in Brixen wegen „Aufwiegelung" angezeigt wurde, weil sie bei einer Tanzvorführung die Tiroler Fahne geschwungen hatte. Die Behördenwillkür nahm unerträgliche Ausmaße an. Wenn Südtiroler Abgeordnete im römischen Parlament auf die Mißstände hinwiesen und die Einhaltung des Pariser Abkommens forderten, wurden sie von Zwischenrufen und Sprechchören „Siamo in Italia, siamo in Italia" niedergeschrieen. Gleichzeitig versandeten die österreichisch-italienischen Verhandlungen, die Italien immer nur als unverbindliche „Gespräche" betrachtete, weil das Gruber-Degasperi-Abkommen ohnehin erfüllt sei und es deshalb nichts zu verhandeln gebe. Auch eine Initiative des Europarates blieb ergebnislos. Man muß diese Fakten berücksichtigen und ihre psychologische Wirkung auf die Südtiroler Bevölkerung bedenken, wenn man die Ereignisse der folgenden Jahre verstehen will. Immer weniger glaubten an ein Nachgeben Italiens, immer mehr forderten die Anrufung internationaler Gremien zur Durchsetzung des Selbstbestimmungsrechts oder zumindest der vollständigen Autonomie für Südtirol.

Erstmals brachte Österreich durch Außenminister Dr. Bruno Kreisky das Südtirolproblem in der UNO-Vollversammlung vom September 1959 zur Sprache. Dabei kündigte er bereits die Anrufung der Vereinten Nationen für den Fall an, daß die Verhandlungen mit Italien ergebnislos bleiben sollten. Eine angeblich interne Angelegenheit Italiens vor der Weltöffentlichkeit zu diskutieren, widersprach völlig der Haltung und den Absichten der italienischen Regierung. Diplomatische Bemühungen, die Gewährung einiger winziger Verbesserungen und der Zeitgewinn durch eine nun plötzlich intensivierte Verhandlungstätigkeit sollten dies verhindern. Wenn schon eine Internationalisierung, dann sollte sich der Internationale Gerichtshof in Den Haag mit Südtirol befassen, nicht aber die UNO. Es gehe ja nur um die Auslegung eines Vertrags, also um einen Rechtsstreit. Doch nun blieb die österreichische Bundesregierung hart und beantragte beim Generalsekretär der Vereinten Nationen, „das Problem der österreichischen Minderheit in Italien" auf die Tagesordnung der Vollversammlung vom Herbst 1960 zu setzen.

Das Sträuben Italiens war vergeblich, doch mußte Österreich auf Druck auch befreundeter Staaten wenigstens insofern nachgeben, als in der Formulierung des Programmpunktes der Fragenkomplex auf die Anwendung des Pariser Vertrags eingeschränkt wurde und auch nicht mehr von der „österreichischen Minderheit" die Rede war, sondern vom „deutschsprachigen Element in der Provinz Bolzano". Dafür wiederum erreichte Österreich die Zuweisung des Anliegens an die politische Spezialkommission, während die Italiener das Ganze von der juristischen Kommission behandelt wissen wollten. Zeitweise hatte die italienische Delegation Angst davor, die Vertreter der jungen Staaten, die gerade noch das Selbstbestimmungsrecht für sich in Anspruch genommen hatten, könnten – wenn die Debatte zu umfassend und zu grundsätzlich würde – eine Lawine ins Rollen bringen, die schließlich auf einen Appell an das Selbstbestimmungsrecht hinauslaufen würde. Tatsächlich dachte man österreichischerseits aber nie daran, die Stimmung so weit anzuheizen, sondern begnügte sich in der eigenen Resolution mit der Forderung, Italien möge Südtirol eine Regionalautonomie gewähren, wie sie von den frei gewählten Vertretern der Bevölkerung verlangt werde. Die Streitparteien sollten darüber verhandeln und der nächstjährigen Generalversammlung Bericht erstatten. Italien dagegen schlug neuerlich die Überweisung der Südtirolfrage an den Internationalen Gerichtshof vor, von dem Österreich immer gesagt hatte, er könne ein politisches Problem nicht lösen. Nach langen Debatten in der politischen Kommission, der 98 Staaten angehörten, und vielen Wortmeldungen von Diplomaten aus der ganzen Welt, von denen einige tatsächlich das Selbstbestimmungsrecht für die Südtiroler forderten, kam ein Kompromiß heraus, der dem österreichischen Standpunkt wesentlich näher stand als dem italienischen. Beide Staaten wurden zu Verhandlungen aufgefordert, und der Internationale Gerichtshof wurde nur als eines der „friedlichen Mittel" aufgezählt, die im Falle des Scheiterns aller Bemühungen in Anspruch genommen werden sollten. Über das Verlangen Österreichs hinaus enthält die von zwölf Staaten eingebrachte Resolution, der viele andere beitraten und die schließlich von der Kommission

Während der Südtirol-Debatte vor der UNO in New York: Österreichs Außenminister Bruno Kreisky (oberes Bild, Mitte) und sein italienischer Amtskollege Antonio Segni (darunter).

einstimmig angenommen wurde, auch einen Passus über den Zweck des Pariser Abkommens. Unmißverständlich wurde festgestellt, daß alle Punkte dieses Vertrags unter dem Aspekt des ethnischen Schutzes und der wirtschaftlichen und kulturellen Förderung der deutschsprachigen Bevölkerung Südtirols gesehen werden müssen. Italien hatte diese Rahmenbestimmung immer nur für die allgemeinen Formulierungen des ersten Artikels, nicht aber für die in Artikel 2 enthaltene Autonomiefrage gelten lassen. Am 31. Oktober 1960 wurde die Resolution auch von der Vollversammlung der Vereinten Nationen verabschiedet.

Schon das erste Treffen der beiden Außenminister am 27. und 28. Jänner 1961 in Mailand zeigte, wie schwierig die von der UNO gewünschten Verhandlungen sein würden. Gleichzeitig kündigte nach dem Scheitern dieses ersten Treffens die demonstrative Sprengung von Symbolen der faschistischen Unterdrückung (Mussolini-Standbild bei Waidbruck und Tolomei-Haus in Glen im Unterland) an, daß die Südtiroler Bevölkerung eine weitere Mißachtung ihrer Rechte nicht ohne weiteres hinnehmen würde. Die folgenden Notenwechsel, Politikertreffen und Expertengespräche, die in der Autonomiefrage keinerlei Fortschritte brachten, wurden von einer Attentatserie begleitet, die ihren Höhepunkt in der berühmt gewordenen „Feuernacht" erreichte. In dieser Nacht zum 12. Juni krachte es im ganzen Land, nachdem vorher, am Abend des Herz-Jesu-Festes, traditionsgemäß die Bergfeuer abgebrannt worden waren. Ziele der gut organisierten Aktion waren ausschließlich Hochspannungsmasten der Überlandleitungen. In Bozen herrschte Finsternis, aber auch ein Teil der Stromversorgung für die oberitalienische Industrie war lahmgelegt.

Noch einmal kam es, diesmal am 11. Juli, zu einer Serie von Anschlägen, doch hatte inzwischen der italienische Staat Südtirol in ein wahres Heer-

Gesprengte Masten sollten im Sommer 1961 die Weltöffentlichkeit auf das ungelöste Südtirolproblem aufmerksam machen, nachdem jahrelang auf dem Weg von Verhandlungen keine Fortschritte erzielt worden waren und auch die UNO-Resolution wirkungslos zu bleiben drohte.

lager verwandelt, Hausdurchsuchungen und Massenverhaftungen in die Wege geleitet und die ersten brauchbaren Hinweise auf die Urheber der Anschläge gesammelt. Das rücksichtslose Vorgehen der Polizei- und Militäreinheiten erregte allgemein Furcht und Schrecken. Zwei völlig unbeteiligte Südtiroler kamen durch Schüsse von erschreckten Soldaten ums Leben. Raffinierte Verhörmethoden und brutale Folterungen von Häftlingen taten das übrige, sodaß im Juli tatsächlich ein Großteil der Attentäter überführt werden konnte. Als Berichte über das unmenschliche Geschehen in den Polizeikasernen an die Öffentlichkeit drangen, forderte SVP-Obmann und Landeshauptmann Magnago, der sich mit der gesamten Parteiführung von den Gewalttaten distanziert hatte, aber auch auf deren eigentliche Ursachen hinwies, eine strenge Untersuchung durch die Regierung und die Bestrafung der schuldigen Polizeibeamten. Doch sogar als der 28-jährige Franz Höfler und der 42 Jahre alte Anton Gostner im Gefängnis starben, leugneten italienische Politiker die Möglichkeit gesetzwidriger Methoden bei den Verhören oder versuchten, das Vorgehen zu bagatellisieren. Als es 1963 schließlich doch zu einem Prozeß gegen elf Carabinieri kam, endete dieser mit Freisprüchen und nur zwei geringfügigen Verurteilungen, die jedoch unter Amnestie fielen.

Die Folterungen wurden auch im Mailänder Schwurgerichtsprozeß zur Sprache gebracht, der am 9. Dezember 1963 begann. Mehr als 90 Angeklagte, zum Großteil Südtiroler, von denen sich 68 in Haft befanden, mußten sich für 91 Anschläge auf verschiedene Leitungsmasten, acht Anschläge auf Wohnhäuser im Rohbau und drei Sprengstoffattentate auf militärische Einrichtungen verantworten. Auch die Kollektivanklage wegen Mordes wurde erhoben, weil der italienische Straßenwärter Giovanni Postal bei Salurn durch Hantieren an einer nicht explodierten Sprengladung ums Leben gekommen war. Das Eintreten für das Selbstbestimmungsrecht und die Verbindungen zu Nordtirol wurden als

Sepp Kerschbaumer aus Frangart, der Kopf des Südtiroler Widerstandes von 1961, der im Mailänder Prozeß zu 16 Jahren Gefängnis verurteilt wurde und im Kerker von Verona am 7. Dezember 1964 starb.

◁

Pressefoto vom Mailänder Prozeß gegen die Urheber der Sprengstoffanschläge mit einem Teil der Angeklagten.

Hochverrat gewertet. Der Prozeß zog sich über viele Monate hin. Während der Staatsanwalt und die Privatkläger in den Angeklagten staatsfeindliche Elemente und kriminelle Terroristen sahen und drakonische Strafen forderten, versuchten die Verteidiger, die politischen Hintergründe des Südtirolproblems und die tieferen Ursachen für die gesetzwidrigen Handlungen unbescholtener Burschen und ehrbarer Familienväter aufzuzeigen. Sie hatten das Vertrauen in die Instrumente demokratischer Rechtsstaaten zur Lösung des Minderheitenproblems verloren, ja verlieren müssen, nachdem jahrelang auf dem Weg von Verhandlungen keine Fortschritte erzielt werden konnten. Nur in letzter Not, in einer verzweifelten Lage ihrer Heimat, hatten sie zur Gewalt gegriffen, um das Gewissen der Welt aufzurütteln, und dabei schwere und größte Opfer nicht gescheut. Dies alles müsse man bei der Urteilsfindung berücksichtigen, betonte die Verteidigung. Das Recht auf Selbstbestimmung, auf Minderheitenschutz und andere Grundsatzprobleme wurden in zum Teil tiefschürfenden Ausführungen behandelt.

Die Reden und Debatten im Mailänder Gerichtssaal wurden nicht nur von der italienischen und österreichischen, sondern auch von der internationalen Presse ausführlich wiedergegeben und kommentiert und trugen auf diese Weise nicht weniger als die Sprengstoffanschläge selbst dazu bei, die Weltöffentlichkeit mit dem ungelösten Südtirolproblem vertraut zu machen. Am 16. Juli 1964 wurden nach 35-stündiger Beratung die Urteile verkündet, die von Freispruch oder Amnestie bis 25 Jahre Gefängnis lauteten. Die Anklage hatte lebenslänglichen Kerker gefordert. Ein halbes Jahr später starb im Gefängnis von Verona der 48-jährige Kaufmann Sepp Kerschbaumer aus Frangart, Vater von sechs Kindern, der von den Südtiroler Widerstandskämpfern des Jahres 1961 allgemein als ihr „Kopf" und Leitbild angesehen wurde. In seiner Vaterlandsliebe, Unbeugsamkeit und Geradlinigkeit, aber auch in seiner mitmenschlichen Güte konnte er tatsächlich ein Vorbild sein. 15.000 Südtiroler folgten seinem Sarg, und auch die italienische Presse zollte ihm allergrößte Hochachtung.

Trotz der Verhaftungswelle vom Sommer 1961 kam es auch in den folgenden Jahren immer wieder zu Sprengstoffanschlägen, wobei der Grundsatz, keine Menschenleben zu gefährden, nicht mehr immer eingehalten wurde. So gab es auch Angriffe auf Militärpatrouillen, Kasernen, Carabinieri- und Polizeistationen. Die Folge war, daß auf italienischer Seite einige Todesopfer zu beklagen waren. Anders als bei den ersten Aktionen waren später zunehmend österreichische und deutsche Staatsbürger beteiligt, deren Motive, Absichten und Methoden nicht immer dieselben waren wie die der Südtiroler. Es gelang der italienischen Polizei auch, Agenten in die Widerstandsgruppen einzuschleusen, deren führende Männer nun Luis Amplatz und Georg Klotz waren. Während Amplatz in der Nacht auf den 8. September 1964 auf einer Almhütte bei Saltaus im Passeier ermordet wurde, gelang dem bei diesem Anschlag verwundeten Klotz die Flucht. Er starb 1976 im österreichischen Exil.

So unterschiedlich die Attentate und bewaffneten Aktionen der späteren sechziger Jahre beurteilt werden können, von den Anschlägen des Jahres 1961 steht fest, daß sie „einen bedeutenden Beitrag zur Erreichung einer besseren Autonomie für Südtirol darstellten", wie es Landeshauptmann Dr. Silvius Magnago im Oktober 1976 auf der SVP-Landesversammlung ausdrückte. Tatsächlich entschloß sich die italienische Regierung kurz nach der „Feuernacht" und der Attentatswelle vom 11. Juli 1961 zu einer grundsätzlichen Änderung ihrer Politik. Vor allem Innenminister Scelba sah ein, daß die Lage in Südtirol schnellstens ein Ventil erforderte. So sollte verhandelt werden, aber nicht mit den Österreichern, sondern mit den Südtirolern selbst. Auf seinen Vorschlag hin kam es zur Einsetzung einer parlamentarischen Kommission, in der 11 Italiener und 8 Südtiroler saßen und die deshalb als 19er-Kommission in die Geschichte einging. Dieses Gremium sollte die Südtirolfrage unter allen Gesichtspunkten prüfen und der Regierung Lösungsvorschläge unterbreiten. Am 13. September 1961 begann die Kommission in Rom mit ihrer Arbeit. Gleichzeitig befaßte sich auch der politische Ausschuß des Europarates mit dem Problem, das im Herbst auf Antrag Österreichs auch wieder auf der Tagesordnung der UNO-Vollversammlung stand. Wieder beteiligten sich die Vertreter von 32 Staaten an der Debatte, deren Ergebnis eine Bestätigung der bereits ein Jahr vorher verabschiedeten Resolution war.

In den folgenden drei Jahren waren die jeweils erzielten Ergebnisse der 19er-Kommission auch die Grundlage der Verhandlungen zwischen Italien und Österreich, die auf verschiedenen Ebenen wieder aufgenommen wurden. Nachdem 1964 die Substanz eines sogenannten „Pakets" autonomer Rechte für Südtirol erarbeitet war, ging es seitdem um die internationale Absicherung des Ergebnisses und das Vorgehen bei der Verwirklichung der Vereinbarungen. Dafür wurde schließlich ein sogenannter „Operationskalender" aufgestellt, an dessen Ende eine „Streitabschlußerklärung" Österreichs stehen sollte. Da „Paket" und „Operationskalender" natürlich Kompromisse darstellten, andererseits mehr zu dem Zeitpunkt nicht erreichbar schien, überließ die österreichische Regierung der Südtiroler Volkspartei als demokratische Vertretung der betroffenen Bevölkerung die Entscheidung, ob sie sich mit dem Erreichten zufrieden geben wolle oder nicht. Die Parteiführung war in dieser Frage genauso gespalten wie die Südtiroler Bevölkerung. Die Abstimmung auf der Landesversammlung vom 22. November 1969 fiel dementsprechend knapp aus. Von den 1104 anwesenden Stimmberechtigten sprachen sich 583 für die Annahme aus, 492 dagegen, 29 enthielten sich der Stimme oder gaben weiße Zettel ab.

Mit ausschlaggebend für dieses Ergebnis war wohl die Erklärung Magnagos, die Zustimmung zur Erweiterung der Autonomie im vorgesehenen Umfang bedeute für die Zukunft weder eine Aufgabe des Selbstbestimmungsrechts noch den Verzicht auf weitere Verbesserungen, wenn diese notwendig scheinen und erreichbar sein sollten. Auch eine Streitabschlußerklärung Österreichs bedeute nur, daß der gegenwärtige Streit beendet sei, nicht aber, daß Österreich seine Schutzfunktion für Südtirol aufgebe. Der Pariser Vertrag bleibe ja weiter gültig. So gesehen war für viele Südtiroler das „Paket" zwar nur eine Notlösung, aber eben akzeptabel. Viel würde auch weiterhin vom guten Willen der italienischen Regierung abhängen. Die in Meran geäußerten Bedenken gegen

Die beiden Außenminister Aldo Moro (links) und Kurt Waldheim beim Abschluß der italienisch-österreichischen Verhandlungen rund um das „Südtirol-Paket" (30. November 1969).

Blick in den Meraner Kursaal während der SVP-Landesversammlung vom November 1969, in der die Entscheidung über die Annahme des „Pakets" fiel.

das Paket und vor allem gegen den Operationskalender lieferten noch jahrelangen Diskussionsstoff und konnten zum Teil bis heute nicht ausgeräumt werden.

Nach Klärung letzter offener Fragen und der Ausarbeitung von Erläuterungen schlossen die beiden Außenminister Waldheim und Moro am 30. November 1969 die österreichisch-italienischen Verhandlungen über die Erweiterung der Südtiroler Autonomie ab. Das „Paket", das Vereinbarungen zu rund 130 Materien enthält, fand im Verfassungsgesetz vom 10. November 1971 und im neuen Autonomiestatut vom 31. August 1972 seinen Niederschlag. Unter Beibehaltung des Rahmens einer nun offiziell „Trentino-Südtirol" genannten Region wurden darin den beiden Provinzen Trient und Bozen weitgehende Rechte gewährt, u. a. auf dem Gebiet der Landwirtschaft, des Handels, der Industrie, des Fremdenverkehrs und der Elektroenergieerzeugung. Die Kompetenzen der Provinz auf dem kulturellen Sektor und im Schulwesen wurden erweitert und präzisiert. Auch die bereits bestehende Zuständigkeit auf dem Wohnbausektor wurde genauer gefaßt. Verschiedene Verwaltungskompetenzen sollten nach Erlaß von Durchführungsbestimmungen direkt vom Staat auf die Provinz übergehen, so wurden der Provinz Vollmachten auf dem Gebiet der Arbeitsvermittlung zugesprochen. Für staatliche und halbstaatliche Ämter wurde ein Stellenproporz gemäß dem Anteil der Volksgruppen an der Gesamtbevölkerung vorgeschrieben.

Diese und viele weitere Kompetenzen und Bestimmungen sollten es dem Südtiroler Landtag und der Landesregierung ermöglichen, die wesentlichen Interessen der deutschen und ladinischen Bevölkerung zu schützen und das Leben im eigenen Land nach eigenen Vorstellungen zu gestalten. Dies war 1972 nicht zuletzt deshalb leichter als früher, weil Italien inzwischen kein zentralistischer Einheitsstaat mehr war, sondern die schon in der Verfassung von 1948 vorgesehene Gliederung in Regionen 1970 auch verwirklicht hatte. Neben den 15 Regionen mit Normalstatut gibt es nun fünf mit Sonderstatut, darunter Trentino-Südtirol. Die gesamte Situation, das „Klima" in Italien, hatte sich gewandelt, eine neue Generation war herangewachsen, die mit anderen Sorgen und Problemen beschäftigt war und für übertriebenen Nationalismus wenig Verständnis hatte. „Pluralismus" war obendrein modern geworden. Bemerkenswert ist die Kehrtwendung Italiens in seiner Minderheitenpolitik, denn das in der Verfassung verankerte Autonomiestatut enthält den bedeutungsvollen Grundsatz, daß der – schon 1948 deklarierte, aber nie ernst genommene – Schutz der sprachlichen Minderheiten den „nationalen Interessen des italienischen Staates" entspricht. Nicht dem Mehrheitsvolk allein gilt also das Staatsinteresse. Verbindungen und Kontakte der Südtiroler zu ihrem Vaterland Österreich und zum sonstigen deutschsprachigen Ausland werden demnach nicht mehr als hochverräterisches „Schielen über die Grenze" bewertet.

Gleichzeitig mit dieser Entwicklung begann man nördlich und südlich des Brenners, die Einheit Tirols neu zu interpretieren. Warum sollte in einem Europa, das sich langsam vom Souveränitätsbegriff des Nationalstaates löst und in dem das politische Konzept grenzüberschreitender Regionen an Bedeutung gewinnt, Tirol nicht ein Land sein können, auch wenn zwei Staaten an ihm Anteil haben? Das österreichische Bundesland Tirol und die autonome Provinz Südtirol erfüllen gemeinsam die uralte verbindende Funktion Tirols als europäisches Paßland und stehen als Zentrum der Alpenregion vor neuen Aufgaben, aber auch vor neuen Problemen, die gemeinsam besser bewältigt werden können. Deshalb ist es mehr als nur eine symbolische Geste der Verbundenheit, daß sich die beiden Landtage von Innsbruck und Bozen seit 1970 regelmäßig zu gemeinsamen Sitzungen treffen. Sie dienen der Beratung verschiedener Anliegen von beiderseitigem Interesse. Darüberhinaus ist Tirol das Zentrum der im Oktober 1972 auf Initiative von Landeshauptmann Eduard Wallnöfer gegründeten Arbeitsgemeinschaft Alpenländer (ARGE ALP), der außerdem das Trentino und Vorarlberg, die Lombardei und Bayern, Graubünden und Salzburg angehören. Im Rahmen der ARGE ALP soll versucht werden, die Probleme dieses europäischen Großraumes ohne Rücksicht auf Sprachen und Grenzen in gemeinsamer Arbeit aller betroffenen Länder zu lösen oder zumindest ihre Lösung zu erleichtern.

Ein Land im Umbruch
Entwicklungen und Probleme der letzten Jahre und der Weg in die Zukunft

Die letzten vierzig Jahre der Geschichte Tirols werden – zumindest in politischer Hinsicht – von einem Thema beherrscht, dem Ringen um die Autonomie Südtirols im Rahmen des italienischen Staates. Mit dem Autonomiestatut von 1972 war sie ja noch lange nicht perfekt. Punkt für Punkt mußte sie erst in die Tat umgesetzt werden, ein schwieriges Unterfangen bei den wechselnden italienischen Regierungen, wo manch schwer erkämpftes Verhandlungsergebnis plötzlich nichts mehr galt, bei dem vorherrschenden Unverständnis zentraler Behörden, bei den vielen organisatorischen Schwierigkeiten und nicht zuletzt angesichts neuer Wünsche und Vorstellungen der Südtiroler, die erst eingebaut werden sollten. Einige wichtige, lange Zeit ungelöste Fragen, wie etwa die Gleichstellung der deutschen mit der italienischen Sprache vor Gericht und bei der Polizei, verzögerten den „Paket"-Abschluß und damit die Streitbeilegung vor der UNO immer wieder. Die periodisch auftretenden und sich sogar häufenden Spannungen mit Rom etwa wegen der zunehmenden Zurückweisungen von Südtiroler Landesgesetzen durch Rom aus Gründen angeblicher Unvereinbarkeit mit der Verfassung oder mit Staatsgesetzen, die verspätete Zuteilung von Steuergeldern an die Provinz wegen der andauernden italienischen Finanzkrise, der Kampf gegen die autonomiefeindliche staatliche Ausrichtungs- und Koordinierungsbefugnis – all diese Schwierigkeiten ließen in Südtirol wieder Zweifel aufkommen, ob es je zu einem befriedigenden „Paket"-Abschluß kommen würde. Die Ungeduld äußerte sich nicht nur in heftigen politischen Auseinandersetzungen, sondern auch in einem ver-

Ein historisches Ereignis: In Bozen fand 1970 die erste gemeinsame Sitzung der Landtage des Bundeslandes Tirol und der Provinz Südtirol statt. Obere Sitzreihe: die Landtagspräsidenten Lugger (links) und Nicolodi (daneben); vorne von links: Landeshauptmannstellvertreter Prior, die beiden Landeshauptleute Wallnöfer und Magnago, LHStv. Benedikter.

stärkten Ruf nach Selbstbestimmung und sogar wiederum in Sprengstoffanschlägen. Anders als in den frühen sechziger Jahren haben aber deren Urheber keinen Rückhalt in der Bevölkerung.

Dem allgemeinen Wunsch nach einem Schlußstrich unter die jahrelangen Verhandlungen trugen die führenden Politiker in Bozen und Rom Rechnung: Sie einigten sich auf einen Kompromiß bei den noch offenen Durchführungsbestimmungen zum „Paket". Diese Einigung fand freilich nicht ungeteilte Zustimmung. Sie wurde nicht nur von der Union für Südtirol (der auch der Heimatbund angehört) heftig kritisiert, sondern führte auch zum Bruch zwischen der SVP und einem ihrer bekanntesten Exponenten, dem langjährigen Landesrat Alfons Benedikter. Schließlich aber genehmigte die SVP auf einer außerordentlichen Landesversammlung am 30. Mai 1992 den „Paket"-Abschluß mit der deutlichen Mehrheit von 82,9 Prozent der Delegiertenstimmen. Auf der anderen Seite war die Abneigung gegen „Paket" und Autonomie zwar nicht so sehr bei den gemäßigten italienischen Politikern, aber spürbar bei ihrer Wählerschaft in der zweiten Hälfte der achtziger Jahre gestiegen, weil es offenbar nicht gelungen war, sie von den Vorteilen der Autonomie für alle in Südtirol lebenden Bürger zu überzeugen. Viele Italiener sehen nur die Nachteile – Zweisprachigkeitsprüfung für alle Bewerber um ein öffentliches Amt, Zuteilung von Sozialwohnungen und Staatsposten nach dem Proporz der Volksgruppen usw. – und schließen sich nationalistischen Parteien an, die gegen eine solche „Bevorzugung" der deutschsprachigen Südtiroler auftreten. Sensationelle Wahlerfolge der Neofaschisten und – um solche „Protestwahlen" in Zukunft zu verhindern – ein schärferer Ton und eine härtere Haltung der Politiker anderer italienischer Parteien waren die Folge dieser Entwicklung. In dieser Situation ist es verständlich, daß viele Südtiroler glaubten, zumindest einige der neuesten Bombenanschläge, die nicht aufgeklärt wurden, könnten auf das Konto italienischer Extremisten gehen.

Neben dem Existenzkampf der Südtiroler verblassen alle politischen Ereignisse und Entwicklungen der jüngsten Zeit. Vielleicht werden spätere Historiker auch erwähnenswert finden, daß die Politiker des österreichischen Bundeslandes Tirol in Wien als Vorkämpfer des föderalistischen Gedankens auftraten und den Ländern mehr Rechte und Kompetenzen verschaffen wollten, freilich ohne viel Erfolg; oder daß von der großen Sammelbewegung der Südtiroler Volkspartei einige Randgruppen absplitterten. Auf eine Würdigung der beiden großen Männer, die diese Geschichtsepoche beherrschten, wird auch nicht vergessen werden: Dr. Silvius Magnago, seit 1957 SVP-Obmann, Landeshauptmann von 1960 bis 1989 (seit damals Dr. Luis Durnwalder) und Ök.-Rat Eduard Wallnöfer, Landeshauptmann von 1963 bis 1987 (danach bis 1993 Dipl.-Ing. Dr. Alois Partl, dann Dr. Wendelin Weingartner). Daß es ihnen gelang, gemeinsame Sitzungen der Landtage von Innsbruck und Bozen einzuführen, wird sicher als historische Leistung gewertet werden. Welche Bedeutung langfristig gesehen die Gründung der Arbeitsgemeinschaft Alpenländer (ARGE ALP) hatte, wird erst die Zukunft erweisen. Vielleicht ist diese großräumige Zusammenarbeit von Ländern über Staatsgrenzen hinweg tatsächlich ein zukunftswei-

Landeshauptmannwechsel 1993: Wendelin Weingartner (rechts) löst Alois Partl im höchsten Amt ab.

Bischof Dr. Joseph Gargitter von Bozen-Brixen (links) bei der Weihe von Innsbrucks neuem Bischof, Dr. Reinhold Stecher (rechts), im Jänner 1981.

Im Herbst 1997 ernannte der Papst Dr. Alois Kothgasser zum neuen Innsbrucker Diözesanbischof, nachdem Bischof Reinhold Stecher das Amt aus Altersgründen zurückgelegt hatte.

sendes Beginnen und ein Modell für Europa. Vielleicht werden aber die Erfolge später einmal als zu gering bewertet.

Ebenfalls mit Grenzen und Verwaltungseinheiten zu tun hat ein anderes historisches Ereignis der jüngsten Geschichte Tirols, auch wenn seine Bedeutung mehr im geistig-kulturellen Bereich liegt. Gemeint ist die Diözesanregulierung von 1964. Damals wurde das 1922 geschaffene Provisorium der „Apostolischen Administratur Innsbruck-Feldkirch" beseitigt, das ohne offizielle Verkleinerung der früher über den Brenner bis Vorarlberg reichenden Diözese Brixen nicht nur der neuen politischen Situation, sondern auch dringenden seelsorglichen Bedürfnissen Rechnung tragen sollte. 1964 wurde die Apostolische Administratur zur Diözese Innsbruck erhoben, die Diözese Brixen wurde um die deutschsprachigen Dekanate der Diözese Trient vergrößert und erhielt die Bezeichnung Bozen-Brixen. Im Zuge dieser Regelung wurden leider die ladinischen Gebiete Buchenstein und Ampezzo an die Diözese Belluno abgetreten.

Zu einer Angleichung der Diözesan- und Landesgrenzen im Nordtiroler Unterland, das kirchlich zu Salzburg gehört, kam es 1964 nicht und auch nicht 1968, als Vorarlberg als eigene Diözese vom Innsbrucker Bistum abgetrennt wurde. Oberhirte der zu Salzburg gehörigen Unterländer Katholiken war viele Jahre lang – von 1943 bis 1969 – ein Tiroler, der gebürtige Lienzer DDr. Andreas Rohracher. 1973 wurde Dr. Karl Berg Erzbischof von Salzburg, 1989 folgte ihm Georg Eder nach. Als Generalvikar amtiert seit 1971 ebenfalls ein Tiroler: Weihbischof Jakob Mayr ist in Kirchbichl geboren. In Innsbruck residierte seit 1939 – zuerst als Apostolischer Administrator, dann als Diözesanbischof – DDr. Paulus Rusch. Sein Nachfolger wurde 1980 Dr. Reinhold Stecher. An der Spitze der traditionsreichen Diözese Brixen bzw. Bozen-Brixen stand von 1952 bis 1986 Bischof Dr. Joseph Gargitter. Dann wurde der Kapuzinerpater Dr. Wilhelm Egger neuer Oberhirte der Südtiroler.

Die Zerreißung Tirols hat im kirchlichen Bereich mehr als sonst zum Abbruch uralter Beziehungen geführt. Kontakte oder gar Zusammenarbeit gab und gibt es kaum mehr, und wenn schon, dann nur auf einzelne persönliche Initiativen hin. Der Ruf nach mehr Miteinander der beiden Tiroler Diözesen wird freilich immer lauter und führt da und dort auch schon zu entsprechenden Taten. Sie sind ein wesentlicher Beitrag zur geistigen Landeseinheit. Unabhängig voneinander setzte Mitte der sechziger Jahre nördlich und südlich des Brenners die vom II. Vatikanischen Konzil geforderte innerkirchliche Erneuerung ein. Bei aller Anerkennung der Tradition und der Beibehaltung überlieferter Bräuche gewannen nun auch neue Formen der kirchlichen Gemeinschaft, der Frömmigkeit und der Liturgie an Bedeutung und Anziehungskraft. Die Mitverantwortung der Laien und das Erstarken des demokratischen Elements in der Kirche kam in beiden Diözesen durch vielbeachtete Synoden und durch die Wahl von Pfarrgemeinderäten zum Ausdruck. Diese Gremien und ihre Arbeitskreise stellen ein neues Element im kirchlichen Leben dar und ergänzen damit die älteren Organisationsformen und die Tätigkeit der Katholischen Aktion. Daß in Tirol der Glaube und das Kirchenbewußtsein trotz des auch hier zu beobachten-

Der Papst in Tirol: Höhepunkt seines Besuchs in der Diözese Innsbruck war am 27. Juni 1988 ein Gottesdienst im Bergiselstadion (Bild oben), in die Diözese Bozen-Brixen kam Johannes Paul II. am 17. Juli 1988 als Wallfahrer nach Maria Weißenstein (im Bild mit dem Südtiroler Bischof Dr. Wilhelm Egger).

den religiösen Substanzverlustes lebendiger sind als anderswo, zeigen verschiedene Statistiken des Kirchenbesuchs, des Sakramentenempfangs und der Anerkennung von Grundwahrheiten des katholischen Glaubens. Eine Hauptaufgabe der Seelsorger ist es heute, Traditionschristen zu überzeugten Gläubigen und aktiven Mitarbeitern in ihrer Pfarre zu machen. Dies ist umso wichtiger, als es wohl bald in kleinen Gemeinden keinen eigenen Pfarrer mehr geben wird. Diese Entwicklung ist wegen der Überalterung des Klerus und einem akuten Nachwuchsmangel bereits voll im Gange und wird Tirol sicher verändern.

Ein Höhepunkt im kirchlichen Leben der Tiroler Diözesen war der Besuch von Papst Johannes Paul II. im Juni und Juli 1988. Nach Nordtirol kam der Papst im Rahmen einer Pastoralreise durch Österreich, wobei eine Meßfeier im Bergiselstadion der Höhepunkt war. Nach Südtirol kam das Oberhaupt der katholischen Kirche drei Wochen später als Wallfahrer. In Maria Weißenstein feierte er mit rund 50.000 Gläubigen den Gottesdienst.

Das geistig-kulturelle Leben erhielt in den sechziger und siebziger Jahren einen besonderen Akzent durch die sprunghafte Zunahme der Studentenzahlen und den Ausbau der Tiroler Landesuniversität in Innsbruck in räumlicher Hinsicht und durch die Einrichtung zahlreicher neuer Lehrstühle und Studienfächer. 1969 wurde mit der Gründung einer Fakultät für Bauingenieurwesen und Architektur ein alter Wunsch der Tiroler verwirklicht. Auch in Südtirol, vermutlich in Brixen, soll eine Universität entstehen. Darüber sind sich inzwischen alle Parteien einig. Allerdings gehen die Meinungen in der Frage, wie diese Universität einmal aussehen soll, noch weit auseinander. Forschung und Wissensvermittlung auf allen Gebieten betreiben neben der Universität zahlreiche öffentliche und halböffentliche Institute nördlich und südlich des Brenners. Das Schulwesen als Grundlage jeder Bildungsarbeit und Kultur wurde weitgehend ausgebaut und nach den Bedürfnissen der Gegenwart spezialisiert.

Eine Kulturleistung besonderer Art stellt die nicht zuletzt durch eine blühende Wirtschaft ermöglichte Pflege, Erhaltung und Wiederbelebung unzähliger wertvoller Gebäude und Denkmäler aus der Vergangenheit dar. Die vielen renovierten Kirchen, Burgen und Ansitze, Stadthäuser und bäuerlichen Gebäude, die zu wahren Schmuckkästchen ausgestalteten Heimatmuseen und Sammlungen aller Art stellen dem Wertempfinden, Traditionsbewußtsein und Schönheitssinn, aber auch der Opferbereitschaft der Tiroler von heute ein gutes Zeugnis aus. Freilich mußte auch viel an wertvoller alter Bausubstanz dem vermeintlichen Fortschritt geopfert werden. Weit über den musealen Bereich hinaus geht das Interesse für echte alte Volkskultur, die in zeitgemäßem Sinn neu belebt und gepflegt wird, man denke nur an die zu Hunderten zählenden Hausmusikgruppen in Stadt und Land, an die Pflege des Volksschauspiels, an hoch in Ehren gehaltene Bräuche, an die Blüte des Kunstgewerbes, das an alte Überlieferungen anknüpft, ohne auf neue Methoden und Formen zu verzichten.

Wie eh und je regen sich in Tirol starke schöpferische Kräfte, die dem kulturellen Erbe neue bleibende Werte hinzufügen und für eine Wei-

Im Zentrum des geistig-kulturellen Lebens: Die Tiroler Landesuniversität in Innsbruck. Der kurz vor dem Ersten Weltkrieg errichtete Komplex der „Neuen Universität" wurde in den letzten beiden Jahrzehnten durch weitere Neubauten und modernste Einrichtungen für Lehre und Forschung ergänzt.

terentwicklung der Kunst in Tirol sorgen. Wohl noch nie gab es im künstlerischen Schaffen eine so große Vielfalt wie heute. Nach 1945 fanden die Künstler in Nordtirol rascher den Anschluß an die moderne Kunstentwicklung als im Süden des Landes, was nicht zuletzt der Tätigkeit des Französischen Kulturinstituts zu danken war, das die ein Jahrzehnt lang von internationalen Strömungen abgekapselten Tiroler mit neuen künstlerischen Tendenzen konfrontierte. Was einige Tiroler Maler nun schufen, stieß allerdings zunächst weitgehend auf Unverständnis und Ablehnung, wurde wegen der Auflösung der Formen, der zunehmenden Abstraktion und der vom natürlichen Vorbild abweichenden Farbgebung als schockierend empfunden. Das beste Beispiel dafür sind die Skandale rund um Max Weilers Fresken in der Theresienkirche auf der Hungerburg (1946/47) und in der neuen Innsbrucker Bahnhofshalle (1954).

Max Weiler lehrt inzwischen an der Wiener Akademie und hat weltweit Anerkennung gefunden. International bekannt und angesehen sind auch

Prozession am Fuße des Schlern, ein eher ungewöhnliches Motiv für den Südtiroler Maler Karl Plattner. Es handelt sich um einen Ausschnitt von den 1964 geschaffenen Fresken der Europakapelle an der Autobahn bei Innsbruck.

„Ostern", ein 1986 entstandenes Gemälde von Max Weiler, das sich im Museum moderner Kunst in Wien befindet (Eitempera, 200 × 110 cm).

EIN RABE IM WINTER — FLORA 88

bitte um einen flora krah

weiße seien weiser
meinten sie
beratendes germanenvieh
auf der schulter
des gottes

Dein tuschschwarzer
kugelfresser
ist mir lieb

die andern nicht minder
den schoensten hast Du
mir vergessen

den meinen

auf einem apern glatz
des zerschneiten
misthaufens im olanger feld
oder den andern
im dampfigen garten neben
der entkleid'ten chiantiflasche
auf dem besenstiel

einen bitte zeichne
mir
weiße seien weiser
& die mit einem aug
glaubten sie

mir ist Deiner klug
genug
& schwarz zurecht

& bitte keine taube

zum christkind 76 norbert konrad kaser bozen-spital 201276

andere Tiroler Künstler, man denke nur an den Zeichner Paul Flora oder an den 1986 verstorbenen Maler Karl Plattner. Über die meisten der heute tätigen Künstler kann wohl erst die Nachwelt ein objektives Urteil fällen.
Dies gilt natürlich nicht nur für die bildende Kunst, sondern auch für Musik und Dichtung. Einige junge Tiroler Literaten waren gerade in neuester Zeit sehr erfolgreich. An erster Stelle ist dabei Felix Mitterer zu nennen, dessen Dramen genauso von den vielen Volksbühnen seiner Heimat wie von großen deutschen Bühnen gespielt werden. Auch in zahlreiche andere Sprachen wurden mehrere seiner Stücke bereits übersetzt. Als Autor von TV-Filmen erreicht Felix Mitterer ein Millionenpublikum und löst nicht selten heftige Diskussionen aus (z. B. „Piefke-Saga"). Erst nach seinem frühen Tod fand der Brunecker Norbert C. Kaser (1947–1978) mit seinen Gedichten und kurzen Prosatexten die gebührende Aufmerksamkeit und lebhafte Zustimmung im ganzen deutschen Sprachraum.

In Erinnerung an den zehn Jahre vorher verstorbenen Dichter Norbert C. Kaser schuf Paul Flora 1988 die Zeichnung „Ein Rabe im Winter". Er integrierte in das Bild ein an ihn gerichtetes Gedicht des Südtirolers. Paul Flora erkannte früher als andere Kasers hohe Begabung und förderte ihn nach Kräften.

Szenenbild von der Uraufführung von Felix Mitterers „Stigma" bei den Tiroler Volksschauspielen in Telfs (1983)

Sehr umstritten ist trotz einiger großer Begabungen und international beachteter Leistungen die moderne Architektur, vor allem da es ihr nicht gelungen ist, beim raschen Anwachsen der Städte die Forderung nach Schönheit und Lebensqualität in Baukunst umzusetzen. Aber auch das Problem des modernen und trotzdem landschaftsverbundenen Bauens konnte nur in Einzelfällen gelöst werden.

Die „Verhüttelung" der schönsten Gebiete unseres Landes kann man jedoch nicht nur den Architekten anlasten, sie ist vor allem eine Folge des Bevölkerungsanstiegs, des zunehmenden Tourismus und der sprunghaften Wirtschaftsentwicklung, die um die Mitte der sechziger Jahre voll einsetzte, in Nordtirol etwas früher, in Ost- und Südtirol mit ein paar Jahren Verspätung. Alle traditionellen Zweige der Tiroler Wirtschaft hatten an dieser Hochkonjunktur gleichermaßen Anteil. In Gewerbe und Kleinindustrie blühte das Geschäft und führte zur Gründung zahlreicher neuer Betriebe. Im Verkehrswesen mußte das Durchzugsland Tirol bisher nicht gekannte Zuwachsraten bewältigen, was den Ausbau des Straßennetzes und vor allem der wichtigsten Nord-Süd-Verbindungen notwendig machte. Ein „Jahrhundertwerk" war der Bau der Brenner-Autobahn. Im April 1959 erfolgte der erste Spatenstich zur „Europabrücke" über das Silltal zwischen Patsch und Schönberg. Im Sommer 1974 konnte man erstmals ganz Tirol ohne Unterbrechung auf einer modernen Autobahn durchfahren. Eine wichtige Funktion im europäischen Verkehrsnetz erfüllt seit 1967 auch die Felbertauernstraße, eine neue wintersichere Alpenstraße zwischen dem Brenner und den Pässen des östlichen Österreich. Die großzügig und doch landschaftsschonend angelegte Straße mit einem 5,2 Kilometer langen Scheiteltunnel verkürzt nicht nur den Weg von München an die östliche Adria beträchtlich, sondern bedeutet auch eine wichtige Verbindung zwischen Ost- und Nordtirol. Der Tiroler Ost-West-Verkehr erhielt 1979 durch die Eröffnung des Arlbergstraßentunnels eine Aufwertung.

Der Ausbau traditioneller Verkehrswege für immer mehr Personenautos und Lastkraftwagen, um den weiterhin stark zunehmenden Transitverkehr bewältigen zu können, wird längst nicht mehr von allen Politikern und Experten als der Weisheit letzter Schluß angesehen, da Abgase und Lärmbelästigung ein kaum mehr erträgliches Ausmaß angenommen haben. Jahrhundertelang war der Verkehr ein Segen für das Land, heute droht er zur tödlichen Gefahr zu werden. In zahlreichen Bürgerinitiativen meldete sich die betroffene Bevölkerung zu Wort und versuchte Einfluß auf die weitere Entwicklung zu nehmen. So wurde zum Beispiel ein Autobahnprojekt durch Ziller- und Ahrntal und weiter über Sexten in den Süden verhindert. Auch die Diskussion um einen Ausbau der Verbindung über Reschenpaß und Stilfser Joch wurde zeitweise äußerst hitzig geführt. Eine mögliche Alternative scheint vielen nur der großzügige Ausbau der Eisenbahn mit einem Basistunnel unter dem Brenner und die Verlagerung des Schwerverkehrs von der Straße auf die Schiene zu sein. Daß aber auch damit Probleme verbunden sind – Belastungen während der Bauphase, Streckenführung der Bahnlinie usw. –, steht außer Zweifel.

Tirol ist jedoch nicht nur ein Durchzugsland. Nicht alle Reisenden fah-

Ein neuer wintersicherer Alpenübergang und eine direkte Verbindung zwischen Ost- und Nordtirol wurde 1967 mit der Felbertauernstraße eröffnet.

ren auf dem schnellsten Weg weiter. Für viele ist ein Tal in Nord-, Ost- oder Südtirol das Urlaubsziel. Der zunehmende Wohlstand weiter Bevölkerungskreise, die Verlängerung der Urlaubszeit und die sprunghafte Motorisierung sorgten seit der Mitte der fünfziger Jahre für rasch wachsende Gäste- und Nächtigungsziffern. Dazu kamen der Ausbau der Wintersaison, die Schaffung neuer Attraktionen (Bergstraßen, Seilbahnen, Hallenbäder, Tennisplätze usw.) und gezielte Werbung. 2,4 Millionen Gäste (davon rund 2 Millionen Ausländer) besuchten 1963 allein das Bundesland Tirol. 15,5 Millionen Nächtigungen wurden gezählt. Bis 1973 verdoppelten sich beide Zahlen. Danach wurden die Zuwachsraten kleiner, in manchen Jahren gab es sogar ein Minus zu verzeichnen. 1983 betrug die Gästezahl immerhin 6,2 Millionen, die Zahl der Nächtigungen war auf 41,6 Millionen gestiegen. Und 1992 waren es schon 8,1 Millionen Gäste mit 45,7 Millionen Übernachtungen. In Südtirol überschritt der Fremdenverkehr erstmals um 1970 die Million bei den Ankünften. Nächtigungen wurden damals rund 10 Millionen gezählt. Nach einem rasanten Anstieg in den siebziger Jahren gab es anschließend einen Rückgang. In den ersten neunziger Jahren pendelte sich die Zahl der Übernachtungen von 3,7 Millionen Gästen auf rund 24 Millionen ein. Die immer gespannter werdende Situation auf dem internationalen Tourismusmarkt führte dazu, daß Südtirol einerseits und Nord- und Osttirol andererseits weltweit zunehmend als Konkurrenten auftreten. Dabei hat sich ergeben, daß das „Markenzeichen" Südtirol zugkräftiger ist als der Name Tirol allein.

Eine wichtige Rolle spielen im Tourismus internationale Großveranstaltungen des Sports, weil sie die jeweiligen Austragungsorte der Wettkämpfe und den Namen des Landes über Fernsehen und Presse in alle Welt tragen. Innsbruck mit den Olympischen Winterspielen von 1964 und 1976 hat von dieser Tatsache am meisten profitiert. Gröden war 1970 Zentrum der Schiwelt, als hier die FIS-Weltmeisterschaften ausgetragen wurden. Daneben gab und gibt es aber auch immer wieder Weltmeisterschaften und international ausgeschriebene Bewerbe in den verschiedensten anderen Disziplinen, wobei naturgemäß der Wintersport im Vordergrund steht. Alle Tiroler Landesteile stellten in den letzten drei Jahrzehnten im Schilauf Weltmeister, Olympiasieger und Gewinner des Weltcups. Die erfolgreichsten Schistars waren Toni Sailer von Kitzbühel, Karl Schranz vom Arlberg und Gustav Thöni von Trafoi. Im Rodeln nimmt Südtirol unter den besten Nationen eine Spitzenstellung ein. Eine Ausnahmeerscheinung im Sommersport war Klaus Dibiasi aus Bozen, der dreifache Olympiasieger im Wasserspringen (Mexiko 1968, München 1972, Montreal 1976).

Traditionsreiche Sportarten sind in Tirol das Schießen und das Bergsteigen. Durch alpinistische Sonderleistungen machen auch heute immer wieder Tiroler Kletterkünstler und Extrembergsteiger von sich reden. Bemerkenswert, daß die beiden weltweit wohl bekanntesten Südtiroler zwei Bergsteiger sind: der 1990 im Alter von 97 Jahren verstorbene Luis Trenker, dessen Ruhm allerdings mehr noch seinen Filmen und Büchern zu danken ist als seinen alpinistischen Leistungen, und der absolute Alpin-Star Reinhold Messner, der als erster Mensch alle Achttausender bezwang und mit diversen anderen modernen Abenteuern zwischen Südpol und Grönland regelmäßig die Medien füllt.

Das ungehemmte Wirtschaftswachstum der sechziger und frühen siebziger Jahre, eine allgemeine Technik- und Fortschrittsgläubigkeit, aber auch die ausschließlich auf Konsum eingestellte Lebensweise weiter Bevölkerungskreise konnten auf die Dauer nicht ohne negative Auswirkungen bleiben. Erst als es fast schon zu spät war, wurde die Öffentlichkeit auf die zunehmende Umweltbelastung, auf den Ausverkauf der Landschaft und auf den drohenden Verlust grundlegender geistig-kultureller Werte aufmerksam. Im wirtschaftlichen Bereich waren die notwendigen Gegenmaßnahmen – soweit sie überhaupt schon getroffen sind – hart und blieben deshalb nicht ohne Widerspruch. Unter massivem Druck nahmen Politiker auch so manche Entscheidung wieder zurück oder verwässerten sie bei der Durchführung. Naturschutzprobleme, Verbauungspläne, Diskussionen um Kraftwerks- und Straßenbauten sowie um die immer unzumutbarere Belastung durch den Transitverkehr stehen jedenfalls seit Ende der siebziger Jahre im Vordergrund von Wirtschaftsleben und Politik. Dabei schuf die plötzliche Verlangsamung der wirtschaftlichen Entwicklung neue Probleme, ließ Betriebe in die Krise schlittern, verunsicherte die Bevölkerung, die um ihre Arbeitsplätze fürchtete. Sich auf diese neue Lage einzustellen und mit den vielfältigen Problemen fertig zu werden, war die wichtigste

Zwei Tiroler, die Schigeschichte schrieben: Toni Sailer (zwischen den Slalomstangen) und Gustav Thöni (mit dem Weltpokal)

Eröffnungsfeier der Olympischen Winterspiele 1964 in Innsbruck vor 60.000 Zuschauern im Sprungstadion am Bergisel. ▷

▷ *Bei den Rodelweltmeisterschaften 1971 im Eiskanal von Olang.*

Aufgabe, vor die sich die Regierungen beider Landesteile seit Anfang der achtziger Jahre gestellt sahen und von deren Lösung die Zukunft des Landes weitgehend abhängen wird.

Aus der jüngsten Entwicklung und der gesamten Gegenwartsproblematik ist auch die so traditionsreiche Tiroler Landwirtschaft nicht ausgeklammert. Bereits in den fünfziger Jahren mußten die Tiroler Bauern und Bäuerinnen einsehen, daß das durch Jahrhunderte geltende Hofdenken einem Marktdenken weichen mußte. Die bisher bewährte Selbstversorgerwirtschaft mußte aufgegeben werden, wenn ein Einkommen erreicht werden sollte, das mit dem anderer Berufe zu vergleichen war und das den Kindern Bildungschancen und damit Existenzmöglichkeiten außerhalb der Landwirtschaft eröffnen konnte. Alle Arbeiten, die nicht mehr rentabel erschienen und aus Mangel an Arbeitskräften nicht mehr geleistet werden konnten, hatten zu unterbleiben. Die Dienstboten verschwanden von den Höfen, sie fanden in Handel, Gewerbe und Industrie, vor allem im aufkommenden Fremdenverkehr, wesentlich bessere Verdienstmöglichkeiten. Dafür zog die Technik auch auf den Berghöfen ein. Rationalisieren, mechanisieren, Arbeit sparen und Arbeit erleichtern waren Parolen dieser Zeit. Mit den alten Wirtschaftsformen verschwand auch vieles, was bisher das bäuerliche Leben, die alte Gesellschaftsordnung und die Volkskultur geprägt hatte. Auch Kenntnisse und Fertigkeiten, die früher Voraussetzungen für die Selbstversorgung der Höfe waren, gerieten vielfach in Vergessenheit. Der Bauer vergab nun Aufträge an Fachleute, bezog vom Handel, was er zum Essen und Anziehen brauchte. Für den eigenen Arbeitsbereich waren im vermehrten Maß Fachwissen und dementsprechende Ausbildung ein Gebot der Stunde, wobei diesbezüglich in Südtirol ein großer Nachholbedarf zu decken war. Diese Entwicklung führte zu einer Produktionssteigerung in der Landwirtschaft, obwohl die Anzahl der bewirtschafteten Höfe zurückging.

Blick auf die Landwirtschaftliche Schule und Versuchsanstalt Laimburg, eine Ausbildungsstätte von entscheidender Bedeutung für die landwirtschaftliche Entwicklung Südtirols.

Dr. Luis Durnwalder, Landeshauptmann seit 1989, hat die schwierige Aufgabe, Südtirol in eine neue Zeit zu führen, in der nicht mehr der Kampf um die Autonomie das Hauptproblem ist.

Während in Nord- und Osttirol die Viehzucht den wichtigsten Erwerbszweig der Bauern darstellt, steht in Südtirol die Landwirtschaft sozusagen auf einem zweiten, gleichwertigen Bein. 7 Prozent des Kulturlandes sind hier dem Obstbau vorbehalten, 2,5 Prozent machen die Weingärten aus. Kein Wunder, daß man Südtirol den Obstgarten Europas nennt: Jeder dritte Apfel Italiens und jeder zehnte Apfel Europas kommt aus Südtirol. Die durchschnittliche Jahresproduktion der vorwiegend genossenschaftlich organisierten Obstwirtschaft beträgt 6 Millionen Zentner, die Jahresproduktion in der Weinwirtschaft rund 550.000 Hektoliter. Davon wird bis zu zwei Drittel exportiert, vorwiegend nach Deutschland, Österreich und in die Schweiz. Obwohl auf Südtirol nur 0,8 Prozent der gesamtitalienischen Weinproduktion entfallen, ist es am Export mit durchschnittlich 20 Prozent beteiligt. Wie in der gesamten Südtiroler Wirtschaft, spielt auch im landwirtschaftlichen Bereich die enge Verbindung mit den EG-Ländern eine wichtige Rolle, anderseits kommt gerade hier der durch das „Accordino" begünstigte Warenaustausch mit dem Bundesland Tirol und Vorarlberg zum Tragen.

Der Anteil der bäuerlichen Bevölkerung Tirols sank von über 44 Prozent im Jahr 1910 auf – soweit es das Bundesland Tirol betrifft – unter zehn Prozent. Von den deutschen und ladinischen Südtirolern verdienen ihren Lebensunterhalt noch 14 Prozent in der Land- und Forstwirtschaft. Auch innerhalb der anderen Bereiche des Berufs- und Wirtschaftslebens sind starke Umschichtungen zu verzeichnen. Dazu kommen andere soziale Phänomene. Längst ist es zu einer gegenseitigen Durchdringung der verschiedenen Arbeits-, Lebens- und Kulturbereiche gekommen. Stadt und Dorf, Industriegebiet und Agrarland sind nicht mehr streng getrennt. Dörfer verstädtern; Tourismus und Massenmedien beeinflussen auch den abgelegensten Hof; Bergbauern müssen einer Zweitbeschäftigung als Arbeiter nachgehen; Ballungszentren wie Innsbruck und Bozen üben mit ihrem großen Angebot an Arbeitsplätzen in Handel, öffentlichem Dienst und Industrie eine starke Anziehungskraft auf die Menschen der näheren und weiteren Umgebung aus, sodaß das Pendlerwesen zunimmt. Es kann auch nicht ohne Auswirkungen auf die Bevölkerung bleiben, wenn eine Million Tiroler jährlich rund zwölf Millionen Gäste beherbergen, die im Durchschnitt fast eine Woche im Land bleiben. Kritiker des Massentourismus sehen ernste Gefahren nicht nur für die längst über Gebühr belastete Umwelt.

Die wirtschaftliche, soziale und soziologische Struktur hat sich gewandelt, die Gesellschaft ist längst nicht mehr einheitlich geprägt, sondern „pluralistisch" in Lebensweise, Bildung, in religiösen und politischen Anschauungen. Gleichzeitig vollzieht sich aber eine Vermassung und Nivellierung durch Werbung, Konsumverhalten und Mode.

In Südtirol gibt es außerdem das Problem des Verhältnisses zum italienischen Bevölkerungsteil, der sich noch dazu innerhalb der autonomen Provinz Bozen in die Minderheit gedrängt sieht und mit nationalistischen Tendenzen reagiert. Durch den „Paket"-Abschluß hat sich die Stimmung in letzter Zeit nach dem Tief in den achtziger Jahren wieder verbessert. Die Zuwanderung aus dem Süden wurde seit Ende der sechziger Jahre weitgehend gestoppt, anderseits verlangsamte sich auch das natürliche Wachstum der Südtiroler Bevölkerung. Die deutsche Volksgruppe hatte von 1961 bis 1971 um 11,87 Prozent zugenommen, im folgenden Jahrzehnt nur mehr um 7,39 Prozent, die ladinische wuchs von 1961 bis 1971 um 22,72 Prozent und nahm bis 1981 nochmals um 14,82 Prozent zu. Die Italiener hatten zwischen 1961 und 1971 noch ein Wachstum von 7,39 Prozent zu verzeichnen. Bis 1981 verringerte sich die Zahl um 10,20 Prozent. Nach der Volkszählung 1991 hatte die Provinz Bozen 438.269 Einwohner, davon bekannten sich 422.851 zu einer der drei Volksgruppen: 67,99 Prozent zur deutschen, 27,65 Prozent zur italienischen und 4,36 Prozent zur ladinischen Volksgruppe. Interessant ist, daß von der italienischen Bevölkerung Südtirols rund 85 Prozent in Bozen, Meran und Brixen sowie in der Bozener Vorortgemeinde Leifers wohnen.

Eine historisch bemerkenswerte Entwicklung vollzog sich seit dem Ende der Monarchie und vor allem seit dem Zweiten Weltkrieg in der ladinischen Volksgruppe. Das geschlossene Eintreten für einen Verbleib bei Österreich oder später für eine Wiedervereinigung Tirols, der Kampf ums Überleben und verschiedene Initiativen im geistig-sprachlich-kulturellen Bereich sorgten für eine innere Stärkung und Festigung des Selbstbewußtseins. Die ladinische Sprache erlebt einen ungeahnten Aufschwung, wozu nicht zuletzt periodische Druckschriften und zahlreiche einzelne Veröffentlichungen beitragen. Die ladinische Schule soll neu organisiert werden, wobei der Muttersprache größeres Augenmerk gewidmet werden soll. Ebenso wird an die Einführung einer, freilich noch heftig umstrittenen, einheitlichen ladinischen Schriftsprache „Ladin Dolomiten" gearbeitet. Bedauerlich ist, daß nur die Ladiner in den Provinzen Bozen und Trient das volle Minderheitenrecht und eine offizielle Förderung genießen, während die Buchensteiner und Ampezzaner in der Provinz Belluno diese Vorteile nicht kennen. Auch das Fehlen einer tragfähigen gesamtladinischen Organisation wird von vielen bedauert.

In Nord- und Osttirol hat die Bevölkerungszahl von 1961 auf 1971 um 17,6 Prozent zugenommen, von 1971 auf 1981 um 7,7 Prozent. Etwa gleich hoch war der Zuwachs im folgenden Jahrzehnt. 1991 lebten im österreichischen Bundesland Tirol 631.410 Menschen. Daß sich die Beziehungen zwischen ihnen und den Südtiroler Landsleuten wieder festigen und das durch die Zugehörigkeit zu zwei verschiedenen Staaten bedingte Auseinanderleben gestoppt wird, daß Anzeichen einer Entfremdung überwunden werden und ein neues Gefühl der Zusammengehörigkeit im gemeinsamen Heimatland Tirol entsteht, ist eine wesentliche Voraussetzung für die weitere glückliche Entwicklung dieses jahrhundertealten Landes im Gebirge.

ANHANG

Zeittafel zur Geschichte Tirols

Stammtafeln der Tiroler Landesfürsten

Personenregister

Literaturhinweise

Bildnachweis

Zeittafel zur Geschichte Tirols

Um 1000 v. Chr. Brenner wird verbindende Klammer zwischen den Tälern nördlich und südlich des Alpenhauptkammes

15 v. Chr. Drusus und Tiberius erobern das zentrale Alpengebiet und das Alpenvorland – Errichtung der römischen Provinz Rätiens

476 Ende des Weströmischen Reiches

550–600 Vordringen der Bayern ins Inntal und über den Brenner nach Süden

Um 600 Ingenuin wirkt als erster sicher bezeugter Bischof von Säben

769 Bayernherzog Tassilo III. gründet das Kloster Innichen

788 Eingliederung des Stammesherzogtums Tassilos III. in das Frankenreich

962 Otto I. in Rom zum Kaiser gekrönt

1004/1027/1091 Belehnung der Bischöfe von Trient und Brixen mit den Grafschaften „im Gebirge" vom Inntal bis zur Berner (Veroneser) Klause

12. Jh. Aufstieg der Grafen von Tirol und der Grafen von Andechs

1248 Grafen von Andechs sterben aus – Erste Vereinigung der Grafschaften um den Brenner durch Graf Albert von Tirol

1253 Grafen von Tirol sterben aus – Erbe ist Graf Meinhard III. von Görz (Meinhard I. von Tirol-Görz)

1258–1295 Graf Meinhard II. von Tirol-Görz festigt Einheit Tirols nach innen und außen

1271 Besitzteilung zwischen den seit 1258 gemeinsam regierenden Brüdern Meinhard und Albert, der die görzischen Lande mit Lienz und dem Pustertal erhält

1282 Belehnung der Söhne König Rudolfs I. von Habsburg mit Österreich und Steiermark

1286 Belehnung Meinhards II. mit dem Herzogtum Kärnten

1330 Margarethe Maultasch heiratet Johann Heinrich von Luxemburg

1335 Meinhardiner sterben in männlicher Linie aus – Tirol fällt an die Luxemburger, Kärnten an die Habsburger

1342 Vertreibung Johann Heinrichs von Luxemburg – Wittelsbacher kommen durch die Ehe Ludwigs von Brandenburg mit Margarethe Maultasch und Anerkennung der Landesfreiheiten (der „große Freiheitsbrief") in den Besitz Tirols

1361 Ludwig von Brandenburg stirbt

1363 Tod Meinhards III. (Sohn Ludwigs und Margarethes) – Margarethe Maultasch übergibt Tirol im Einverständnis mit den Vertretern der Bevölkerung an Herzog Rudolf IV. von Habsburg

1363–1368 Abwehr bayrischer Angriffe

1373 Talschaft Primiero kommt zu Tirol

1379 Erste Länderteilung der Habsburger – Tirol an Leopold III.

1386 Leopold III. fällt in der Schlacht bei Sempach

1406 Einfall der Appenzeller ins Oberinntal

1406 Neuerliche Teilung der habsburgischen Länder – Tirol wird zusammen mit den Vorlanden ein selbständiges habsburgisches Landesfürstentum

1406–1439 Herzog Friedrich IV. „mit der leeren Tasche" – Ausbildung der landständischen Verfassung

1411 Adelsempörung und Bayerneinfall

1414 Valsugana kommt zu Tirol

1414–1418 Konzil von Konstanz

1415/16 Ächtung Friedrichs IV., Länderverlust, Haft und Flucht – Bürger und Bauern retten ihm die Herrschaft im Kampf gegen den Adel und seinen Bruder Herzog Ernst

1420 Friedrich IV. macht Innsbruck zur Residenzstadt

1439–1446 Vormundschaft Friedrichs V. (III.) über Sigmund von Tirol und Streit mit den Tiroler Landständen um deren Dauer

1446–1490 Herzog (ab 1477 Erzherzog) Sigmund „der Münzreiche" (gest. 1496)

1453–1464 Streit mit dem Brixner Bischof, Kardinal Nikolaus Cusanus, um die Landeshoheit

1477 Verlegung der Tiroler Münzstätte von Meran nach Hall

1478 Wehrordnung wegen Türkengefahr

1482–1486 Große Münzreform

1487 Krieg gegen Venedig

1487 „Entmachtung" Sigmunds durch die Landschaft

1490–1519 Maximilian I. (Landesfürst, König, ab 1508 Kaiser)

1499 Schweizerkrieg und Niederlage der Tiroler bei Glurns

1500 Görzer Grafen sterben aus – Pustertal mit Herrschaft Lienz kommt zu Tirol

1504 Maximilian gewinnt die Gerichte Rattenberg, Kufstein und Kitzbühel für Tirol

1508–1516 Krieg Maximilians gegen Venedig

1511 Neue Wehrordnung („Landlibell")

1518 Maximilian schlägt Ampezzo zu Tirol

1518 Generallandtag der österreichischen Länder in Innsbruck

1519 Königswahl von Maximilians Enkel Karl V.

1521 Länderteilung zwischen den Brüdern Karl V. und Ferdinand I.

1522 Tirol und die Vorlande kommen zu den österreichischen Ländern Erzherzog Ferdinands I. (Vertrag von Brüssel)

1525 Bauernaufstand, Bauernlandtage – Kompromiß zwischen Landesfürst und Bauern (Landesordnung von 1526)

1526 Michael Gaismairs revolutionäre „Landesordnung" und sein Zug durch Tirol

1532 Ermordung Gaismairs in Padua – Landesordnung von 1526 durch neue Landesordnung ersetzt

1545–1563 Konzil zu Trient

1546 Abwehr eines Angriffs des Schmalkaldischen Bundes auf Tirol (Kämpfe um die Ehrenberger Klause)

1552 Kurfürst Moritz von Sachsen dringt mit seinem Heer in Tirol ein

1564 Neuerliche Länderteilung der Habsburger – Tirol und die Vorlande werden wieder selbständig

1564–1595 Erzherzog Ferdinand II. (seit 1567 Residenz in Innsbruck)

1602–1618 Erzherzog Maximilian III., „der Deutschmeister"

1618–1648 Dreißigjähriger Krieg

1619–1632 Erzherzog Leopold V.

1632 Abwehr eines Angriffs auf die Ehrenberger Klause

1632–1646 Regentschaft Claudias von Medici

1646–1662 Erzherzog Ferdinand Karl

1652 Verkauf der Tiroler Rechte im Unterengadin an Graubünden

1662–1665 Erzherzog Sigmund Franz

1665 Nach dem Aussterben der Tiroler Habsburger übernimmt Kaiser Leopold I. die Regierung Tirols

1669 Gründung der Innsbrucker Universität

1703 Vertreibung der in Tirol eingedrungenen Bayern

1720 Pragmatische Sanktion verkündet Unteilbarkeit der österreichischen Länder

1740–1790 Regierungszeit Maria Theresias und Josephs II. – Zahlreiche Reformen gegen den Willen der Bevölkerung

1752 Kompetenzen und Zuständigkeitsbereich der Innsbrucker Behörden eingeengt – Vorderösterreich (einschließlich Vorarlberg) wird nicht mehr von Innsbruck aus regiert und verwaltet

1782 Vorarlberg wieder mit Tirol verbunden

1796/97	Krieg Österreichs mit dem revolutionären Frankreich berührt Tirol (u. a. Kampf bei Spinges)
1803	Stiftsländer von Trient und Brixen werden mit dem Land Tirol vereinigt (Ende der geistlichen Fürstentümer)
1804/1806	Kaiser Franz nimmt den Titel eines Kaisers von Österreich an und legt die römisch-deutsche Kaiserkrone nieder
1805	Österreich muß Tirol und Vorarlberg an Bayern abtreten (Friede zu Preßburg)
1808	Neue bayrische Verfassung beseitigt Ständevertretung und Landesrechte
1809	Aufstand der Tiroler gegen die bayerische Herrschaft – Mehrmalige Befreiung und Wiederbesetzung des Landes – Bauernregiment unter Andreas Hofer in der Innsbrucker Hofburg – Zusammenbruch der Erhebung im November
1810	Andreas Hofer wird in Mantua erschossen (20. Februar) – Napoleon teilt Tirol zwischen Bayern, dem Königreich Italien und den „Illyrischen Provinzen" Frankreichs auf
1813/14	Ende der Napoleonischen Herrschaft – Wiedervereinigung Tirols mit Österreich
1814/15	Wiener Kongreß – Österreich verzichtet auf Vorderösterreich
1816	Salzburgische Gerichte im Ziller- und Brixental und im heutigen Osttirol werden mit Tirol vereinigt, ebenso die Herrschaft Vils – Neue Landesverfassung für Tirol
1848/49	Revolution in Wien, Kaiser Ferdinand I. flüchtet nach Innsbruck – Tiroler Landtag in neuer Zusammensetzung beschließt demokratischere Landesverfassung und Grundentlastung – Erhebung in der Lombardei, Einmarsch des Königs von Sardinien in die österreichische Provinz, Tiroler Schützen verteidigen die Südgrenze Tirols
1849	Siege der österreichischen Armee über die italienischen Truppen – Aufhebung aller liberalen und demokratischen Neuerungen
1859	Krieg Österreichs gegen Frankreich und Piemont-Sardinien (Landesschützen verteidigen Tiroler Grenzen) – Verlust der Lombardei
1861	Neue Tiroler Landesordnung im Rahmen der neuen Verfassung Österreichs – Einführung des Kurien- und Zensuswahlsystems
1866	Krieg Österreichs gegen Preußen und Italien (wieder Kämpfe an der Tiroler Grenze unter Beteiligung von Schützenkompanien) – Verlust Venetiens
1867	Eröffnung der Brennerbahn
1867	Teilung der Monarchie in zwei Reichshälften – Formulierung der bürgerlichen Grundrechte und des Nationalitätenrechts in der „Dezemberverfassung"
1873	Einführung von direkten Wahlen in das Abgeordnetenhaus des Reichsrates
1900–1902	Aussichtsreiche, doch ergebnislose Verhandlungen über Trentiner Autonomiefrage
1904	Gründung des Tiroler Bauernbundes
1907	Allgemeines Wahlrecht (ohne Frauen) für Reichsrat
1914	Wahlreform für Tiroler Landtag – Ausbruch des Ersten Weltkrieges
1915	Londoner Vertrag zwischen Italien und Entente (26. April) – Italien erklärt Österreich den Krieg (23. Mai) – Ausrücken der Standschützen
1918	Kaiserliches Manifest verkündet Umwandlung der Monarchie in Bundesstaat (16. 10.) – Waffenstillstand an der Südfront (3. 11.) – Italiener besetzen kampflos Südtirol – Staatsrat und Nationalversammlung erklären Deutschösterreich zur Republik und zu einem Bestandteil Deutschlands (11. und 12. Nov.)
1919	Friedenskonferenz in Paris behandelt Tiroler Frage – Tiroler Landesversammlung bietet Selbständigkeitserklärung an, wenn dadurch die Landeseinheit gerettet werden könnte (3. Mai) – Unterzeichnung des Staatsvertrages von Saint-Germain (10. Sept.)
1920	Verhandlungen um österreichische Bundesverfassung (beschlossen am 1. Oktober) – Italien annektiert Südtirol (10. Oktober)
1921	Volksabstimmung in Tirol erbringt Ja für Anschluß an Deutschland (24. April) – Beginn des faschistischen Terrors in Südtirol
1922	Faschistischer „Marsch auf Bozen" (2. Oktober) – Machtergreifung des Faschismus in Italien (28. Oktober) – Beginn systematischer Italianisierungsmaßnahmen in Südtirol
1933	Nationalsozialistische Wahlerfolge in Tirol – Übergang zum autoritären Regierungssystem auf Bundes- und Landesebene – NS-Terror, Verbot der Partei und „Tausend-Mark-Sperre"
1934	Bürgerkrieg im Februar (Kämpfe in Wörgl) – Verfassung des Ständestaates (1. Mai) – Nationalsozialistischer Putschversuch (25. Juli) – Beginn des Ausbaus einer Industriezone in Bozen und Förderung der Zuwanderung aus dem Süden Italiens
1938	Einmarsch Hitlers in Österreich (12./13. März) – Gau Tirol-Vorarlberg – Osttirol zu Kärnten geschlagen
1939	Abkommen zwischen Italien und Deutschland zur Umsiedlung der Südtiroler („Option") – Beginn des Zweiten Weltkrieges
1943	Sturz Mussolinis und seine Wiedereinsetzung durch die Deutschen als Chef einer norditalienischen Republik von Salò – Deutsche Truppen besetzen die Provinzen Bozen, Trient und Belluno („Operationszone Alpenvorland")
1945	Einmarsch der Alliierten in Bozen und in Innsbruck – Südtiroler Volkspartei gegründet (12. Mai) – Die österreichischen Länder bestätigen die am 27. April gebildete provisorische Regierung Österreichs (Konferenz in Wien vom 24. bis 26. September)
1945/46	Petitionen, Denkschriften, Kundgebungen usw. für die Vereinigung Südtirols mit Österreich bzw. für die Zuerkennung des Selbstbestimmungsrechtes
1946	Pariser Friedenskonferenz verweigert Selbstbestimmungsrecht und erkennt Italien die Nordgrenze von 1938 zu – Gruber-Degasperi-Abkommen über Autonomie für Südtirol (5. September)
1947	Osttirol wieder mit Tirol vereinigt
1948	Italienische Verfassung (1. Jänner) und Autonomiestatut für Region „Trentino-Tiroler Etschland" (14. März)
1955	Österreichischer Staatsvertrag beendet Besatzungszeit (15. Mai)
1956	Beginn von Verhandlungen zwischen Österreich und Italien über Erfüllung des Pariser Abkommens
1956/57	Erste demonstrative Sprengstoffanschläge
1959	Südtirolfrage vor dem Europarat
1960/61	Südtiroldebatten und Resolutionen der Vereinten Nationen
1961	Serie von Sprengstoffattentaten, Polizeimaßnahmen, Verhaftungen, Mißhandlungen
1961–1964	Arbeit einer 19er-Kommission zum Studium der Autonomiefrage
1964	Errichtung der Diözesen Innsbruck und Bozen-Brixen
1961–1969	Österreichisch-italienische Verhandlungen über Südtiroler Autonomie
1969	Einigung über ein „Paket" autonomer Rechte für die Provinz Bozen
1970	Erste gemeinsame Sitzung der Landtage von Innsbruck und Bozen
1971/72	Italienisches Verfassungsgesetz (10. November 1971) und neues Autonomiestatut (20. Jänner 1972) für die Region „Trentino-Südtirol"
1972	Gründung der „Arbeitsgemeinschaft Alpenländer"
1992	„Paket"-Abschluß

Stammtafel der Grafen von Tirol-Görz

(Die Jahreszahlen sind Regierungszeiten in Tirol)

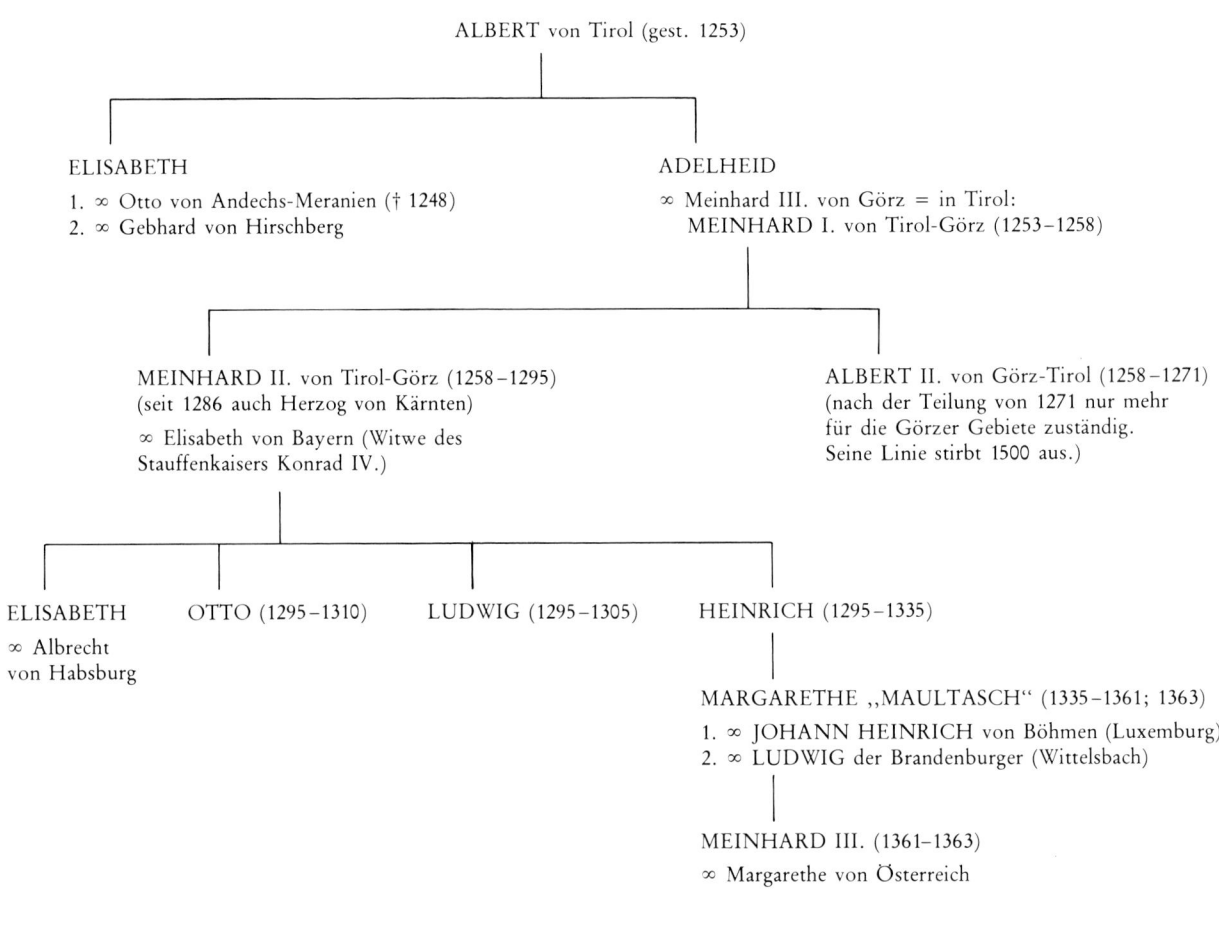

Erläuterung zur Stammtafel der Landesfürsten aus dem Hause Habsburg bzw. Habsburg-Lothringen auf der folgenden Seite:

Nur bei jenen Habsburgern, die (auch) Tiroler Landesfürsten waren, wurden Jahreszahlen beigefügt; es handelt sich um ihre Regierungszeit als Tiroler Landesfürsten.

Könige bzw. Kaiser wurden mit einem Sternchen vor dem Namen gekennzeichnet.

Kinder bzw. Geschwister sind nur angeführt, soweit sie in der Genealogie bzw. Erbfolge oder für die Tiroler Geschichte eine wichtige Rolle spielten.

Landesfürsten aus dem Hause Habsburg (1363–1780) bzw. Habsburg-Lothringen (1780–1918)

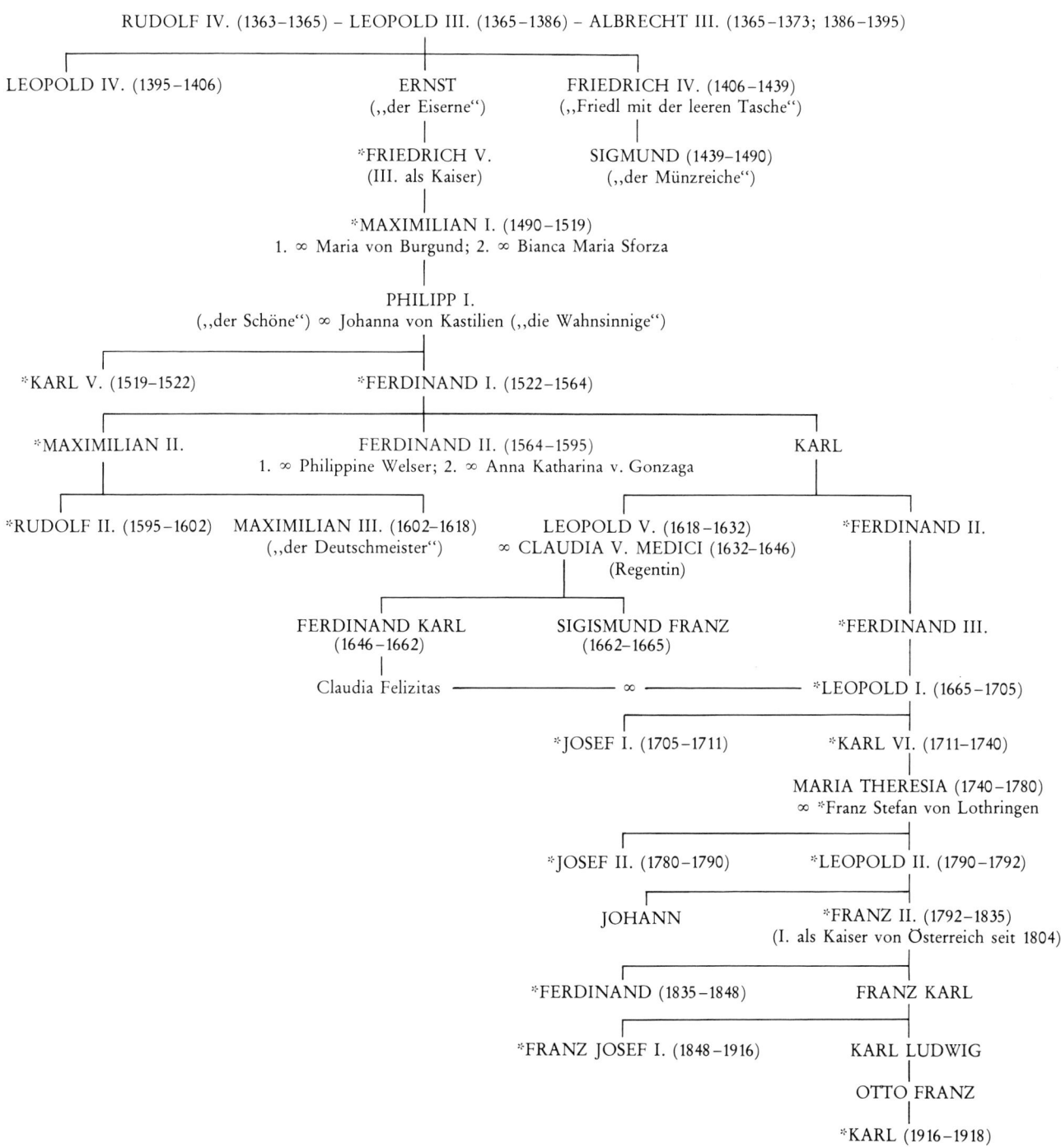

Personenregister

Wenn ein Personennamen auf einer bestimmten Seite nur im Bildtext genannt wird, ist dies durch den Hinweis (B) hinter der Seitenzahl vermerkt. Namen im Anhang sind nicht berücksichtigt.

Adelheid von Tirol 19
Agilolfinger, Herzogsgeschlecht 13
Albert von Görz-Tirol 19
Albert von Tirol 19
Albrecht I., König 21 f.
Albrecht II., Herzog 38
Albrecht III., Herzog 41
Altmutter, Jakob Placidus 23 (B), 113 (B), 132 (B), 152
Amonn, Erich 240
Amplatz, Luis 253
Andechs, Grafen von 18 f.
Anich, Peter 55 (B), 114
Anraiter, Karl 82 (B)
Apeller, Georg Philipp 108
Arbeo von Meran, Bischof 31
Arco, Karl Graf 123
Asam, Cosmas Damian 108, 109 (B)
Augustus, Kaiser 11
Avancinus, Nikolaus 112

Bachlechner, Josef 186 (B), 187
Baldauf, Adam 87
Battisti, Cesare 192
Bauer, Otto 204
Baumgartner, Unternehmerfamilie 58
Beauharnais, Eugen 138
Bene, Otto 233
Benedetti, Bildhauerfamilie 109
Benedikter, Dr. Alfons 257 (B), 258
Berg, Dr. Karl 259
Bernhard von Weimar, Herzog 81
Berthold von Andechs, Graf, Herzog 30
Bienner, Wilhelm 81 f.
Böheimb, General 239
Botsch (Bocci), Heinrich 62
Broussier, General 238
Burgklechner, Matthias 52 (B), 89

Canisius, Petrus 84
Carlone, Francesco Diego 108
Cesti, Marc (Pietro) Antonio 88
Chasteler, General 127 ff.
Christine, Ex-Königin 88
Claudia von Medici, Landesregentin 81 f., 105
Claudius, Kaiser 12
Colin, Alexander 86
Cologgi-Vespucci, Adriano 227
Cusanus, Nikolaus 42, 70

Damasch, Andreas – siehe Thamasch
Danei, Josef 137
Dapunt, Markus 238

Defregger, Franz von 186
Degasperi, Alcide 164, 217, 244 f.
Delai, Baumeisterfamilie 107 f.
Delai, Josef 107
Deroy, General 130
Dibiasi, Klaus 268
Dollfuß, Engelbert 211 f.
Donner, Raphael 110
Drouet d'Erlon, General 136
Drusus, Feldherr 11 f.
Dürer, Albrecht 67
Durnwalder, Luis 258, 271 (B)
Duile, Josef 153

Edelpöckh, Benedikt 87
Eder, Georg 259
Egarter, Hans 238
Egger, Georg 186 (B)
Egger, Wilhelm 259 f.
Egger-Lienz, Albin 186, 187 (B), 197 (B), 215, 216 (B)
Eisendle, Jakob 180
Eleonore von Schottland 43, 70
Elisabeth von Tirol 19
Engelberg, Burkhart 60
Engelmar von Villanders 37
Enzenberg, Graf Kassian Ignaz 97
Eppan, Grafen von 18
Erckert, Dr. Karl 247
Ernst der Eiserne, Herzog 42, 50
Esterle, Max von 164 (B), 180 (B), 184 (B)
Etzel, Carl von 166
Exl, Ferdinand 184 (B), 185

Faistenberger, Andreas 110
Falger, Anton 141 (B)
Fallmerayer, Jakob Philipp 151
Felini, Kirchenkomponist 188
Ferdinand I., Erzherzog, König, Kaiser 71–80, 83
Ferdinand I., Kaiser von Österreich 145 f.
Ferdinand II., Erzherzog 80 f., 84, 86–89
Ferdinand Karl, Erzherzog 81 f., 88
Ferrari, Josef 247
Ficker, Julius von 183
Ficker, Ludwig von 186
Fieger, Bergbauunternehmer 56
Figl, Leopold 241
Fischer, Baumeister 107
Flora, Paul 262, 265 (B)
Franz I. (Franz Stephan von Lothringen), Kaiser 96
Franz II., Kaiser (I. von Österreich) 99, 119 f., 130, 143 f., 152
Franz Joseph I., Kaiser 157, 180, 195, 200, 201 (B)
Franzelin, Johann Baptist 184
Friedrich IV. (Friedl mit der leeren Tasche), Herzog 41 ff., 49 f., 54, 56

Friedrich V. (III.), Herzog (König, Kaiser) 42, 52
Frundsberg, Georg von 78
Fuchsmagen, Dr. Johann 70, 72
Fugger, Unternehmerfamilie 58 f.
Fugger, Jakob 59 (B)

Gänsbacher, Johann 151
Gaismair, Michael 70, 72–79
Gamper, Michael 223, 229 ff., 237, 242, 249
Gargitter, Dr. Joseph 259
Garibald I., Herzog 13
Garibald II., Herzog 13
Gasser, Vinzenz 159, 184
Gebhard von Hirschberg, Graf 19
Geiger, Christof 66
Geizkofler, Lukas 85
Gerhard, Hubert 86
Gigl, Anton 108
Gilm, Hermann von 148, 150
Giotto, Maler 62
Görz, Grafen von 19 ff., 46, 56
Gostner, Anton 252
Gras, Caspar 86 f.
Grasmayr, Johann Georg 109
Grauss, Dr. Alois 241
Greifenstein, Grafen von 18
Greil, Wilhelm 164 f.
Grimm, Hugo 171 (B)
Gruber, Dr. Karl 241, 243 f., 247
Gschwind, General 91
Guarinoni, Hippolyt 89, 107
Gumpp, Christof 87, 107
Gumpp, Georg Anton 107
Günter, Matthäus 108

Habsburger, Dynastie 34–46, 48, 54, 56, 76, 78, 80, 82 f., 90, 207
Hartmann von Brixen, sel. Bischof 30
Hartmann von Starkenberg 33
Haspinger, P. Joachim 132, 137
Haßlwanter, Dr. Johann 160
Heinrich II., Kaiser 16
Heinrich, Burggraf von Lienz 33
Heinrich der Löwe, Herzog 18, 21
Heinrich von Rottenburg 50
Heinrich von Tirol-Görz 22, 33, 34
Herkomer, Baumeister 107, 109 (B)
Hess, Victor Franz 216
Himmler, Heinrich 229
Hinderbach von Rauschenberg, Johann 69
Hitler, Adolf 211–214, 226–229, 234, 236 f.
Höfler, Franz 252
Hölzl, Blasius 46
Hofer, Andreas 128–139, 145
Hofer, Franz 228, 233–237
Hofer, Peter 234, 237
Hofhaimer, Paul 69
Holzer, Johann Evangelist 110
Holzhammer, Josef 164, 165 (B)
Holzmeister, Clemens 215
Hormayr, Josef Freiherr von 126–131
Hueber, Blasius 114
Hugo, Hofmaler 29

Huter, Jakob 79
Hyazinth, Heiliger 33

Ingenuin, hl. Bischof 14 (B)
Innerhofer, Franz 219
Isaak, Heinrich 70

Jäger, Albert 183
Johann, Erzherzog 126 f., 138, 143 f., 152, 157
Johann von Luxemburg, König von Böhmen 34
Johann Heinrich von Luxemburg 34 f.
Johanna (Juana) von Spanien 46
Johannes XXIII., Gegenpapst 50
Johannes Paul II., Papst 260 f.
Joubert, General 117 ff.
Joseph I., Kaiser 90, 94
Joseph II., Kaiser 96 ff., 105, 112 ff., 115, 119, 123, 125, 147

Kapferer, Johann 126 (B)
Karl, Erzherzog 118, 128, 130
Karl der Große, Kaiser 14 ff., 28
Karl I., Kaiser von Österreich 200 ff.
Karl IV., König von Böhmen, Kaiser 37
Karl V., Kaiser 80
Karl VI., Kaiser 94, 96
Karl Philipp von Pfalz-Neuburg, Reichsfürst 90
Karl von Lothringen, Herzog 90
Kaser, Norbert C. 264, 265 (B)
Kathrein, Dr. Theodor 164, 165 (B)
Kerpen, General 118
Kerschbaumer, Josef 253
Kiechl, Dr. Johann 160
Kink, Franz 179
Kirchmair, Chronist 74
Klebelsberg, Dr. Hieronymus von 160
Klocker, Hans 64 ff.
Klotz, Georg 253
Knoller, Martin 110
Koch, Josef Anton 110, 151
Kölderer, Jörg 45 (B), 66
Konrad II., Kaiser 16 f.
Konrad IV., Kaiser 19
Konrad von Teck 37
Krafft von Dellmensingen, General 197
Krajnc, Dr. Walter 236
Kranewitter, Franz 139, 184 (B), 185
Kravogl, Johann 180
Kreisky, Bruno 250
Kunter, Heinrich 55

Lampert, Carl 236
Lanz, Katharina 118
Laudon, General 118
Lechner, Leonhard 88
Lederer, Jörg 66
Lefebvre, General 128–132
Lehnert, Rudolf 216
Leonhard von Görz, Graf 46 (B), 56
Leonhard von Völs 45, 72
Leopold I., Kaiser 90, 94
Leopold II., Kaiser 96, 98 f., 114

Leopold III., Herzog 41, 43, 45
Leopold IV., Herzog 49
Leopold V., Erzherzog 81, 87 f.
Lerchenfeld, Generalkommissär 141
Leutold von Säben 33
Lichtenstein, Paul von 46
Liebener, Leonhard 153
Lodron, Graf 98
Löffler, Gießerfamilie 67
Löffler, Gregor 58
Lothar, König 16
Ludwig, bayer. Thronfolger 136 f., 140
Ludwig der Bayer, Kaiser 34 ff.
Ludwig der Brandenburger 36 ff., 48 f.
Ludwig der Deutsche, König 16
Lugger, Dr. Alois 157 (B)
Luther, Martin 71
Luxemburger, Dynastie 34 ff., 50

Madersperger, Josef 179
Maffei, Andrea 151
Magdalena, Erzherzogin 89
Magnago, Dr. Silvius 247 f., 252, 254, 257 (B), 258
Mahlknecht, Dominikus 151
Margarethe Maultasch 22, 34–40
Margarethe von Österreich 38
Maria Theresia, Kaiserin 94 (B), 96 ff., 104, 113, 123, 144
Maria von Burgund 43
Marpeck, Pilgram 85
Maulbertsch, Franz Anton 94 (B), 96. 103 (B)
Max (Maximilian) Emanuel, Kurfürst 90–93
Max (Maximilian) I. Joseph, König von Bayern 122, 124 (B)
Max (Maximilian) III. Joseph, Kurfürst 104
Maximilian I., König, Kaiser 43–46, 52 f., 54, 56, 58, f., 66–72, 80
Maximilian III. (der Deutschmeister), Erzherzog 80 (B), 81, 89, 102, 104
Mayr, Jakob 259
Mayr, Peter 132
Mayr, Philipp Benitius 129 (B)
Mayr-Falkenberg, Dr. Ludwig 233
Mayr-Nusser, Josef 238
Meinhard I. von Görz-Tirol 19
Meinhard II. von Tirol-Görz 19 ff., 27, 33, 59
Meinhard III., Herzog von Oberbayern, Graf von Tirol 37 ff., 49
Meranien, Herzöge von 18
Messner, Reinhold 268
Metternich, Staatskanzler 152, 154
Mitterer, Felix 264, 265 (B)
Mitterer, Ignaz 188
Mitterhofer, Peter 179
Mölk, Josef Adam 109
Moll, Balthasar 110
Morit, Grafen von 18
Moritz, Kurfürst 80
Mörl, Anton 211
Moro, Aldo 254 (B), 255
Moser, Carl 216

Moser, M. A. 134 (B)
Müntzer, Thomas 71
Multscher, Hans 64
Mungenast, Josef 110
Mungenast, Paul 110
Mussolini, Benito 220, 222, 224, 227 f., 233, 236 f.

Nagiller, Matthias 151, 152 (B)
Napoleon, Kaiser von Frankreich 115, 117–120, 122, 125, 128, 130 f., 136, 138–141, 147, 149
Nasus, P. Johannes 84
Natter, Heinrich 187
Negrelli, Alois 153
Nepo, Ernst 216
Neururer, Otto 236 (B)
Ney, franz. Marschall 122
Nicolodi, Silvio 257 (B)
Nikodem, Artur 216
Nikoletti, Angela 223
Noldin, Dr. Josef 224

Oberhueber, Josef 118 (B)
Obwexer, Natalis 214
Oswald von Wolkenstein 50, 68 f.
Otto I., Kaiser 16
Otto VIII. von Andechs, Herzog 18

Pacher, Friedrich 64
Pacher, Michael 64 ff.
Partl, Alois 241, 258
Pastor, Ludwig von 183, 201
Paßler, Peter 72 f.
Pembaur, Josef d. Ä. 188
Penz, Franz de Paula 107
Penz, Ludwig 187
Perathoner, Dr. Julius 164, 220
Perotti, Francesco 108
Perthaler, Hans von 159 (B)
Peskosta, Johann 180
Pfretzschner, Dr. Norbert 180, 185 (B)
Philipp der Schöne, Erzherzog 46
Pichler, Adolf 157, 182, 184 f.
Piffrader, Hans 216
Pius XI., Papst 224
Plattner, Karl 262
Pliembl, Christoph 87
Postal, Giovanni 252
Pozzo, Andreas 108
Prandtauer, Jakob 110
Prior, Dr. Fritz 257 (B)
Prosch, Peter 104
Pupp, Dr. Alois 247
Putz, Leo 186

Raber, Vigil 68
Radetzky, Feldmarschall 156 f.
Regnart, Jakob 88
Reichle, Hans 87
Reichlich, Marx 64
Reimmichl, siehe Rieger Sebastian
Reithmann, Christian 180
Renner, Karl 203 (B), 205 (B), 206, 240
Reut-Nicolussi, Dr. Eduard 224, 242 (B)
Ried, Hans 69

Rieger, Sebastian (Reimmichl)   185
Riehl, Josef   180
Röck, Johann Franz   173
Rohracher, Andreas   259
Roschmann, Anton   114
Roschmann, Leopold von   117
Rosmini, Antonio   151
Rossbach, General   157
Rubin, Minnesänger   33
Rudolf I. von Habsburg, König   21
Rudolf IV. (der Stifter), Herzog   21, 39 ff., 43, 49
Rusch, Dr. Paulus   235, 259
Ruska, General   131

Sailer, Toni   268
Salamanca, Gabriel   71
Salandra, Antonio   195
Salvemini, Gaetano   194, 217, 221
Sarnthein, Cyprian von   46
Saska, Ignaz   164
Scelba, Innenminister   254
Schädler, Georg   152
Schnatterpeck, Hans   66
Schönerer, Georg   164
Schönherr, Karl   184 (B), 185
Schöpfer, Dr. Aemilian   163, 209
Schöpfer, Nationalsängerensemble   189 (B)
Schor, Malerfamilie   108
Schorn, Dr. Johann   163
Schraffl, Josef   163, 199, 213
Schranz, Karl   268
Schuschnigg, Dr. Kurt   212 f.
Schussenried, Hans Lutz von   60
Sedlnitzky, Polizeichef   147 (B)
Segantini, Giovanni   186
Segni, Antonio   250 (B)
Seipel, Ignaz   213
Senfl, Ludwig   70
Senn, Johann Chrysostomus   148 ff.
Senn, Franz   170
Senn, Michael   99, 135
Sforza, Bianca Maria   44
Sieberer, Jakob   137
Sigismund, König   41, 50
Sigmund der Münzreiche, (Erz-)Herzog   41 ff., 45, 51 f., 56, 58 f., 66–70, 101
Sigmund Franz, Erzherzog   82
Spaur, Herren von   50
Speckbacher, Josef   128, 130, 132, 136
Spork, General   117
Sprenz, Sebastian   72 (B)
Stadlmayr, Johann   88
Staffler, Josef   180
Stainer, Jakob   89
Starkenberg, Herren von   50
Stecher, Dr. Reinhold   259
Steidle, Dr. Richard   211
Steinle, Bartlme   87
Sternbach, Dr. Paul von   222
Stöckl, Bergbauunternehmer   56
Stolz, Albert, Ignaz und Rudolf   216
Stoß, Veit   66
Strehle, Unternehmerfamilie   102
Streiter, Josef   151
Strudl, Peter   112
Stumpf, Dr. Franz   213
Swinburne, Oberstleutnant   122

Tänzel, Bergbauunternehmer   56
Tangl, Philipp Jakob   113
Tassilo I., Herzog   13
Tassilo III., Herzog   14 f., 32
Thamasch (auch Damasch), Andreas   109
Theoderich, König   13, 33
Thöni, Gustav   268
Thun, Vigil   119
Tiberius, Feldherr   11 f.
Tinzl, Dr. Karl   222
Tirol, Grafen von   18 f.
Tolomei, Ettore   194, 203, 220 ff., 227 f.
Toscanini, Arturo   242
Trakl, Georg   186
Treitz (-Saurwein), Marx   46
Trenker, Luis   268
Trientl, Adolf   174
Troger, Paul   110 ff.
Troger, Simon   110
Tschiggfrey, Dr. Hans   241
Türing, Niklas d. Ä.   66

Ulrich von Richental   50 (B)
Ulten, Grafen von Eppan und   18
Unterberger, Franz Sebald   109
Unterveger, G. B.   190 (B)
Utendal, Alexander   88

Valier, Max   216
Vintler, Hans von   68
Vischer, Peter   67
Volgger, Dr. Friedl   238, 245

Wachter, Georg   148 (B), 152
Waldauf, Florian   46
Walde, Alfons   214 (B), 215
Waldheim, Kurt   254 (B), 255
Waldmann, Malerfamilie   108
Waldmann, Kaspar   92 (B)
Wallnöfer, Eduard   241, 256, 257 (B), 258
Walther von der Vogelweide   33
Weber, Beda   145, 151, 155 (B)
Weber-Tyrol, Hans   216
Weiler, Max   262 f.
Weingartner, Dr. Wendelin   258
Weinhart, Ignaz   114
Weirotter, Franz Eduard   110
Weissgatterer, Dr. Alfons   241
Welfen, Herzogsgeschlecht   18
Welden, Feldmarschall   157
Welser, Philippine   81, 86
Welzenbacher, Lois   215
Wilson, Woodrow   202 ff.
Witigis, König   13
Wittelsbacher, Dynastie   18, 34–41, 46, 48, 90
Wolkenstein, Michael von   46
Wörndle, Dr. Philipp von   117

Ygl, Warmund   89

Zauner, Franz   112
Zeiller, Franz Anton   108 (B), 109
Zeiller, Johann Jakob   108 (B), 109
Zoller, Anton   109
Zuegg, Luis   180
Zwingli, Reformator   78

Literaturhinweise

Es kann hier nur eine kleine Auswahl der benützten Literatur geboten werden. Vor allem muß – mit wenigen Ausnahmen – darauf verzichtet werden, die vielen Monographien und Einzelveröffentlichungen über Kirchen und Künstler zu nennen, so wichtig sie für die Vertiefung und Abrundung des Wissens über die größeren kulturellen Zusammenhänge auch sind. Dasselbe gilt für die Veröffentlichungen über einzelne Gemeinden, Städte, Talschaften oder Regionen, die zumeist eine Fülle von Material enthalten, das auch für den größeren Rahmen der Landesgeschichte wichtig ist. Für den, der sich über einzelne Zeitabschnitte, Ereignisse, Personen oder Probleme ausführlicher informieren möchte, sei darauf hingewiesen, daß fast alle in den folgenden zitierten Bücher und Aufsätze eine Fülle weiterer Literaturangaben enthalten.

Wichtige Neuerscheinungen seit Herbst 1984 werden zum Schluß genannt.

Gesamtdarstellungen und allgemeine Literatur

Dörrer, Fridolin: Der Wandel der Diözesaneinteilung Tirols und Vorarlbergs. In: Beiträge zur Geschichte Tirols. Innsbruck 1971
Dörrer, Fridolin: Tirols außenpolitische Beziehungen zu seinen Nachbarn im Norden und Süden. In: Tiroler Heimat 31./32. Jg. (1967/68)
Egg/Pfaundler: Das große Tiroler Schützenbuch. Wien 1976
Egger, Josef: Geschichte Tirols, 3 Bände. Innsbruck 1872–1880
Forcher, Michael: Innsbruck in Geschichte und Gegenwart. Innsbruck 1973
Forcher, Michael: Tirol. Historische Streiflichter. Wien 1981 (3. Auflage)
Forcher, Michael: Bayern-Tirol. Die Geschichte einer freud-leidvollen Nachbarschaft. Wien 1981
Gelmi, Josef: Die Brixner Bischöfe in der Geschichte Tirols. Bozen 1984
Harb/Hölzl/Stöger: Tirol. Texte und Bilder zur Landesgeschichte. Innsbruck 1982
Huter, Franz (Hrsg.): Südtirol. Eine Frage des europäischen Gewissens. Wien 1965
Hye, Franz-Heinz: Die Städte Tirols, 1. Teil: Bundesland Tirol (Österreichisches Städtebuch 5/1). Wien 1980
Jäger, Albert: Geschichte der landständischen Verfassung Tirols, 2 Bände. Innsbruck 1881–1885
Kögl, Joseph: La sovranità dei vescovi di Trento e di Bressanone. Trento 1964
Ladinien. Land und Volk in den Dolomiten (= Jahrbuch des Südtir. Kulturinst. 3/4). Bozen 1963/64
Paulin, Karl: Tiroler Köpfe. Innsbruck 1953
Pfaundler, Gertrud: Tirol-Lexikon. Ein Nachschlagewerk über Menschen und Orte des Bundeslandes Tirol. Innsbruck 1983
Riedmann, Josef: Geschichte Tirols. Wien 1982
Schober, Richard: Geschichte des Tiroler Landtages im 19. und 20. Jahrhundert (= Veröffentlichungen des Tiroler Landesarchivs, Bd. 4). Innsbruck 1984
Stolz, Otto: Politisch-historische Landesbeschreibung von Tirol. 1. Teil: Nordtirol (= Archiv für Österr. Geschichte, 107. Band). Wien 1923
Stolz, Otto: Politisch-historische Landesbeschreibung von Südtirol (= Schlern-Schriften 40). Innsbruck 1937
Stolz, Otto: Rechtsgeschichte des Bauernstandes und der Landwirtschaft in Tirol und Vorarlberg. Bozen 1949
Stolz, Otto: Geschichte des Landes Tirol. Innsbruck 1955
Stolz, Otto: Wehrverfassung und Schützenwesen in Tirol von den Anfängen bis 1918. Innsbruck 1960
Tirol. Land und Natur, Volk und Geschichte. Geistiges Leben. Hrsg. vom Hauptausschuß des Deutschen und Österreichischen Alpenvereins. München 1933
Tiroler Jungbürgerbuch. Innsbruck 1967
Widmoser, Eduard: Südtirol A–Z, Bd. I (A–F), Bd. II (G–Ko). Innsbruck 1982f
Widmoser, Eduard: Tirol A bis Z. Innsbruck 1970

Allgemeine Literatur zur Wirtschaftsgeschichte

Ager, Walter: Tirol einst, jetzt und in der Zukunft. Eine Darstellung der Wirtschaftsentwicklung im Land Tirol. Innsbruck o. J. (ca. 1980)
Attlmayr, Ernst: Tiroler Pioniere der Technik. 35 Lebensbilder (= Tiroler Wirtschaftsstudien Bd. 23). Innsbruck 1968
Bauern in Tirol. Vor 100 Jahren begann die Zukunft. Landeskulturrat – Landeslandwirtschaftskammer für Tirol 1882–1982. Innsbruck 1982
Egg, Erich: Schwaz ist aller Bergwerke Mutter. In: Beiträge zur Geschichte Tirols. Innsbruck 1971
Egg/Pfaundler/Pizzinini: Von allerley Werkleuten und Gewerben. Eine Bildgeschichte der Tiroler Wirtschaft. Innsbruck 1976
Fontana, Josef: Wirtschaft in Südtirol vom Vormärz bis zur Gegenwart. In: Beiträge zur Wirtschaftsgeschichte Südtirols. Festschrift zum 125jährigen Bestehen der Südtiroler Landessparkasse. Bozen 1979
Gerhardinger, Hermann – Huter, Franz (Hrsg.): Tiroler Wirtschaft in Vergangenheit und Gegenwart, Bd. I: Beiträge zur Wirtschafts- und Sozialgeschichte Tirols. Innsbruck 1951
Kernmayr, Hans Gustl (Hrsg.): Brot und Eisen. Wanderungen durch das werktätige Tirol. Salzburg 1952
Moser/Rizzolli/Tursky: Tiroler Münzbuch. Die Geschichte des Geldes aus den Prägestätten des alttirolischen Raumes. Innsbruck 1984
Stolz, Otto: Geschichte des Zollwesens, Verkehrs und Handels in Tirol und Vorarlberg von den Anfängen bis ins XX. Jahrhundert (= Schlern-Schriften 108). Innsbruck 1953
Wopfner, Hermann: Bergbauernbuch, 1.–3. Lieferung, Innsbruck 1951–1960

Allgemeine Literatur zur Kulturgeschichte

Achleitner, Friedrich: Österreichische Architektur im 20. Jahrhundert, Band 1: Oberösterreich, Salzburg, Tirol und Vorarlberg. Salzburg 1980
Egg, Erich: Kunst in Tirol, 2 Bände. Innsbruck 1970/72
Dörrer, Fridolin: Der Wandel der Diözesaneinteilung Tirols und Vorarlbergs. In: Beiträge zur Geschichte Tirols. Innsbruck 1971
Gruber, Karl: Kunstlandschaft Südtirol. Bozen 1979
Hölbing, Franz: 300 Jahre Universitas Oenipontana. Die Leopold-Franzens-Universität zu Innsbruck und ihre Studenten. Innsbruck 1970
Hölzl, Sebastian: Das Pflichtschulwesen in Tirol. Diss. phil. Innsbruck 1972
Innerhofer, Josef: Die Kirche in Südtirol. Gestern und heute. Bozen 1982
Lechner, Hermann: Siebenhundert Jahre Tiroler Dichtung. In: Mayr, Ambros: Das Hausbuch der Tiroler Dichtung. Innsbruck 1965
Senn, Walter: Musik und Theater am Hof zu Innsbruck. Innsbruck 1959
Thurnher, Eugen: Spiele und Spielgut in Tirol. Kritisch beschreibende Wanderung durch die kulturelle Landschaft. In: Theater in Innsbruck, Überblick über drei Jahrhunderte. Innsbruck 1967
Sparber, Anselm: Kirchengeschichte Tirols. Innsbruck 1957
Stampfer/Kofler: Wohnkultur in Südtirol. Vom Mittelalter bis in die Gegenwart. Bozen 1982

Stifte und Klöster. Entwicklung und Bedeutung im Kulturleben Südtirols (= Jahrbuch des Südtiroler Kulturinstitutes 2). Bozen 1962

Weingartner, Josef: Die Kunstdenkmäler Südtirols, 2 Bände. Innsbruck–Bozen 1977 (Nachdruck)

Wichtige Spezialliteratur für die Zeit bis zum Tode Maximilians

Ausstellung Maximilians I. Innsbruck. Katalog. Innsbruck 1969

Baum, Wilhelm: Nikolaus Cusanus in Tirol (= Schriftenreihe des Südtiroler Kulturinstituts 10). Bozen 1983

Egg, Erich: Süddeutsche Kunst im mittelalterlichen Tirol. In: Zeitschrift für Kunstgeschichte Bd. 2. München 1954

Egg/Pfaundler: Kaiser Maximilian. Innsbruck 1969

Gisman, Robert: Die Beziehung zwischen Tirol und Bayern im Ausgang des Mittelalters. Herzog Sigmund der Münzreiche und die Wittelsbacher in Landshut und München von 1439 und 1479. Phil. Diss. Innsbruck 1976

Heuberger, Richard: Rätien im Altertum und Frühmittelalter. Forschungen und Darstellungen (= Schlern-Schriften 20). Innsbruck 1932

Hölzl, Sebastian: Die Freiheitsbriefe der Wittelsbacher für Tirol (1342). Eine kritische Untersuchung zur „Magna Charta Tirols". In: Tiroler Heimat 46/47 (1984)

Huter, Franz: Wege der politischen Raumbildung im mittleren Alpenstück. In: Beiträge zur Geschichte Tirols. Innsbruck 1971

Huter, Franz: Der Eintritt Tirols in die „Herrschaft zu Österreich" (1363). In: Beiträge zur Geschichte Tirols. Innsbruck 1971

Huter, Franz: Säben. Ursprung der bischöflichen Kirche Brixen. Tatsachen und Thesen aus anderthalbtausend Jahren. In: Der Schlern 51, 1977

Lunz, Reimo: Archäologie Südtirols. Calliano 1981

Lunz, Reimo: Ur- und Frühgeschichte Südtirols. Rätsel und Deutung. Bozen 1973

Menghin, Osmund: Zur Historisierung der Urgeschichte Tirols. In: Beiträge zur Geschichte Tirols. Innsbruck 1971

Plank, Liselotte (Hrsg.): Katalog zur Ausstellung Vor- und Frühgeschichte im Inntal. Innsbruck 1972

Reiser, Rudolf: Agilolf oder Die Herkunft der Bayern. München 1977

Riedmann, Josef: Die Beziehungen der Grafen und Landesfürsten von Tirol zu Italien bis zum Jahre 1335 (Sitzungsberichte der Österreichischen Akademie der Wissenschaften. Phil.-hist. Klasse 307). Wien 1977

Schwob, Anton: Oswald von Wolkenstein. Eine Biographie (= Schriftenreihe des Südtiroler Kulturinstituts 4). Bozen 1977

Sparber, Anselm: Die Brixner Fürstbischöfe im Mittelalter. Bozen 1968

Stolz, Otto: Die Ausbreitung des Deutschtums in Südtirol im Lichte der Urkunden, 4 Bände. München 1927–1934

Ubl, Hannsjörg: Tirol in römischer Zeit. In: Dehio Tirol (= Die Kunstdenkmäler Österreichs). Wien 1980

Wiesflecker, Hermann: Meinhard der Zweite. Tirol, Kärnten und ihre Nachbarländer am Ende des 13. Jahrhunderts (= Veröffentlichungen d. Inst. f. Österr. Geschichtsforschung. Bd. 16). Wien 1955

Wichtige Spezialliteratur für die Zeit vom Tod Maximilians bis zum Beginn der Napoleonischen Kriege

Bücking, Jürgen: Michael Gaismair. Reformer-Sozialrebell-Revolutionär. Seine Rolle im Tiroler „Bauernkrieg" (1525/1532). Stuttgart 1978

Dörrer, Fridolin (Hrsg.): Die Bauernkriege und Michael Gaismair. Protokoll des internationalen Symposions vom 15. bis 19. November 1976 in Innsbruck-Vill. Innsbruck 1982

Forcher, Michael: Um Freiheit und Gerechtigkeit. Michael Gaismair. Leben und Programm des Tiroler Bauernführers und Sozialrevolutionärs. 1490–1532. Innsbruck 1982

Hammer, Heinrich: Die Entwicklung der barocken Deckenmalerei in Tirol. Straßburg 1912

Hirn, Josef: Erzherzog Ferdinand II. von Tirol. Geschichte seiner Regierung und seiner Länder, 2 Bände, Innsbruck 1885–1888

Hirn, Josef: Erzherzog Maximilian der Deutschmeister, Regent von Tirol. 2 Bände. Innsbruck 1915–1936 und Bozen 1981

Hirn, Josef: Kanzler Bienner und sein Prozeß (Quellen und Forschungen zur Geschichte, Literatur und Sprache Österreichs und seiner Kronländer 5). Innsbruck 1898

Jäger, Albert: Tirol und der bayerisch-französische Einfall im Jahr 1703. Innsbruck 1844

Keul, Michael: Staatliche Gewerbepolitik in Tirol (1648–1740) (= Tiroler Wirtschaftsstudien 8). Innsbruck 1960

Macek, Josef: Der Tiroler Bauernkrieg und Michael Gaismair. Berlin 1965

Mathis, Franz: Die Auswirkungen des bayerisch-französischen Einfalls von 1703 auf Bevölkerung und Wirtschaft Nordtirols (= Innsbrucker Beiträge zur Kulturwissenschaft, Sonderheft 37). Innsbruck 1975

Reinalter, Helmut: Aufklärung – Absolutismus – Reaktion. Die Geschichte Tirols in der 2. Hälfte des 18. Jahrhunderts. Wien 1974

Ringler, Josef: Barocke Tafelmalerei in Tirol. Band I: Textteil, Band II: Abbildungen (= Tiroler Wirtschaftsstudien 29). Innsbruck 1973

Stella, Aldo: La rivoluzione contadina del 1525 e l'utopia di Michael Gaismayr. Padova 1975

Widmoser, Eduard: Das Tiroler Täufertum. In: Beiträge zur Geschichte Tirols. Innsbruck 1971

Wichtige Spezialliteratur für die Zeit der Freiheitskämpfe (1796–1814)

Fiedler, Josef: Der Bund von Tirol. In: Tirol. Erbe und Auftrag. Zum Gedenkjahr 1959. Innsbruck 1959

Hirn, Ferdinand: Geschichte Tirols von 1809 bis 1814. Innsbruck 1912

Hirn, Josef: Tirols Erhebung im Jahre 1809. Innsbruck 1909

Kolb, Franz: Das Tiroler Volk in seinem Freiheitskampf 1796–1797. Innsbruck 1957

Paulin, Karl: Andreas Hofer und der Tiroler Freiheitskampf. Innsbruck 1981

Pizzinini, Meinrad: Andreas Hofer. Seine Zeit, sein Leben, sein Mythos. Wien 1984

Pizzinini, Meinrad: Die bayerische Herrschaft in Tirol. In: Krone und Verfassung. König Max I. Joseph und der neue Staat, Beiträge zur Bayerischen Geschichte und Kunst 1799–1825 (= Katalogwerk zu den Ausstellungen Witylsbach und Bayern III/1). München 1980

Wichtige Spezialliteratur für die Zeit von 1814 bis 1918

Fontana, Josef: Der Kulturkampf in Tirol (= Schriftenreihe des Südtiroler Kulturinstituts 6). Bozen 1978

Forcher, Michael: Die geheime Staatspolizei im vormärzlichen Tirol und Vorarlberg, Phil. Diss. Innsbruck 1966

Gatterer, Claus: Erbfeindschaft Italien-Österreich. Wien 1972

Gatterer, Claus: Unter seinem Galgen stand Österreich. Cesare Battisti. Porträt eines „Hochverräters". Wien 1967

Gsteu, Hermann: Geschichte des Tiroler Landtages von 1816–1848. In: Tiroler Heimat 8 (1927)

Huter, Franz: Ein Kaiserjägerbuch. I. Die Kaiserjäger und ihre Waffentaten 1816–1918. Innsbruck o. J. (ca. 1980)

Klotz, Anton: Aemilian Schöpfer. Lebensbild. Innsbruck 1936

Lichem, Heinz von: Der einsame Krieg. Bozen 1981

Mayr, Michael: Der italienische Irredentismus. Innsbruck 1916

Mörl, Anton von: Standschützen verteidigen Tirol 1915–1918 (= Schlern-Schriften 185). Innsbruck 1958

Oberkofler, Gerhard: Die Tiroler Arbeiterbewegung. Von den Anfängen bis zum 2. Weltkrieg (= Materialien zur Arbeiterbewegung 13). Wien 1979

Pizzinini, Meinrad: Alt-Tirol im Plakat. Innsbruck 1983

Pizzinini/Forcher: Alt-Tiroler Photoalbum. Salzburg 1979

Schober, Richard: La lota sul progetto d'autonomia per il Trentino degli anni 1900–1902, secondo le fonti austriache – Der Kampf um das Autonomieprojekt von 1900–1902 für das Trentino aus der Sicht österreichischer Quellen (Collona di Monografie edita dalla Societa di Studi Trentini di Scienze storiche 31). Trento 1978

Steinegger, Fritz: 100 Jahre Bezirkshauptmannschaften in Tirol. Innsbruck 1972

Uhlig, Otto: Die Schwabenkinder aus Tirol und Vorarlberg. Innsbruck 1978

Zwanowetz, Georg: Die Anfänger der Tiroler Eisenbahngeschichte (= Tiroler Wirtschaftsstudien, Bd. 12). Innsbruck 1963

Zwanowetz, Georg: Die Industrialisierung Tirols und Vorarlbergs bis etwa 1914. In: Bericht über den elften österreichischen Historikertag in Innsbruck (Veröffentlichungen des Verbandes österreichischer Geschichtsvereine 19). Wien 1972

Wichtige Spezialliteratur zur Zeit seit 1918

Der Mailänder Prozeß. Plädoyers der Verteidigung. Wien 1969

Ermacora, Felix: Südtirol und das Vaterland Österreich. Wien 1984

Fontana, Josef: Die Ladinerfrage in der Zeit 1918–1948. In: Ladinia 5 (1981)

Forcher, Michael: Was wird aus Tirol? Das Kriegsende 1918, Gründung der Republik Österreich und Kampf um Südtirol im Spiegel der zeitgenössischen Presse. In: Tiroler Nachrichten 1968/259–266

Freudenschuß/Keuschnigg/Köfler/Smekal: Februar 1934 in Tirol (= Österreichischer Akademikerbund Tirol, Heft Nr. 3). Innsbruck 1984

Gatterer, Claus: Im Kampf gegen Rom. Bürger, Minderheiten und Autonomien in Italien. Wien 1968

Gatterer, Claus: Schöne Welt – böse Leut. Kindheit in Südtirol. Wien 1969

Gruber, Alfons: Südtirol unter dem Faschismus (= Schriftenreihe des Südtiroler Kulturinstituts 1). Bozen 1978

Heinricher, Kurt: Rom gegen Südtirol 1939. Ein Beitrag zur Geschichte der Umsiedlung. In: Tiroler Heimat 45 (1981)

Herre, Paul: Die Südtiroler Frage. Entstehung und Entwicklung eines europäischen Problems der Kriegs- und Nachkriegszeit. München 1927

Iblacka, Reinhold: Keinen Eid auf diesen Führer. Josef Mayr-Nusser. Ein Zeuge der Gewissensfreiheit in der NS-Zeit. Innsbruck 1979

Jedlicka/Staudinger: Ende und Anfang. Österreich 1918/19. Wien und die Bundesländer. Salzburg 1969

Kirschl, Wilfried: Malerei und Graphik in Tirol 1900–1940. Ausstellungskatalog. Innsbruck 1973

Kreuzer-Eccel, Eva: Aufbruch. Malerei und Graphik in Nord-, Ost- und Südtirol nach 1945. Bozen 1982

Magnago, Silvius: 30 Jahre Pariser Vertrag. Bozen 1976

Mumelter, Norbert: Option und Umsiedlung. In: Föhn 6/7, 1980

Mumelter, Norbert: Die Selbstbehauptung der Südtiroler (= Eckartschriften 73). Wien 1980

Reut-Nicolussi, Eduard: Tirol unterm Beil. München 1928

Riedmann, Josef: Geschichte Tirols 1918–1938. In: Geschichte der Ersten Republik, hrsg. von Erika Weinzirl und Kurt Skalnik. Graz 1983

Ritschel, Karl Heinz: Diplomatie um Südtirol. Politische Hintergründe eines europäischen Versagens. Stuttgart 1966

Schober, Richard: Die Tiroler Frage auf der Friedenskonferenz von Saint-Germain (= Schlern-Schriften 270). Innsbruck 1982

Stadlmayer, Viktoria: Südtirol 1961–1983. In: Eduard Wallnöfer. 20 Jahre Landeshauptmann von Tirol. 20 Jahre Aufwärtsentwicklung des Landes. Innsbruck 1983

Stadt im Umbruch. Beiträge über Bozen seit 1900. (= Jahrbuch des Südtiroler Kulturinstitutes 8). Bozen 1973

Steurer, Leopold: Ein vergessenes Kapitel Südtiroler Geschichte. Die Umsiedlung und Vernichtung der Südtiroler Geisteskranken im Rahmen des nationalsozialistischen Euthanasieprogrammes (= Sondernummer der Zeitschrift „Sturzflüge"). Bozen 1982

Steurer, Leopold: Südtirol zwischen Rom und Berlin 1919–1939. Wien 1980

Stuhlpfarrer, Karl: Die Operationszonen „Alpenvorland" und „Adriatisches Küstenland" 1943–1945 (= Publikationen des Österreichischen Instituts für Zeitgeschichte und des Instituts für Zeitgeschichte der Universität Wien 7). Wien 1969

Sella, Gad Hugo: Die Juden Tirols. Ihr Leben und Schicksal. Tel-Aviv 1979

Senn, Hubert: Die Behauptung Tirols. Innsbruck 1973

Villgrater, Maria: Katakombenschule. Faschismus und Schule in Südtirol (= Schriftenreihe des Südtiroler Kulturinstitutes 11). Bozen 1984

Volgger, Friedl: Mit Südtirol am Scheideweg. Erlebte Geschichte. Innsbruck 1984

Weinzierl/Hofrichter: Österreich. Zeitgeschichte in Bildern. Innsbruck 1975

Widerstand und Verfolgung in Tirol 1934–1945. Eine Dokumentation. 2 Bände. Wien 1984

Zeugen des Widerstandes. Eine Dokumentation über die Opfer des Nationalsozialismus in Nord-, Ost- und Südtirol von 1938 bis 1945, bearb. von Johann Holzner, P. Anton Pinsker, Johann Reiter und Helmut Tschol. Innsbruck 1977

Neuerscheinungen seit 1984

Seit der Erstellung des vorliegenden Literaturverzeichnisses im Herbst 1983 (mit Ergänzungen im Sommer 1984) sind eine ganze Reihe von Veröffentlichungen zur Geschichte Tirols, zu Kunst und Kultur, Brauchtum, Wirtschaft, Zeitgeschehen und vor allem auch zu vielen zeitlich und örtlich sehr begrenzten Einzelthemen (man denke nur an die vielen Kataloge, Künstlermonographien und Gemeindebücher) erschienen. Außerdem gibt es natürlich eine Vielzahl nur maschinschriftlich vorliegender neuer Dissertationen.

Unter den neuen Büchern zum Thema ragt an Umfang und Bedeutung natürlich die neue vierbändige (eigentlich – da der letzte Band geteilt – fünfbändige) Landesgeschichte des Athesia-Verlages hervor, an der unter der Schriftleitung von Josef Fontana eine Reihe von Wissenschaftlern aus Nord- und Südtirol mitwirkten:

Fontana, Josef (Schriftleiter): Geschichte des Landes Tirol. Bände 1–4, Bozen 1985–1988

Weiters verdienen das wissenschaftliche Grundlagenwerk zum sensationellen Fund der Ötztaler Gletscherleiche aus der Jungsteinzeit und der Fundbericht des Münzschatzes von Aldrans eigens hervorgehoben zu werden:

Der Mann im Eis. Band 1. Bericht über das Internationale Symposion 1992 in Innsbruck (= Veröffentlichungen der Universität Innsbruck 187). Innsbruck 1992

Hahn, W./Luegmeyer, A.: Der langobardenzeitliche Münzschatzfund von Aldrans in Tirol. Wien 1992

Groß ist vor allem die Anzahl zeitgeschichtlicher Werke, die in den letzten Jahren erschienen sind. Hier eine Auswahl:

Albrich/Eisterer/Steininger (Hrsg.): Tirol und der Anschluß. Voraussetzungen, Entwicklungen, Rahmenbedingungen (= Innsbrucker Forschungen zur Zeitgeschichte Bd. 3). Innsbruck 1988

Albrich, Thomas/Gisinger, Arno: Im Bombenkrieg. Tirol und Vorarlberg 1943–45 (= Innsbrucker Forschungen zur Zeitgeschichte Bd. 8). Innsbruck 1991

Baumgartner/Mayr/Mumelter: Feuernacht. Südtirols Bombenjahre. Ein zeitgeschichtliches Lesebuch. Bozen 1992

Eisterer, Klaus/Steininger, Rolf (Hrsg.): Die Option. Südtirol zwischen Faschismus und Nationalsozialismus (= Innsbrucker Forschungen zur Zeitgeschichte Bd. 5). Innsbruck 1989

Gehler, Michael: Studenten und Politik. Der Kampf um die Vorherrschaft an der Universität Innsbruck 1918–1938 (= Innsbrucker Forschungen zur Zeitgeschichte Bd. 6). Innsbruck 1990

Innerhofer, Josef: Südtiroler Blutzeugen zur Zeit des Nationalsozialismus. Bozen 1985

Kucera, Hansjörg: Auf und Ab um Südtirol. Anmerkungen eines Wegbegleiters. Innsbruck 1991

Peterlini, Hans Karl: Bomben aus zweiter Hand. Zwischen Gladio und Stasi – Südtirols mißbrauchter Terrorismus. Bozen 1992

Pizzinini, Meinrad (Hrsg.): Zeitgeschichte Tirols. Innsbruck 1990

Staffler, Reinhold/Hartungen, Christoph von: Geschichte Südtirols. Das 20. Jahrhundert. Materialien – Hintergründe, Quellen, Dokumente. Lana 1985

Steininger, Rolf: Los von Rom? Die Südtirolfrage 1945/46 und das Gruber-Degasperi-Abkommen (= Innsbrucker Forschungen zur Zeitgeschichte Bd. 2). Innsbruck 1987

Steurer/Verdorfer/Pichler: Verfolgt, verfemt, vergessen. Lebensgeschichtliche Erinnerungen an den Widerstand gegen Nationalsozialismus und Krieg in Südtirol 1943–1945. Bozen 1993

Stuhlpfarrer, Karl: Umsiedlung in Südtirol 1939–1940. 2 Bände. Wien 1985

Einige weitere ausgewählte Bücher der letzten Jahre:

Alexander, Helmut: Geschichte der Tiroler Industrie. Aspekte einer wechselvollen Entwicklung. Innsbruck 1992

Baum, Wilhelm: Sigmund der Münzreiche. Zur Geschichte Tirols und der habsburgischen Länder im Spätmittelalter (= Schriftenreihe des Südtiroler Kulturinstituts 14). Bozen 1987

Caramelle, Franz/Frischauf, Richard: Die Stifte und Klöster Tirols. Innsbruck 1985

Egg, Erich: Gotik in Tirol. Die Flügelaltäre. Innsbruck 1985

Forcher, Michael: Zu Gast im Herzen der Alpen. Eine Bildgeschichte des Tourismus in Tirol. Innsbruck 1989

Gelmi, Josef: Kirchengeschichte Tirols. Innsbruck 1986

Hofinger, Winfried (Hrsg.): Der Mistapostel. Adolf Trientl – Ein Leben für den Bauernstand 1817–1897. Innsbruck 1992

Hye, Franz-Heinz: Das Tiroler Landeswappen. Entwicklungsgeschichte eines Hoheitszeichens (= Schriftenreihe des Südtiroler Kulturinstituts 13). Bozen 1985

Klettenhammer, Sieglinde/Wimmer-Webhofer, Erika: Aufbruch in die Moderne. Die Zeitschrift „Der Brenner" 1910–1915. Innsbruck 1990

Köfler, Gretl/Forcher, Michael: Die Frau in der Geschichte Tirols. Innsbruck 1986

Köfler, Werner: Land, Landschaft, Landtag. Geschichte des Tiroler Landtages von den Anfängen bis 1808 (= Veröffentlichungen des Tiroler Landesarchivs Bd. 3). Innsbruck 1985

Kühebacher, Egon (Hrsg.): Tirol im Jahrhundert nach Anno Neun. Beiträge der 5. Neustifter Tagung des Südtiroler Kulturinstituts (= Schlernschriften 279). Innsbruck 1986

Nössing, Josef/Noflatscher, Heinz (Bearbeiter): Geschichte Tirols. Zur Ausstellung auf Schloß Tirol. Bozen 1986

Schober, Richard: Geschichte des Tiroler Landtages im 19. und 20. Jahrhundert (= Veröffentlichungen des Tiroler Landesarchivs Bd. 4). Innsbruck 1984

Bildnachweis

Abgebildete Originale und alte wie neue Fotos befinden sich im Besitz folgender Museen, Archive, Bibliotheken und öffentlichen wie privaten Sammlungen:

Alle hier nicht eigens angeführten Originale befinden sich im Tiroler Landesmuseum Ferdinandeum, Innsbruck, für dessen Entgegenkommen herzlich gedankt sei.

Bayerisches Armeemuseum, Ingolstadt 157
Bayerisches Nationalmuseum, München 110
Bildarchiv der Südtiroler Volkspartei, Bozen 248
Bildarchiv der Südtiroler Illustrierten „FF" 260 u.
Bildarchiv der Zeitung „Kirche", Innsbruck 84, 258
Bildarchiv der Zeitung „präsent", Innsbruck 229, 251, 252, 255, 257, 262
Bozner Stadtmuseum 61, 98
Denkmalamt Innsbruck 92
Diözesanarchiv Brixen 17
Diözesanmuseum Brixen 14, 87
Dominikanerinnenkonvent Lienz 113
Falgermuseum Elbigenalp 141
Kunsthistorisches Museum, Wien 31
Haus-, Hof- und Staatsarchiv, Wien 40, 53
Heimatmuseum Kitzbühel 172
Heimatmuseum Kufstein 10
Heimatmuseum Matrei in Osttirol 138
Institut für Vor- und Frühgeschichte der Universität Innsbruck 10
Institut Ladin, San Martin de Tor 218, 244
Landespresseamt Bozen 271
Landespressedienst Innsbruck 258
Landwirtschaftliche Schule Laimburg 265
Museum Schloß Bruck, Lienz 12, 142
Österr. Institut für Zeitgeschichte, Wien 212, 223, 234
ÖVP Tirol, Innsbruck 258
Privatbesitz Dr. Josef Fontana, Bozen 253
Privatbesitz Dr. Michael Forcher, Innsbruck 121, 146, 153 u., 170, 171 u., 187, 189 o., 196, 210, 219, 232, 243 u.
Privatbesitz Dr. Norbert Mumelter, Bozen 220, 221, 226, 231
Privatbesitz Dr. Paul Rainer, Brixen 201
Privatbesitz Dr. Meinrad Pizzinini, Innsbruck 155, 168, 181 o.
Privatbesitz sonstiger 116, 118, 123, 177, 186, 215
Stiftsarchiv Neustift 26
Stift Melk 110
Südtiroler Kulturinstitut, Bozen 233, 239, 247
Tiroler Landesarchiv, Innsbruck 19, 72, 73, 75, 79, 81 u. r.
Tiroler Volkskunstmuseum, Innsbruck 67, 102, 189 u.
Tiroler Volksschauspiele Telfs 265
Universitätsbibliothek Innsbruck 68

Die Verlagsanstalt Tyrolia erlaubte die Verwendung folgender Bilder aus ihren Verlagswerken „Kunst in Tirol" von Erich Egg (2 Bde.), „Die Hofkirche in Innsbruck" von Erich Egg, „Österreich – Zeitgeschichte in Bildern" von Erika Weinzierl und „Zeugen des Widerstandes": 62 r., 65, 66, 67, 86, 109, 224, 227, 236, 238, 241, 243 o.

Folgende Bilder entstammen dem Archiv des Haymon-Verlags: 15, 23, 28, 29, 30 l., 33, 38, 43, 44, 50, 59, 62 l., 63, 64, 80 u., 86, 91, 98, 107, 108, 111, 115, 116, 128, 147, 164 u., 169, 171, 185 o., 186, 203, 205, 215.

Die Reproduktionen von Bibliotheks- und Archivmaterial sowie die Fotos von Museumsstücken wurden – soweit unten nicht anders angegeben – von den jeweiligen Besitzern zur Verfügung gestellt oder wurden vom Autor angefertigt.

Fotografen:
Baptist, Lienz 118, 142
Baum Ulrike 70
Demanega Anton 66, 109
Forcher Michael 32, 85, 106, 114 u., 260
Frischauf, Innsbruck 263 o.
Habermüller F. V. 258
Frischauf, Innsbruck 260 o., 267 o.
Habermüller F. V. 258
Hahn W., Wien 13
Kofler Oswald 62 r.
Larl Ruppert, Axams 265
Linster, Telfs 133, 134, 149
Löbl-Schreyer, Bad Tölz 65, 261
Mariner, Lienz 46
Petermaier Josef 177
Pizzinini Meinrad 18, 30 r., 76, 113, 114, 141
Seehauser Othmar (FF), Bozen 260 u.
Sickert Adolf 67, 86
Sonnewend Gustav 101
Studio Otto, Wien 31, 40, 53
Tappeiner, Meran 263 u.
Wurm Egon 82 o., 95, 103, 156